Stromer / ON THE ROAD: NORWEGEN

Skandinavien-Reiseführer bei Regenbogen:

Norwegen
Norwegen selbst entdecken (Geh)
Westnorwegen/Fjordland selbst entdecken (Geh)
Autoreiseführer Norwegen (Stromer)
Lofoten selbst entdecken (Möbius/Ster)
Südnorwegen/Oslo selbst entdecken (Geh)
On the Road: Norwegen selbst entdecken (Stromer)

Dänemark
Kopenhagen selbst entdecken (Geh)
Dänemark selbst entdecken (Geh)
Jütland selbst entdecken (Geh)
Dänische Inseln selbst entdecken (Geh)

Schweden
Schweden selbst entdecken (Schulte)
Südschweden selbst entdecken (Schulte)
Südwestschweden selbst entdecken (Schulte)
Südostschweden selbst entdecken (Schulte)
Nordschweden (Schulte/Bock-Schröder)
Gebirgswandern in Schweden

Finnland
Finnland selbst entdecken (Kreuzenbeck)
Autoreiseführer Finnland (Kreuzenbeck)
Kanuwandern in Nordfinnland
Kanuwandern in Südfinnland

ferner:
Autoreiseführer Skandinavien (Kreuzenbeck/Schulte/Geh)
Campingführer Skandinavien (Tuchtenhagen)
Wandern in Grönland (Ydegaard)

Klaus Stromer

ON THE ROAD: NORWEGEN

Regenbogen Reiseführer Stromer

Autor und Redaktion dieses Reiseführers haben alle veröffentlichten Angaben nach bestem Wissen erstellt. Obwohl die Redaktion die Fakten mit größtmöglicher Sorgfalt überprüft hat, sind inhaltliche Fehler nicht vollständig auszuschließen. Daher besteht auf die Angaben keinerlei Garantie seitens des Verlages oder des Autors – für alle Angaben übernehmen weder der Verlag noch der Autor Gewähr.
Dieser Umstand gilt besonders auch für die Preise; denn nach dem Recherchieren vor Ort dauert es einige Zeit, bis ein Reiseführer produziert ist und erscheinen kann. Hinzu kommt die schwer berechenbare Inflation.
Wenn man aber auf die in diesem Buch angegebenen Preise einen Erfahrungswert schlägt, kommt man auch in den folgenden Jahren noch auf das dann herrschende Preisniveau.

CIP-Kurztitelaufnahme der Deutschen Bibliothek

Stromer, Klaus
On the Road: Norwegen/Klaus Stromer
Konstanz, Regenbogen Reiseführer Klaus Stromer 1997
ISBN 3-85862-260-5
NE:GT

Lizenzgeber: Baumann & Stromer AG
Reihenkonzept: Klaus Stromer
Fotos: siehe Bildnachweis
Produktion: Hirn & Stromer GmbH, Konstanz
Druck: Fuldaer Verlagsanstalt

Inhalt

Ortsteil

Streckenteil

Anhang: Mit dem Wohnmobil zum Nordkap

Lesertips

Schreiben Sie uns, wenn Sie Preiskorrekturen, Adreßänderungen oder Ergänzungsvorschläge haben! Der Autor, Klaus Stromer, und der Verlag freuen sich über jede Zuschrift. Wird Ihr »Tip« in der nächsten revidierten Ausgabe veröffentlicht, schenken wir Ihnen ein *Freiexemplar.* Achtung: An uns gesandte Bücher mit persönlichen Notizen können wir nicht retournieren.

Adresse:
Regenbogen -Reiseführer
Stichwort **»On the Road: Norwegen«**
Münzgasse 3
D-78462 Konstanz

Fakten über Norwegen

Fläche: .... 386.958 km^2

Küstenlänge des Festlands:
(ohne Fjorde/Buchten) .... 2.650 km

Küstenlänge des Festlandes:
(mit Fjorden/Buchten) .... 21.347 km

Nördlichster Punkt:
Knivskjellodden
auf Magerøy .... 71° 11' 8" N

Südlichster Punkt:
Insel Kråka vor Mandal ... 57° 57' 31 " N

Westlichster Punkt:
Insel Steinsøy
bei Utværet .... 4° 30' 13" O

Östlichster Punkt:
Insel Hornøy vor Vardø: .... 31° 10' 4" O

Die größten Inseln:
Hinnølya .... 2.198 km^2
Senja .... 1.590 km^2

Die größten Gletscher:
Jostedalsbreen .... 486 km^2
Svartisen .... 369 km^2
Folgefonni .... 212 km^2
Blåmansisen .... 87 km^2
Hardangerjøkulen .... 78 km^2

Die längsten Fjorde:
Sognefjord .... 204 km
Hardangerfjord .... 179 km
Trondheimsfjord .... 126 km
Porsangen .... 123 km
Nordfjord .... 106 km
Oslofjord .... 100 km

Die längsten Flüsse:
Glomma .... 598 km
Tana .... 360 km
Numedalslågen .... 337 km

Die höchsten Berge:
Gladhøpiggen .... 2.469 m
Glittertinden .... 2.464 m
Skagastølstind .... 2.405 m

Die größten Seen:
Mjøsa .... 368 km^2
Røssvatn .... 210 km^2
Femunden .... 201 km^2

Bevölkerung .... 4,2 Mio
pro km^2 leben in Norwegen ..... 13 Einw.

A – Z

von Alexander Geh

Anreise

Von der Bundesrepublik Deutschland oder Dänemark aus steuern derzeit neun Fährlinien Norwegen an. Es empfiehlt sich das genaue Studium der Prospekte, da die Preise saisonbedingt und infolge von Kombinationstickets und Ermäßigungen sehr unterschiedlich ausfallen. Fast alle Schiffe sind moderner Bauart und mit vielen kurzweiligen Angeboten ausgestattet. Wer die Möglichkeit besitzt, sollte sich das skandinavische Buffet nicht entgehen lassen.

Die einzige Direktverbindung zwischen der Bundesrepublik und Norwegen ist die Route *Kiel–Oslo* (Color Line). Autofahrer sparen rund 500 Kilometer bis zur Nordspitze Dänemarks und kommen stattdessen ausgeruht morgens in Oslo an. Dafür sind die Schiffe aber auch fast 20 Stunden unterwegs, die Preise dementsprechend die höchsten.

Alle anderen Fähren legen von norddänischen Häfen ab; abgesehen von der Verbindung *Kopenhagen–Oslo* (Scandinavian Seaways), die nur unter großem Zeitaufwand zu erreichen ist. Die norwegische Landeshauptstadt ist ferner mit *Hirtshals* (Color Line) sowie mit *Frederikshavn* (Stena Line) verbunden. Preiswerte Alternativen zur norwegischen Ost- bzw. Südküste sind Frederikshavn–*Moss, Hirtshals–Moss* und Frederikshavn–*Larvik* (alle Color Line).

Die schnellsten Fährlinien verbinden Hirtshals mit *Kristiansand* und Skagen mit Larvik, die beide an der Südküste liegen (jeweils Color Line).

Wer direkt ins westnorwegische Fjordland anreisen möchte, kann dies mit der Route *Hanstholm–Egersund–Bergen* (Fjord Line).

Abschließend sei noch auf die Möglichkeit hingewiesen, über die schwedische Westküste nach Norwegen einzureisen. Dabei können Sie zwischen mehreren Fährlinien wählen, die von deutschen oder dänischen Häfen aus Trelleborg, Malmö, Helsingborg, Halmstad, Varberg und Göteborg ansteuern.

Autofahrer-Informationen

Im Juni 1992 wurde das norwegische Straßennetz neu numeriert. Deshalb sollten Sie sich auf jeden Fall mit aktuellen Karten versorgen, die diese Änderungen beinhalten.

■ **Abblendlicht:** auch tagsüber vorgeschrieben.

■ **Alkohol:** Die erlaubte Promillegrenze liegt bei 0,5 ‰. Bevor Sie das erste »Skål« aussprechen und die Stimmung steigt, lesen Sie unter dem Stichpunkt »Bußgeld« weiter.

■ **Anschnallpflicht:** gilt auf Vorder- und Rücksitzen, sofern Gurte vorhanden sind. Kinder unter vier Jahren sollen in passenden Kindersitzen plaziert sein.

■ Die **Autovermietung** ist eine exklusive Art der Fortbewegung in Norwegen:

Wochentarif für einen Mittelklassewagen der unteren Kategorie um 4000 NOK. Die meisten Firmen, vertreten an Flughafen und in allen größeren Orten, vermieten nur an Personen, die älter als 25 Jahre sind.

■ **Benzin:** An jeder Tankstelle bekommen Sie bleifreies Normal- (95 Oktan) und Superbenzin (97/98 Oktan), bleihaltiges Superbenzin (98 Oktan) und Dieselkraftstoff. Die Preise schwanken, liegen im Sommer meist höher als im Winter: Normal um 8 NOK, Super um 8,33 NOK, Super verbleit um 8,80 NOK, Diesel um 7 NOK (Stand 12/96).

■ **Bußgeld:** Die norwegische Polizei gilt als freundlich und hilfsbereit, aber kompromißlos in Sachen Verkehrsverstöße. Die Beamten von *Politi* kennen alle Ausreden; die drastischen Bußgelder haben so manche Urlaubskasse geplündert: Parken im Halteverbot kostet 300 NOK, bei abgelaufener Parkzeit 100 NOK, nicht eingeschaltetes Abblendlicht 400 NOK, 20 km/h Geschwindigkeitsübertretung in geschlossenen Ortschaften 2000 NOK, außerhalb geschlossener Ortschaften 400 NOK für je 5 km/h zuviel; bei Geschwindigkeitsübertretungen von mehr als 40 % ist zudem der Führerschein für 3 Monate weg. Zu viel Alkohol im Blut wird mit anderthalb Bruttomonatsgehältern oder 3 Wochen Gefängnis ohne Bewährung geahndet. Bußgelder sind sofort zu bezahlen. Dieser Katalog verschlägt deutschen Auto-Lobbyisten gewöhnlich die Sprache.

■ **Geschwindigkeit:** Sofern sie nicht eingeschränkt ist, beträgt die zugelassene Höchstgeschwindigkeit außerhalb geschlossener Ortschaften 80 km/h. Ausnahmen bilden die wenigen Autobahnen und Autostraßen mit 90 km/h als Höchstgrenze. Busse und Wohnwagen-Gespanne dürfen nicht schneller als 80 km/h fahren. Innerhalb geschlossener Ortschaften gilt Tempo 50 km/h.

■ **Maße:** Die zulässige Wagenbreite beträgt 2,50 m, für Wohnwagen 2,30 m. In Rogaland gilt für die Brücke über die Meerenge *Skjoldastraumen* die maximale Breite von 2,40 m (Straße 515). Zugfahrzeug und Wohnwagen dürfen zusammen nicht mehr als 18,50 m messen.

■ **Maut:** Stoßen Sie vor Gebirgspässen, Brücken und Tunneln auf ein Schild mit der Aufschrift »bompenger« oder »avgift«, wird eine Straßenbenutzungsgebühr verlangt. Die Maut dient der nachträglichen Finanzierung von kostspieligen Projekten oder der Instandhaltung.

An stark befahrenen Straßen zahlen Sie an einem bedienten oder automatisierten Kassenhäuschen, während auf einsamen Wegen eine Schranke die Weiterfahrt versperrt. Bevor Sie den Schlagbaum heben, legen Sie den fälligen Betrag, der auf einer Tafel steht, in einen vorbereiteten Umschlag, versehen den mit Autokennzeichen und Datum und stellen sich selbst eine Quittung aus. Den geschlossenen Umschlag werfen Sie in eine Art Briefkasten. Wer bei einer Stichprobe ohne Quittung erwischt wird, zahlt mindestens 200 NOK Strafe.

■ **Pannenhilfe:** Der norwegische Automobilverband *NAF* betreut etwa vom 20.6. bis zum 25.8. die Hauptverkehrsrouten. In unregelmäßigen Abständen stehen Nottelefone am Straßenrand. Für den Fall der Fälle lohnt sich der Auslandschutzbrief eines Automobilclubs, der die Rückerstattung von Transportkosten und die Hilfe am Straßenrand regelt. Information vor Ort: Norges Automobil Forbund, Storgata 2, N-0155 Oslo, Tel. 2234 9400, Fax 2233 2176.

■ **Rauchen** am Steuer ist im Ortsbereich verboten.

■ **Schneeketten:** bei schneebedeckter oder vereister Fahrbahn vorgeschrieben, sofern nur Sommerreifen aufgezogen sind.

■ **Spikes:** sind erlaubt vom 1.11. bis an Ostern, doch ein Verbot wird derzeit heiß diskutiert. Vermietung in Oslo: »Ulrich Gummiservice« (keine Kondomerie), Drammensveien 130, Tel. 2255 7718. Die Reedereien vermitteln Vorbestellungen, sofern Sie ein Fährticket gebucht haben.

■ **Tiere:** Verkehrsschilder, die auf Tiere hinweisen, sollten Sie ernst nehmen. Der Zusammenstoß mit einem Elch bedeutet zumindest für das Auto meist den Friedhof, nicht selten aber auch für die Fahrzeuginsassen. Noch häufiger als Elche queren Rentiere und Damwild die Straßen. Schafe suchen in Tunneleinfahrten Schutz vor Regen oder legen sich bei Sonnenschein auf den wärmenden Asphalt – auch in Kurven. Falls es zu einem Unfall kommt, verständigen Sie auf jeden Fall die Polizei, um die Schadensregulierung zu sichern.

■ **Tunnel** waren und sind die Lösung, um den aufwendigen Bau und Erhalt von Paßstraßen zu umgehen oder lawinengefährdete Trassen zu verlegen. Der klassische Abenteuertunnel wird immer seltener: unbeleuchtet oder kümmerliche Reflektoren, unbelüftet, eine Fahrspur mit Ausweichbuchten, Wasser tropft von der Decke. Die neue Generation verfügt über Licht, Ventilatoren, Nottelefone und kann länger als 10 km sein.

■ **Werkstätten** sind gut ausgerüstet und besorgen Ersatzteile von nicht allzu exotischen Modellen. Immens die Lohnkosten. Besorgen Sie sich ein neues Register mit Vertragswerkstätten Ihrer Automarke.

■ **Wintersperren** auf den meist befahrenen Routen (die angegebenen Zeiträume können sich durch das Wetter verschieben):

Straße 5: Gaularfjell, Mitte Januar, April/Mai. – Straße 51: Valdresflya, Mitte November–Mitte Mai. – Straße 55: Sognefjell, Anfang Dezember–Anfang Mai. – Straße 63: Trollstigen, Anfang Dezember–Mitte Mai. – Straße 63: Geiranger-Straße, Anfang Dezember–Mitte Mai. – Straße 252: Tyin-Eidsbugarden, Anfang November–Mitte Juni. – Straße 258: Gamle Strynsfjellvegen, Ende September–Anfang Juni. – Straße 520: Sauda-Røldal, Mitte Dezember–Mitte Mai. – Straße 886: Kirkenes-Grense Jakobselv, Januar bis Mai. – Straße 888: Bekkarfjord-Hopseidet, Januar-Mai. – Peer Gynt-veien: Dezember–Ende Mai. – Jotunheimveien: Dezember–Anfang Juni. – Slettefjellsveien: Mitte November–Anfang Juni.

Die folgenden Straßen sind ganzjährig geöffnet, sofern das Wetter es zuläßt, werden aber bei starkem Schneefall während der Nachtstunden eventuell gesperrt. Straße 7: Hardangervidda. – Straße 13: Vikafjell. – Str. 27: Venabygdfjell. – Straße 45: Hunnedalsvegen. – Straße 889: Snefjord-Havøysund.

■ **Wohnmobil:** Was Straßen und Fahrkunst betrifft, lesen Sie bitte den folgenden Abschnitt über »Wohnwagen«. Da die offiziellen Stellen den Wohnmobil-Boom etwas verschlafen haben, wird das Netz von Entsorgungsstationen für chemische Toiletten erst jetzt, mit Verspätung, allmählich flächendeckend. Eine Standortkarte erhalten Sie über das Norwegische Fremdenverkehrsamt.

Wohnmobilisten sind bei den Norwegern nicht alle gut gelitten. Über die Gründe erfahren Sie mehr unter dem Stichwort »Jedermannsrecht«.

■ **Wohnwagen:** Kurvenreiche, enge Wege und niedrige Tunnel machen das norwegische Straßennetz für Urlauber mit Wohnwagen-Gespannen gelegentlich zum Abenteuer. Geschick und Übung sind gefragt, um knifflige Situationen zu meistern. Die norwegische Straßenbehörde hat eine Übersichtskarte herausgegeben, auf der die nicht oder bedingt geeigneten Straßen farbig gekennzeichnet sind.

Camping

Camping in Norwegen ist eine Freude: ob am Fjord, See, Fluß, im Wald, Gebirge oder an der Küste – die meisten Plätze liegen in schöner Natur und bescheren einen stimmungsvollen Abendausklang. Es ist üblich, daß sich die Gäste ihren Platz selbst aussuchen dürfen und nicht auf winzige Parzellen verwiesen werden. In der Hochsaison kann es in touristisch belebten Gebieten jedoch eng werden. Die typischen Durchgangsplätze an Hauptverkehrsstraßen sind nur in Ausnahmefällen zu empfehlen. Auf fast allen Plätzen stehen sogenannte Campinghütten (2–6 Betten, Kochplatte, meist auch Kühlschrank) zur Verfügung, die für rund 200–350 NOK zu haben sind. Dem Trend zum Komfort entsprechen die Ferienhütten, die mit Küche und Sanitärraum autark sind (ab 350 NOK).

Weniger Anlaß zur Freude gibt der Standard der norwegischen Campingplätze, der im Durchschnitt deutlich unter dem der Nachbarländer Schweden und Dänemark liegt. Campingküchen, saubere Sanitäranlagen und Aufenthaltsräume sind keineswegs die Regel. Mittlerweile gibt es fünf Kategorien, die mit Sternen (*) gekennzeichnet sind. Zwischen Ein-, Zwei- und Drei-Stern-Plätzen existieren Unterschiede zwar in der Ausstattung, aber nicht im Zustand der Anlagen. Die Vier- und Fünf-Stern-Plätze bieten tatsächlich mehr Komfort; dafür darf dort mit satten 130 bis 200 NOK für eine Übernachtung gerechnet werden. Der Preis für Camping berechnet sich nicht nach Personen, sondern nach Stellplatz. Preistabellen gibt es nicht. So kann ein Individualreisender mit Auto und Zelt die gleichen 90 NOK entrichten wie eine fünfköpfige Familie im Wohnmobil, abgesehen vom Zuschlag für Elektrizität. Wohnmobilisten sollten eine 50-m-Kabeltrommel dabei haben.

Die Mehrzahl der Plätze ist zwischen Mitte Mai und Mitte September geöffnet. Ein Anruf im voraus bewahrt vor unangenehmen Überraschungen.

Eine Camping-Broschüre mit lückenhaftem Platzverzeichnis erhalten Sie über das Norwegische Fremdenverkehrsamt oder den »Scanforum Versandservice«, Christophstraße 18–20, 45130 Essen.

Diplomatische Vertretungen

In Norwegen:

■ **Botschaft der Bundesrepublik Deutschland:** Oscarsgate 45, N-0258 Oslo, Tel. 2255 2010, Fax 2244 7672.

■ **Botschaft Österreichs:** Thomas Heftyesgt. 19–21, N-0244 Oslo, Tel. 2255 2348, Fax 2255 4361.

■ **Botschaft der Schweiz:** Bygdøy Allé 78, N-0268 Oslo, Tel. 2243 0590, Fax 2244 6350.

In Deutschland:

■ **Kgl. Norwegische Botschaft:** Mittelstraße 43, 53175 Bonn, Tel. 0228/819 970, Fax 0228/373 498.

In Österreich:

■ **Kgl. Norwegische Botschaft:** Bayerngasse 3, 1037 Wien, Tel. 01/7156 692, 93, 94, Fax 01/712 6552.

In der Schweiz:

■ **Kgl. Norwegische Botschaft:** Dufourstraße 29, CH-3005 Bern, Tel. 031/444 676, Fax 031/435 381.

Einreisebestimmungen

■ Staatsbürger aus den EU-Staaten sowie u.a. Österreicher und Schweizer benötigen zur Einreise nach Norwegen lediglich einen **gültigen Personalausweis**. Wer länger als drei Monate bleiben will, braucht eine entsprechende Aufenthaltsgenehmigung, zu bekommen in der norwegischen Botschaft des Heimatlandes.

■ **Haustiere** können Sie zwar mitbringen. Das setzt allerdings eine aufwendige Prozedur voraus, während der allein zweimal Blutproben des Tieres an das Veterinäramt in Oslo geschickt werden müssen. Für Gebühren und Tierarzthonorar müssen Sie mit mindestens 350 DM rechnen.

Norwegen ist tollwutfrei und soll es auch bleiben. Wird ein geschmuggeltes Tier entdeckt, drohen Geldstrafe und das Einschläfern des Tieres.

■ **Zoll:** Es empfiehlt sich, die Bestimmungen einzuhalten. Die Strafen sind empfindlich und Ausländer vor Stichproben nicht gefeit.

Für *Alkohol* gelten folgende Freimengen, sofern die mitführende Person mindestens 20 Jahre alt ist: 1 l Spirituosen + 1 l Wein + 2 l Bier oder alternativ 2 l Wein und 2 l Bier.

Für *Tabak* muß man/frau mindestens 16 Jahre alt sein: 200 Zigaretten, 50 Zigarren oder 250 g Tabak.

Für *Lebensmittel* sind folgende Einschränkungen zu beachten: Die maximale Menge pro (erwachsener) Person liegt bei 15 kg. Fleisch und Wurst, Eier, Milchprodukte, Kartoffeln und Gemüse dürfen nur als Konserven und/oder in sterilisierter Form mitgebracht werden (Fleisch und Wurst maximal 3 kg pro Person).

Verboten sind Medikamente (außer für den Eigenbedarf), Waffen und Munition (sofern man nicht die Einladung zu einer Jagd vorweisen kann), Angelnetze, Ausrüstung für den Krebsfang sowie Benzin im Reservekanister.

Essen und Trinken

Wer die landeseigenen Spezialitäten kennenlernen will, kann schon beim Frühstücksbuffet damit beginnen: Neben einer reichhaltigen Auswahl an Brot- und Marmeladesorten finden Sie typischen Käse, so den milden *Gudbrandsdalsost* aus Kuh- und Ziegenmilch, der leicht nach Karamel schmeckt und hauchdünn auf das Brot gelegt werden sollte, den braunen Ziegenkäse *Geitost* und den scharfen *Gammelost* aus geronnener Milch. Vor Heringssalaten, geräuchertem Lachs oder einem Krabbencocktail schrecken die Norweger selbst frühmorgens nicht zurück.

Im Laufe des Tages gesellen sich *fiskekaker* oder *fiskeboller*, Fischfrikadellen oder -klöße, als beliebte kleine Gerichte hinzu. Eine Weihnachtsmahlzeit aus gelaugtem Stockfisch ist *lutefisk.* Zu den gehobenen Fischsorten gehören *laks* (Lachs), *steinbit* (Seewolf), *breiflabb* (Seeteufel), zu den gewöhnlichen *rødsprette* (Scholle) und *torsk* (Dorsch). An Fleischgerichten sind Elch, Rentier, jeweils mit Preiselbeeren, sowie gebratene Schneehühner hervorzuheben *(elg, reinsdyr, rype). Rømmegrøt* ist eine fette, rasch sättigende Sauerrahmgrütze, mit Zimt, Zucker oder Sirup schmackhaft gemacht.

Abgerundet wird die Schlemmerei meist mit Puddingsorten in allen Farbschattierungen, Cremetorten, Cremespeisen mit Multe- und anderen Beeren oder warmen Waffeln mit Marmelade und Sahne.

Der Alkohol unterliegt in Norwegen einer strengen staatlichen Kontrolle. Echt norwegisch ist der hochprozentige *Linie*-Aquavit, der, in alten Sherryfässern gelagert, während einer Schiffsreise über den Äquator reift. Spirituosen sind nur in auserwählten Hotels und Restaurants zu bekommen, während Gaststätten auch Bier *(øl)* und teilweise Wein *(vin)* ausschenken dürfen. Die Regelung unterliegt den Gemeinden. Die entscheiden auch, ob ein Lebensmittelmarkt Bier verkaufen darf. Ansonsten gibt es Alkohol jeder Art im staatlichen Alkoholladen *(vinmonopolet).* Die Preise liegen um ein Vielfaches über dem deutschen Niveau.

Feiertage

■ **Gesetzliche Feiertage** sind der Neujahrstag, die Ostertage von Gründonnerstag bis Ostermontag, der 1. Mai als Tag der Arbeit, der *17. Mai* als *norwegischer Nationalfeiertag,* Christi Himmelfahrt, Pfingstsonntag und -montag sowie die beiden Weihnachtsfeiertage.

■ Typisch skandinavisch ist der **Mittsommertag**, der in Norwegen *Jonsok* oder *St. Hans* genannt wird und stets auf den 24. Juni fällt. Am Vorabend, *St. Hansaften,* wird die kürzeste Nacht des Jahres traditionsgemäß mit einem großen Feuer, viel Musik und Tanz und Alkohol gefeiert.

Am 29. Juli schließlich feiern die Norweger ihren Nationalheiligen Olav mit dem *Olsokfest.*

Geld

Währungseinheit ist die *Norwegische Krone,* in diesem Reiseführer NOK abgekürzt. 100 Øre ergeben 1 Krone. Der Wechselkurs lag Anfang 1997 bei rund 23,25 DM für 100 NOK, das sind 430 NOK für 100 DM.

Wechseln Sie zu Hause nur so viel wie nötig. Der Höchstbetrag für *Euroschecks* liegt bei 1.300 NOK. *Kreditkarten* werden gewöhnlich akzeptiert. Bei vielen Banken können Sie an Automaten (»Kontanten«) Bargeld abheben, wofür Ihre Heimatbank rund 5 DM pro Abhebung berechnet.

Gesundheit

Solange Norwegen nicht EU-Mitglied ist – und es sieht momentan nicht danach aus –, müssen Sie Arztrechnungen zunächst selbst bezahlen. AOK-Mitglieder bekommen zu Hause nur die Summe zurückerstattet, die die Versorgung im Heimatland gekostet hätte. Da die Arztkosten in Norwegen höher sind, brauchen sie eine *Reisekrankenversicherung.* Privat und gesetzlich Versicherte erkundigen sich am besten über die Modalitäten bei ihrem Versicherungsträger.

Medikamente erhalten Sie in Norwegen normalerweise nur gegen Rezept. Bringen Sie also vorbeugende Medizin von zu Hause mit.

Wer über Dänemark anreist, vergesse nicht das *EU-Formular E 111,* das den Anspruch auf kostenlose ärztliche Versorgung sowie Rückerstattung von Zahnarzt- und Medikamentkosten sicherstellt. Wo, erfahren Sie beim nächsten Touristenbüro vor Ort.

Hotels

»Hotell« dürfen sich in Norwegen nur die Unterkünfte nennen, die einen gewissen (hohen) Standard erfüllen. Der gilt auch für die Preise, so daß Sie für ein Doppelzimmer mit umgerechnet 200 DM aufwärts rechnen müssen. An Wochenenden und im Sommer, wenn keine Konferenzen der Geschäftswelt stattfinden, gehen die Preise nach unten. Preisnachlaß bieten auch die verschiedenen Rabattsysteme, für die sich Hotelbetriebe zusammengeschlossen haben: *Fjord Pass, Pro Skandinavia, Best Western Hotelschecks* und der *Bonus Pass* der InterNor-Hotelkette gewähren Rabatte bis zu mehr als einem Drittel des üblichen Tarifs. Abraten möchte ich dagegen von der begünstigten Buchung sämtlicher Hotelübernachtungen bereits vor Reiseantritt, weil dadurch die Route festgelegt und der Benutzer unflexibel wird. Informationen über Rabattsysteme erhalten Sie in spezialisierten Reisebüros, beim Norwegischen Fremdenverkehrsamt oder über »Scanforum«, Christophstraße 18–20, 45130 Essen.

Information

Österreicher und Schweizer können Sie sich an die norwegische Botschaft ihres Landes wenden. Ansonsten gilt folgende Adresse:

■ **Norwegisches Fremdenverkehrsamt**, Postfach 760 820, Mundsburger Damm 45, 22087 Hamburg, Tel. 040/2271 0810, Fax 040/2271 0815. Mo–Fr 10–16.30 Uhr.

■ **In Norwegen** helfen Ihnen die lokalen Touristenbüros weiter. Sie dürfen nicht davon ausgehen, daß überall Deutsch gesprochen wird. Doch mit etwas Englisch und viel gutem Willen und Freundlichkeit bereitet die Verständigung kaum Probleme. Wer spezielle Fragen hat, z.B. über Aktivitäten in einer bestimmten Region, wendet sich besser gleich an das zuständige Touristenbüro in Norwegen. Adressen finden Sie in den einzelnen Kapiteln dieses Buches.

Jedermannsrecht

Das Jedermannsrecht stammt aus einer Zeit, als die Wege weit und Unterkünfte rar waren. Es erlaubt, in der freien Natur zu übernachten und sich von ihr zu ernähren, sofern bestimmte Regeln eingehalten werden. Streng genommen, gilt das Jedermannsrecht nur für Wanderer. Autofahrer sind mobil genug, um rechtzeitig eine Unterkunft für die Nacht anzusteuern. Daß Autofahrer, die nahe von Straßen zelten, oder Wohnmobilisten, die über Nacht auf Parkplätzen stehen bleiben, nicht unbedingt vertrieben werden, hängt ganz einfach vom guten Willen der Gastgeber ab. Dieser gute Wille wird vermehrt von solchen Zeitgenossen strapaziert, die ungefragt auf Grundstücken umherwandern, ihre Chemieklosetts in Seen und öffentliche Toiletten entleeren oder ihr Brennholz von Bäumen abbrechen. Wenn das so weitergeht, ist es nur eine Frage der Zeit, bis die Skandinavier ihr einmaliges Jedermannsrecht einschränken oder ganz aufheben.

Wenn Ihnen ein Platz so gut gefällt, daß Sie gerne über Nacht dort bleiben möchten, halten Sie auf jeden Fall ein paar hundert Meter Abstand zum nächsten Wohnhaus. Wenn der Platz zu einem Anwesen gehört, fragen Sie dort um Erlaubnis. Brennmaterial lesen Sie vom Boden auf. Entfachen Sie Ihr Lagerfeuer nicht auf Felsgestein, niemals im Wald oder nach längerer Trockenheit (offiziell ist offenes Feuer vom 15.4. bis 15.9. verboten). Und nehmen Sie Ihren Müll wieder mit. Wenn vor Ihnen ein Dreckfink dagewesen ist, sollte das nicht Ihre Hemmschwelle herabsetzen, sondern vielmehr Ihre Bereitschaft stärken, den Platz sauberer zu hinterlassen, als Sie ihn vorgefunden haben. Denn wenn das Jedermannsrecht eines Tages fällt, müssen einmal mehr die Verantwortungsbewußten unter den Verantwortungslosen leiden. Deshalb sollte sich auch niemand scheuen, besonders rücksichtslose Übeltäter anzuzeigen.

Jugendherbergen

Knapp 100 Jugendherbergen gibt es in Norwegen, *vandrerhjem* genannt. Der Standard reicht von komfortablen Einzel- und Doppelzimmern mit Dusche/WC bis zu primitiven Sechs-Bett-Zimmern nach Pfadfindertradition. Eine angenehme Einrichtung sind die Familienzimmer, wo für Kinder bis zu 15 Jahren ermäßigte Tarife gelten. Reisende mit Jugendherbergsausweis ihres Heimatlandes erhalten einen Preisnachlaß. Für ein Bett in einem durchschnittlichen Zimmer können Sie mit 70–140 NOK ohne Frühstück rechnen. Wer keinen Leinenschlafsack dabei hat, muß 40–50 NOK für Bettzeug drauflegen.

Am besten bestellen Sie sich das Verzeichnis des norwegischen Dachverbandes, das neben Preisen und Öffnungszeiten Ausstattungen wie Gästeküche, Fahrrad- und Bootsvermietung etc. auflistet. Außerdem können Sie dem Heft entnehmen, welche Mahlzeiten angeboten werden.

■ **Norske Vandrerhjem**, Dronningensgate 26, N-0154 Oslo, Tel. 2242 1410, Fax 2242 4476. (Euroscheck für 25 NOK beilegen.)

Karten

Achten Sie darauf, daß die Karte nicht veraltet ist. Am Rand finden Sie das Jahr der letzten Aktualisierung.

■ **Cappelen Kart**, Kümmerly + Frey, Lizenzausgabe der norwegischen Cappelen-Straßenkarte: wird zuverlässig aktualisiert, enthält nützliche Zusatzinformationen, gefällt durch gute Farbgebung. Blatt 1 – Süd-Norwegen (Oslo-Stavanger-Bergen), Blatt 2 – Mittel-Norwegen I (Oslo-Bergen-Ålesund), Blatt 3 – Mittel-Norwegen II (Ålesund-Trondheim-Namsos), Blatt 4 – Mittel-Norwegen III (Brønnøysund-Bodø-Narvik), Blatt 5 – Nord-Norwegen (Tromsø-Hammerfest-Kirkenes). Blätter 1–3 im Maßstab 1:325.000, Blätter 4+5 im Maßstab 1:400.000. Preis 19,80 DM.

■ **Vegkart**, Scanmaps, basiert auf den Karten der staatlichen Straßenbehörde: einfache Kartenserie zwar mit kleinerem Maßstab, wegen der Nord-Süd-Ausdehnung Norwegens aber dadurch 21 Blätter, was gehörig ins Geld geht. Alle Blätter im Maßstab 1:250.000. Preis 15,80 DM.

■ **Wander- und Skikarten**, Scanmaps: sinnvolle und überwiegend gut ausgestattete Gebietskarten, mittlerweile über 50 verschiedene. Aufstellung siehe Bezug. Maßstab 1:50.000 bis 1:100.000. Preis 19,80 bis 29,80 DM.

■ **Topographische Karten**, Scanmaps: geeignet für Wanderungen in abgelegenen Regionen ohne markiertes Wegenetz, sofern keine spezielle Wanderkarte vorliegt. Maßstab 1:50.000. Preis 18,80 DM.

■ **Bezug:** in gut sortierten Buchhandlungen sowie, gerade im Fall von Scanmaps-Karten, über den *Nordis Buch- und Landkartenhandel,* Postfach 100 343, D-40767 Monheim, Tel. 02173/953 712, Fax 02173/542 78. Der Katalog enthält eine Liste der Wander- und Skikarten.

Klima

Trotz der nördlichen Lage kann es in Norwegen recht warm werden. Die Höchsttemperaturen liegen in Oslo bei 30°C, in Bergen und Trondheim bei 27°C, in Bodø bei 24°C, und selbst in der Finnmark, Norwegens nördlichstem Landesteil, kann es über 25°C warm werden. Die Durchschnittstemperaturen im Juli liegen in Oslo bei 17,5°C, in Bergen und Trondheim bei 15,3°C, in Bodø bei 13,2°C und in der Finnmark zwischen 11 und 13°C, je nachdem, ob an der Küste oder im Inland gemessen wird. Im allgemeinen sind die Temperaturen an der Küste niedriger als im Inland; dafür sinken sie an der Küste im Winter auf kaum weniger als –5°C, während im Inland –10°C bis –45°C möglich, aber nicht die Regel sind.

Ähnlich verhält es sich mit den Niederschlagsmengen, die an der Küste ergiebiger als im Inland ausfallen. Berüchtigt die Küste rund um Bergen, wo mehr als 2000 mm Niederschlag im Jahr die Norm sind, während Oslo nur 740 mm, Røros 480 mm und das Lærdal im inneren Fjordland 410 mm vermelden. Die zergliederten Gebirge mit ihren zahllosen Bergen und kleinen wie großen Tälern degradieren Wetterstatistiken und -vorhersagen nicht selten zu wertlosen Phrasen. Sechs sonnenbeständige Wochen in Juni und Juli im regenverwöhnten Fjordland waren in den letzten Jahren ebenso Realität wie vier verregnete Augustwochen im niederschlagsarmen Gebiet um Røros.

Körperbehinderte

Während viele Hotels und nun auch die Bahn in Norwegen mehr und mehr den Bedürfnissen von Körperbehinderten entgegenkommen, ist die Versorgung mit geeigneten Campingplätzen und Hütten längst nicht so flächendeckend, wie es offizielle Stellen gerne darstellen.

Genaue Informationen, auch auf deutsch, erhalten Sie bei:

■ **Norges Handikapforbund**, Postboks 9217 Vaterland, N-1034 Oslo, Telefon 2217 0255.

Literatur

Vorgestellt werden Bücher, die Sie näher mit Norwegen bekannt machen, die Landesteile ausführlich erschließen und die zu Aktivreisen anregen bzw. sich als Aktivführer eignen.

■ **Norwegen.** Merian. Hoffmann & Campe 1993.

■ **Norwegen.** Anders reisen. *Gunnar Köhne (Hrsg.).* Interessante Beiträge zu Land und Leuten.

■ **Norwegen selbst entdecken.** *Alexander Geh.* Von Kap Lindesnes im Süden bis Trondheim. Mit diesem 472 Seiten starken Reisebegleiter können Sie mindestens fünfmal in Norwegen Urlaub machen.

■ **Westnorwegen/Fjordland selbst entdecken.** *Alexander Geh.* Das umfangreichste Reisehandbuch über den spektakulärsten Landesteil, sorgfältig recherchiert, wie immer mit vielen Insider-Tips.

■ **Südnorwegen mit Oslo selbst entdecken.** *Alexander Geh.* Für Südnorge-Liebhaber und die Freunde kurzer Wege, die nicht jeden Tag im Auto sitzen wollen.

■ **Lofoten selbst entdecken.** *Michael Möbius und Annette Ster.* Das Autorenpaar lebt seit 1991 auf den Lofoten; wer also soll kompetenter über den faszinierenden Archipel schreiben?

■ **Norwegen zu Fuß und auf Ski.** 3500 km von Oslo nach Kirkenes. *Björn Klauer.*

■ **Fjorde, Gletscher, Wasserfälle.** Eine Radwanderung im Wechsel der Jahreszeiten. *Alexander Geh.*

■ **Bezug:** in Buchhandlungen zu erhalten oder zu bestellen. Eine große Auswahl an Literatur über ganz Skandinavien hat der *Nordis Buch- und Landkartenhandel,* Postfach 100 343, D-40767 Monheim, Tel. 02173/953 712, Fax 02173/542 78.

Mitternachtssonne

Für viele eine besondere Attraktion des Nordens. Nicht nur nördlich des Polarkreises erhellt sie die Somernächte. Auf Spitzbergen scheint sie am längsten, vom 20. April bis zum 21. August. Und am Nordkap wird es immerhin gut elf Wochen nicht völlig dunkel.

Nordkap 11.5.–31.7. Hammerfest 13.5.–29.7. Alta 18.5.–24.7. Tromsø 20.5.–22.7. Narvik 25.5.–18.7. Lofoten (Svolvær) 28.5.–15.7. Bodø: 4.6.–8.7.

Öffnungszeiten

■ **Banken:** Mo–Fr 8.30–15/15.30 Uhr, Do bis 17 Uhr.

■ **Post:** siehe nächste Rubrik.

■ **Geschäfte:** Seit der Liberalisierung der Ladenschlußzeiten können beim besten Willen nur noch Richtzeiten angegeben werden. In großen Einkaufszentren gilt in etwa Mo–Fr 9–20/21 Uhr, Sa 9/10–16/18 Uhr, sonst etwa Mo–Fr 9–16/17 Uhr, Do bis 18/20 Uhr, Sa 9–13/14 Uhr.
■ **Vinmonopolet:** Mo–Mi 10–16/17 Uhr, Do 9–17/18 Uhr, Fr 9–16/17 Uhr, Sa 9–13 Uhr. Die Regelung bleibt den Kommunen überlassen.

Post

■ **Öffnungszeiten:** Mo–Fr 8/8.30–16/16.30 Uhr, Sa 8/9–12/13 Uhr.
■ Das **Porto** für Briefe und Postkarten beträgt derzeit NOK 4,50 (bis 20 g) oder NOK 8,00 (bis 50 g). Mehr als zwei Jahre vergehen selten, bis die nächste Preiserhöhung bevorsteht.

Radio

Je nach Standort empfangen Sie über Kurz- und Mittelwelle deutschsprachige Sender. Vor Ort versorgen Sie einige Lokalstationen in den Sommermonaten mit Nachrichten und weiteren Informationen, vor allem auf englisch. Achten Sie auf Schilder mit der Aufschrift *turistradio,* denen Sie die jeweilige Frequenz entnehmen können. Ein interessantes Programm ist übrigens *Radio Schweden,* das auf MW 1179 kHz und KW 6065 kHz zu empfangen ist und abends eine Stunde Informationen aus ganz Skandinavien in deutscher Sprache sendet. Der Beginn dieser Sendung wechselt von Jahr zu Jahr, liegt mal auf 19.30 Uhr, mal auf 22 Uhr.

Sportliche aktiv

In den einzelnen Kapiteln finden Sie Tips zu Angeln, Wassersport, Reiten, Golf, Fahrradfahren und Wandern. Angeln und Wandern sind unter den Touristen die klassischen Aktivitäten.
■ **Angeln:** In den Fjorden und am Meer können Sie Ihre Angel gratis auswerfen. Für Seen und Flüsse brauchen Sie zunächst die staatliche Angellizenz. Einzahlungsscheine haben die Postämter. Ferner brauchen Sie den örtlichen Angelschein *(fiskekort),* den Sie entweder im lokalen Touristenbüro, in Sportgeschäften, in den Unterkünften oder direkt bei den Eigentümern und Pächtern (teils durch Schilder mit »fiskekort« gekennzeichnet) bekommen.

Da Krankheiten, saurer Regen und Überfischung die Bestände teilweise stark dezimiert haben, sind diverse Schutzbestimmungen über Fangzeiten und Ausrüstung in Kraft. Am besten erkundigen Sie sich in dem Touristenbüro, in dessen Gebiet Sie angeln möchten.
■ **Wandern:** Mehr als 18.000 Kilometer markierte Wanderwege durchziehen das Land. Als Markierungen fungieren rote, auf Steine und Bäume gemalte T's sowie Steinhaufen. Besser noch, Sie haben eine Karte dabei und, in abgelegenen Regionen, einen Kompaß.

Dieser Reiseführer konzentriert sich auf Tageswanderungen, die eher im Sinne von Autotouristen sind.

Sicherheitstips: Im Juni müssen Sie im Gebirge noch mit Schneewehen und

Hochwasser in Flüssen und Bächen rechnen. Brücken über Wasserläufe sind häufig, aber nicht die Regel. Erkundigen Sie sich am Startpunkt oder in der Unterkunft über Streckenprofil und Besonderheiten. Und lassen Sie dort, oder sichtbar in Ihrem Auto, eine Nachricht zurück, wo Sie hingehen und wann Sie wiederkommen möchten. Gehen Sie zu zweit, damit eine(r) immer Hilfe holen kann. Leuchtend bunte Kleidungsstücke, die Helfern oder anderen Wanderern auch auf große Entfernung auffallen, sind ebenfalls von Vorteil.

Sprachführer für Autofahrer

■ Verkehrsschilder

Se opp! – Achtung! Vorsicht!
Stopp! – Halt!
Avgift – Straßenbenutzungsgebühr
Blindvei – Sackgasse
Bomveg (bomvei) – Mautstraße
Bompenger – Straßenbenutzungsgebühr
Dårlig veidekke – Schlechte Fahrbahn
Forbikjøring forbudt – Überholen verboten
Gjennomkjøring – forbudt Durchfahrt verboten
Glatt veibane – Vereiste Fahrbahn
Kjør sakte! – Langsam fahren!
Lekeplass – Kinderspielplatz
Omkjøring – Umleitung
Parkering forbudt – Parken verboten
Parkeringsplass – Parkplatz
Privat veg – Privatweg
Stengt – gesperrt
Stopp forbudt – Halten verboten
Svake kanter – Fahrbahnrand nicht befahrbar
Toll – Zoll
Veiarbeid – Baustelle, Straßenarbeiten

■ Standardbegriffe

Abblendlicht – *nærlys*
Abschleppdienst – *redningstjeneste*
Achse – *aksel*
Anlasser – *selvstarter*
Auspuff – *eksosrør*
Auto – *bil*
Autobahn – *motorvei*
Batterie – *batteri*
Benzin – *bensin*
Blinker – *blinklys*
Dichtung – *pakning*
Ersatzrad – *reservehjul*
Ersatzteil – *reservedel*
Fehler – *feil*
Fernlicht – *fjernlys*
Frostschutzmittel – *frostvæske*
Führerschein – *førerkort*
Getriebe – *gir*
Handbremse – *håndbremse*
Hupe – *horn*
Keilriemen – *kilerem*
Kofferraum – *bagasjerom*
Kühler – *kjøler*
Lenkrad – *ratt*
Leihwagen – *leiebil*
Moped – *moped*
Motor – *motor*
Motorrad – *motorsykkel*
Normalbenzin – *vanlig bensin*
Öl – *olje*
Panne – *motorstopp*
Reifen – *dekk*
Rücklicht – *baklys*
Scheinwerfer – *lykt*
Sicherheitsgurt – *sikkerhetsbelte*
Sicherung – *sikring*
Spikes – *pigger*
Straße – *gate (gata)*
Unfall – *ulykke*
Ventil – *ventil*
Vergaser – *forgasser*

Verteiler – *fordeler*
Warndreieck – *varseltrekant*
Werkstatt – *bilverksted*
Windschutzscheibe – *frontrute*
Winterreifen – *vinterdekk*
Zündkerze – *tennplugg*
Zündschlüssel – *tenningsnøkkel*
Zündung – *tenning*
Zylinder – *sylinder*
Zylinderkopfdichtung – *topp-pakning*

■ Standardsprüche

Es ist ein Unfall passiert! – *Det er skjedd et uhell!*
Das Auto hat eine Panne – *Bilen har motorstopp*
Der Motor springt nicht an – *Motoren vil ikke starte*
Das Auto hat eine Reifenpanne – *Bilen har punktert*
Wo ist die nächste Tankstelle? – *Hvor er nærmeste bensinstasjon?*
Bitte volltanken! – *Full tank, takk!*
Darf ich hier parken? – *Kan jeg parkere her?*
Wie komme ich nach? – *Hvordan kommer jeg til?*
Wie weit ist das? – *Hvor langt er det?*
Können Sie mir das auf der Karte zeigen? – *Kan du vise meg det på kartet?*

■ Transport

Abfahrt – *avgang*
Abteil – *kupé*
Ankunft – *ankomst*
Ausland – *utland*
Bahnhof – *jernbanestasjon*
Bahnsteig – *perrong*
Boot – *båt*
Bus – *buss, rutebil*
Busbahnhof – *busstasjon*
Eisenbahn – *jernbane*
Fähre – *ferge (ferje)*
Fahrkarte – *billett*
Fahrplan – *rute*
Fahrpreis – *billettpris*
hin und zurück – *retur*
Kai – *kai, brygge*
Nichtraucher – *ikke-røker*
reisen – *reise*
Schiff – *skip*
Schnellboot – *hurtigbåt*
Sitzplatz – *sitteplass*
Sommerfahrplan – *sommerrute*
täglich – *daglig*
Taxi – *taxi, drosje*
von...nach – *fra...til*
werktags – *hverdager (kvardager)*
Winterfahrplan – *vinterrute*
Zug – *tog*

■ Unterkunft

Bett – *seng*
Campingplatz – *campingplass*
Doppelzimmer – *dobbeltrom*
Dusche – *dusj*
Einzelzimmer – *enkeltrom*
frei – *ledig*
Frühstück – *frokost*
Halbpension – *halvpension*
Hotel – *hotell* (hotel ist international)
Hütte – *hytte, hytta*
Jugendherberge – *vandrerhjem, ungdomsherberge*
Küche – *kjøkken*
mit – *med*
ohne – *uten*
Schlafsack – *sovepose*
Speisesaal – *spisesal*
Tag – *dag*
Tag und Nacht – *døgn*
Toilette – *toalett*
Trinkwasser – *drikkevann*
Trockentrommel – *tørketrommel*
Übernachtung – *overnatting*
Vollpension – *fullpension*
Waschmaschine – *vaskemaskin*
wie viele? – *hvor mange?*
Zimmer – *rom*
Zelt – *telt*

Wochentage
Montag – *mandag*
Dienstag – *tirsdag*
Mittwoch – *onsdag*
Donnerstag – *torsdag*
Freitag – *fridag*
Samstag – *lørdag*
Sonntag – *søndag*

Grundzahlen
eins – *en, ett*
zwei – *to*
drei – *tre*
vier – *fire*
fünf – *fem*
sechs – *seks*
sieben – *sju*
acht – *åtte*
neun – *ni*
zehn – *ti*
elf – *elleve*
zwölf – *tolv*
dreizehn – *tretten*
vierzehn – *fjorten*
fünfzehn – *femten*
sechzehn – *seksten*
siebzehn – *sytten*
achtzehn – *atten*
neunzehn – *nitten*
zwanzig – *tjue*
fünfundzwanzig – *tjuefem*
dreißig – *tretti*
vierzig – *førti*
fünfzig – *femti*
sechzig – *seksti*
siebzig – *sytti*
achtzig – *åtti*
neunzig – *nitti*
hundert – *hundre*
tausend – *tusen*

Telefon

Es ist kein Problem, von öffentlichen Telefonzellen zu Hause anzurufen. Nur die alten Apparate mit Wählscheibe sind mit Vorsicht zu genießen, da sie nur Münzen im Wert 5 und 1 NOK akzeptieren und man ständig nachschieben muß. Die modernen Apparate verfügen über ein Display. Telefonkarten sind auf dem Vormarsch.

Für Auslandsgespräche wählen Sie 095, danach die Landeskennzahl, die Ortsnetzkennzahl (Vorwahl) ohne 0 sowie die Rufnummer. Landeskennzahlen: Deutschland 49, Österreich 43, Schweiz 41, Luxemburg 352, Niederlande 31, Belgien 32, Dänemark 45.

Wenn Sie Norwegen von Mitteleuropa aus anwählen, müssen Sie mit der 00 sowie der Landeskennzahl 47 beginnen.

■ In Norwegen gelten überall **achtstellige Telefonnummern** ohne Vorwahl. Ob Sie von Oslo aus Bergen oder Trondheim oder Kirkenes oder eine andere Nummer in Oslo anwählen – alle acht Ziffern sind notwendig. Der Preis jedoch nicht, der berechnet sich schon nach der Entfernung.

Zeitungen

Internationale Zeitungen und Zeitschriften verkaufen die blauen *Narvesen*-Kioske, die zudem mit einem bunten, stilisierten »N« gekennzeichnet sind.

Alexander Geh schreibt Reiseliteratur über Skandinavien und arbeitet zudem als Lektor. Bei Regenbogen erschienen seine Reiseführer »Norwegen von Kap Lindesnes bis Trondheim selbst entdecken«, »Westnorwegen/Fjordland selbst entdecken«, »Südnorwegen mit Oslo selbst entdecken« sowie mehrere Titel über Dänemark und ein Stadtführer Kopenhagen.

Geschichte

von Alexander Geh

Die älteste Spuren menschlicher Besiedlung stammen aus der älteren Steinzeit, als die Gletscher der letzten Eiszeit zu schmelzen begannen (10.000–9.000 v.Chr.). Es handelt sich um Schädelfunde und ausgegrabene Flintsteine – Kieselgestein aus Quarz oder verwandten Gesteinsarten, das leicht zu bearbeiten ist und aus dem sich, typisch für diese Epoche, Gebrauchsgegenstände herstellen ließen. Jene Ur-Norweger, streng genommen Indogermanen, gingen entlang der Südküste auf Rentierjagd, später auf Fischfang..

In der jüngeren Steinzeit (4000–1500 v.Chr.) wurden die bis dahin ortsungebundenen Sippen seßhaft. Sie hielten sich nun domestiziertes Vieh und bauten Kulturpflanzen wie Gerste und Weizen an, wenn der felsige Boden auch nur spärliche Zonen preisgab. Aus Jungsteinzeit und Bronzezeit (1500–500 v.Chr.) stammen die ältesten *Felszeichnungen*, die in Westnorwegen erhalten sind. Sie zeigen Boote, Bäume, Symbole sowie schematisierte Darstellungen von Menschen und Tieren. Felszeichnungen (norwegisch: helleristninger) waren Bestandteile von Riten, sollten z.B. die Götter beschwören, damit den Jägern das Glück hold sei oder daß die Ernte gut ausfalle. Ein anderes Relikt dieser

Zeit sind die *Grabhügel*, die Macht und Reichtum des Sippenführers dokumentierten.

Parallel mit dem Übergang von der Bronze- zur Eisenzeit (500 v.Chr.) wurde es kälter und feuchter in Nordeuropa. Der Klimaumschwung erzwang den Bau fester Unterkünfte, die von der Schlafstätte bis zum Viehstall alles unter einem Dach vereinten. Als Baumaterialen bewährten sich Holz und Grassoden. Klimawechsel, Übervölkerung, Streit zwischen den einzelnen Stämmen und Abenteuerlust gelten als die Ursachen der Völkerwanderung, die noch vor dem Beginn unserer Zeitrechnung einsetzte. Als Germanen und Römer ihre ersten Kämpfe ausfochten, waren noch keine Stämme aus dem Norden beteiligt. Die *Haruden*, die wahrscheinlich aus dem heutigen *Hardanger* stammten, gehörten um 450 n.Chr. zu den ersten Urnorwegern, die es nach Mitteleuropa zog. In der Regel kamen die reisefreudigen Nor(d)mannen gut mit der angestammten Bevölkerung aus. Sie trieben Handel oder nahmen sich (unbesiedeltes) Land, zum Beispiel Inseln vor der Küste Schottlands, die sich gut für die Schafzucht eigneten.

Wie schrecklich war Hägar?

Als Wendepunkt gilt das Jahr 793, als eine Horde Normannen die kleine Holy Island vor der Ostküste Englands heimsuchte. Sie plünderten das Kloster *Lindisfarne*, brannten es nieder und erschlugen die Mönche. In der Folgezeit häuften sich solche Vorkommnisse, verbreiteten die Wikinger, wie sich die Normannen auf Beutezug nannten, Angst und Schrecken. Sie bildeten keine Volksgemeinschaft, und der Name »Wikinger« galt nicht nur für Norweger, sondern auch für Südschweden und Dänen. Gleichzeitig betätigte sich nicht jeder Normanne als Wikinger: Während sich die einen auf Beutezug begaben, segelten andere zu den Handelsplätzen, gründeten Siedlungen oder kombinierten diese Lebensformen miteinander. Auf Handels- oder Beutefahrten segelten Normannen nach Colonia (Köln) und Parisia (Paris), nach England und Irland, zum Mittelmeer oder über die Wolga. Sie verdingten sich als Leibwachen des Kaiser von Byzanz und überquerten mit ihren Booten auf dem Landweg enorme Entferungen bis zum Schwarzen Meer. Ob Händler oder Räuber – daß sie relativ unangefochten Meere und Flüsse beherrschten, verdankten sie ihrer Schiffsbaukunst. Die wendigen, solid gebauten Drachenboote waren den anderen Konstruktionen überlegen.

Ein Grund für die aggressive Expansion in der Fremde waren die Zustände zu Hause, wo Zwist und Landnot zunahmen und die Axt immer häufiger als Argumentationshilfe eingesetzt wurde. Norwegen bestand um 850 aus vielen kleinen Fürstentümern, die nichts Besseres zu tun hatten, als miteinander um die Macht zu konkurrieren. Einer dieser Potentaten war Harald Hårfagre (um 850–933), dessen Beiname »Schönhaar« auf eine stattliche Erscheinung schließen läßt. Nachdem Harald mit einer Reihe anderer Kleinherrscher Bündnisse geschlossen hatte, stellte er sich in der Schlacht von *Hafsfjord* seinen ärgsten Widersachern. Es muß ein fürchterliches Gemetzel gewesen sein, das sich da draußen in dem kleinen Fjord ganz in der Nähe von Stavanger abspielte. Haralds Sieg vereinte Norwegen erstmals zu einem Reich und machte ihn selbst zum König. Er festigte seine Macht, indem er die »gewonnenen« Landstriche unter seinen zahlreichen

Nachkommen verteilte, führte eine Art Steuersystem in Naturalien ein und stellte die Bauern dafür unter seinen Schutz.

Da Schönhaars Versöhnungswillen begrenzt war, mußten viele der Unterlegenen ihr Glück anderswo versuchen. Sie besannen sich auf ihre Tugenden als Siedler, Händler und Räuber. Zu den bekanntesten neuen Siedlungen gehörten 875 die Hebriden, Shetlands, Orkneys und die Insel Man. Doch Harald Schönhaar säuberte die britischen Inseln von allen Wikingern, die ihm nicht treu ergeben waren. Bereits 874 hatten sich die ersten Normannen auf Island niedergelassen, wo nur ein paar irische Mönche lebten. Die Neu-Isländer unterhielten zwar enge Handelsbeziehungen mit dem norwegischen Mutterland, blieben aber unabhängig. Der Händler *Gunnbjørn*, den ein Sturm 875 an Island vorbeitrieb, sichtete weiter östlich ein gebirgiges Land, kam wegen des Eises aber nicht weiter voran. Auf diese Überlieferung besann sich 982 *Erik der Rote*, ein streitbarer Wikinger, der aus Norwegen nach Island verbannt worden war, aber auch dort keine friedliche Atmosphäre verbreitete. Erik segelte los zu neuen Ufern – und entdeckte Grönland. Um 1000 stießen Grönland- oder Island-Wikinger nach Nordamerika vor; manche Quellen sprechen von Eriks Sohn Leif. Ausgrabungen, die norwegische Archäologen in den 1960er Jahren auf Neufundland vornahmen, förderten Reste von Siedlungen zu Tage, die denen der grönländischen und isländischen Normannen entsprachen.

Festigung und Zerfall

Um die Jahrtausendwende ebbten die Wikingerzüge auf dem europäischen Kontinent ab. Ob das mit dem Christentum zu tun hatte, das sich zum selben Zeitpunkt zu Hause durchsetzte? Haralds einst geschlossenes Reich bröckelte wieder, und sein getaufter Urenkel, König *Olav Tryggvasson*, hatte zwar die Kleinherrscher im südlichen und westlichen Norwegen bekehrt, starb aber im Kampf gegen die »unheilige« Allianz aus Dänen, Schweden und Trøndelager Fürsten. Erst König *Olav Haraldsson* gelang es, den neuen Glauben endgültig durchzusetzen. Daß seine Überzeugungsarbeit auf Feuer und Schwert basierte, gereicht ihm nicht zu Ehren, entsprach aber der christlichen Praxis im Mittelalter. So verwundert es auch nicht, daß Olav 1030 in der Schlacht von *Stiklestad* sein Ende fand. Im Jahr darauf wurde er heilig gesprochen. *Magnus Olavsson*, der von 1035 bis 1047 regierte, konsolidierte Reich und Königshaus und behauptete sich gegen die Besitzansprüche der dänischen und schwedischen Nachbarn.

Die neue Stabilität zeigte erste Auswirkungen: 1048 wurde *Oslo* gegründet, 1070 *Bergen*, dank der verkehrsgünstigen Lage an der Westküste die wichtigste Stadt nach dem Bischofssitz und Königshof *Nidaros*, dem heutigen *Trondheim*. 1250 erteilte König *Håkon IV.* der Lübecker Hanse eine Art Handelszuschlag für Bergen. Die straff geführte Kaufmannsgilde organisierte ein Handelsnetz, das halb Europa umspannte, und trat sozusagen die Nachfolge der Normannen an. Die Koggen der Hanse erwiesen sich als die bestgebauten Schiffe seit den Drachenbooten der Wikinger. 1262 wurden Island und Grönland in das norwegische Königreich integriert. Island hatte seit Eriks Zeiten mehr oder weniger unter dem Einfluß der norwegischen Herrscher gestanden. Erpressungen, Intrigen sowie Streit unter den Isländern bereiteten den Boden, um die

»Kolonie« zu binden und folgsame Leute in weltliche und geistliche Positionen zu hieven, auf die sich die Herrscher im fernen Nidaros verlassen konnten. Norwegen befand sich auf dem Höhepunkt seiner Macht und in einer Phase relativen Wohlstands, der freilich nur den privilegierten Schichten vorbehalten blieb. Bauern und Fischer lebten in Abhängigkeit und finanzierten direkt oder indirekt Gesetzmäßigkeiten und Launen des Feudalsystems.

1349 brach die Pest über Norwegen herein und raffte mehr als die Hälfte der Bevölkerung dahin. Eine eindrucksvolle Schilderung finden Sie in *Sigrid Undsets* Romantrilogie »Kristin Lavranstochter«. Eine weitere Katastrophe, wenn auch ganz anderer Art, hatte 1319 begonnen, ohne daß die Konsequenzen vorherzusehen waren. Da *Håkon V.* keine männlichen Erben hinterließ, sahen sich die Patrizier nach einem neuen König um und entschieden sich für den Schwedenkönig *Magnus Eriksson*, der die Krone 1343 seinem Sohn *Håkon VI.* überließ. Nach dessen Tod 1380 war es mit der Selbständigkeit Norwegens plötzlich vorbei. Håkons dänische Witwe, *Margarethe I.*, durfte zwar den Thron nicht besteigen, zog aber geschickt die Fäden und betrieb die Vereinigung von Dänemark und Norwegen, die 1387 mit der Krönung Maragrethes als kleinskandinavische Königin offiziell besiegelt wurde – Erbfolgeregelung hin oder her. Aus klein machte sie groß, indem sie 1397 die Verflechtung der nordischen Königshäuser nutzte und die *Kalmarer Union* gründete, in der sich nun auch Schweden wiederfand. Die umtriebige Margarethe strebte mit ihrem jetzt großskandinavischen Reich nach Höherem, doch das ist mehr dänische als norwegische Geschichte.

Während Schweden ständig gegen die Zwangsunion rebellierte und 1523 unter Gustav Vasa die Unabhängigkeit erkämpfte, verkümmerte Norwegen zur dänischen Provinz. Die fernen Herrscher in Kopenhagen besetzten die entscheidenden Verwaltungsposten mit eigenen Leuten und machten das Dänische zur Amtssprache. Sie verschacherten die Shetlands und Orkneys als Mitgift an das schottische Königshaus. Die Handelsrechte verkauften sie an ausländische Geschäftsleute, neben den Deutschen von der Hanse meist Engländer, Schotten und Holländer. Was die dann in ihren Machtbereichen trieben, berührte die Dänenkönige wenig. Kaum einen adligen Lehensherrn hielt es länger als notwendig dort draußen an der Peripherie.

Union mit Schweden

Mit dem *Kieler Frieden* 1814 wurde Europa neu aufgeteilt. Dänemark, das als Verbündeter Napoleons zu den Verlierern gehörte, verlor Norwegen an Schweden. Norwegen hatte unter den Napoleonischen Kriegen schwer gelitten: Zum einen legte die englische Seeblockade den Handel lahm, zum anderen mußten viele Norweger als Soldaten ihr Leben lassen. Umso verständlicher, daß sich 1814 die Stimmen mehrten, die die Unabhängigkeit forderten und die Union mit Schweden verwarfen. Der dänische Statthalter in Christiania, wie Oslo inzwischen hieß, war ein Neffe des aktuellen Dänenkönigs. Er engagierte sich für die Bildung einer verfassungsgebenden Versammlung, ohne insgeheim das Ziel einer Wiedervereinigung von Norwegen und Dänemark aus den Augen zu verlieren. In Eidsvoll, nördlich von Christiania, trafen sich im April 1814 112 Abgeordnete zur *Nationalversammlung*.

Am 17. Mai verabschiedeten sie die neue Verfassung und wählten den dänischen Prinzen *Christian Fredrik* zum König. Die Schweden zeigten sich allerdings nicht bereit, auf die Union zu verzichten. Nach erfolglosen Verhandlungen zwangen sie Christiania mit militärischem Druck zum Nachgeben. Immerhin erkannte Schwedens König *Karl Johan* die Nationalversammlung und ihre Verfassung an, setzte allerdings Änderungen durch, die die Union bestätigten und die Außenpolitik den Schweden unterstellte. Trotzdem bedeutete der Unionsvertrag eine wesentliche staatsrechtliche Verbesserung für Norwegen. Die neue Verfassung hatte nationale Rechte institutionalisiert, die den Auftakt zum langen Marsch in die Unabhängigkeit bildeten. Der 17. Mai war fortan Nationalfeiertag. Die Nationalversammlung konstituierte sich in Christiania. Die Mitglieder verlegten sich auf eine Taktik der kleinen Schritte, um mehr Freiheiten zu erreichen. Das norwegische Parlament, das *Storting*, sollte noch bis 1884 auf sich warten lassen.

Bedeutsamer war die nationale Bewegung in Teilen der Bevölkerung, die in Eidsvoll ihren Anfang nahm: 434 Jahre zur geschichtslosen Randlage Europas degradiert, besannen sich Intellektuelle, Künstler und gewöhnliche Bürger auf alles, was sie als urnorwegisch einstuften: Wikinger, Stabkirchen, Kunsthandwerk wie die bäuerliche Rosenmalerei, bestimmte Darstellungsformen von Kunst und, ganz wichtig, Sprache und Literatur. 1872 wurde der tausendste Jahrestag der Schlacht am Hafrsfjord mit Gedächtnisfeiern und der Enthüllung eines Haralds-Denkmals in Haugesund gewürdigt. Der Rest der typisch norwegischen Stabkirchen, die seit dem Mittelalter zu Hunderten verfallen waren, geriet allmählich in den Mittelpunkt der Denkmalspflege. Der Bergenser *Johan Christian Dahl* (1788–1857) malte wirklichkeitsnahe Bilder nordischer Landschaften und traf den Nerv der Zeit. Die Sagas feierten Wiederauferstehung, und die norwegischen Märchen, die Asbjørnsen und Moe 1842 herausgaben, sind noch heute ein gefragtes Geschenk. Zu den glühendsten Patrioten gehörten viele Schriftsteller, darunter *Henrik Wergeland* (1808–1845), der sich auch als Politiker betätigte. Um die Sprache von allem Dänischen zu reinigen, engagierten sich Wissenschaftler wie Hobby-Sprachforscher: Einer von ihnen, der Bauer *Ivar Aasen* (1813–1896) aus Møre in Westnorwegen, schuf aus den Dialekten der ländlichen Gebieten eine neue, alte Sprache und gilt als Urheber der kuriosen Situation, daß im heutigen Norwegen zwei Schriftsprachen gleichberechtigt nebeneinander stehen (nächstes Kapitel).

Auch wenn nicht alle Norweger einen solch missionarischen Eifer an den Tag legten, stieß die Suche nach nationaler Identität meist auf offene Ohren. Der Nachholbedarf war enorm, und seine Umsetzung glich ein wenig die ökonomischen Probleme aus, denen sich das Land damals gegenübersah. In den ersten dreißig Jahren der Union stand Norwegen ständig am Rand der Pleite. Doch die Gesundung der Staatsfinanzen bedeutete noch keine Verbesserung des allgemeinen Lebensstandards. Bauern und Fischer lebten unverändert in Abhängigkeit von Abnehmern und Grundeigentümern und trugen das Risiko einer schlechten Saison. Die landwirtschaftlichen Produktionsmethoden waren überholt. Und obwohl die Bauern künftig mehr Viehhaltung und Milchwirtschaft betrieben, obwohl sich mit der Erfindung der Harpunenkanone der Walfang als Wirtschaftszweig etablierte, obwohl die Fortschritte in der Schiffsbautechnik den Fischfang erleichterten und den Grundstein zu einer der größten Handelsflotten überhaupt legten und obwohl die Industrialisierung einsetzte, reichten die vorhandenen Arbeitsplätze und Wirtschaftsstrukturen nicht aus, um die stetig wachsende Bevölkerung zu ernähren. Zwischen 1825 und 1915 verließen rund 800.000 Menschen das Land, auf der Suche nach einem besseren Leben. Die meisten Schiffe brachen gen Nordamerika auf. Der schwedische Autor *Vilhelm Moberg* schildert in »Die Auswanderer« und »In der neuen Welt« das harte Schicksal der Emigranten.

Endlich unabhängig

Das stichnadelartige Taktieren des Stortings führte zum Ziel: 1905 entschieden sich die Norweger in einer ersten Volksabstimmung für die vollständige Souveränität, in einer zweiten für die konstitutionelle Monarchie als Staatsform. Landeshauptstadt wurde Christiania. Schweden verzichtete auf eine militärische Intervention – wenn man bedenkt, mit welcher Hingabe die Völker Mitteleuropas neun Jahre später in den Krieg zogen, verdient diese Entscheidung Anerkennung.

Den König mußte sich Norwegen von außerhalb besorgen. Der dänische Prinz Carl wurde als *Haakon VII.* im Nidaros-Dom zu Trondheim gekrönt. 1913 beschloß das Storting das fällige Frauenwahlrecht. Zur selben Zeit begann der Bau von Anlagen für die Wasserkraftgewinnung, die das Land heute zusammen mit dem Öl energieunabhängig macht. Im Ersten Weltkrieg erklärte sich Norwegen neutral. Da die Handelsflotte, inzwischen die drittgrößte überhaupt, überwiegend Versorgungseinsätze für die Alliierten fuhr, verloren die Reeder im U-Boot-Krieg beinahe die Hälfte ihrer Schiffe. Trotzdem verdienten sie prächtig am Krieg und schufen sich eine starke Position auf dem internationalen Markt. 1924 erhielt Kristiania, nachdem die Schreibweise bereits norwegisiert worden war, seinen ursprünglichen Namen Oslo zurück.

Der Zweite Weltkrieg

Der Zweite Weltkrieg ist das finsterste Kapitel der jüngeren norwegischen Geschichte. Am 9. April 1940 besetzte Hitlers Wehrmacht das Land, um den nordnorwegischen Erzausfuhrhafen Narvik zu kontrollieren, Flottenstützpunkte an der Küste zu postieren und eine Nordflanke für den Angriff auf die Sowjetunion zu schaffen. Der Überfall mit Namen »Weserübung« verlief planmäßig – abgesehen von einer Ausnahme: Im Oslofjord versenkte eine altertümliche Kanone den Kreuzer »Blücher«, verzögerte so die Einnahme Oslos und ermöglichte König und Parlament die Flucht nach England. Håkon VII. lehnte jede Verhandlung mit den Deutschen ab und übertrug dem Storting die Vollmacht für den Widerstand. Die Deutschen bombardierten gezielt wie willkürlich norwegische Städte, in Westnorwegen vornehmlich entlang der Küste. Im Norden gelang es britischen, französischen, polnischen und einheimischen Verbänden, Narvik zurückzuerobern; der Kriegsausbruch in Frankreich bewog die Alliierten dann aber zur Einstellung des Kampfes. In den ersten Besatzungstagen verloren schätzungsweise 7500 Menschen das Leben.

Die Deutschen setzten den Norweger *Vidkun Quisling* in Oslo als Statthalter ein, der allerdings den Weisungen aus dem militärischen Oberkommando unterstand. Quisling, früher Verteidigungsminister, war bereits im Dezember 1939 zu vorbereitenden Gesprächen nach Berlin gereist; sein Name entwickelte sich zum Synonym für Kollaborateur.

Der Widerstand zeigte sich in verschiedenen Formen: Der Großteil der Handelsflotte war bei Kriegsausbruch 1939 vorsichtshalber in Großbritannien stationiert worden und nun für die Alliierten unterwegs, Juden wurden heimlich über die Grenze nach Schweden geschleust, und zahlreiche Norweger beteiligten sich unter britischem Oberbefehl an Überfällen und Sabotageakten oder kämpften als Partisanen. Viele mußten ihren Einsatz mit dem Leben bezahlen. In Gefangenen- und Arbeitslagern fristeten Widerstandskämpfer neben slawischen und anderen Kriegsgefangenen ein kümmerliches Dasein. Als sich 1943 die Niederlage der Deutschen auf dem Kontinent abzeichnete, nahmen die Grausamkeiten zu. Bei ihrem Rückzug hinterließ die Wehrmacht in Nordnorwegen verbrannte Städte, Siedlungen und Fabriken.

Am 7. Mai 1945 kapitulierte das deutsche Oberkommando in Norwegen. Der König kehrte aus dem Exil zurück und wurde für seine hartnäckige Haltung mit Jubel in den Straßen Oslos empfangen. Vidkun Quisling wurde zum Tode verurteilt und hingerichtet. Ungefähr 20.000 Norweger, darunter der betagte Schriftsteller *Knut Hamsun*, erhielten Gefängnisstrafen wegen Kollaboration. Die Abrechnung mit der Vergangenheit führte zu tragischen Szenen innerhalb der Bevölkerung. Frauen, die mit deutschen Soldaten befreundet gewesen waren, mußten Beschimpfungen und in Einzelfällen auch Mißhandlungen über sich ergehen lassen – die Selbstjustiz und ihre Ursachen galten lange Zeit als Tabuthema.

Der plötzliche Reichtum

Als im Herbst 1945 das Storting neu gewählt wurde, erreichte die sozialdemokratische *Arbeiterpartei* erstmals die absolute Mehrheit, die sie erst 1961 wieder abgeben sollte. In ihre Amtszeit fielen die Wiederaufbauphase, die Beitritte 1960 zur Europäischen Freihandelszone *EFTA* und 1949 zur *NATO*, das Resultat der Besatzungszeit im Zweiten Weltkrieg. Offiziell blieben die Stationierung fremder Truppen und die Lagerung von Atomwaffen untersagt. Bis in die 60er Jahre sollten die traditionellen Erwerbssparten Fischerei und Landwirtschaft die tragenden Säulen der Wirtschaft bleiben.

1957 folgte *Olav V.* seinem verstorbenen Vater als König. Die Aufgaben der Königsfamilie beschränken sich gemäß der Verfassung auf Repräsentation. Im Januar 1991 starb Olav, worauf sein Sohn als *Harald V.* den Thron bestieg.

1964 begann eine neue Ära für Norwegen, als in der Nordsee die ersten Probebohrungen nach Öl aufgenommen wurden. Fünf Jahre dauerte es, bis Rentabilität versprechende Vorkommen feststanden. Die Ausbeutung des *Ekofisk*-Feldes, südwestlich von Stavanger, startete 1971, und ein Jahr später folgte die Gründung der staatlichen Ölgesellschaft *Statoil*. Stavanger etablierte sich als Ölmetropole, in der das Zusammenprallen von Alt und Neu heute am deutlichsten zu verfolgen ist.

1972 entschieden sich die Norweger per Volksabstimmung gegen die Mitgliedschaft in der Europäischen Gemeinschaft. Für nordische Verhältnisse verlief die Diskussion ungewöhnlich heftig und hinterließ Gräben in Familien wie Parteifraktionen.

Die Erdölförderung verhalfen Norwegen zu außerordentlichen Einnahmen. Die einheimische Wirtschaft war so stark, daß sie sich von den internationalen Krisen vorerst freihielt. Nach schwedischem Vorbild entstand ein Wohlfahrtsstaat, der seit 1945 im Kleinen vorbereitet worden war, nun aber im Großen finanziert werden konnte. Doch obwohl es das erklärte Ziel aller Regierungen war, die anderen Wirtschaftszweige möglichst unabhängig von der Ölförderung zu halten, ist es genau umgekehrt gekommen. Die Ölwirtschaft hat den Norwegern hohe Löhne und hohe Preise beschert. Facharbeiter zogen und ziehen in die Ölzentren entlang der Westküste; viele junge Menschen wanderten in die Städte ab, unterstützt durch die unselige Zentralisierungspolitik der frühen 70er Jahre. Die traditionellen Wirtschaftszweige hatten das Nachsehen, wie das Beispiel Fischerei zeigt: Vom Fischfang ohne finanzielle Unterstützung oder Nebenjob zu leben, ist heute eigentlich unmöglich. Die radikale Dezimierung der Fischbestände und die industrialisierte Fangtechnik haben ganze Küstenstriche nahezu entvölkert, zumal die Städte ein komfortableres und weniger hartes Leben versprechen. Inzwischen korrigierte das Parlament seine frühere Leitlinie, indem es steuerliche Anreize für diejenigen beschloß, die in spärlich besiedelten Landstrichen bleiben oder dort hinziehen. Die unheilvolle Bindung der Gesamtwirtschaft an die Kapriolen des Ölpreises hat ihre Spuren hinterlassen, ist heikel und sorgte Anfang der 90er Jahre zumindest vorübergehend für die höchste Arbeitslosenrate seit Jahrzehnten.

Trotzdem stärkte die letzte Parlamentswahl 1993 überraschend der regierenden Arbeiterpartei unter *Gro Harlem Brundtland* den Rücken (36,9 %). Den drei konservativen Parteien Høyre (17 %), Zentrum (16,8 %) und Christliche Volkspartei (7,9 %) trauen die Bürger momentan keine langfristigen Perspektiven zu. Zweimal hatten sie zuvor die Parlamentswahlen gewonnen, waren sich innerhalb eines Jahres in die Haare geraten und danach jeweils von einem Minderheitskabinett Brundtland abgelöst worden – die Verfassung schließt Neuwahlen aus. Mittlerweile ist die (mit nicht einmal 60 Jahren noch vergleichsweise junge) Landesmutter Brundtland zurückgetreten und hat, rechtzeitig vor den Wahlen 1997, dem jüngeren *Thorbjørn Jagland* die Regierungsverantwortung übertragen.

Schreckgespenst EU

Seit sie im Konzert der großen Wirtschaftsnationen mitsingen, haben die Norweger viele Segnungen und Mißgriffe der modernen Zeit nachgeahmt. Leider haben sie die Tendenz, der Welt beweisen zu wollen, wie toll ihr Land ist. Anstatt die Natur für sich sprechen zu lassen, wurden Betonburgen, Einweg-Verpackungen und Hamburger-Ketten wie selbstverständlich importiert. Anders bei den gelungenen Olympischen Winterspielen 1994 in *Lillehammer,* als sich das Organisationskomitee, das Betonspektakel von Albertville noch vor Augen, rechtzeitig darauf besonnen hatte, »grüne Spiele« zu präsentieren. Die internationale Anerkennung hat die Norweger in ihrem unerschütterlichen Glauben an sich selbst bestärkt; oder ist der gar nicht so unerschütterlich?

Die zweite Auseinandersetzung um den EU-Beitritt 1994 verlief ähnlich heißblütig wie die erste 1972. Die Debatte war sehr von Emotionen geprägt, die selbst abstruse Argumente nicht aus den Schlagzeilen hielt. So war manchen Gegnern allein die Bezeichnung »Europäische Union« suspekt, da die unfreiwillige Zweisamkeit mit Schweden 1814–1905 ebenfalls unter dem Namen Union vollzogen worden war. Ähnlich den bayrischen Bauern, die Wahlsiege der SPD mit der Verstaatlichung ihrer Höfe gleichsetzen, beschworen die norwegischen EU-Gegner die Gefahr, daß alle nationalen Errungenschaften an die Brüsseler Machthaber zu übereignen seien. Eine Karikatur zeigte, vor dem Hintergrund der Lofoten, eine Tafelrunde, an der ein fetter Kohl den besten Platz an der Stirnseite eingenommen (und damit die geliebte Heimat symbolisch übernommen) hat. Die Argumentation der EU-Befürworter war allerdings auch nicht gerade geschickt. Da wurden wirtschaftliche Horrorszenarien entworfen, falls Norwegen nicht den Sprung in die europäische Gemeinschaft wagen würde – dieselbe Strategie hatten die Beitrittswilligen 1972 gefahren, worauf sich die ökonomische Situation trotz Ablehnung blendend entwickelte, und das sollte sich auch nach dem zweiten Nein im November 1994 wiederholen. Daß die EU-Gegner die Abstimmung mit knapp 53 Prozent für sich entschieden, lag letztlich an der unsicheren Antwort auf die Frage: »Was passiert, wenn?« Ein bißchen mehr Selbstsicherheit hatte ich erhofft von einer Nation, die ihr Land unverändert für den Nabel der Welt hält.

Sie hätte sicher viel Positives in die EU eingebracht, diese fortschrittliche Gesellschaft, in der etwa die Gleichberechtigung nicht nur ein Lippenbekenntnis ist. Im Storting sitzen heute 65 Frauen und 100 Männer. Im öffentlichen Dienst sollen mindestens 40 % der Beschäftigten Frauen oder Männer sein, die erforderliche Qualifikation der Bewerber vorausgesetzt. In Einrichtungen wie Krankenhäuserm, Altersheimen und Kindergärten ist der Anteil der Frauen überproportional groß, in Führungspositionen von Firmen (noch) ausgesprochen gering. Der freie Markt tut sich mit der Gleichberechtigung schwer. Und wer kann abschätzen, wie viele Ehemänner und Lebenspartner von mehr als 70 % berufstätiger Frauen im Haushalt aktiv sind? Die hohe Quote an Teilzeitjobs läßt vermuten, daß die traditionellen »Nebenaufgaben« wie Kindererziehung und Haushalt auch in Norwegen vorwiegend von den Frauen betreut werden. Auf dem Ausbildungssektor herrscht dagegen Parität. Wohltuend ist die selbstverständliche Akzeptanz der Gleichberechtigung in der Öffentlichkeit. Es ist belustigend zu verfolgen, wenn ein Tourist aus den südeuropäischen Macho-Hochburgen eine Norwegerin entdeckt, die im Straßenbau, als Baggerführerin oder Busfahrerin arbeitet, wenn derjenige den Kopf ungläubig schüttelt oder ein verräterisch überlegenes Lächeln aufsetzt.

Sie zeigen zwei Seiten, die norwegischen Otto Normalverbraucher mit Namen *Ola* und *Kari Nordman*. Während sie werktags die Gesetzmäßigkeiten des freien Marktes widerspruchlos hinnehmen, fahren sie am Wochenende hinaus zum Angeln oder Wandern, treffen sich zum Orientierungslauf, ziehen sie sich in die eigene Hütte zurück, die irgendwo im Gebirge oder an der Küste steht, und finden das *hyggelig*, was etwa mit gemütlich oder angenehm übersetzt werden kann. Jeder dritte Haushalt besitzt angeblich eine solche Hütte – Tendenz steigend. Trotz Kreditkarten sind sie ein naturverbundenes Völkchen geblieben, und wer als Tourist die Zurückhaltung auf der anderen und der eigenen Seite überwindet, wird freundliche und hilfsbereite Menschen kennenlernen, die in einer rauhen, aber prächtigen Natur leben und einiges zu erzählen haben.

Ortsteil

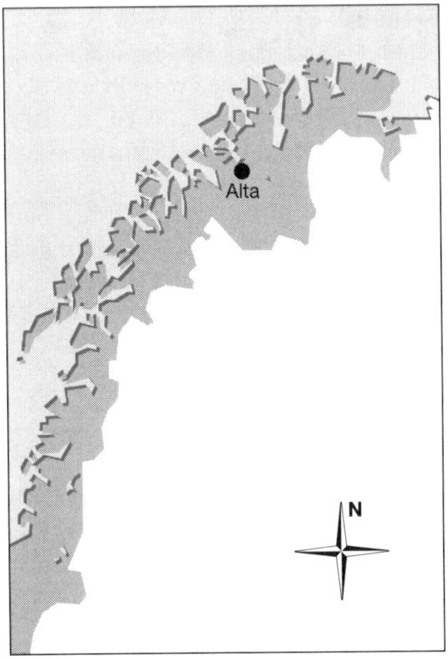

Alta

Einwohner: 14.000
Fläche in km^2: 3.840
Bezirk: Finnmark

Entfernungen:

Hammerfest	144 km
Tromsø	290 km
Narvik	510 km
Kirkenes	517 km
Trondheim	1.414 km
Oslo	1.916 km

Karten: Cappelen, Bl. 5 – Scanmaps, Bl. 19

Alta liegt am Südende des verzweigten Alta-Fjords und ist – der Einwohnerzahl nach – die größte Gemeinde der nördlichen Provinz Finnmark.

Das für seine nördliche Lage recht fruchtbare Gebiet – hier kann immerhin noch Getreide reifen – ist bereits seit fast 10.000 Jahren besiedelt. In der Steinzeit (3.000–7.000 Jahre v. Chr.) entwickelte sich hier die sog.. Komsa-Kultur, benannt nach dem Berg Komsafjell in Alta.

Im Ortsgebiet, dessen Zentrum mit den Siedlungen Bossekopp und Elvebakken zusammengewachsen ist, leben mehr als 10.000 Menschen. Alta ist ein wichtiges Schulzentrum, dessen Angebot bis zum Hochschulniveau reicht. Es gibt außerdem einige kleinere Industriebetriebe. Eine wichtige Rolle spielen die Aquakultur und der Nefelm-Schieferbruch auf der abgeschiedenen Insel Stjernøy, dessen Beschäftigte per Boot zur Arbeit antreten müssen.

Die Großgemeinde Alta umfaßt Gebiet von 3.850 km^2 mit insgesamt 16.100 Einwohnern – praktisch nur das Fjordufer ist bewohnt. Größte Siedlung außerhalb des Zentralorts ist Talvik.

Sehenswertes

■ Der **Altagård** (Elvebakken) ist der restaurierte alte Amtmannshof des Bezirks, der heute als militärische Zentrale genutzt wird.

■ Die **Kirche** von Alta (im Ortsteil Bossekopp) stammt aus der Mitte des 19. Jhs. und entging den Zerstörungen des 2. Weltkrieges.

■ Auf dem Komsafjell wurden die Überreste der ältesten nachweisbaren Siedlung Norwegens, der sog. »**Komsakultur**« (jüngere Steinzeit, ca. 7.000 v. Chr.) freigelegt.

■ Die **Felsenzeichnungen** in Hjemmeluft und Amtmannsnes (2.500 bis 6.200 Jahre alt) gehören zu den umfangreichsten Vorkommen in ganz Europa und stehen seit 1985 auf der UNESCO-

World Heritage Liste als besonders erhaltenswerte Denkmäler.

■ Das **Alta Museum** in Hjemmeluft beschreibt die Geschichte der Region, von Steinzeitalter und Komsa-Kultur über die samische Urbevölkerung der vorchristlichen Zeit bis zur Wasserkraftnutzung in unseren Tagen. Zudem werden Kunstausstellungen arrangiert. (Mitte Juni–Mitte August tägl. 8–23 h, erste Juni- und zweite Augusthälfte 8–20 h, Mai 9–18 h, sonst Mo–Fr 9–15 h, Sa, So 11–16 h)

Aussicht

■ Eine gute Aussicht über Alta und die Umgebung hat man vom 212 m hohen **Komsafjell** (Aufstieg gut 30 Minuten).

Ausflüge

■ 131 km südlich von Alta liegt der Ort **Kautokeino**, Zentrum einer überwiegend von Samen bewohnten Gemeinde.

■ die Str. 883 erlaubt uns einen Abstecher zum Ostufer des Altafjords bis nach **Lille Lerresfjord** (unterwegs eine Fähre) – eine gute Gelegenheit, typisch nordnorwegische Siedlungen abseits der Hauptverkehrsstraßen kennenzulernen.

Auf der Landzunge zwischen Landsfjord und Altafjord (53 km nordwestlich vom Zentralort) sind auf den Strandterrassen die Überreste von steinzeitlichen Wohnplätzen erhalten.

Angeln

Im Altaelva mit seinen zahlreichen Nebenflüssen bestehen gute Angelmöglichkeiten. Für die Gebirgsseen westlich des Altaelva benötigt man keinen örtlichen Angelschein. Ein guter Fangplatz an der Küste ist der Bootsanlegesteg.

Wandern

Schöne Wanderungen führen z.B. auf das Flintfjell (schöne Aussicht auf den Fjord), durch das Mattisdal bis zur Kvaenangstua, von Simaholmen am Altaelva entlang oder über das Bellingfjell (468 m) zur Jotkajavrre Fjellstue und weiter durch die samische Gebirgslandschaft bis in die Nähe der norwegisch-finnischen Grenze.

Mitternachtssonne

19. Mai bis 24. Juli

Information

Alta Turistinformasjon
Bossekopi Postboks 1327
N–9501 Alta
Tel: 7843 7770
1.6.–15.8. Mo–Fr 10–17 h, Sa 10–14 h

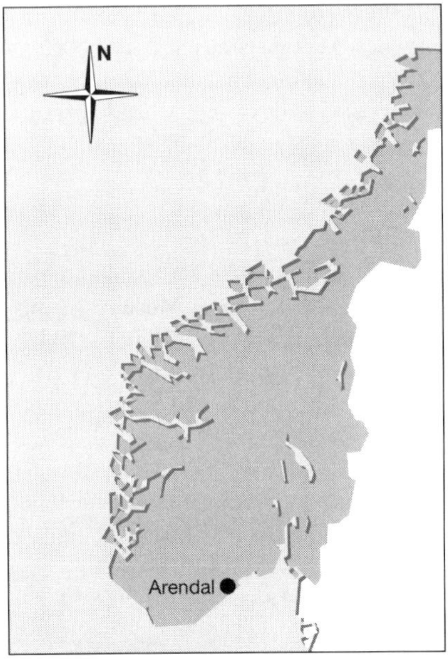

Arendal

Einwohner: 38.800
Fläche in km²: 272
Bezirk: Aust-Agder

Entfernungen:

Kristiansand	69 km
Oslo	253 km
Geilo	253 km
Lillehammer	404 km
Bergen	484 km
Dombås	560 km
Trondheim	744 km

Karten: Cappelen, Bl. 1 – Scanmaps, Bl. 1
Top. Karten 1:50.000, Bl. 1611/IV

Arendal liegt an der Sørlandsküste, rund 70 km nordöstlich von Kristiansand.

Bereits im ausgehenden Mittelalter befand sich an der geschützten Schärenküste ein Handelsplatz. 1610 wurde der kleine Hafen mehrmals urkundlich erwähnt, 1723 erhielt Arendal die Stadtrechte. Die florierende Segelschiffahrt im 18. und 19. Jh. brachte der Stadt Wachstum und Wohlstand. Rund um den Hafen entstanden zahlreiche schöne, für die Epoche typische Holzgebäude, von denen einige heute noch erhalten sind. Ursprünglich wurde die Stadt übrigens von mehreren Kanälen durchzogen, die erst nach den Stadtbränden der 1860er Jahre zugeschüttet worden sind.

Ihren letzten Höhepunkt erlebte die Segelschiffahrt vor rund 100 Jahren, als über 100 Schiffe in Arendal registriert waren. Auch heute noch spielt die Seefahrt eine große Rolle: Die in Arendal beheimatete Flotte hat eine Gesamttonnage von 850.000 BRT. Die wirtschaftlich größte Bedeutung hat inzwischen die moderne Industrie (Metall- und Holzverarbeitung), deren Betriebe jedoch außerhalb des Stadtkerns angesiedelt sind.

Die neue Großgemeinde zählt 38.800 Einwohner und umfaßt auch die selbständigen Gemeinden Tromøy, Øyestad und Hisøy. In der Umgebung findet man ganz ausgezeichnete Bademöglich keiten.

Sehenswertes

■ Der schönste Teil der Stadt ist wohl das **Altstadtviertel Tyholmen**. Dort sind zahlreiche malerische Holzhäuser aus dem 17., 18. und 19. Jh. erhalten.

■ Besonders bemerkenswert ist das **alte Rathaus**, eines der größten Holzgebäude Nordeuropas. Es ist 1815 im klassizistischen Stil, ursprünglich als

Privathaus, erbaut worden (sehenswerte Gemäldegalerie).

■ Weiter nördlich auf der Altstadt-Halbinsel steht die **Dreifaltigkeitskirche** (»Trefoldighetskirken«), die in den Jahren nach 1885 entstanden ist. Ihr 82 m hoher Turm überragt die gesamte Stadt. Zu jeder vollen Stunde ertönt das Glockenspiel.

■ Am nördlichen Stadtrand befindet sich auf dem Langsæ gård das **Bezirksmuseum für Aust-Agder** (»Aust-Agdermuseet«). Die Sammlungen beschäftigen sich u.a. mit archäologischen Funden aus der Umgebung, Ereignissen der Stadtgeschichte und der Seefahrt. (Mo–Fr 9–15 h, Sa 9–13 h, So 12–15h)

Aussicht

Der bekannteste Aussichtspunkt von Arendal ist die »alte Batterie« (et gamle batteri) aus den Kriegsjahren 1807–14, oberhalb des Tollbod-Kais, östlich des Pollen.

Ausflüge

Vom Kai Langbrygga werden Bootsfahrten nach Merdøy und Tromøy veranstaltet.

■ Empfehlenswert ist auch eine Sightseeing-Bootstour rund um die **Insel Hisøy**.

■ Während der Sommermonate verkehrt die Schnellfähre »**Sørlandscruise**« an der Küste zwischen Arendal und Oslo (Ende Juni bis Anfang August, Fahrzeit 7 Std.).

■ Rund 12 km westlich des Zentrums liegt – in der Nähe des Meeres – die **Kirche von Tromøy**, die aus dem Mittelalter stammt und Mitte des 18. Jhs. umgebaut wurde. Das beachtenswerte Inventar stammt teilweise aus dem 18. Jh.

■ Auf der kleinen **Insel Merdøy**, südlich von Arendal, befindet sich ein **altes Schifferhaus** aus dem 18. Jh., das als originelles Seefahrtsmuseum der Öffentlichkeit zugänglich ist. (25.6.–1.9. tägl. 11–16 h) – Badestrand. Merdøy erreicht man per Boot in ca. 30 min.

Baden

■ Besonders schöne Badestellen befinden sich auf der **Insel Merdøy** (Bootsverbindungen s. oben). Beliebte Badeplätze auf der **Insel Tromøya** sind Hove (Sand und Klippen) und Spornes. – Besonders gerne besucht werden die Sandstrände von **Fevik** (ca. 12 km südwestlich). – Bademöglichkeiten bestehen ebenfalls auf **Hisøy** (Stølsvika).

Segeln

Der Gästehafen »Pollen« bietet 160 Anlegeplätze.

Information

Sørlands INFO
Friholmsgt. 1
N–4800 Arendal
Tel. 3702 2193
(Mitte Juni–Mitte August Mo–Sa 9–18 h, So 12–18 h, sonst Mo–Fr 8.30–16 h)

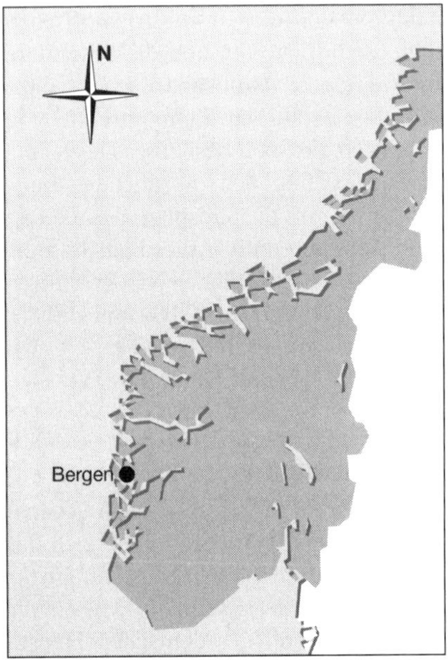

Bergen

Einwohner: 220.000
Fläche in km²: 465,3
Bezirk: Hordaland

Entfernungen:

Stavanger	170 km
Ålesund	378 km
Kristiansand	492 km
Oslo	479 km
Trondheim	657 km
Narvik	1.561 km
Nordkap	2.273 km

Karten: Cappelen, Bl. 1 – Scanmaps, Bl. 4
Top. Karte 1:50.000, Bl. 1115/I

Bergen ist Norwegens zweitgrößte Stadt und das kulturelle Zentrum Westnorwegens. Rund 120.000 der 220.000 Einwohner leben im eigentlichen Stadtgebiet.

Bereits im Jahr 1070 wurde die Stadt von König Olav Kyrre gegründet. Im 12. und im 13. Jh. wuchs sie zur wichtigsten Stadt und Residenzstadt Norwegens heran. Der Handel mit den Ländern Mitteleuropas (Fischprodukte) verhalf den hier ansässigen Kaufleuten schon früh zu großem Reichtum.

Die Entwicklung Bergens ist eng mit der Hanse verbunden; im 14 Jh. wurde hier die erste Hanse-Niederlassung gegründet. Die Vereinigung der deutschen Kaufleute lieferte Getreide, Salz, Wein und Bier und führte vor allem Fische und Fischprodukte aus. Die Hansekaufleute verstanden es, fast den gesamten Handel in ihre Hände zu bringen – nicht immer zum Vorteil der norwegischen Bevölkerung. Einen guten Einblick in die Tätigkeit der Hanse in Bergen bietet das »Hanseatische Museum« auf der Brygge, dem bevorzugten Wohnviertel der deutschen Kaufleute.

Erst im 16. Jh. wurde die Vorherrschaft der Hanse gebrochen, und Bergenser Kaufleute, die teilweise von Deutschen oder Holländern abstammten, gewannen mehr und mehr Einfluß. In dieser Zeit mehrte sich der Reichtum der Stadt: Im 17. Jh. war Bergen als Handelsplatz zeitweise bedeutender als Kopenhagen.

1702 zerstörte der große Stadtbrand weite Teile Bergens; Epidemien suchten die Stadt heim, und durch Krieg gingen zahlreiche Schiffe verloren – die Stadt erlebte schwere Zeiten. Doch das Wirtschaftsleben erholte sich wieder und verschaffte der Stadt eine neue Blütezeit. Noch zu Beginn des 19. Jhs. war Bergen die größte und reichste Stadt des Landes, bis sie dann von Oslo, der infolge der Industrialisierung expandieren-

> **Fischmarkt**
>
> An der Kopfseite des Hafenbeckens Vågen findet werktags von 8–15 h der Bergenser Fischmarkt statt, ein beliebtes Fotomotiv. Zu stattlichen Preisen kann hier fangfrischer Fisch erworben werden. In Tüten gibt es Garnelen (»reker«) zu kaufen, deren Reste nach getanem Werk traditionsgemäß im Hafenbecken landen.

den Landeshauptstadt, die damals noch Christiana hieß, überholt wurde.

Auch auf kulturellem Sektor spielte Bergen eine bedeutende Rolle: Das Philharmonische Orchester besteht schon seit über 200 Jahren, und 1850 wurde hier Norwegens erstes Theater gegründet.

Nach dem verheerenden Brand Anfang 1916, bei dem große Teile der aus Holz erbauten Innenstadt zerstört worden waren, erhielt Bergen ein neues Gesicht. Steinbauten und breite Straßen beherrschen seitdem das Stadtbild im Zentrum. Das »Herz« der Stadt ist aber immer noch der lebhafte Hafen.

Bergen ist heute eine moderne Handels- und Industriestadt, der größte Hafen an der Westküste, wichtiges kulturelles Zentrum mit einer Universität (rund 10.000 Studenten), der norwegischen Handelshochschule, einer bedeutenden Wirtschaftshochschule und zahlreichen weiteren Einrichtungen.

Inzwischen hat das Ölzeitalter Einzug gehalten. Zahlreiche Niederlassungen internationaler Konzerne sind – neben Banken, Versicherungen und Reedereien – in der »Vestland-Metropole« zu finden.

Bergen ist aber auch eine äußerst sehenswerte Touristenstadt. Nicht nur die einzigartige Lage an der Vågenbucht zwischen den sieben Bergen, sondern auch die zahlreichen kulturhistorischen Sehenswürdigkeiten und die besondere internationale Atmosphäre tragen dazu bei, daß alljährlich Zehntausende von Touristen die Stadt besuchen. Das Klima ist angesichts der nördlichen Lage (nördlicher als die Südspitze Grönlands) ungewöhnlich mild – allerdings ist Bergen für seine erheblichen Niederschlagsmengen bekannt: über 2.000 mm im Jahr, wovon ein großer Teil auf die Zeit zwischen Oktober und Januar entfällt.

Sehenswertes

Die bedeutendsten historischen Sehenswürdigkeiten finden Sie im Bereich der **Brygge**, an der Nordseite des Hafenbekkens Vågen. Hier lagen Im Mittelalter die Wohnviertel der deutschen Hansekaufleute, was auch den früheren Namen Tyske Bryggen (Deutsche Brücke) erklärt.

■ Obwohl die Brygge ursprünglich schon im Mittelalter angelegt wurde, stammen die ältesten **Kaufmannshöfe** mit ihren charakteristischen Giebeln doch aus den Jahren nach dem Brand von 1702. Leider wurden 1955 bei einem weiteren Brand zahlreiche alte Häuser zerstört.

Die Brygge stellt seit einigen Jahren ein Zentrum für norwegische Gebrauchskünstler dar, das hervorragend in den Rahmen der alten Häuser paßt. Zahlreiche Maler, Bildhauer und Kunsthandwerker haben hier ihre Ateliers. Im Nordostteil der Brygge hat man Anfang der 80er Jahre ein modernes Hotel- und Geschäftszentrum errichtet, das sich harmonisch der alten Bebauung anpaßt – teilweise wurde zur Außenverkleidung altes Baumaterial verwendet.

■ Das **Hanseatische Museum** (Hanseatisk museum, Bryggen) ist im alten Kaufmannshof Finnegården untergebracht. Das Haus wurde nach dem großen Stadtbrand 1702 errichtet, ist jedoch im Stil des 16. Jhs. eingerichtet. Das Innere des Hauses gibt ein getreues Bild von den Lebensbedingungen der Hansekaufleute und ihrer Bediensteten wieder. (Juni–August tägl. 9–17 h, Mai–September tägl. 11.14 h, sonst So, Mo, Mi, Fr, 11–14 h)

■ **Bryggens Museum** (Erling Dekke Næss Institut für Mittelalter-Archäologie, in der Nähe der Marienkirche) zeigt Funde und Ausgrabungen aus dem Bryggenviertel. Neben einer umfassenden Runensammlung werden archäologische Funde ausgestellt, die Handel, Handwerk, Verkehr, die sozioökonomischen Verhältnisse und andere Aspekte der mittelalterlichen Stadtgeschichte zum Thema haben. Für Touristen aus Mitteleuropa dürfte gerade die Darstellung der Verbindungen zwischen Bergen und dem kontinentalen Europa interessant sein, wobei besonders die Rolle der norddeutschen Hanse beleuchtet wird. (Dregsalmenning, Mai–August tägl. 10–17 h, sonst Mo–Fr 11–15 h, Sa 12–15 h, So 12–16 h)

■ Auch die **Schøtstuene** (Schøtstuben), vier alte Gesellschaftsräume gegenüber der Marienkirche, stehen in Zusammenhang mit dem Wirken der Hanse in Bergen. Die Stuben waren Gesellschaftsräume der auf der Brygge ansässigen Kaufleute und wurden bis ins 19 Jh. hinein benutzt. (Øvregate 50, Juni–August tägl. 10–16 h, Mai und September tägl. 11–14 h, sonst So, Di, Do, Sa, 11–14 h)

■ Die **Mariakirke** (Marienkirche) ist das älteste Bauwerk der Stadt und eine der besterhaltenen romanischen Kirchen Norwegens. Sie ist in der ersten Hälfte des 12. Jhs. erbaut worden und war zeitweise die Kirche der hanseatischen Kaufleute. Zeichen dafür sind zahlreiche Bilder mit deutschen Inschriften. Bis ins 19. Jh. hinein fanden hier Gottesdienste in deutscher Sprache statt. Prunkstücke der Kirche sind die barocke Kanzel sowie der aus derselben Zeit stammende Marien-Altar – beides Arbeiten Lübecker Künstler. (Dreggen, Mai–August Mo–Fr 11–16 h, sonst Di–Fr 12–13.30 h)

Auf der Nordseite des Hafenbeckens Vågen befinden sich neben den Sehenswürdigkeiten der Brygge weitere historische Bauwerke.

■ Die Festung **Bergenhus** umfaßt einige der wichtigsten mittelalterlichen Gebäude Norwegens: Die **Håkonshalle** ist eine Mitte des 13. Jhs. von König Håkon

Kulturstadt Bergen

Bergen ist nicht nur eine alte Handelsstadt, sondern auch ein kultureller Mittelpunkt. Der Dramatiker Ludvig Holberg, die Komponisten und Musiker Edvard Grieg und Ole Bull und der Maler J.C. Dahl sind eng mit Bergen verbunden. Das Mäzenatentum einiger reicher Kaufmannsfamilien hat sich positiv auf das kulturelle Leben der Stadt ausgewirkt, die über einige beachtenswerte Kunstsammlungen verfügt.

Das erste norwegische Theater, »Den nationale scene«, 1850 hier in Bergen gegründet, erfreut sich unverändert großer Beliebtheit.

Das Philharmonische Orchester Bergen gibt von September bis Mai jeden Donnerstagabend um 19.30 h ein Konzert in der architektonisch interessanten Grieghalle, die einem Flügel nachempfunden wurde. Sie steht am See Lille Lungegårdsvann.

Håkonsson erbaute Festhalle, in der sich die Wohnräume der königlichen Familie befanden. 1944 wurde das Gebäude durch eine Explosion schwer beschädigt, in den Jahren 1957–61 jedoch vollständig restauriert. (Mitte Mai–Mitte September täglich 10–16 h, sonst So–Fr 12–15 h, Sa 15–18 h) – Der **Rosenkranz-Turm** wurde um 1560 als befestigter Wohnsitz des Bergenser Lehnsherren um einen mittelalterlichen Kern – aus der Zeit Håkon Håkonssons – erbaut. Auch der Turm wurde bei der Explosion von 1944 stark beschädigt, bis 1965 aber restauriert. (Mitte Mai–Mitte September tägl. 10–16 h, sonst So 12–15 h)

■ Gleich östlich von Vågen und Fischmarkt steht die **Korskirke** (Kreuzeskirche). Sie stammt ursprünglich aus dem 12. Jh., hat aber ihr Aussehen im Laufe der Zeit stark verändert. Ihre heutige Gestalt erhielt sie hauptsächlich im 17. Jh. Im Sommer finden hier mittwochs um 11.45 h Orgelkonzerte statt.

■ Die ältesten Teile der nicht weit entfernten **Domkirke** stammen aus der zweiten Hälfte des 12. Jhs. Chor und unterer Turm sind im 13. Jh. in gotischem Stil erbaut worden. Insgesamt repräsentiert die Kirche heute eine Mischung der verschiedenen Baustile seit dem 12. Jh. (Kong Oscars gate, Mai–September Mo–Fr 11–14 h)

■ An der Kong Oscars gate liegt auch das St. Jørgens Hospital mit dem **Lepramuseum**. Der Bergenser Arzt Hansen (1841–1912) entdeckte 1873 den Leprabazillus und leistete dadurch einen entscheidenden Beitrag zur Bekämpfung dieser Krankheit. Das Museum gibt einen Überblick über die norwegische Lepraforschung. Das St. Jørgens Hospital entstand im Mittelalter, wurde beim großen Stadtbrand 1702 zerstört und anschließend wieder aufgebaut. Sehenswert ist auch die mittelalterliche Holzkirche des Lepraspitals. (Kong Oscars gate 59, Mitte Mai–Ende August tägl. 11–15 h)

■ Folgt man der Kong Oscars gate noch ein Stück weiter, gelangt man zum alten Stadttor. **Stadsporten** wurde 1628 auf Anordnung des Lehensherrn Erik Rosenkrantz gebaut. Zunächst diente das Gebäude als Zollstelle, später als Archiv. (Kalfarveien)

Südwestlich des Hauptbahnhofs befindet sich der kleine See Lille Lungegårdsvann. An seinem Südufer sind einige sehenswerte Kunstsammlungen angesiedelt.

■ **Bergens Billedgaleri**, das städtische Kunstmuseum, zeigt einen repräsentativen Querschnitt der norwegischen Malerei des 19. und 20. Jhs., u.a. Werke des westnorwegischen Malers J.C. Dahl. Ebenso sind einige Arbeiten europäischer Maler zu sehen. (Rasmus Meyers Allé 3, Mitte Mai–Mitte September Mo–Sa 11–16 h, So 12–15 h, sonst Di–So 12–15 h)

■ Im Anschluß an das Städtische Kunstmuseum liegen die Räume des **Bergenser Kunstvereins** (Kunstforeningen).

Internationale Bergenser Festspiele

Alljährlich werden Ende Mai/Anfang Juni die Internationalen Bergenser Festspiele veranstaltet. Das Programm umfaßt Kammerkonzerte, Theatervorstellungen, Tanz- und Ballettvorführungen, Kirchenkonzerte, Orchestergastspiele, Filme und zahlreiche andere Aktivitäten mit in- und ausländischen Künstlern.

Parallel findet für Jazz-Liebhaber während der Festspieltage die Jazzwoche statt.

Hier finden wechselnde Ausstellungen zeitgenössischer Kunst statt. (Rasmus Meyers Allé 5, Di–So 12–16 h)

■ Die **Rasmus Meyers samlinger** (samlinger=Sammlungen) umfassen Arbeiten norwegischer Maler mit dem Schwerpunkt auf Werken Edvard Munchs. Zudem sind hier zahlreiche Möbel und Gegenstände aus dem Hause des Bergenser Kunstliebhabers Meyer zu sehen. (Rasmus Meyers Allè 7, Mitte Mai–Mitte September Mo–Sa 11–16h, So 12–15 h, sonst Di–So 12–15 h)

■ Die **Stenersens Samling** (Stenersen-Sammlung) umfaßt mehr als 250 Arbeiten von bekannten modernen norwegischen und ausländischen Künstlern, darunter Munch, Picasso und Klee. (Rasmus Meyers Allè 3, Mitte Mai–Mitte September Mo–Sa 11–16h, So 12–15 h, sonst Di–So 12–15 h)

■ In der Nähe der oben beschriebenen Museen steht die architektonisch eindrucksvolle Grieg-Halle, **Grieghallen**, die 1978 nach Entwürfen des dänischen Architekten Knud Munck eröffnet wurde. Der Konzertsaal bietet Platz für 1.500 Personen.

■ südwestlich vom Lille Lungegårdsvann liegt das **Westnorwegische Kunstgewerbemuseum** (Vestlandske kunstindustrimuseum, »Permanenten«). Es zeigt Sammlungen alter norwegischer, europäischer und chinesischer Kunst- und Kunstgewerbegegenstände, alte Silberwaren und Empiremöbel aus Bergen sowie zeitgenössische norwegische und ausländische Keramik-, Metall-, Glas- und Textilarbeiten sowie Möbel. In den »Singer-Sälen« befinden sich Gegenstände aus dem norwegischen Haus von Anna B. und William H. Singer. (Nordahl Brunsgt. 9, Mitte Mai–Mitte September Di–So 11–16 h, sonst 12–15 h, Do bis 19 h)

■ Weitere Museen befinden sich im **Universitätsviertel Sydneshaugen**, im südlichen Innenstadtbereich.

■ **Naturhistorisk museum**, das Naturgeschichtliche Museum, umfaßt botanische, geologische und zoologische Sammlungen, die aus den Forschungsarbeiten der Universität hervorgegangen sind. /Muséplass 3, Mitte Mai–Ende August Fr–Mi 11–16 h, sonst 11–14 h, So 11–15 h)

■ Das Seefahrtsmuseum, **Sjøfartsmuseum**, vollzieht die Entwicklung der Seefahrt von frühester Zeit bis in unsere Tage nach. In den modernen Ausstellungsräumen finden sich Schiffsmodelle, Karten und Navigationsinstrumente ebenso wie Fotografien, Gemälde und zahlreiche andere Gegenstände. (täglich außer Sa 11–14 h)

■ **Historisk Museum**, das Historische Museum, zeigt umfangreiches Material zur westnorwegischen Kulturgeschichte bis Mitte des 19. Jhs. Interessant ist auch die ethnographische Sammlung. (Sydneshaugen, Mitte Mai–Ende August Sa–Do 11–16 h, sonst 11–14 h, So 11–15 h)

■ Zum Park an der Universität gehört ein kleiner **Botanischer Garten** mit zahlreichen wildwachsenden norwegischen Blumen und vielen Pflanzen aus südlichen Ländern, die trotz der nördlichen Lage Bergens hier gedeihen. (Mai–September tägl. 7–21 h)

■ Etwas abseits liegt das 1980 eröffnete **Theatermuseum**, das sich mit der Bergenser Theatertradition seit der Mitte des 18. Jhs. befaßt. (Villavei 5, So 12–15 h)

Halbinsel Nordnes

■ Die **Nykirke** (Neue Kirche) auf der Halbinsel Nordnes gehört zu den zahlreichen Bergenser Gebäuden, die während des Kriegsjahres 1944 durch eine große Explosion zerstört worden sind. Die ursprünglich Anfang des 18. Jhs. errichtete Kirche ist jedoch inzwischen vollständig restauriert worden. Im Sommer findet hier jeden Mittwoch um 12 h ein Orgelkonzert statt. (Mai–September Mo–Fr 10–14 h)

■ Das Bergenser Aquarium, **Akvariet**, ist eine der größten Sammlungen von lebenden Salz- und Süßwassertieren in Europa. Insgesamt 49 Aquarien vermitteln einen Überblick über den Artenreichtum vornehmlich der norwegischen Gewässer. In einem Teich außerhalb des Gebäudes befinden sich Seehunde und Pinguine. Das Wasser für die Aquarien wird aus 140 m Tiefe hochgepumpt – 3 Millionen Liter Meerwasser pro Tag. Zum Zwecke der wissenschaftlichen Forschung ist die Anlage am Ende der Halbinsel Nordnes mit dem Meeresforschungs-Institut (gleich nebenan) verbunden. (Nordnesparken 2, Bus 4, Mai–September täglich 9–20 h, Oktober–April täglich 10–18 h)

■ Am Ende der Halbinsel Nordnes liegt auch der **Nordnes-Park**. Außerdem befindet sich hier das Strandbad Nordnes Sjøbad.

Südliches Stadtgebiet

■ Im südlichen Stadtteil **Paradis** (Paradies) kann man eine der für Norwegen typischen Stabkirchen besichtigen: Die **Stabkirche von Fantoft** stand ursprünglich am Sognefjord, bis sie 1883 nach Bergen »versetzt« wurde. 1992 durch einen Brand total zerstört, haben Fachleute das kulturhistorische Denkmal inzwischen originalgetreu wiederaufgebaut. (10 min Fußweg ab Parkplatz, Mitte Mai–Mitte September täglich 10.30–17.30 h)

■ Einen Besuch wert ist auch **Gamlehaugen** (Fjøsanger), die Wohnstätte des früheren Premierministers Chr. Michelsen, mit einer Einrichtung aus der Zeit um die Jahrhundertwende. Gamlehaugen ist heute die Wohnung der königlichen Familie während ihrer Besuche in Bergen. Der Park ist ganzjährig geöffnet. (Fjøsanger/Paradies, Juni–August Mo–Fr 10–13 h)

■ **Troldhaugen**, im südlichen Vorort Hop, war 22 Jahre lang das Zuhause des norwegischen Komponisten Edvard Grieg (1843–1907) und seiner Frau Nina. Weltbekannt wurde der Name des Hauses durch Griegs Komposition »Hochzeitstag auf Troldhaugen«. Das Haus liegt landschaftlich sehr schön am Nordås-See – Grieg ließ sich hier zu einer Reihe seiner bekannten Werke inspirieren. Zahlreiche Gegenstände erinnern an das Leben und die Arbeit des Musikers, der hier auch, zusammen mit seiner Frau Nina, begraben liegt. Im Sommer finden regelmäßig Führungen statt. Während der Bergenser Festspiele werden auf Troldhaugen im Rahmen des Festprogramms Konzerte veranstaltet. Der Park ist ganzjährig geöffnet. (Bus nach Hop, 20 min Fußweg, Mai–September täglich 9.30–17.30)

Nordwestliches Stadtgebiet

■ Eine besonders eindrucksvolle Sammlung alter Bergenser Häuser bietet das Freilichtmuseum »**Gamle Bergen**« (Alt-Bergen) in Elsesro. Hier ist eine richtige kleine Stadt entstanden, die eine Vorstellung vom Aussehen Bergens im 19. Jh. vermittelt. Sehenswert ist nicht nur das Äußere der Häuser, sondern auch ihre stilgetreue Inneneinrichtung mit Inventar aus den letzten drei Jahrhunderten. Neben Wohnungen sind hier u.a. eine Bäckerei, eine Zahnarztpraxis, ein Frisiersalon und ein Fotoatelier rekonstruiert worden. Im Sommer finden jede Stunde Führungen durch das

40 Häuser umfassende Freilichtmuseum statt. (Elsesro, Bus 1 u. 9, Mitte Mai–Anfang September tägl. 11–18 h)

Aussicht

■ Kein Besucher Bergens sollte versäumen, die Aussicht vom Stadtberg **Fløyen** zu erleben. Mit der Fløi-Drahtseilbahn gelangt man innerhalb von 10 Minuten in 320 m Höhe und kann Bergen und seine Umgebung aus der Vogelperspektive betrachten. Auf dem Fløyen befindet sich ein Restaurant. Die Bergstation ist auch ein guter Ausgangspunkt für Wanderungen. Die Fløibanen verkehrt halbstündlich von morgens früh bis gegen Mitternacht. Sehr empfehlenswert ist ein Spaziergang durch schönes Waldgelände von der Bergstation zurück ins Stadtzentrum. (Talstation Vetrlidalmenning, in der Nähe vom Fischmarkt)

■ Zum zweiten Aussichtsberg, **Ulriken**, führt eine Schwebebahn. Von der Bergstation in 607 m Höhe hat man eine großartige Aussicht über Bergen mit seinen Vororten und die schöne Umgebung der Stadt. Zahlreiche Wanderwege führen in die noch ziemlich unberührte Gebirgslandschaft. Auf dem Ulriken befindet sich eine Cafeteria. Die Talstation ist mit dem Bus 4 (Haltestelle Haukeland Krankenhaus/Haukeland sykehus) zu erreichen.

Ausflüge

■ Einen Eindruck vom Schärengürtel vermittelt die 71 km lange Rundfahrt **Bergen – Fjell – Hjellestad – Bergen.**

■ Mit **öffentlichen Verkehrsmitteln** können folgende **Rundfahrten** unternommen werden:

Bus von Bergen zum Hardangerfjord, Norheimsund (3,5 h).

Schnellboot Bergen – Gudvangen, Bus Gudvangen – Voss, Bahn Voss – Bergen.

Schnellboot Bergen – Flåm, Bahn Flåm – Myrdal – Voss – Bergen.

»Norwegen in einer Nußschale«: Tagesrundtour mit Zug, Bus und Boot. Man fährt von Bergen mit der Bahn über Voss nach Myrdal, das in 867 m Höhe liegt. Hier steigt man in die Flåmsbahn um, die hinunter nach Flåm am gleichnamigen Fjord führt. Von hier aus fährt man mit dem Schiff durch zwei der schönsten Arme des Sognefjords nach Gudvangen. Mit dem Bus gelangt man nach Voss, wo Anschluß mit der Bahn nach Bergen besteht.

Alle Abfahrtzeiten finden Sie in der Stadtbroschüre des Touristenbüros, die jährlich neu erscheint.

■ In Stend, südlich der Stadt, liegt **Hordamuseet**, das Volkskundemuseum für Hordaland. Dieses Freilichtmuseum besteht aus zehn alten Häusern und umfaßt rund 3.000 Ausstellungsgegenstände. Das Museum hat sich zum Ziel gesetzt, die Bedeutung besonders von Landwirtschaft und Fischerei für die Entwicklung der Wirtschaftsstrukturen der Westküste zu veranschaulichen. (Fana-Bus bis Stend, täglich außer Mo u. Sa 12–15 h)

■ Nicht weit von »Hordamuseet« entfernt steht **Fana Kirke**, die Kirche von Fana. Die Steinkirche wurde vermutlich in der ersten Hälfte des 13. Jhs. erbaut, 1661 sowie 1870 dann erheblich verändert. In den 30er Jahren unseres Jahrhunderts fanden umfassende Restaurierungsarbeiten statt.

■ Südöstlich von Fana stehen die Ruinen des **Lyseklosters**, Norwegens ältestem Zisterzienser-Kloster aus dem Jahr 1146. Das Kloster ist eine Gründung englischer Mönche und war zu seiner

Blütezeit eines der reichsten des Landes. Nach der Reformation verfielen die Klosteranlagen, die nach 1930 wieder restauriert wurden. – Sehenswert ist auch die **Holzkapelle** des Lyseklosters, die 1663 erbaut wurde.

■ Auf der Insel **Lysøyen** (Lichtinsel) befindet sich die **Villa Bull**, das Haus des zu seiner Zeit weltberühmten Violinisten Ole Bull (1810–1880). Die Villa mit Konzertsaal wurde 1872/73 nach Plänen des Architekten C. F. von der Lippe errichtet. Bis zu Bulls Tod 1880 war das Anwesen Treffpunkt seiner zahlreichen Freunde aus Kunst und Kultur. Bull ließ auf der kleinen Insel, die heute unter Naturschutz steht, Spazierwege anlegen, die von Besuchern benutzt werden können. Die Villa Bull ist seit dem Tod ihres Besitzers unverändert geblieben. (Führungen Mitte Mai–Anfang September Mo–Sa 12–16 h, So 11–17 h, September So 11–17 h)

Lysøyen erreicht man, indem man mit Bus oder Auto bis Sørestraumen fährt (26 km) und dann mit der Personenfähre »Ole Bull« übersetzt.

Wandern

In der Umgebung von Bergen bestehen gute Wandermöglichkeiten, z.B. im Gebiet von Fløyfjell und Sandviksfjell. Ausgangspunkte: Øyjorden, Munkebotten, Fløyen, Svartediket/Tarlebø. – Den Ulriken besteigt man am besten von der Jugendherberge Montana aus; man kann diese Tour über den Fløyen bis zur Stadt fortsetzen. – Vom Lysekloster (Bus 16) führt ein Wanderpfad zum Lyderhorn.

Angeln

Gute Angelmöglichkeiten im Meer, z.B. von der Insel Sotra aus – Informationen über Süßwasser-Angeln, vor allem Forellen, erteilt der Bergenser Sportanglerverband in der Fosswincklsgate, Tel. 5532 1164. Hier sind Angelscheine erhältlich. (Mo–Fr 9–13 Uhr)

Baden

Freibäder: Nordnes Sjøbad (Nordnes). Helleneset (Bus 1). Grønevika (Milde). Austrevågen (Krokeide). Mjølkevika (Stend). Os. Sandringham (bei Hjellestad) Tømmervågen. Våganeset (Åstveit). Vollane (Eidsvåg). Fagernes bad (bei Bønes).

Schwimmhallen: Sentralbadet, Teatergate 9. Slåtthaughallen (Fana-Bus). Stemmemyren Sporthalle (Busse 1 u. 9). Åstveithalle (Åsane-Bus).

Golf

Bergen Golfklubb
(9-Loch-Platz in Åstveit)
N–5001 Bergen
Tel. 5518 2077

Information

Bergen Turistinformasjon
Bryggen
Tel. 5532 1480
(Juni–August tägl. 8.30–21 h, Mai und September Mo–Sa 8.30–21 h, So 10–19 h, sonst Mo–Sa 9–16 h)
Schriftliche Anfragen an Bergen Reiselivslag, Postboks 4055 Dreggen, N–5023 Bergen.

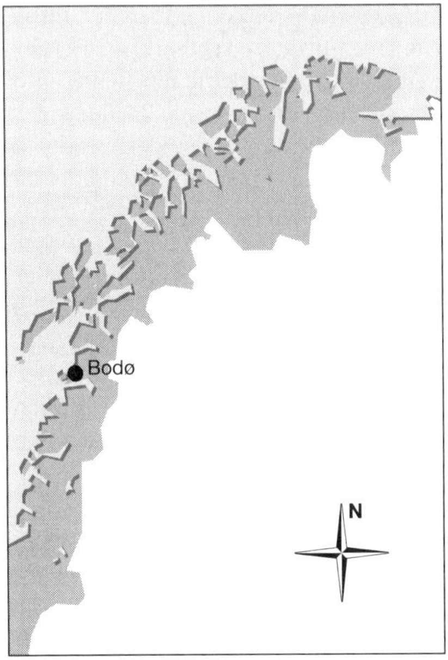

Bodø

Einwohner: 38.500
Flüche in km²: 920,7
Bezirk: Nordland

Entfernungen:

Narvik	304 km
Tromsøy	553 km
Trondheim	723 km
Nordkap	1.028 km
Oslo	1.219 km
Kirkenes	1.332 km
Bergen	1.390 km

Karten: Cappelen, Bl. 4 – Scanmaps, Bl. 14

Bodø ist die Hauptstadt der Provinz Nordland und liegt am Eingang des Saltfjords.

1816 erhielt Bodø die Stadtrechte und expandierte sehr stark in den 60er und 70er Jahren des 19. Jhs. Hierfür waren vor allem die ungewöhnlich reichen Heringsfänge verantwortlich. Wichtige Wachstumsimpulse stellten auch der Grubenbetrieb im Gebirge von Sulitjelma und die Aufnahme der Schnelldampferverbindung entlang der Küste dar.

Im Mai 1940 wurde die Stadt von der deutschen Luftwaffe angegriffen und weitgehend zerstört. Seit dem Wiederaufbau prägen moderne Gebäude das Stadtbild. Bodø ist heute der zentrale Ort Nordlands, wozu auch die erst 1962 eröffnete Eisenbahnlinie beigetragen hat.

Neben der traditionellen fischverarbeitenden Industrie gewinnt neuerdings die Ölindustrie immer größere Bedeutung. In erster Linie ist Bodø jedoch eine Verwaltungs- und Dienstleistungsstadt mit einem sehr breiten Schul- und Ausbildungsangebot. Bedeutendster Arbeitgeber sind allerdings die hier ansässigen Militäreinrichtungen. Mit ca. 37.000 Einwohnern ist Bodø heute die zweitgrößte Stadt Nordnorwegens.

Das ca. 921 km² große Gemeindegebiet umfaßt eine äußerst reizvolle Küstenlandschaft mit zahlreichen Inseln, Fjorden und Sunden. Zu Groß-Bodø gehören auch der berühmte Gezeitenstrom Saltstraumen und der alte Handelsort Kjerringøy, der schon vom weltbekannten Autor Knut Hamsun beschrieben wurde.

In Bodø kommen auch Aktiv-Urlauber auf ihre Kosten, denn es bestehen ausgezeichnete Möglichkeiten zum Angeln, Baden und Wandern. Bodø erfreut sich übrigens auch bei Drachenfliegern großer Beliebtheit.

Sehenswertes

■ Im Zentrum der Stadt befindet sich das **Provinzmuseum für Nordland** (Nordlandsmuseet). Einen Schwerpunkt der Sammlung bildet die Fischereiabteilung. Außerdem sind mehrere kulturhistorisch interessante Gegenstände sowie Fundstücke aus dem Mittelalter zu besichtigen. Vor dem Museumsgebäude steht ein großes, offenes Fischerboot. (Mo–Fr 9–15 h, Sa 10–15 h, So 12–15 h)

■ Die **Stadtkirche** von Bodø (in der Nachbarschaft des Museums) ist eine dreischiffige Basilika mit einem freistehenden Glockenturm. Die 1956 eingeweihte Kirche wurde von den Architekten Blakstad und Munthe-Kaas entworfen. (Mai–September tägl. 12–15 h, Konzerte Sa 13 h)

■ Das **Norsk Luftfartssenter** widmet sich der Geschichte der Luftfahrt: vom Traum zu fliegen über die Flugpioniere bis hin zum Stand der modernen Technik. (An der Straße 80: Olav V. gate)

Aussicht

■ Der 155 m hohe Berg Rønvikfjell (3 km vom Zentrum) erlaubt einen großartigen Blick sowohl über Küste und Meer als auch ins Landesinnere.

Ausflüge

■ Den alten Handelsplatz **Kjerringøy** rund 40 Kilometer nördlich von Bodø erreicht man über die Str. 834 (Fähre: Festvåg – Misten, ca. 8–11 x täglich 10 Min.). Die kleine Straße führt am Badeplatz Geitvågen vorbei. Kjerringøy entwickelte sich Ende des 18. Jahrhunderts zu einem bedeutenden nordnorwegischen Handelszentrum. Die Fischer der Umgebung verkauften hier ihre Fänge an die südnorwegischen Händler, insbesondere für den Fischmarkt in Bergen. Seine Glanzzeit erlebte der heute unter Denkmalschutz stehende Handelsplatz von 1850 bis zur Jahrhundertwende, als der Kaufmann Erasmus Zahl den Fischhandel durch eigene Landwirtschaft und eine Dampfschiffgesellschaft bereicherte. Knut Hamsun portraitierte Kjerringøy und auch den Kaufmann Zahl in seinen Werken. Die historischen Gebäude werden heute vom Nordlandsmuseet verwaltet und sind täglich zur Besichtigung geöffnet. Führungen nach Absprache.

■ Sehr beliebt ist auch eine Fahrt zum **Saltstraumen**, dem gewaltigen Gezeitenstrom zwischen Saltfjord und Skjerstadfjord. Das reißende Wasser erreicht eine Geschwindigkeit bis zu 10 Knoten und ist ein interessantes Angelgewässer. (Str. 17)

■ Bodø eignet sich hervorragend als Ausgangspunkt für Exkursionen mit den öffentlichen **Küstenbooten**. Lohnend sind z.B. die Strecken Bodø – Ytre Gildeskål oder Bodø – Væran. Mehrmals wöchentlich verkehrt ein Küstendampfer von Bodø nach Sandnessjøen. Die berühmten Hurtigruten-Schiffe eignen sich besonders für einen längeren Ausflug von Bodø auf die Lofoten, ebenso die Autofähre nach Moskenes, an der Südspitze des Archipels. Eine weitere Autofähre verbindet Bodø mit den Inseln Værøy und Røst. – Das Touristenbüro informiert Sie gerne über weitere Boots- und Angelausflüge.

Angeln

Angelmöglichkeiten bestehen entlang der Küste, u.a. beim Campingplatz Bodøsjøen und im Saltstraumen.

Baden

Hallenbad an der Sivert Nielsensgate. Badeplatz Geitvågen, 10 km nordöstlich der Stadt (Str. 834), eine ausgebaute, natürliche Lagune mit erstaunlich warmem Wasser.

Mitternachtssonne

3. Juni bis 7. Juli

Information

Bodø Turistkontor
Sjøgate 21
N–8001 Bodø
Tel.: 7552 6000
Ganzjährig geöffnet.

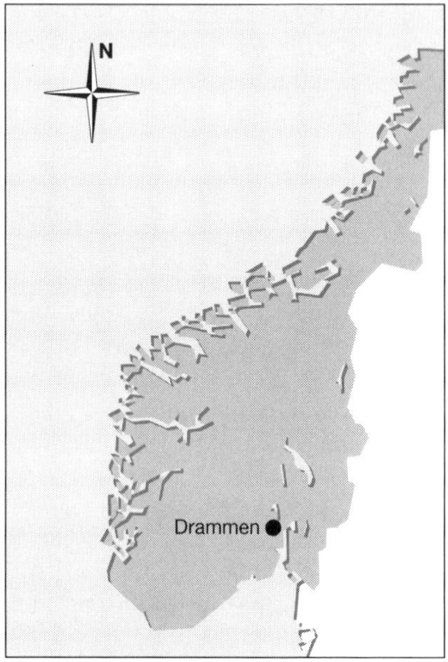

Drammen

Einwohner: 52.500
Fläche in km^2: 135,7
Bezirk: Buskerud

Entfernungen:

Oslo	40 km
Lillehammer	191 km
Kristiansand	281 km
Dombås	348 km
Bergen	437 km
Trondheim	532 km

Karten: Cappelen, Bl. 3 Scanmaps, Bl. 3
Top. Karte 1 : 50.000, Bl. 1814/III
Wanderkarte 1 : 50.000, Oslo–Vestmark, Nr. 53

Mit seinen 52.500 Einwohner ist Drammen eine für norwegische Verhältnisse große Stadt. Sie liegt an der Mündung des Flusses Drammenselv in einen Nebenarm des Oslofjords.

Die Gegend von Drammen ist schon seit Jahrtausenden bewohnt, wie mehrere steinzeitliche Felsenzeichnungen in der Nähe der heutigen Stadt beweisen. Eine ständige Besiedlung im Mündungsgebiet des Drammenselv kann jedoch erst für das 14. Jh. nachgewiesen werden. Die Grundlage für die Entwicklung kleiner Handelsorte zu beiden Seiten des Flusses bildete der geschützte Hafen, der sich gut für die Holzausfuhr eignete. Die größten dieser Handelsplätze, Strømsø/Tangen am Südufer und Bragernes am Nordufer, erhielten 1615 den Status von Handelsstädten.

1778/79 war Bragernes die Residenzstadt des dänischen Statthalters Ulrik Frederik Gyldenløve und seiner Gattin, der deutschen Gräfin Augusta von Aldenburg. Im Jahre 1811 wurden die beiden Zwillingsorte zu einer Stadt unter dem Namen Drammen zusammengeschlossen. Der Export von Holz – vor allem nach Mitteleuropa – war weiterhin die wichtigste Einnahmequelle; gegen Ende des 19. Jhs. entstanden jedoch auch Papierverarbeitungsfabriken.

Der Export von Holz und Holzprodukten spielt unverändert eine wichtige Rolle. Drammen ist außerdem der größte Importhafen für Kraftfahrzeuge und nicht zuletzt eine bedeutende Industriestadt (Eisen- und Metallverarbeitung). Hier findet sich auch die Bezirksbehörde für Buskerud.

Das Geschäftszentrum der heutigen Stadt liegt in Bragernes, am nördlichen Flußufer. Der Bahnhof und die zentrale Busstation sind in Strømsø angesiedelt. Diese beiden Stadtteile werden durch die Stadtbrücke (Bybrua) miteinander verbunden, die eine wichtige Achse zwischen den Marktplätzen (torg) bildet. An den langgestreckten Straßen, die dem Flußufer folgen, stehen zahlreiche gut erhaltene alte Häuser.

Sehenswertes

■ Drammens bedeutendste Attraktion ist die sog. **Spirale**. Zwischen 1953 und 1961 hat man aus dem Hügel Bragernesåsen rund 70.000 Kubikmeter Steine herausgesprengt, um Material für den Straßenbau zu gewinnen. Das besondere an diesem Steinbruch ist, daß man spiralförmig in den Berg eingedrungen ist. Auf diese Weise entstand ein 1.650 m langer Tunnel (6 Windungen Radius 35 m, Steigung 10%), der auf die 200 m hohe Kuppe des Hügels führt. Vom Bragernesåsen hat man eine weite Sicht über die Straße, den Fjord und das Flußtal mit dem Blefjell im Westen (Parkplatz, ganzjährig geöffnetes Restaurant). Auf dem Hügel entsteht – als Filiale des Stadtmuseums – ein Freilichtmuseum mit alten Häusern aus der Landschaft Buskerud. (Einfahrt zur Spirale beim Krankenhaus »Drammens Sykehus«)

■ Unterhalb des Bragernesåsen steht die nach dem Stadtbrand 1866 erbaute neugotische **Bragernes-Kirche**. Das 1871 eingeweihte Bauwerk hat schöne Glasgemälde und ein großes Glockenspiel. (Mai–September Mo–Fr 11–14 h). Das Rathaus, 1872 erbaut, wurde wegen seiner vorbildlichen Restaurierung 1986 mit dem EUROPA NOSTRA-Preis ausgezeichnet. Im Erdgeschoß befindet sich eine Prämiensammlung des einst weltberühmten Ski-Champions Thorleif Haug (1894–1934).

Die wichtigsten kulturhistorischen Sehenswürdigkeiten der Stadt befinden sich im südlichen Stadtgebiet, jenseits des Flusses.

■ Unbedingt besuchenswert ist das **Stadtmuseum** (Drammens Museum), das gleichzeitig als Bezirksmuseum für Buskerud dient. Der älteste Teil des Museums, das in der Nähe des Bahnhofs liegt, ist das ehemalige herrschaftliche Landhaus Marienlyst aus der Zeit nach 1770. In dem Gebäude sind Räume mit Einrichtungen unterschiedlicher Stilepochen zu sehen. Außerdem befinden sich hier eine Land- und Forstwirtschaftsabteilung und eine interessante Sammlung alter Öfen. Im Hauptgebäude des Museums sind Möbel, Gebrauchsgegenstände, Gemälde, Kirchenkunst u.a. aus mehreren Jahrhunderten untergebracht. (Konnerudgaten 7, Mai–Oktober Di–So 11–15 h, Do und So 11–19 h, Führungen zu jeder vollen Stunde; sonst Di–So 11–15 h)

■ Die **Kirche von Strømsø** ist die älteste noch benutzte Kirche der Stadt und wurde 1667 eingeweiht. Ihr Grundriß hat die Form eines griechischen Kreuzes, der Turm befindet sich im Schnittpunkt der Schiffe. (Mo–Fr 10–12 h)

■ Südlich der Kirche steht das **Patrizierhaus Austad gård**, eine Filiale des Stadtmuseums. Der in einem schönen Park gelegene Herrensitz ist im Jahre 1808 für Peder von Cappelen erbaut worden.

■ Ganz im Süden von Strømsø sind 5000–6000 Jahre alte **Felsenzeichnungen** (Helleristninger) erhalten. (Åskollen, Skogerveien 8)

■ Am Rande von Strømsgodset, westlich von Strømsø und nahe beim Flußufer, steht das **Patrizierhaus Gulskogen gård**. Zu dem 1802–04 von Peter Nicolai Arbo im Louis-Seize-Stil erbauten Gebäude, das der Öffentlichkeit als Museum zugänglich ist, gehört ein sehr schöner Park. (Nedre Eiker vei, Juni–September So 12–15 h, Park ganzjährig offen)

Aussicht

■ Die schönste Aussicht hat man vom Hügel **Bragernesåsen** , dem Endpunkt der »Spirale« (siehe oben). – Am Hang Bragernesåsen des liegt das **Restaurant Åspaviljongen** (Parkplatz am Ende der Straße »De eldres vei«, 15 min. Spaziergang, weiter Blick).

Ausflüge

■ Während der Sommermonate werden Bootsfahrten über den Drammensfjord nach **Holmsbu** und **Rødtangen** veranstaltet.

■ Empfehlenswert ist ein Autoausflug rund um die Halbinsel **Hurumlandet**, die von Oslofjord und Drammensfjord gebildet wird. Strecke: Drammen – Hyggen – Klokkarstua (mittelalterliche Steinkirche) – Holmsbu (malerischer Ort, Kirche von 1887 mit beachtenswerten Gemälden von bekannten norwegischen Künstlern) – Tofte – Storsand (evtl. Abstecher über den Oslofjord nach Drøbak) – Sætre – Åros– Drammen.

Lohnend ist auch folgende Rundfahrt: Drammen – Svelvik (Seefahrts- und Kulturhistorisches Museum, Sa 10–13 h) – Berger – Sande – Drammen.

■ In **Skoger**, ca. 8 km südlich vom Zentrum, befindet sich eine sehenswerte romanische **Kirche**, die um 1200 erbaut worden ist und dem norwegischen Nationalheiligen Olav geweiht wurde. Während des 17. Jhs. ist der Innenraum mit schönen Malereien ausgeschmückt worden. Das Touristenbüro in Drammen kann die Besichtigung arrangieren.

Angeln

Angelmöglichkeiten bestehen innerhalb der **Drammensmarka** und bei **Konnerud**.

Baden

Freibad mit vier geheizten Becken beim Sportplatz Marienlyst (Liegewiese Wasserrutschbahn, Minigolf u.a.). – Hallenbad: Grev Wedelsplass 1. – Vom Baden im Fluß oder im inneren Teil des Fjords ist abzuraten.

Fahrradfahren

■ Rundfahrt: rund um die Halbinsel **Hurumlandet** (s. Ausflüge)

Wandern

■ Ein schöner Ausgangspunkt für Wanderungen in der naturschönen **Drammensmarka** ist das Skansen-Plateau auf der Kuppe des Spiralen-Berges Bragernesåsen. – Wanderungen kann man auch an der Gipfelstation des Sessellifts (Drammen Turheis) oder beim Restaurant Åspaviljongen beginnen.

Wintersport

Ausgangspunkt für Skiwanderungen sind der Bragernesåsen und die Gipfelstation der Seilbahn ab Aronsløkka. Die Drammensmarka ist ein ausgezeichnetes Skiwandergebiet. Insgesamt gibt es in Drammen fast 200 km Loipen, von denen einige beleuchtet werden. Slalompisten: Aronsløypa (Bragernes), Haukåsløypa (Strømsø).

Information

Drammens Turistinformasjon
Rådhuset, Engene
N–3017 Drammen
Tel.: 3283 6210

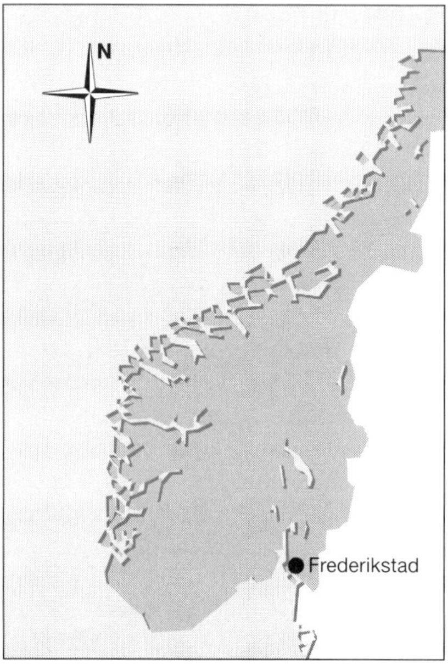

Fredrikstad

Einwohner: 65.250
Fläche im km²: 290
Bezirk: Østfold

Entfernungen:

Oslo	89 km
Lillehammer	256 km
Kristiansand	284 km
Dombås	416 km
Trondheim	582 km

Karten: Cappelen, Bl. 1 – Scanmaps, Bl. 3
Top. Karte 1 : 50.000, Bl. 1913/III

Fredrikstad liegt an der Mündung des Flusses Glomma, im Bezirk Østfold, unweit der schwedischen Grenze.

Die Stadt ist 1667 von König Frederik II. gegründet worden, nachdem die Schweden während des Siebenjährigen Krieges das benachbarte Sarpsborg zerstört hatten. Fredrikstad wurde Norwegens bedeutendste Festungsstadt. Dem Holzhandel und den Sägewerken (die vor allem nach 1840 entstanden) ist es zu verdanken, daß außerhalb des alten Festungsbereichs, am Westufer der Glomma, eine neue Stadt entstand.

Im 20. Jh. entwickelte sich Fredrikstad zu einer der bedeutendsten Industrie- und Hafenstädte Norwegens – hierbei haben die guten Hafenverhältnisse an der schiffbaren Glomma-Mündung einen nicht unwesentlichen Anteil.

Im Stadtgebiet wohnen rund 27.000 Einwohner. Die Großkommune Fredrikstad zählt mehr als 65.000 Einwohner und ist von einer starken Industrialisierung geprägt. (Lebensmittelindustrie, Chemische- und Textilindustrie, Fertighäuser, Öl- und Fettindustrie, Titanwerke usw.).

Touristen kommen vor allem wegen der gut erhaltenen Altstadt, die eine städtebauliche Sehenswürdigkeit darstellt. Von Fredrikstad verkehrt das Passagierboot »M/S Silverpilen« nach Strömstad (Schweden).

Sehenswertes

■ Fredrikstads größte Sehenswürdigkeit ist die **Altstadt** (Gamlebyen) am Glomma-Ostufer, eine der am besten erhaltenen Festungsstädte Nordeuropas. Innerhalb der grasbedeckten Wälle findet man eine malerische Kleinstadt, deren regelmäßiger Straßengrundriß von den städteplanerischen Ideen der Renaissance geprägt ist. In engen, mit Pflastersteinen belegten Gassen stehen gepflegte, teils jahrhundertealte Häuser.

Die ältesten Gebäude sind das Proviantmagazin (1687), die »Sklaverei« (Slaveriet, 1731) und der »Artilleriehof« (Artillerigården, 1733) – sie haben den Stadtbrand von 1764 überstanden. Die übrigen Gebäude wurden nach dem Brand errichtet und sind vom klassizistischen Stil geprägt. Dominierend sind die Kaserne (1788) und das Zeughaus (1775). In ihrer »Blütezeit« war die Festungsstadt, die nur durch drei Pforten zu erreichen ist, mit 200 Kanonen bestückt und hatte 2.000 Mann Besatzung.

■ Innerhalb der »Gamlebyen« liegen **Werkstätten**, in denen man Kunsthandwerkern (darunter Glasbläser) bei der Arbeit zuschauen kann. – In der »Slaveriet« und im Pulverturm »Kruttårnet« ist das **Stadtmuseum** untergebracht. (Mai–Oktober Mo, Sa 11–17 h, So 12–17 h, sonst Sa, So 12–17 h)

■ Sehenswert ist auch die **Festungskirche** (Østre Fredrikstad kirke), die nach dem Stadtbrand auf den Grundmauern ihrer Vorgängerin aufgebaut worden ist. Bemerkenswert sind das Altarbild (J.S. Brøgger, 1779) und die Glasgemälde von Per Vigeland. Die Kirchenglocken stammen aus den Jahren 1300 und 1515. (geöffnet während der Sommermonate, im Juli Di Konzerte)

■ Südöstlich der Festungsstadt erhebt sich das **Fort Kongsten**, das 1685 errichtet wurde. Zum Fort gehören zahlreiche unterirdische »geheime« Gänge (im Sommer Sa/So Führungen, sonst aber auch freier Zugang). – Bei der Festung erstreckt sich die Kongsten-Anlage, eine der schönsten Freizeit- und Erholungseinrichtungen Norwegens (Hallenbad, Freibad, Sporthalle, Camping usw.).

Über die 824 m lange Stadtbrücke (Fredrikstad bru) oder mit Hilfe einer kleinen Personenfähre gelangt man auf das Westufer der Glomma, wo auch das heutige Stadtzentrum angesiedelt ist.

■ Beachtenswert ist dort der **Dom** (Fredrikstad Domkirke), der aus dem Jahre 1880 stammt. Er ist von mehreren berühmten norwegischen Künstlern ausgeschmückt worden: Axel Revold, Emmanuel Vigeland, Wilhelm Peters, Anders R. Andersen sowie Waldemar S. Dahl und besitzt eine der besten Orgeln Norwegens. (Ende Juni–Mitte August Mo–Sa 12–15 Uhr)

■ Eine weitere sehenswerte Kirche ist die **Glemmen gamle kirke**, eine Steinkirche aus dem Mittelalter (12. Jh.). In der Kirche befinden sich u.a. zwei kostbare Holzskulpturen (Christus und Apostel), beides Lübecker Arbeiten aus der Mitte des 15. Jh. Beachtenswert sind auch das Altarbild (1708) und die Kanzel (1731).

Ausflüge

Fredrikstad ist ein idealer Ausgangspunkt für schöne Ausflüge im Bereich der Østfold-Küste.

■ Ein beliebtes Ziel ist die Insel **Hankø** (Bus oder Auto bis Vikanes, dann Fähre), die oft als die »Perle im Oslofjord« bezeichnet wird. Hankø ist auch wegen seiner Segelregatten bekannt (gute Bademöglichkeiten). Das Norwegische Königshaus hat auf dieser Insel sein Feriendomizil.

■ Mit dem Bus oder Auto kann man von Fredrikstad aus in südlicher Richtung über die Straße 108 in die Inselgemeinde **Hvaler** gelangen. Die Straße führt u.a. auf die Inseln Vesterøy, Spjærøy, Asmaløy, und Kirkeøy. Sehenswert ist dort vor allem die **Kirche von Hvaler** (»Kirkeøy«), die noch aus der Zeit vor 1100 stammt. Die Seefestung Akerøy (um 1600) wird zur Zeit restauriert. Bei einem Tagesausflug nach

Hvaler lernt man eines der schönsten Gebiete der norwegischen Schärenküste kennen.

■ Zwischen Fredrikstad und Sarpsborg liegt in **Borge** (Hvidsten) das Geburtshaus des norwegischen Polarforschers Roald Amundsen. Er wurde 1872 auf »Tomta« geboren. Das Haus ist als Museum der Öffentlichkeit zugänglich. Vom großen Garten hat man einen schönen Blick auf die Glomma. (300 m abseits der E 6, Schild Str. 111, 15.6.–14.8. Mo, Mi, Fr 14.00–18.00 h)

■ Ca. 10 km westlich von Fredrikstad (abseits der Str. 110) liegt der **Hof Storedal**, dessen Geschichte bis in die Wikingerzeit zurückreicht. König Magnus der Blinde wurde 1117 auf Storedal geboren. Hier ist eine schöne Parkanlage entstanden – mit vielen Blumen und Amphitheater –, die besonders auf die Bedürfnisse blinder Besucher Rücksicht nimmt. Im Park steht auch die »tönende Skulptur« von Amold Haukelan mit Musik von Ame Nordheim (geöffnet vom 15.5.–15.9. Mo–Fr 9.00–18.00, Sa, So 10.00–18.30 h). Bei Storedal erstreckt sich ein großes Gräberfeld aus der Eisenzeit.

Angeln

Angelmöglichkeiten bestehen im Küstenbereich, z.B. bei Hankø und im Hvaler-Inselarchipel.

Baden

U.a. bei Solviken (Engelsviken), Foten, Hankø, Mærrapanna (Onsøy), Storesand und an zahlreichen anderen Stellen entlang der Schärenküste.

Segeln

■ Besonders Freunde des Segelsports kommen an der Küste vor Fredrikstad auf ihre Kosten. **Hankø** ist ein weitbekannter Regatta-Ort.

Information

Fredrikstad Turistsentret
Østre Brohode
N–1632 Gamle Fredrikstad
Tel. 6932 0330
(Etwa 20.6. bis Mitte August Mo–Fr 9–20 h, Sa 10–16 h, So 12–16 h, sonst Mo–Fr 9–16 h)

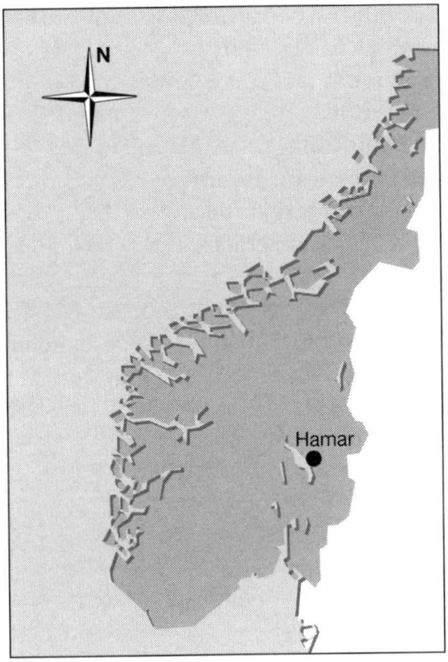

Hamar

Einwohner: 26.250
Fläche im km²: 352
Bezirk: Hedmark

Entfernungen:

Lillehammer	58 km
Oslo	123 km
Dombås	216 km
Geilo	232 km
Røros	272 km
Trondheim	385 km
Kristiansand	443 km
Bergen	470 km
Nordkap	2.011 km

Karten: Cappelen, Bl. 2 – Scanmaps, Bl. 5
Top. Karte 1 : 50.000, Bl. 1916/IV
Wanderkarte 1 : 50.000, Hamar

Hamar liegt am Ostufer des Mjøsa-Sees und ist von einem fruchtbaren Landwirtschaftsgebiet umgeben.

Die Geschichte der Stadt reicht weit bis ins Mittelalter zurück. Hammar entstand um einen Bischofssitz herum, der 1152 auf einer Landzunge am Mjøsa gegründet worden war. Die Reformation (1536) und die Zerstörung während des siebenjährigen schwedisch-dänischen Krieges im Jahre 1567 bewirkten jedoch einen schwerwiegenden Rückschlag. Der Bischofssitz wurde verlegt; außerdem gingen die Stadtrechte verloren, die Hamar erst 1849 zurückerhielt. 1864 wurde das Bistum neu gegründet. Die Dampfschiffahrt auf dem 100 km langen Mjøsa und die Eröffnung der Eisenbahnlinie (1880) brachten weiteren Aufschwung.

Heute ist Hamar zu einer bedeutenden Industrie- und Handelsstadt mit knapp 16.000 Einwohnern im Zentrum herangewachsen und Sitz der Regionalbehörden für den Grenzbezirk Hedmark. Die Geschäfte der Stadt (schöne Fußgängerzone!) bedienen ein großes Umland, das weitgehend von der Landwirtschaft geprägt wird. Zunehmend profiliert sich Hamar auch als Reiseziel – mit zahlreichen Sehenswürdigkeiten, einem attraktiven Freizeitangebot und einer malerischen Umgebung. Hamar ist ein beliebter Tagungsort mit einem großen Übernachtungsangebot, das im Sommer vor allem Touristen zugute kommt. Seit den Olympischen Winterspielen 1994 hat sich das „Wikingschiff" zu den Sehenswürdigkeiten gesellt.

Sehenswertes

■ Mitten in der Stadt steht der **Dom** des Bistums Hamar, der schon 1866 erbaut worden ist. Die Altartafeln und die

Deckenmalereien sind Werke des berühmten norwegischen Künstlers Henrik Sørensen. (Mai–September Mo–Fr 10–15 h, Sa 10–12 h, sonst Mo–Fr 10–13 h, Sa 10–12 h)

Die bedeutendsten Sehenswürdigkeiten von Hamar befinden sich am südwestlichen Stadtrand.

■ Das dortige **Hedmarksmuseum** ist das zentrale Bezirksmuseum für die Region Hedmark. Die Freiluft-Anlage umfaßt mehr als 40 Gebäude, von denen das älteste aus der Zeit um 1600 stammt. – Innerhalb des Freilichtmuseums sind auch die Ruinen des mittelalterlichen Doms erhalten, der im 12. Jh. als dreischiffige Kathedrale erbaut worden war und 1567 den Zerstörungen des Siebenjährigen Krieges zum Opfer fiel. – Auch die Mitte des 13. Jhs. fertiggestellte **Bischofsburg** (Domkirkeodden) wurde 1567 durch die Schweden zerstört. Im 18. Jh. errichtete man auf den mittelalterlichen Fundamenten die Scheune des Gutshofs Storhamar. In den 70er Jahren unseres Jahrhunderts wurde die Ruine der Bischofsburg vorbildlich restauriert. Hier ist heute eine bemerkenswerte Ausstellung untergebracht, in der u.a. mittelalterliche Fundgegenstände zu sehen sind, die bei den archäologischen Ausgrabungen im Bereich des alten Bischofssitzes freigelegt wurden.

Das Hedmarksmuseum ist nicht nur eine bedeutende kulturhistorische Sehenswürdigkeit, sondern auch ein schönes Freizeitgebiet mit u.a. großen Rasenflächen (Picknickplätze) und guten Bademöglichkeiten im Mjøsa (etwa 20.6. bis Mitte August tägl. 10–18 h, bis Mitte September 11–16 h, sonst 10–16 h, Park ganzjährig geöffnet)

■ Nicht weit vom Hedmarksmuseum entfernt befindet sich das **Eisenbahnmuseum** (Jernbanemuseet). Auf einer Fläche von 30.000 m² ist eine einzigartige Sammlung entstanden: alte Lokomotiven und Eisenbahnwaggons, historische Bahnhöfe und Bahnanlagen. Im separaten Museumsgebäude findet man Modelle, Fotografien und Dokumente aus der Eisenbahngeschichte. – Während des Sommers verkehrt eine 750 mm-Schmalspurbahn (»Tertitbanen«) zwischen dem Eisenbahnmuseum und dem Bahnhof Killingmo, der seit 1896 unverändert geblieben ist (mit 1,5 km die kürzeste Bahnlinie Norwegens). – Im übrigen umfaßt das Museum u.a. 11 normalspurige Dampflokomotiven: Die älteste wurde 1861 von Robert Stephenson gebaut, die größte ist der 157 Tonnen schwere »Dovregubben« (Der Dovrebergriese), der von Krupp in Essen geliefert wurde. In einem alten Speisewagen ist ein Restaurant eingerichtet. (Ende Mai–Mitte September tägl. 10–16 h, im Juli bis 18 h)

■ Im östlichen Stadtgebiet steht die **Kirche von Vang**, ein achteckiges Bauwerk aus dem Jahre 1810, deren Turm jedoch aus dem Mittelalter stammt.

■ Die Mehrzweckhalle **Wikingschiff** (Vikingskipet) sieht aus wie ein kieloben liegendes (Wikinger-)Schiff: 250 m lang, konnten 1994 die Eislaufwettbewerbe der Winterolympiade überdacht ausgetragen werden. (Mo–Fr 8–20 h. Sa, So 10–18 h, von Juni bis August auch Führungen)

Aussicht

■ **Hedmarkstoppen** (nordwestlich der Stadt) bietet einen schönen Ausblick über Hamar und den Mjøsa.

■ Eine noch weitere Aussicht hat man vom 15 km nördlich gelegenen **Høsbjør Turisthotell** in 500 m Höhe.

Ausflüge

■ Der schönste Ausflug von Hamar aus ist wohl eine Fahrt mit dem Raddampfer »**Skibladner**« – dem ältesten Raddampfer der Welt, der noch fahrplanmäßig verkehrt (etwa 20.6.–20.8.). Er befährt im Sommer die Strecke Eidsvoll – Hamar – Gjøvik – Moelv – Lillehammer (Rückfahrt von Lillehammer nach Hamar evtl. per Eisenbahn).

Gute Ausflugsmöglichkeiten bestehen auch innerhalb der Landgemeinden von Hedmark, die durch eine offene Landschaft mit Äckern und Wiesen geprägt sind, in denen es aber auch Wälder, Berge und Seen gibt.

Angeln

Angelmöglichkeiten bestehen u.a. im **Mjøsa** (Forellen und Hechte, beste Zeit Frühling und Frühsommer).

Baden

■ Badeplätze am **Mjøsa**: Domkirkeodden (Hedmarksmuseum) und beim Eisenbahnmuseum. – Hallenbad: Ankerskogen.

Segeln

Gute Bootssportmöglichkeiten bietet der 120 km lange Mjøsa, Norwegens größter Binnensee.

Wintersport

Innerhalb des Stadtgebiets stehen zahlreiche Loipen zur Verfügung, u.a. auf der Hedmarksvidda. – Gute Wintersportmöglichkeiten (Slalom, Abfahrt) bestehen beim Høsbjør Turisthotell in 500 m Höhe.

Information

Hamar Turistkontor
Parkgate 2
N–2300 Hamar
Tel. 6251 0225 und 6252 1217
Mo–Fr 8.30–15.30 h, in der Hauptsaison erweitere Öffnungszeiten

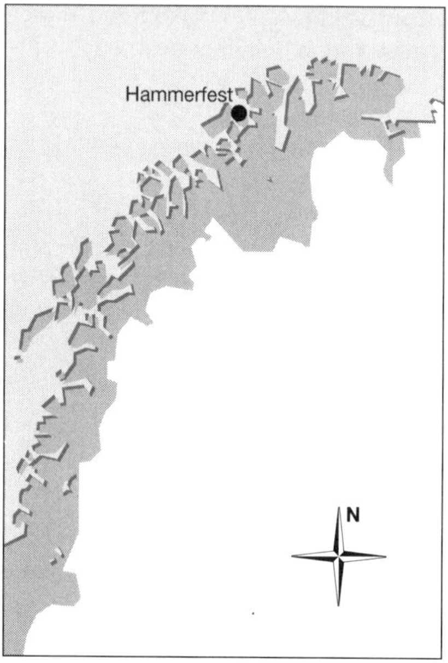

Hammerfest

Einwohner: 9.540
Fläche im km^2: 848
Bezirk: Finnmark

Entfernungen:

Tromsø	433 km
Kirkenes	495 km
Narvik	654 km
Trondheim	1.557 km
Oslo	2.051 km
Bergen	2.114 km

Karten: Cappelen, Bl. 5 – Scanmaps, Bl. 20
Top. Karte 1 : 50.000, Bl. 1936/III

Hammerfest ist bekannt als die nördlichste Stadt der Welt. Mit 70° 39' 48" liegt sie auf demselben Breitengrad wie der Nordrand von Alaska.

Schon im Mittelalter gab es an der Stelle des heutigen Hammerfest, einer geschützten Bucht der Insel Kvaløy, einen Hafen. Und zu Beginn des 17. Jhs. befand sich hier ein bekannter Handelsort, an dem 1620 eine Kirche errichtet wurde. 1789 wurden die Stadtrechte verliehen, verbunden mit erheblichen Steuererleichterungen, die für einen Zuwachs der bescheidenen Einwohnerzahl von 40 Menschen sorgen sollten.

Große wirtschaftliche Bedeutung besaß der Tauschhandel mit Rußland: Hammerfest lieferte Fischprodukte und erhielt im Gegenzug Getreide aus Pommern (Pomor-Handel).

1890 verwüstete ein Großbrand weite Teile der Stadt; im selben Jahr bekam Hammerfest, übrigens als erste Stadt in Europa, eine elektrische Straßenbeleuchtung, was bei der langen Dunkelperiode, die vom 20. November bis zum 22. Januar dauert, nicht sonderlich verwundert.

1944 legten die deutschen Truppen Hammerfest vor ihrem Rückzug in Schutt und Asche (»Taktik der verbrannten Erde«).

Nach dem Krieg entstand ein neues, betongeprägtes Hammerfest, das heute im Zentrum fast 7.000 Einwohner zählt und damit die bevölkerungsreichste Stadt Finnmarks ist. Fischfang und Fischverarbeitung sind unverändert wichtige Erwerbszweige; mehr als 20% der Erwerbstätigen arbeiten in dieser Sparte.

Das Ölzeitalter hält inzwischen auch in Hammerfest Einzug, ungeachtet der Gefahren, die die Ölförderung in so weit nördlich gelegenen Gewässern mit sich bringt. Für die Stadt geht es freilich um die Konkurrenzfähigkeit ihrer Wirtschaft, um die Möglichkeit, die Bevölkerungswanderung (vor allem junger Menschen) Richtung Süden zu stoppen. Aus diesem Grund findet die Umweltproblematik bei Behörden und Bevölkerungsmehrheit nicht allzuviel Gehör.

Sehenswertes

■ Charakteristisch für das Stadtbild von Hammerfest ist die 1961 fertiggestellte, moderne **Kirche** (Architekt: Hans Magnus). Beeindruckend ist die große, dreieckige Glasmalerei in der Rückwand. (steht vormittags offen, im Sommer täglich ein Konzert)

■ Folgt man Kirkegata und Strandgata, gelangt man zur katholischen **St. Michaels Kirche**, die ursprünglich 1885 errichtet worden war und nach dem Krieg (1958) von deutschen Freiwilligen wiederaufgebaut wurde. Die Kirche bildet das Zentrum der nördlichsten katholischen Gemeinde der Welt. Ihre Fassade besteht aus einem großen Mosaik, das den Kampf zwischen dem Heiligen Michael und dem Drachen darstellt.

■ Im Rathaus ist eine gleichermaßen historische wie kuriose Sammlung untergebracht, die dem **Eisbärenklub** (Isbjørnklubben) zu verdanken ist. Gegen eine geringe Aufnahmegebühr können Sie eins von mehr als 140.000 Mitgliedern werden, die der außergewöhnliche Verein mittlerweile weltweit zählt. Lassen Sie sich überraschen. (Juni–August Mo–Fr 8–18 h, Sa, So 10–15 h)

■ Auf der anderen Seite des Hafenbeckens steht **Meridianstøtten**, die Meridiansäule, die zur Erinnerung an die erste staatenübergreifende Vermessung der Erde (1816–1852) gebaut wurde.

■ Ebenfalls auf der Halbinsel Fuglenes sieht man die Reste einer **Verteidigungsanlage**, die aus der Zeit der Napoleonischen Kriege stammt. Während dieser Kriege wurde Hammerfest von britischen Kriegsschiffen 1809 angegriffen und geplündert.

Aussicht

■ Der 80 m hohe **Salen**, der zu Fuß oder mit dem Auto zu erreichen ist, bietet eine schöne Aussicht über die Stadt und das Meer.

Ausflüge

■ 9 km nördlich von Hammerfest liegt das Fischerdorf **Forsøl**, ein günstiger Ort zum Betrachten der Mitternachtssonne. – Bei Forsøl sind Reste einer steinzeitlichen Siedlung vorhanden.

■ Schöne Touren können auch mit den lokal verkehrenden **Booten** unternommen werden.

Wandern

Am Stadtrand von Hammerfest gibt es einige Wanderwege: Finnmarksvegen, Gammelvegen, Gratishøgen u.a.

Angeln

Angelfahrten aufs Meer werden vom Touristenbüro veranstaltet. – Außerdem gibt es mehrere gute Angelplätze an der Küste: Fragen Sie in der Touristeninformation nach.

Baden

Hallenbad: Isbjørnhallen, die Eisbärenhalle.

An warmen Sommertagen kann man im 53 m hoch gelegenen See Jansvannet baden. – Eine weitere Badestelle befindet sich am See Rumpetrollvannet.

Mitternachtssonne

16. Mai bis 27. Juli

Information

Hammerfest og omegn Reiselivslag
Sjøgata
Postboks 226
N–9601–Hammerfest
Tel. 7841 2185

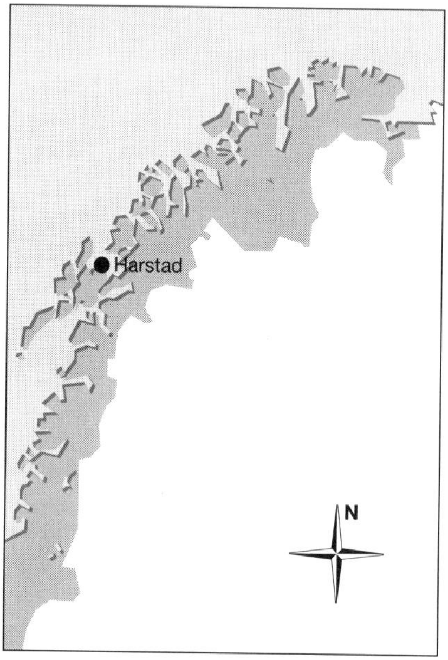

Harstad

Einwohner: 22.750
Fläche im km^2: 363,6
Bezirk: Troms

Entfernungen:

Narvik	119 km
Svolvær	146 km
Tromsø	297 km
Alta	558 km
Hammerfest	701 km
Nordkap	771 km
Trondheim	900 km
Kirkenes	1.075 km
Oslo	1.394 km

Karten: Cappelen, Bl. 4 – Scanmaps, Bl. 15,16

Harstad ist eine moderne Hafen- und Industriestadt mit 22.750 Einwohnern im Süden des nordnorwegischen Bezirks Troms.

Seit der Gemeindereform von 1964, als Harstad mit Sandtorg und Trondenes vereinigt wurde, umfaßt das Gemeindegebiet eine Fläche von immerhin 364 km^2 mit großen Teilen der Insel Hinnøya.

Der Ort verdankt seine heutige Bedeutung vor allem den reichen Heringsfängen des 19. Jhs., die hier angelandet und verarbeitet wurden. Allerdings war das Gebiet von Harstad schon im Mittelalter besiedelt., wie die Kirche von Trondenes (13. Jh.) beweist. 1903 erhielt der aufstrebende Ort die Stadtrechte.

Harstad entwickelte sich zum Handels- und Verkehrszentrum und verfügt über mehrere Industriebetriebe, die sich vor allem mit der Fischverarbeitung, dem Schiffsbau und der Schiffsausstattung beschäftigen. Seit ein paar Jahren ist die Stadt die wichtigste Basis für die Ölförderungsaktivitäten im Norden Norwegens. Außerhalb der Stadt ist Anfang der 80er Jahre ein großer Hafen und Industriekomplex entstanden. Harstad ist auch Garnisonsstadt und genießt nicht zuletzt großes Ansehen als Festspielstadt – Ende Juli findet alljährlich eine Festspielwoche mit internationaler Beteiligung im neuen Kulturhaus statt.

Sehenswertes

■ Die **Stadtkirche** ist Ende der 1950er Jahre nach Plänen des Architekten J. I. Hovig errichtet worden. Ihr Altargemälde ist eine Arbeit von Axel Revold, die Glasmalereien sind ein Werk des Harstader Künstlers Jardar Lunde. (Di–Fr 9–14 h)

■ Harstad verfügt auch über eine **katholische Kirche** (Skolegaten), die 1893 erbaut und später restauriert sowie erweitert wurde.

■ In der Festung, die die deutschen Okkupanten nach dem Zweiten Weltkrieg hinterließen, steht die überdimensionale **Adolf-Kanone**, damals Bestandteil des sogenannten Atlantikwalls.

Ausflüge

■ Eine lohnende Fahrt rund um **Hinnøya**, Norwegens größte Insel, kann mit öffentlichen Verkehrsmitteln durchgeführt werden. Man fährt mit einen Schiff der Hurtigrute von Harstad nach Sortland und kehrt per Bus nach Harstad zurück (insges. ca. 8 Std.) – Auch die lokalen Fähren und Schnellboote ermöglichen zahlreiche Ausflüge durch das Küstengebiet auf eigene Faust.

■ 3 km außerhalb vom Zentrum steht die **Kirche von Trondenes**, ein einfaches Steinbauwerk, das um 1250 im romanisch-gotischen Stil errichtet wurde. Nahe der Kirche sind Grabhügel und die Grundmauern von Bootshäusern aus frühgeschichtlicher Zeit erhalten. Ein Gedenkstein erinnert an rund 800 sowjetische Soldaten, die in deutscher Kriegsgefangenschaft ums Leben kamen. (Mai–September Mo–Fr 9–14 h, Sa 9–12 h)

■ Auf der Insel **Grytøya** (Fähre) befindet sich das sehenswerte Heimatmuseum **Grytøya Bygdetun** mit alten, grasbewachsenen Gebäuden (teils von 1770) und über 2.000 Sammlungsgegenständen. Im Bootshaus sind einige historische Boote zu sehen. Im Mittelpunkt steht der Alltag in Fischerei und Landwirtschaft vergangener Tage.

■ In **Kvæfjord** (ca. 15 km westl., Str. 850) befindet sich auf Borkenes ein weiteres interessantes **Heimatmuseum** (»Kvæfjord bygdetun«). Dort kann man u.a. ein altes Schulhaus (1890), einen Vorratsspeicher (18.Jh.) und zwei Mühlen besichtigen.

■ Auf Bjarkøy gibt es ein privates **Zoologisches Museum**, in dem mehr als 1000 Tierarten, überwiegend Vögel, ausgestellt sind. (Kontakt über das Touristenbüro)

Angeln

Möglichkeiten zum Süßwasserangeln bestehen in den Flüssen und Seen um Harstad. – Sehr viel größere Fänge wird man jedoch beim Angeln im Seewasser des Vågsfjords machen. – In Harstad findet sogar alljährlich ein Hochseefischer-Wettbewerb statt, an dem Sportfischer aus dem In- und Ausland teilnehmen können. Die Fischmengen, die dabei aus dem Fjord geangelt werden, sind oft enorm: Der größte Fisch war bisher ein Dorsch mit einem Gewicht von fast 24 kg.

Wandern

Der Touristenverein von Harstad verfügt über 3 Hütten und bietet auch Gemeinschaftstouren in die für Wanderungen herrlich geeignete Landschaft an.

Wintersport

Im Winter kann man in der Umgebung von Harstad ausgedehnte Skiwanderungen unternehmen. – Bei Kanebogen gibt es auch einen Skilift.

Mitternachtssonne

25. Mai bis 22. Juli

Information

Harstad og Omland Arrangement
Rik. Kaarbøsgate 20
N–9401 Harstad
Tel: 7706 3235
Mitte Juni–Mitte August Mo–Fr 8–16 h, Sa, So 10–16 h, sonst Mo–Fr 8–16 h

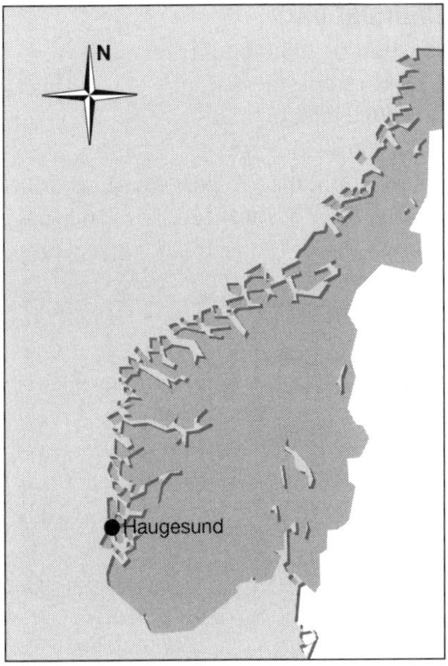

Haugesund

Einwohner: 28.750
Fläche im km²: 72,3
Bezirk: Rogaland

Entfernungen:

Stavanger	79 km
Bergen	108 km
Geilo	296 km
Kristiansand	322 km
Oslo	456 km
Ålesund	568 km
Trondheim	785 km

Karten: Cappelen, Bl. 1 – Scanmaps, Bl. 2
Top. Karte 1 : 50.000, Bl. 1113/I

Haugesund ist einer der traditionsreichen Hafenstädte Norwegens.

Obwohl Haugesund als Stadt erst seit 1854 besteht, hat der Ort eine lange Tradition: Harald Hårfagre (Schönhaar), der Begründer eines geeinten norwegischen Reiches, ist hier begraben, und König Håkon Håkonsson ließ Mitte des 13. Jh. südlich von Haugesund eine königliche Kapelle errichten.

Die Geschichte von Haugesund ist eng mit der Entwicklung der Fischerei und der Seefahrt verbunden. Die reichen Heringsfänge an der westnorwegischen Küste im vorigen Jahrhundert trugen wesentlich zum Wachstum der Stadt bei. Während 1840 nur 13 Familien in Haugesund lebten, betrug die Einwohnerzahl 1866 bereits 3.200.

Heute spielt der Fischfang nur noch eine untergeordnete Rolle. Die meisten Arbeitsplätze stellen Handel, Seefahrt, Industrie und der Ausbildungssektor. Die größten Industrieanlagen befinden sich außerhalb der Stadtgrenzen, etwa »Hydro Aluminium« oder die Werft für Ölbohrtürme im Karmsund. Haugesund hat heute knapp 29.000 Einwohner und ist das Zentrum des Gebietes zwischen dem Boknfjord (Stavanger) und dem Hardangerfjord.

Sehenswertes

■ Das sehenswerte **Rathaus** von Haugesund ist eine Schenkung des Reeder-Ehepaares Knutsen O.A.S. Das Gebäude wurde 1931 eingeweiht und hat eine reiche künstlerische Ausschmückung. – Zum Rathauskomplex gehört auch der 1949 eingeweihte **Rathauspark** mit einer Springbrunnenanlage.

■ Das **Karmsund Folkemuseum** beschäftigt sich als kulturhistorisches Museum mit den Bereichen Seefahrt,

Fischerei, Landwirtschaft, Kunsthandwerk, Wohnen und Archäologie. Verwaltung und Hauptgebäude befinden sich in der Skåregata 142. (Mo–Fr 10.30–14 h, So 12–15 h)

■ Das **Dokken Museum**, auf der Insel Hasseløy, gehört zum Karmsund Folkemuseum. Es besteht aus vier Häusern mit originaler Einrichtung: Wohnungen und Werkstätten aus der Zeit um 1850. (Brogata 1d–13b, Mitte Juni–Mitte August Mo–Fr 12–17 h, sonst nach Absprache mit Karmsund Folkemuseum)

■ Im nördlichen Teil der Innenstadt befindet sich die neuerbaute **Gemäldegalerie** (»Haugesunds Billedgalleri«), in der wechselnde Ausstellungen gezeigt werden. (Erling Skjalgssonsgt. 4, Öffnungszeiten je nach Ausstellung verschieden)

■ 2 km nördlich vom Stadtzentrum liegt **Haraldshaugen**, der Grabhügel Harald Hårfagres (um 850–933). Am 18.7.1872, zum tausendjährigen Jubiläum der Einigung Norwegens durch Harald, wurde hier das norwegische Nationaldenkmal errichtet. Um einen 17 m hohen Obelisken sind 29 kleinere Steine gruppiert, die die geeinten Landschaften Norwegens darstellen.

■ Auf dem Krosshaugen (südlich des Haraldshaugen) steht ein **Steinkreuz**, das aus der Zeit um 1000 stammt. Es erinnert möglicherweise an den hier herbeigeführten Thing-Beschluß sich zum Christentum zu bekennen.

Aussicht

Östlich der Stadt erhebt sich das Steinsfjell, das einen eindrucksvollen Rundblick ermöglicht (Autostraße).

Ausflüge

■ Beim Brückenkopf der Karmsund-Brücke befinden sich auf der Festlandseite fünf **Bautasteine** aus der Zeit um 300 n. Chr.: die »fünf törichten Jungfrauen« (De fem darlige jomfruer).

■ Die **Olavskirche** (Avaldsnes kirke) liegt ca. 7 km südlich des Stadtzentrums auf der Insel Karmøy. Sie wurde um 1250 als königliche Kapelle von Håkon Håkonsson erbaut und dem heiligen Olav geweiht. Im Spätmittelalter verfiel die Kirche, wurde aber 1830 völlig restauriert. Der 6,5 m hohe, zur Kirchenwand geneigte Bautastein wird »Nähnadel der Jungfrau Maria« (Jomfru Marias Synål) genannt. Eine Sage meint, daß die Erde untergehe, wenn die Spitze des Steins die Wand berührt.

■ Auf Avaldsnes befinden sich auch die **Rehaugene** (»Rehhügel«), eines der bedeutendsten bronzezeitlichen Grabfelder des Landes.

Angeln

Gute Angelmöglichkeiten im Meer und in Binnengewässern. – Im Sommer täglich abends Angeltouren mit der »MS Gå på« (Ausrüstung an Bord). – Im Juni findet jährlich das »North Sea Festival« im Hochseeangeln statt (Auskunft: Touristenbüro).

Baden

Meerwasser-Schwimmhalle (Haraldshalle, im Juli geschlossen). – Badestrände: Kvalsvik (4 km nördlich), Åkrasanden und Sandvesanden auf Karmøy sowie Aksnesstrand am Førdesfjord (7 km landeinwärts).

Information

Haugesund Turistkontor
Smedasundet 90
N–5500 Haugesund
Tel. 5273 4525
Mo–Fr 8–15.30 h

Info-Kiosk im Zentrum
Tel. 5272 5055 (Mo–Sa 10–15 h, So 12–15 h, nur 20.6.–25.8.)

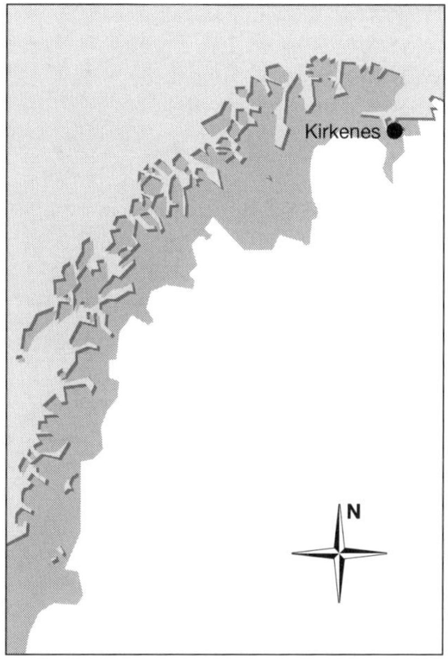

Kirkenes

Einwohner: 5.000
Fläche im km^2: 3.968 (Sør-Varanger)
Bezirk: Finnmark

Entfernungen:

Hammerfest	495 km
Narvik	1.028 km
Trondheim	1.931 km
Oslo	2.425 km
Bergen	2.588 km

Karten: Cappelen, Bl. 5 – Scanmaps, Bl. 21
Top. Karte 1 : 50.000, Bl. 2434/II

Kirkenes, der Hauptort der Gemeinde Sør-Varanger, ist eine wichtige Bergbaustadt direkt an der Grenze zu Rußland.

Hier endet die E 6, die ungefähr 5000 Kilometer weiter südlich in Rom beginnt, und hier liegt auch der Endhafen der Postschifflinie Hurtigrute.

Die Gemeinde Sør-Varanger hatte ursprünglich eine rein samische Bevölkerung; seit Mitte des 19. Jhs. kamen aber immer mehr Einwanderer aus anderen Landesteilen hierher. Um 1900 war die Hälfte der Bevölkerung finnisch.

Kirkenes ist aus einem kleinen Kirchdorf hervorgegangen und verdankt seine heutige Bedeutung den Eisenerzvorkommen am Bjørnevatn. 1906 nahm die A/S Sydvaranger Grubengesellschaft ihre Tätigkeit auf. Das Erz wird mit einer Eisenbahn vom 11 km weit entfernten Bjørnevatn nach Kirkenes transportiert , wo es veredelt und verschifft wird.

Während des 2. Weltkrieges wurde Kirkenes mehrfach von der deutschen Luftwaffe bombardiert, 1944 dem Erdboden gleichgemacht. Während der letzten Bombenangriffe hielten sich 2.000 Menschen zwei Monate lang in den Grubengängen verborgen.

Nach dem Krieg mußte Kirkenes völlig neu aufgebaut werden. Die Erzproduktion kam erst 1952 wieder in Gang. Heute werden jährlich rund 6 Millionen Tonnen Roherz gefördert, die in Kirkenes selbst zu etwa 2,5 Millionen Erzkugeln (Eisengehalt 65–67%) angereichert werden. Mehr als 2 Millionen Tonnen Erz werden jährlich exportiert, womit Kirkenes der drittgrößte Ausfuhrhafen Norwegens ist. Trotzdem ist die Zukunft der Grube in dem abgelegenen Landesteil ungewiß.

Neben den großen Erzverarbeitungs- und Verschiffungsanlagen prägen regelmäßig angelegte, kleinere Häuser das Stadtbild – ein Zeichen des relativ hohen Lebensstandards der Gruben arbeiter.

Trotz der sehr abgeschiedenen Lage der Stadt ist Kirkenes alles andere als ein Außenposten der Zivilisation, sondern eine lebhafte, betriebsame Stadt, die durchaus in südlicheren Breitengraden angesiedelt sein könnte. Während im Ortskern rund 5.000 Menschen leben, zählt die 3.968 km^2 große Gemeinde Sør-Varanger nur insgesamt 9.900 Einwohner. Die Vegetation ist, auch wenn es auf den ersten Blick nicht so scheint, durchaus abwechslungsreich: Für mehrere asiatisch-nordrussische Pflanzenarten verläuft hier die Westgrenze ihrer Verbreitung. Auch auf zoologischem Gebiet bildet Sør-Varanger die Grenze zwischen Europa und Asien.

Sehenswertes

■ Im Zentrum gibt es keine besonderen kulturhistorischen Sehenswürdigkeiten; beeindruckend sind jedoch die großen **Hafenanlagen** und das **Erzveredelungswerk**.

■ Östlich der Innenstadt erinnert ein **Monument** an die Befreiung Finnmarks durch die Rote Armee im Jahr 1944.

Aussicht

An der Str. 885, etwas südlich des Ortes Svanvik, gibt es einen besonders guten Aussichtsplatz (militärischer Wachturm, Høyde 96) der den Blick bis auf die russische Bergbaustadt Nickel freigibt, die immerhin 25.000 Einwohner hat. Nickel ist durch eine Eisenbahnlinie mit dem Hafen Murmansk verbunden.

Ausflüge

■ Die **Gruben** von **Bjørnevatn**, 11 km südlich von Kirkenes, die von A/S Sydvaranger betrieben werden, sind der größte Tagebruch Europas. (Führungen im Sommer nach Anmeldung im Touristenbüro)

■ Rund 40 km südlich von Kirkenes (Str. 885) liegt beim Hof Svanvik der Hof **Bjørklund Gård**, die Hauptanlage des Sør-Varanger Museums. Er ist ein typisches Beispiel für einen Einwandererhof, der nach 1850 durch Rodungen entstand. Bjørklund, mit historischen Möbeln und Gegenständen authentisch eingerichtet, ist heute als Museum und Galerie der Öffentlichkeit zugänglich.

■ Ausflüge nach **Rußland** unternehmen Sie besser nach Rücksprache mit dem Touristenbüro (siehe auch »Grense Jakobselv«).

Wandern

■ Besonders schöne Wandermöglichkeiten bestehen im **Øvre-Pasvik-Nationalpark**, einem reizvollen, einsamen Naturgebiet mit Urwaldvegetation. (Top Karte 1 : 50.000, Bl. 2333 II, Nr. 1395, siehe unten)

Angeln

Die Gewässer um Kirkenes bieten sehr vielfältige Angelmöglichkeiten, z.B. zum Lachs- und Forellenfischen. Jedoch ist zu beachten, daß Nicht-Norweger nur in Gewässern fischen dürfen, die innerhalb einer 5 km breiten Zone links und rechts der Hauptstraße liegen. Schöne, für Ausländer zugängliche Lachs- und Forellenflüsse sind z.B. Karpelva, südöstlich von Kirkenes , sowie Munkelva, Neidenelva und Klokkerelva, die östlich von Kirkenes liegen und über die E 6 zu erreichen sind. – In den Grenzflüssen Jakobselv und Pasvikelv dürfen nur norwegische Staatsbürger angeln!

»Grense Jakobselv«

Die Straße 886 ermöglicht den Abstecher zur »Grense Jakobselv« und damit auch zur König-Oskar II-Kapelle. Nirgendwo sonst kommt man der russischen Grenze näher als hier. Der Grenzfluß Jakobselv, teilweise nur 10–15 m breit, ist übrigens ein beliebtes Lachsgewässer, das jedoch für Ausländer nicht zugänglich ist. Die steinerne König-Oskar II-Kapelle wurde 1896 als Grenzschutz erbaut. Sie sollte die sehr gottesfürchtigen russischen Fischer von norwegischem Territorium fernhalten. Die hochgelegene Kirche dient auch heute noch als Seezeichen.

Ganz am Anfang der Straße 886 kann man übrigens vor Elvenes nach Skafferhullet abbiegen, das ebenfalls direkt an der Grenze liegt. Diese Straße führt weiter zum ehemaligen Wallfahrtsort Boris Glebb (Kapelle), der heute eine russische Enklave am Westufer des Grenzflusses darstellt.

Eine Kurzreise nach Rußland arrangieren Sie am besten über das Touristenbüro in Kirkenes. So verkehren Ausflugsboote zum Eismeerhafen Murmansk. Obwohl die Grenze durchlässig geworden ist, sollten Sie sich vorsichtig verhalten und zum Beispiel das Fotografieren von Grenzposten unterlassen.

Baden

Hallenbad: Presteveien, südlich der City. (ganzjährig geöffnet)

Nationalpark

Im südlichen Teil des Tals Pasvikdalen, das sich keilförmig zwischen Finnland und Rußland schiebt, befindet sich der **Øvre-Pasvik-Nationalpark**, ein herrliches Naturgebiet mit Urwaldvegetation. Hier sind Bären, Wölfe, Vielfraße und Luchse zu Hause. Stundenlang kann man wandern, ohne auf eine Menschenseele zu treffen. Øvre Pasvik liegt an der botanischen und zoologischen Grenze zwischen Europa und Asien. Das Pasvikdal war ursprünglich die Heimat der ostsamischen Bevölkerung, die jedoch nach 1826 auf die russische Seite des Flusses übersiedeln mußte. Von der Mitte des 18. Jhs. an kamen viele Menschen aus Finnland, um sich im Pasvikdal niederzulassen.

Mitternachtssonne

17. Mai bis 26 Juli

Information

Kirkenes Turistinformasjon
Storgata 2
N–9900 Kirkenes
Tel. 7899 2544
Mitte Juni–Mitte August 9–20 h

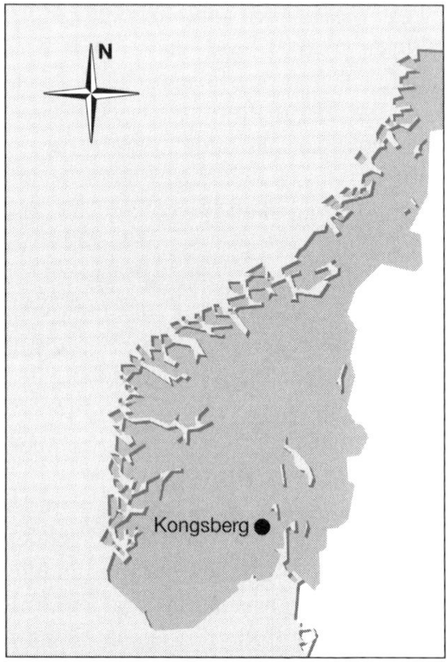

Kongsberg

Einwohner: 21.250
Fläche im km^2: 792,5
Bezirk: Buskerud

Entfernungen:

Oslo	82 km
Geilo	160 km
Lillehammer	215 km
Kristiansand	272 km
Dombås	371 km
Bergen	398 km

Karten: Cappelen, Bl. 1 – Scanmaps, Bl. 3
Top. Karte 1 : 50.000, Bl. 1714/II

Kongsberg liegt in rund 170 m Höhe im ostnorwegischen Bezirk Buskerud. Die

Stadt, in der noch zahlreiche alte Holzhäuser erhalten sind, erstreckt sich zu beiden Seiten des Flusses Numedalslågen, der innerhalb des Ortsgebiets drei kleine Wasserfälle bildet. 1964 ist Kongsberg um das Gebiet der früher selbständigen Gemeinden Øvre Sandvær und Ytre Sandvær erweitert worden. Das gesamte Stadtgebiet von Groß-Kongsberg umfaßt nun 792 km^2 mit gut 21.000 Einwohnern.

Die Geschichte von Kongsberg beginnt mit der Entdeckung von Silbervorkommen im Jahre 1623 – der Sage nach wurden sie von Hirten entdeckt, deren Ochse mit dem Horn eine Silberader freigelegt hatte. Bereits im folgenden Jahr fand die offizielle Stadtgründung durch König Christian IV. statt. die Entwicklung des Ortes verlief parallel mit der Expansion der Silberminen. In der 2. Hälfte des 18. Jhs. war Kongsberg die zweitgrößte Stadt des Landes und zählte über 8.000 Einwohner – darunter zahlreiche deutschstämmige Bergleute. Nach diesem Höhepunkt nahm die Ergiebigkeit des Bergwerks und damit die Bedeutung der Stadt ab.

1957 wurden die Gruben endgültig stillgelegt, allerdings waren längst andere Industrien an die Stelle des Bergbaus getreten. Ein bekannter Name ist in diesem Zusammenhang die »Kongsberg Våpenfabrikk« (Waffenfabrik), die nicht nur Waffen, sondern u.a. auch Industriecomputer und andere hochwertige Güter herstellt.

■ Zum **Kongsberg Jazzfestival** treffen sich alljährlich Ende Juni Jazzmusiker aus dem In- und Ausland. Während der Festwoche finden täglich mehrere Konzerte statt. Kongsberg ist ein beliebtes Ferienziel mit einem guten Übernachtungsangebot und zahlreichen Sehenswürdigkeiten. Bemerkenswert sich auch die guten Wintersportbedingungen. Aus Kongsberg kamen übrigens die besten Skispringer der Welt – aber auch bei der Ausübung weniger spektakulärer Wintersportarten kommt man in Kongsberg auf seine Kosten ...

Sehenswertes

■ Das Zentrum der Stadt lag früher auf der Westseite des Numedalslågen. Dort steht auch die **Kirche** von Kongsberg , eine der größten Kirchen des Landes, mit rund 2.400 Sitzplätzen und einer ungewöhnlich schönen Ausschmückung. Sie wurde 1761 eingeweiht – fünf Jahre nach dem Tod ihres ersten Baumeisters Joachim A. Stuckenbrock, dem Leiter des Bergwerks. Besonders beeindruckend ist die prächtige Barockwand mit Altar, Kanzel und Orgel. Bemerkenswert ist auch die Empirewand mit dem Königsstuhl. In der Kirche werden die Klassenstrukturen der damaligen Gesellschaft durch die Architektur verdeutlicht: Die höheren Bergbeamten, die Bürger und Berggesellen hatten jeweils ihre eigene Galerie, die Arbeiter, die regelrecht zum Gottesdienst abkommandiert wurden, hatten ihren Platz in den oberen Ecken. (Kirketorget, Mitte Mai–Ende August Mo–Fr 10–16 h, Sa 10–13 h, So 14–17 h, sonst Di–Fr 10–12 h)

■ Im alten Teil der Stadt steht das sog. »**Bergseminar**«, ein schönes großes Holzgebäude aus dem Jahre 1783. Dort war bis 1814 Europas erste bergbauwissenschaftliche Hochschule untergebracht. Heute beherbergt das Seminar das Kongsberger Regiment.

■ Am Flußufer, unterhalb der Kirche, befindet sich das **Norsk Bergwerksmuseum**. Es ist in einer alten Schmelzhütte untergebracht und behandelt in mehreren Abteilungen die Geschichte der

Das Silberbergwerk

Das Kongsberger Silberbergwerk wurde 1623 gegründet; bis zu seiner Stillegung im Jahre 1957 konnte man hier 1.350 Tonnen reines Silber fördern. Kongsberg war die einzige Stelle der Welt, an der Silber in gediegenem Zustand vorkam: Bis zu 300 kg schwere reine Silbernuggets wurden hier gefunden.

Allerdings war der Abbau der Silbervorkommen kein Kinderspiel.

Besonders in der ersten Zeit waren die Arbeitsplätze unter Tage lebensgefährlich. Ein Bergmann hatte, sofern er nicht ohnehin bei den häufigen Unfällen zu Tode kam, mit 40 Jahren ausgedient: Die kalten, feuchten und raucherfüllten Grubengänge waren in höchstem Maße gesundheitsschädigend. Die Bergleute mußten sich bereits um 4 Uhr morgens versammeln, um zu den oft weit entfernten Stollen zu marschieren – die einzigen Werkzeuge, die sie zu Anfang hatten, waren Hämmer und Brecheisen. Zum »Sprengen« des Gesteins wurden die Felsen mit Holz erwärmt und anschließend mit kaltem Wasser abgekühlt – durch diese Temperaturunterschiede bildeten sich Spalten.

Im Lauf der Jahrhunderte wurden 300 größere und kleinere Gruben angelegt, die bis 1.000 m tief waren. Viele der einst 4.000 Bergleute kamen übrigens aus Deutschland, was an zahlreichen deutschen Gruben- und Ortsnamen in Kongsberg deutlich wird: »Gottes Hülfe in der Noth«, »Haus Sachsen«, »Gabe Gottes« usw. In die »Königsgrube« bei Saggrenda kann man mit einer Grubenbahn 2.300 m weit in das Kongsbergfjell einfahren. (Führungen Mitte Mai–Ende August tägl. um 11, 12.30 und 14 h, Juli–Mitte August auch um 15.30 h, September So um 14 h)

Silbergruben. Besonders beeindruckend ist eine originalgetreu rekonstruierte kleine Silbergrube, die begehbar ist. Beachtlich ist auch die große Silber- und Mineraliensammlung. Eine eigne Abteilung ist den Münzen und Medaillen der »Königl. Münze« gewidmet, die in Kongsberg beheimatet ist. Sportbegeisterte Besucher interessiert wohl auch das daran angeschlossene **Skimuseum**, in dem die Entwicklung des norwegischen Skisports dokumentiert wird sowie Ausrüstungen und Medaillen der weltberühmten Kongsberger Skispringer wie Birger Ruud und Petter Hugsted zu sehen sind. (Hyttegate, Mitte Mai–Ende August tägl. 10–16 h, September 12–16 h)

■ In der Nachbarschaft des Bergwerksmuseums stehen das historische **Wirtshaus Christian IV.** und das alte Gebäude der »Königl. Münze«, die seit 1686 in Kongsberg ansässig ist.

■ Unbedingt einen Besuch wert ist auch das große **Heimatmuseum für Kongsberg und das Numedal** (Lågdalsmuseet), im Ortsteil Glitre, am Ostufer des Flusses. Die Freilichtabteilung besteht aus mehreren Bauernhöfen und Nebengebäuden, die aus der Umgebung hierhin zusammengetragen worden sind. Im modernen Ausstellungsgebäude des Museums ist eine sehr gut konzipierte Sammlung historischer Gegenstände, Geräte, Kleider und Dokumente aus der

Region von Kongsberg und Numedal zu sehen – darunter Laden- und Werkstatteinrichtungen, alte Fahrzeuge, Trachten, historische Möbel usw. (Glitregate, Mitte Mai–Ende August tägl. 11–17 h, im Juni bis 19 h, mittwochs Volkstanz)

■ Am westlichen Stadtrand, beim Skizentrum, befindet sich eine **Felswand**, in der die Initialen aller norwegischen Könige eingehauen sind, die bisher die Stadt besucht haben.

Aussicht

■ Der beste Aussichtspunkt in Kongsberg ist der 902 m hohe **Jonsknuten** (Autostraße bis Knutshytta, 722 m hoch gelegen, dann Fußweg).

Ausflüge

■ Ein beliebtes Ausflugsgebiet ist das **Blefjell**, nordwestlich von Kongsberg. Dort bestehen ausgezeichnete Wander- bzw. Skisportmöglichkeiten. Das Blefjell erreicht man entweder über die Straße 40 (Abzweigung zum Fagerfjell Turistsenter und Blåberg Fjellstue in Flesberg) oder die Straße 37 (Abzweigung nach Blestølen, Ble Fjellstue und Nordstul).

■ In **Saggrenda**, 7 km westlich des Stadtzentrums, liegen die alten **Gruben des Silberbergwerks**. Rund 32.000 Touristen nehmen jährlich die Gelegenheit wahr, mit der alten Grubenbahn 2,3 km weit in die sog. »Kongens gruve« ins Kongsbergfjell einzufahren. Rund 340 m unter Tage findet eine Führung durch die Grube statt, bei der man u.a. alte Maschinen und die historische hölzerne »Fahrkunst« (den ersten Aufzug des Bergwerks) sieht. Außerdem kann man einen Blick hinunter in den Hauptschacht werfen – die Talsohle der Grube liegt 1.000 m unter Tage (siehe Kasten).

■ Im Knutefjell (Touristenhütte Knutehytta, ca. 16 km vom Zentrum) findet man die **Reste des Wasserversorgungssystems** der alten Grube. Der deutsche Experte Heinrich Schlanbusch ließ 1740 rund 30 Seen aufstauen, um Wasserkraft für das Bergwerg zu erzeugen. Durch kilometerlange Rinnen wurde das Wasser über Wasserräder geleitet, die einen aus Holz gefertigten Transportmechanismus antrieben, mit dem das Erz aus 300 m Tiefe gefördert werden konnte. Die Anlage war für die damaligen technischen Möglichkeiten eine Meisterleistung!

Angeln

Angelmöglichkeiten bestehen vor allem im Knutefjell (Ausgangspunkt Knutehytta). Dort findet man zwanzig kleinere Fischgewässer, die Teil des alten Wasserversorgungssystems der Gruben sind.

Baden

Badestellen: Kjennerudvannet (3 km östlich), Saggrenda (Str. 11, 7 km), Fluß Jondalselva (Str. 40/37,5 km). – Die Schwimmhalle ist während der Sommer-Schulferien geschlossen.

Wandern

Eine schöne Wanderstrecke führt vorbei an vielen alten, aufgegebenen Gruben zur Knutehytta (720 m ü.d.M.) und zum 904 m hohen Jonsknuten. – Beim Touristenbüro erhält man eine Karte, die Wanderungen auf eigene Faust »in den Spuren des Bergmanns« im Grubengebirge erlaubt. Es geht vorbei an zahlreichen Gruben und anderen Relikten aus der großen Zeit des Silberbergbaus.

Wintersport

Kongsberg ist ein bedeutender Wintersportort mit einem gut ausgebauten Skizentrum 2 km außerhalb der Stadt. Dort findet man 4 Lifte, 5 Slalompisten, eine Skischule, Skiverleih usw. Eine große Schneekanonenanlage sorgt für schneesichere Verhältnisse. – Vor allem im Knutefjell gibt es ausgezeichnete Langlaufmöglichkeiten.

Information

Kongsberg og Numedal Turistkontor
Storgaten 35
N–3600 Kongsberg
Tel. 3273 5000
20.6.–20.8. Mo–Sa 8.30–19 h, ab 20.5. und bis 20.9. Mo–Fr 8.30–17 h; Sa 10–14 h, sonst Mo–Fr 9–15 h

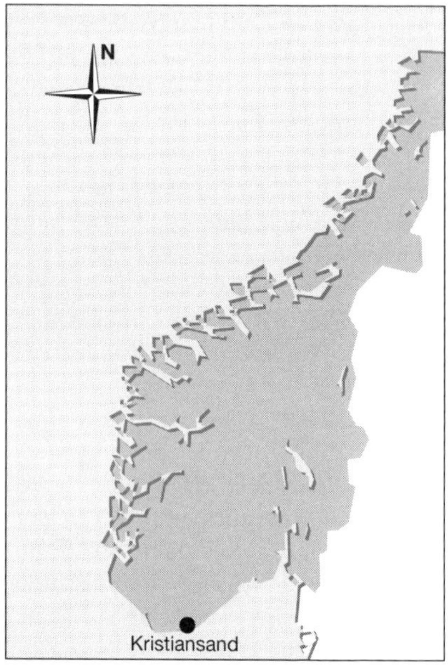

Kristiansand

Einwohner: 68.000
Fläche im km²: 276
Bezirk: Vest-Agder

Entfernungen:

Stavanger	245 km
Oslo	321 km
Bergen	492 km
Lillehammer	472 km
Røros	694 km
Trondheim	807 km
Narvik	1.718 km
Nordkap	2.440 km
Kirkenes	2.744 km

Karten: Cappelen, Bl. 1 – Scanmaps, Bl. 1
Top. Karte 1 : 50.000, Bl. 1511/III

Kristiansand ist die Hauptstadt der Ferienlandschaft Sørlandet, ganz im Süden von Norwegen.

Die Stadtgründung geht auf das Jahr 1641 zurück, als der dänische König Christian IV. an der Mündung des Flusses eine Festung bauen ließ. Der alte Stadtkern zeigt sich ganz von der Städteplanung zur Zeit der Renaissance geprägt. Die »Quadratur«, der regelmäßige, schachbrettartige Grundriß, ist erhalten.

In den ersten Jahrhunderten blieb Kristiansand – trotz aller Bemühungen, ein Handelszentrum zu werden – eher links liegen. Erst mit der Blütezeit der norwegischen Segelschiffahrt im 19. Jh. erlebte die Stadt den lange gewünschten Aufschwung. Die Entwicklung setzte sich in unserem Jahrhundert fort. Kristiansand ist ein bedeutender Industriestandort und Verwaltungssitz der Bezirksbehörden von Vest-Agder. Mit inzwischen mehr als 68.000 Einwohnern ist Kristiansand die fünftgrößte Stadt in Norwegen. Ein großer Teil der Bevölkerung wohnt in Trabantenstätten außerhalb des Zentrums.

Alljährlich halten sich mehrere zehntausend Touristen in der Stadt auf. Die meisten kommen mit den Fährschiffen aus Dänemark. Als Durchgangsstation ist Kristiansand aber zu schade. Neben der historischen Innenstadt gibt es zahlreiche interessante Museen und weitere Sehenswürdigkeiten. In nächster Umgebung finden Sie einladende Badestrände, Wanderwege und eine Reihe zusätzlicher Möglichkeiten für Aktivurlauber.

Sehenswertes

■ Im Herzen der Stadt steht der **Dom** – mit seinem 70 m hohen Turm ein günstiger Orientierungspunkt. In neugotischem Stil erbaut, konnte er 1885 eingeweiht werden. In dem 60 m langen Gebäude finden rund 2.000 Menschen Platz. Im Mai ist der Dom Veranstaltungsort der Internationalen Kirchenmusiktage. (Juni–August Mo–Sa 9–14 h)

■ In der Nachbarschaft des Doms befindet sich das neue **Kulturhaus** der Stadt, das neben der Bibliothek auch die Sammlungen des Kunstvereins beherbergt. (Rådhusgate 11, Di–Sa 11–15 h, Do auch 17–19 h, So 12–15 h und 17–19 h)

■ Folgt man der Gyldenløvesgate in südwestlicher Richtung, gelangt man an der Ecke Gyldenløvesgate/Vestre Strandgate zu zwei stattlichen **Holzhäusern** aus dem 18. Jh., die beide unter Denkmalschutz stehen.

■ Am Nordostende der Gyldenløvesgate erstreckt sich ein gut bewahrtes **Holzhausviertel**, das nicht nur den Stadtbrand von 1892, sondern auch die Sanierungsmaßnahmen unserer Zeit unbeschadet überstanden hat. Zusammen mit dem schachbrettförmigen Straßengrundriß gehört es zu den bemerkenswertesten städtebaulichen Sehenswürdigkeiten in Norwegen.

■ Der Altstadt-Halbinsel vorgelagert ist die **Festung Christiansholm** (Osthafen/Østrehavn). Sie wurde um 1670 auf Befehl von Fredrik III. erbaut. Heute dient sie u.a. als Veranstaltungsort für Kunst- und Kunsthandwerksausstellungen. – Bei der Festung befindet sich der lebhafte Kleinboothafen der Stadt; außerdem liegt hier auch der Festplatz von Kristiansand.

■ Im Stadtgebiet östlich der Otra befindet sich die **Kirche** von **Oddernes**. Diese erste Kirche Kristiansands entstand bereits um 1040. Im 17. Jh. erhielt sie eine beachtenswerte barocke Kanzel. Außerhalb der Kirche steht ein **Runenstein**, der von ihrer Entstehung berichtet. (nahe der E 18 Richtung Arendal, Mai–August So–Fr 10–14 h)

■ Noch weiter östlich (Kongsgård) liegt das Bezirksmuseum für Vest-Agder, **Vest-Agder fylkesmuseum**. 28 Gebäude in der Freilichtabteilung und ein Ausstellungshaus mit Einrichtungsgegenständen aus Stadt und Land (sowie Kirchenkunst, Textilien, Geräten usw.) geben einen guten Einblick in die Lebensweise der Bauern und Stadtbewohner alter Zeiten. An der rekonstruierten Stadtstraße Bygaden sind mehrere Häuser aus dem 19. Jh. aufgestellt; in ihnen befinden sich alte Werkstätten, ein Kramladen und eine kleine Seefahrtssammlung. Zur Anlage gehören auch der große Setesdal-Hof **Setesdalstunet** (1650–1875) und **Eikentunet**, mit fünf Gebäuden aus den Jahren 1859–75 ein typischer Hof aus Vest-Agder. Die Sammlungen zur Stadtgeschichte gehen auch auf die Kriegsjahre 1942–45 ein. (Mitte Mai–Mitte September So 12–18 h, 20.6.–20.8. sogar So–Fr 10–18 h)

Aussicht

■ Ein bekannter Aussichtspunkt befindet sich im Freiluftgebiet **Baneheia**, nordwestlich der Altstadt-Quadratur.

■ Auch der sich anschließende Naturpark **Ravnedalen** mit dem Hügel Ravneheia bietet einen weiten Blick über Stadt und Schären.

Ausflüge

■ Sehr beliebt sind **Bootsausflüge** durch den Schärengarten, besonders in Richtung Lillesand durch die Blindleia-Route, ein Gewimmel aus Inseln, Schären und Holmen. Die Ausflugsboote »M/S Maarten« und »M/S Silius« legen etwa vom 20.6. bis zum 20.8. vom Kai 6 in der Tollbodgaten ab. Fragen Sie im Touristenbüro nach den aktuellen Routen samt Fahrplan.

■ 11 km östlich der Stadtmitte (E 18) liegen **Zoo** und **Freizeitpark** von Kristiansand, eine der größten Touristenattraktionen des Sørlands. Die Anlage umfaßt eine Fläche von 400.000 m^2 und zeigt, neben exotischen Tieren (Flamingos, Affen, Känguruhs, Giraffen, Kamele), vor allem in Nordeuropa heimische Tiere in großen Freigehegen. Dazu gehört ein Freizeitpark mit zahlreichen Betätigungsmöglichkeiten, die sich in erster Linie an Kinder richten (Bobbahn, »Goldgraben«, Trampolinspringen, Paddel- und Rudermöglichkeiten usw.). Der Freizeitpark Fritidsparken wirkt bei weitem nicht so kommerzialisiert wie entsprechende Einrichtungen in Mitteleuropa und bietet auch Gelegenheit zu schönen Spaziergängen in echt sørländischer Landschaft. (Mai–Oktober 9–19 h, sonst 10–15 h, Freizeitpark nur im Sommerhalbjahr)

■ Die mittelalterliche **Kirche** von **Tveit** stammt aus den Jahren 1050–70 und steht ca. 14 km nordöstlich von Kristiansand. Altarbild und Kanzel sind Arbeiten aus dem 17. Jh. (Mai–September 9–14 h)

■ Eines der originellsten Museen Südnorwegens ist die **Setesdalbahn** – das 5 km lange Teilstück der 1896 eröffneten (und 1962 stillgelegten) Schmalspurbahn von Kristiansand ins Setesdal. Die Anlage wird heutzutage als verkehrsgeschichtliches Museum betrieben. Während des Sommers wird die Strecke zwischen Grovane (Vennesla) und Beihølen mit einer historischen Dampflokomotive und alten Personenwagen befahren – ein Erlebnis, das man sich nicht entgehen lassen sollte! (Museumsbahnverkehr:

Ravnedalen

Der Naturpark Ravnedalen, nordwestlich der Innenstadt-Quadratur, ist in den Jahren 1875–78 angelegt worden. Er wird von einer 100 m hohen, steilen Felswand begrenzt, auf deren Gipfel zweihundert teils in den Stein geschlagene Stufen führen. Ravnedalen ist ein herrliches Naturgebiet mit schönen Spazierwegen. Im Sommer ist ein kleines Café geöffnet.

Mitte Juni–Anfang September So um 11.30, 13.30 und 15.30 h, Juli auch Mo–Fr abends um 18 h; Grovane erreicht man u.a. mit dem Bus von Kristiansand aus)

■ In **Søgne**, etwa 16 km westlich von Kristiansand, steht eine sehenswerte Kirche, die vermutlich aus dem 13. Jh. stammt. Wände und Decken sind mit Rosenmalereien ausgeschmückt, Kanzel und Altartafel stammen aus der Zeit um 1665.

Vororte

Ein großer Teil der Bürger von Kristiansand wohnt in Trabantenstädten auf den Anhöhen im Umkreis der Innenstadt. Wer Kristiansand richtig kennenlernen will, sollte unbedingt auch einen Abstecher in diese Wohngebiete unternehmen. Besonders empfehlenswert ist eine Fahrt mit dem LTB-Bus nach Gimlekollen (Abfahrt vom Busbahnhof).

Wandern

Nördlich der Quadratur liegt das Freiluftgebiet Baneheia, durch das Wander- und Spazierwege führen.

Weitere Wanderpfade gibt es im Sødalsgebiet, östlich der Otra.

Baden

In der nächsten Umgebung von Kristiansand gibt es eine Vielzahl von Badeplätzen: weiße Sandstrände und Badefelsen. Durch den Golfstrom ist das Wasser recht angenehm temperiert. Der beliebteste Platz liegt an der Bertesbucht (Bertesbukta), 3 km vom Zentrum entfernt. Der Sandstrand Hamresanden liegt 11 km landeinwärts am Topdalsfjord. – Außerdem bestehen Bademöglichkeiten in den Seen des Naturgebiets Baneheia.

Die Schwimmhalle der Stadt befindet sich in der Elvegate 1.

Golf

Kristiansand Golfklubb
Postboks 31
N–4601 Kristiansand S
Tel. 3804 5863

Information

Kristiansand Turistkontor
Dronningensgate 2
Postboks 592
N–4601 Kristiansand
Tel. 3802 6065
Juni–August Mo–Sa 7–19.30 h, So 12–19.30 h, sonst Mo–Fr 8–16 h

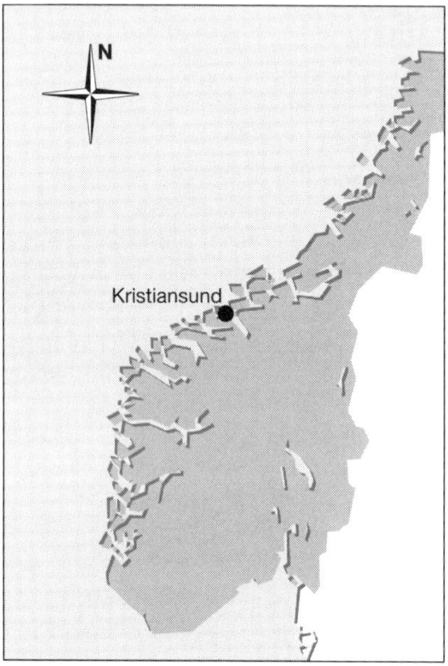

Kristiansund

Einwohner: 17.050
Fläche im km²: 22,3
Bezirk: Møre og Romsdal

Entfernungen:

Ålesund	142 km
Trondheim	195 km
Geilo	517 km
Bergen	517 km
Oslo	562 km
Stavanger	862 km
Kristiansand	865 km
Nordkap	1.821 km

Karten: Cappelen, Bl. 3 – Scanmaps, Bl. 8,10
Top. Karte 1 : 50.000, Bl. 1321 II/III

Kristiansund im Norden des Bezirks Møre og Romsdal liegt auf drei Inseln am Meer. Die Küstenlage hat die Entwicklung des Ortes, dessen Mittelpunkt der Hafen ist, ganz entscheidend beeinflußt.

Das Gebiet um Kristiansund ist bereits seit dem Ende der letzten Eiszeit bewohnt, der geschützte Hafen wurde schon vor 8.000 Jahren benutzt. Der Ort erhielt 1742 die Stadtrechte und wurde nach dem damaligen König Christian IV. benannt. Die Bearbeitung und der Export von Klippfisch bildeten die Haupterwerbsgrundlage. Mit der Expansion des Fischfangs und des Seehandels entwickelte sich auch die Stadt. In den letzten Jahrzehnten sind andere Industriezweige hinzugekommen. So spielt in letzter Zeit der Zulieferungssektor für die Ölindustrie eine zunehmende Rolle.

1940 wurde die Stadt durch deutsche Luftwaffenangriffe praktisch völlig zerstört: Über 800 Häuser, meist aus Holz, gingen in Flammen auf. Nach dem Krieg ist Kristiansund großzügig und modern aufgebaut worden. Parkanlagen und Grünflächen sind ein wesentlicher Bestandteil des neuen Stadtbildes.

Die Hauptinsel der Stadt ist Kirkelandet/Gomalandet, die mit den beiden anderen Inseln, Innlandet und Nordlandet, durch Brücken verbunden ist.

Zum Gemeindegebiet gehört auch die Inselgruppe Grip, die 14 km nordwestlich von Kristiansund im Atlantik liegt.

Seit Anfang der 90er Jahre verbinden die 1257 m lange Brücke über den Gjemnessund und der 5086 m lange Freifjordtunnel Kristiansund mit dem Festland; die Passage ist mautpflichtig. Die beibehaltene Autofähre von und nach Bremsnes ermöglicht die Anfahrt entlang der Küste.

Sehenswertes

■ Die **Stadtkirche** (Kirkelandet kirke) am Rande des Stadtparks ist nach Plänen des Architekten Odd Østbye entstanden und 1964 eingeweiht worden. Sie gehört zu den bemerkenswertesten modernen Kirchenbauwerken Norwegens und wurde von ihrem Schöpfer »Bergkristall in Rosen« (Østbye schlug Rosen zur Bepflanzung vor) genannt. Beeindruckend ist das Farbenspiel im Inneren, wenn das Sonnenlicht durch die Kirchenfenster fällt. (Mai–August 10–19 h, übrige Zeit 10–14 h)

■ Das ebenfalls auf Kirkelandet gelegene **Rathaus** (Rådhuset) ist ein weiteres gutes Beispiel für die moderne Architektur der Stadt.

■ Der in Privatbesitz befindliche **Lossiusgaarden** im Norden der Insel Innlandet stammt vom Ende des 18. Jh. und ist das einzige Patrizierhaus, das die Bombenangriffe des Jahres 1940 überstanden hat.

■ Im nördlichen Stadtgebiet, bei Stadion und Campingplatz Atlanten, liegt das **Nordmøre museum**. Dort findet man eine gut aufbereitete archäologische Ausstellung, die zeigt, wie die Menschen der Fosnakultur (7.000 v. Chr.) lebten. Interessant ist auch die große Fischereiabteilung. (Di–Fr 10–14 h, So 12–15 h)

■ Ein interessanter Rundgang bietet sich rund um den Hafen. Auf der Westseite (Kirkelandet) laufen Sie dabei durch die Werft **Mellemværftet,** auf der heute noch Kutter und Privatboote repariert werden.

Aussicht

■ Die beste Aussicht hat man vom **Vardeturm**, dem höchsten Punkt der Stadt auf der Hauptinsel Kirkelandet. In nördlicher Richtung schaut man weit auf das offene Meer hinaus bis zur Insel Grip. (Ende Juni–Mitte August Di–So 12–14 h)

■ Von den **Stadtbrücken** hat man ebenfalls eine gute Aussicht über den Hafen, die Stadt und das Meer.

Grip

Das Fischerdorf Grip liegt 13 km nördlich von Kristiansund im offenen Meer. Grip ist ein Teil einer Inselgruppe mit 82 Inseln und Schären, von denen aber nur eine bewohnt ist.

Um eine spätmittelalterliche Stabkirche herum drängen sich die Häuser dieser ehemals kleinsten selbständigen Gemeinde Norwegens. Auf knapp einem halben Quadratkilometer wohnten hier ehemals bis zu 100 Menschen. 1964 wurde Grip (zu dieser Zeit 135 Einw.) Teil des Stadtgebiets von Kristiansund. 1974 verließen die letzten ganzjährigen Bewohner ihre Insel.

Grip ist heute vor allem eine Touristenattraktion. Vom 20. Mai bis zum 20. August werden von Kristiansund täglich Ausflüge angeboten (Auskunft Touristenbüro). Während des Inselaufenthaltes kann auch die 1621 umgebaute Stabkirche besichtigt werden. Der mittelalterliche Altarschrein und Wandmalereien stammen aus dem 17. Jh.

Ausflüge

■ An der Südküste der Insel Frei (12 km südlich von Kristiansund), nahe der Kirche von Frei, stehen sog. **Bautasteine**, die an den im 10 Jh. gefallenen Wikingerhäuptling Eirik Ullserk erinnern.

■ Die **Stabkirche von Kvernes** (Fähre nach Bremsnes und ca. 13 km), besteht aus einem mittelalterlichen Schiff (14. Jh.) sowie An- und Umbauten aus dem 17. Jh. Aus dem 17. Jh. stammen auch die Wand- und Deckenmalereien und die Kanzel, eine holländische Arbeit. Bemerkenswert ist auch der Altar, der 1695 um einen alten Altarschrein vom Ende des 15. Jh. angefertigt wurde. (Führungen im Sommer So, Tel. 7161 4128)

■ In der Nachbarschaft der Kirche liegt das **Gemeindemuseum** (Gamle Kvernes bygdemuseum), das aus zwei Abteilungen besteht. Eine (am Abhang) zeigt alte Gebäude und Gebrauchsgegenstände aus dem bäuerlichen Bereich, die andere besteht aus einer Fischerhütte (»rorbu«) und zwei Bootshäusern (mit alten Booten).

Angeln

Im Meer außerhalb von Kristiansund bestehen ausgezeichnete Angelmöglichkeiten – lassen Sie sich diese Gelegenheit nicht entgehen. (Informationen über organisierte Touren erhalten Sie beim Touristenbüro.) – Gute Angelplätze am Ufer sind Brunsvika, Klubbneset und Smørvikneset.

Baden

Schwimmhalle mit Meerwasser beim Sport- und Campinggebiet Atlanten. – Fjordbaden: Lillesanden (Kirkelandet), Atlanten Camping (Gomalandet) und Skjærva (Innlandet). – Das Gebiet um Kristiansund ist zudem ein hervorragendes Tauchgebiet. Informationen im Touristenbüro.

Information

Kristiansund Reiselivslag
Olav V gt. 1
H–6501 Kristiansund
Tel. 7167 7211
Juli Mo–Fr 8.30–19 h, Sa 10–14.30 h, So 11–17.30 h, sonst Mo–Fr 8–16 h

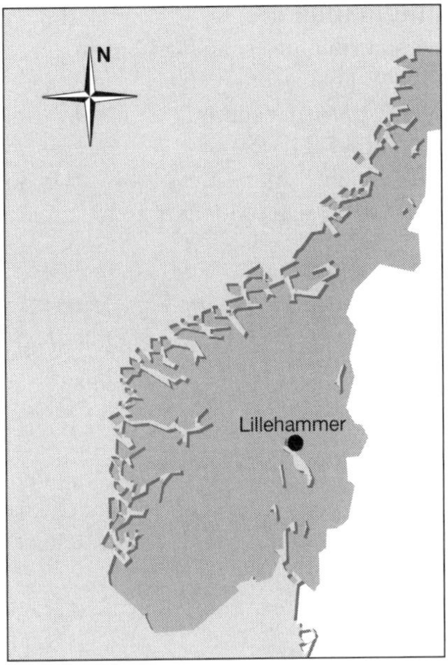

Lillehammer

Einwohner: 23.000
Fläche im km²: 477
Bezirk: Oppland

Entfernungen:

Oslo	168 km
Trondheim	342 km
Bergen:	439 km
Kristiansand	472 km
Stavanger	587 km

Karten: Cappelen, Bl. 2 – Scanmaps, Bl. 7
Top. Karte 1 : 50.000, Bl. 1817/II
Wanderkarte 1 : 50.000, Nr. 48

Lillehammer ist einer der bekanntesten Fremdenverkehrsorte in Norwegen. Die Stadt liegt am Nordende des langgestreckten Mjøsa-Sees, an der Mündung des Flusses Mesna, und ist das Tor zum Gudbrandsdal.

Lillehammer erhielt erst 1827 die Stadtrechte und zählte damals ganze 50 Einwohner. Der Beginn des Dampfschiffverkehrs auf dem Mjøsa in den 40er Jahren des letzten Jahrhunderts und auch die Eröffnung der Eisenbahnlinie waren Meilensteine für die Entwicklung der Stadt. Die verbesserte Infrastruktur brachte erstmals Urlauber nach Lillehammer.

1964 wurde die Stadt um das Gebiet der Gemeinde Fåberg erweitert und erhielt damit eine Gesamtfläche von 477 km². Heute leben rund 24.000 Einwohner innerhalb der Stadtgrenzen, davon rund 15.000 im eigentlichen Stadtgebiet. Lillehammer ist ein wichtiger Schul- und Ausbildungsort und außerdem Sitz der Behörden und des Parlaments von Oppland. Noch vor dem Touristensektor ist die Industrie die wichtigste Erwerbsquelle. In Lillehammer findet sich übrigens auch die führende Käsehobelfabrik der Welt – bekanntlich ist der Käsehobel eine echt norwegische Erfindung. Die Industriebetriebe stören erfreulicherweise nicht das Stadtbild, sondern liegen abseits vom Zentrum.

Längs der Hauptstraße und in den angrenzenden Vierteln hat man die alte Bausubstanz weitgehend erhalten, so daß Lillehammer seinen Kleinstadtcharakter bewahren konnte und vor allem gepflegte Holzhäuser dominieren. Viele bekannte Persönlichkeiten haben in Lillehammer gelebt und gearbeitet, darunter die Schriftstellerin und Nobelpreisträgerin Sigrid Undset.

Die Umgebung von Lillehammer besteht im wesentlichen aus den Gebirgszügen Øyer, Nordseter und Sjusjøen – ein ideales Terrain für Aktivurlauber. Wanderwege und Loipen von insgesamt mehreren hundert Kilometern Länge verbinden die einzelnen Gebiete miteinander.

Die Olympischen Winterspiele im Februar 1994 fanden weltweit ein positives Echo, vor allem wegen der Gastfreundschaft und der Begeisterungsfähigkeit der Norweger, dem stabilen, guten Wetter und der Umweltverträglichkeit der Spiele, sofern das möglich war. Ob die schönen, aber gigantischen Sportstätten langfristig ausgelastet sein werden, wird sich weisen. Jedenfalls hat die verbesserte Infrastruktur den Einwohnern auch langfristige Vorteile verschafft.

Sehenswertes

■ Lillehammers größte Sehenswürdigkeit ist das Freilichtmuseum »**Maihaugen**« mit den **Sandvigschen Sammlungen**. Landschaftlich ist Maihaugen eine Miniaturausgabe des Gudbranddals, das sich nördlich von Lillehammer erstreckt. Zwischen Wald und Wiesen, Bächen und kleinen Seen sind rund150 alte Gebäude aus dem Gudbrandsdal wiederaufgebaut worden. Hier findet man Beispiele für die Holzhausarchitektur vergangener Jahrhunderte – vom Gutshof mit 26 Gebäuden bis hin zu einer armseligen Häuslerkate. Auch eine Alm (seter) mit alten Häusern ist rekonstruiert worden. In Maihaugen steht ebenfalls die Stabkirche von Garmo aus der Zeit um 1200. Alle Gebäude wurden originalgetreu und mit historischen Gegenständen eingerichtet. Diese einzigartige kulturhistorische Sammlung ist von dem Zahnarzt Anders Sandvig (1862–1950) begründet worden, der auf seinen Reisen durch das Gudbrandsdal über 100 alte Gebäude und 30.000 Gegenstände aufkaufte, um sie vor der Zerstörung zu retten.

In einem Neubau sind 30 historische Werkstätten aus ganz Norwegen zu sehen, außerdem sind dort interessante Spezialsammlungen (Textilien, Glas, Kirchenkunst u.a.) untergebracht. (Juni–August tägl. 9–17 h, Mai und September 10–17 h, sonst 11–16 h. Führungen von Mai bis September zu jeder vollen Stunde)

Das Kunstmuseum der Stadt, **Lillehammer Kunstmuseum**, wird auch als »zweite Nationalgalerie« bezeichnet. Insgesamt 500 Werke norwegischer Künstler sind hier ausgestellt, bevorzugt aus der Zeit seit 1820 – von J. C. Dahl (Düsseldorfer Schule) über die Nationalromantiker und Edvard Munch bis zu den Kunstschaffenden unserer Tage. (Stortorget, Mitte Juni–Mitte August tägl. 11–17 h, Do bis 20 h, sonst Di–So 11–16 h, Do bis 20 h)

■ Das **Norwegische Historische Fahrzeugmuseum** zeigt die Entwicklung von primitiven Schlitten über Kutschen bis hin zum heutigen Auto. Ausgestellt sind auch Erzeugnisse der norwegischen Autoindustrie, die Ende der 50er Jahre mit dem Auto »Troll« eingestellt wurde. Eine dritte Abteilung zeigt die Entwicklung der Eisenbahn, u.a. ist hier eine große Modelleisenbahn-Anlage zu sehen. Das Historische Fahrzeugmuseum präsentiert nicht einfach nur alte Autos, sondern zeigt Fortbewegungsmittel unterschiedlicher Art innerhalb eines möglichst authentischen, zeittypischen Rahmens. – Das Museum befindet sich in einem Einkaufszentrum beim Lilletorget. Hier sind mehrere Geschäfte und u.a. auch eine Glasbläserwerkstatt (mit

Verkauf) in Holzhäusern untergebracht, welche die Zeit um die Jahrhundertwende aufleben lassen. (Mitte Juni–Ende August tägl. 10–18 h, sonst Mo–Fr 11–15 h, So 11–16 h)

■ Innerhalb des Stadtgebiets (Nordsetervei) steht auch das Haus »**Bjerkebæk**« der Literatur-Nobelpreisträgerin Sigrid Undset. Es befindet sich jedoch in Privatbesitz und ist leider nicht für die Öffentlichkeit zugänglich.

■ Dem **Glasbläser** im Mesnasenteret können Sie während der Sommermonate bei seiner Arbeit zuschauen. (Lilletorget 1, Mo–Fr 9–17 h, Sa 9–14 h)

■ Die **Winterolympiade** 1994 ist, zumindest für Touristen, noch allgegenwärtig. Im »Lillehammer Olympiske Opplevelsessenter« wird das einmalige olympische Ereignis wiederbelebt; hier soll im Laufe der Zeit ein Olympisches Museum entstehen. (Mitte Juni–Mitte August Mo–Sa 10–20 h, So 12–20 h, sonst Di–So 11–16 h)

Die Bob- und Rodelbahn in Hunderfossen (siehe unten) steht außerhalb sportlicher Wettkämpfe nun für Hobby- und Laienrodler offen, die sich in speziellen, langsameren Bobs versuchen können. (Tägl. 10–20 h)

Wer es beschaulicher mag, wird vielleicht die »Håkons Hall« besichtigen, in der 1994 die meisten Eishockeyspiele stattfanden und die heute als Mehrzweckhalle für diverse sportliche Aktivitäten fungiert. (Ende Juni–Mitte August tägl. 10–19 h, sonst 11–16 h)

Vom Schanzenturm der »Lysgårdsbakkene Hoppanlegg« schließlich hat man einen herrlichen Blick auf Lillehammer und Umgebung. (Ende Juni–Mitte August tägl. 10–20 h, sonst 11–16 h)

Ausflüge

■ Lillehammer ist der nördliche Endpunkt der Mjøsa-Route, die während des Sommers von einem 1856 gebauten Raddampfer befahren wird. Ein Ausflug mit dem originalgetreu restaurierten **Skibladner** gehört sicherlich zu den Höhepunkten eines Ostnorwegenurlaubs. Empfehlenswerter Tagesausflug: Skibladner – Lillehammer – Gjøvik – Hamar, zurück mit dem Zug (oder umgekehrt, Juni–August). – Eine beliebte 70 km lange Autotour ins Gebirge führt über die Strecke Lillehammer – Sjusjøen – Nordseter – Hornsjø. – Lohnend ist auch die Mjøsa-Rundfahrt Lillehammer – Gjøvik – Minnesund – Hamar – Lillehammer (225 km) oder die verkürzte Version: Lillehammer – Gjøvik – Mengshoel – Brumunddal – (Hamar) – Lillehammer.

■ Der **Hunderfossen Familiepark** liegt rund 13 km nördlich der Stadt (Abfahrt von der E 6); ein typischer Vergnügungspark mit Wasserrutsche, Fahrgeschäften, Erlebniskino und anderen Attraktionen. Im Inneren eines 14 m hohen Trolls werden norwegische Volksmärchen lebendig. (Mitte Juni–Mitte August tägl. 10–20 h, sonst an den Wochenenden)

■ Das benachbarte **Norsk Vegmuseum** vollzieht die Geschichte des nationalen Wege- und Straßenbaus nach, als noch fast jeder Meter Verkehrsweg der schwer zugänglichen Natur mühsam abgerungen werden mußte. (Mai bis August Di–So 10–19 h, sonst Di–So 11–15 h)

■ Rund 10 km nördlich von Lillehammer sind direkt am Westufer des Lågen **Felszeichnungen** aus der Steinzeit erhalten. (E6 bis Fåberg, Brücke über den Lågen, Flußstraße 2 km in nördlicher Richtung bis Drotten, schöner Fußweg an Himbeersträuchern entlang hinab zum Fluß)

■ 20 km nordwestlich des Zentrums liegt **Aulestad**, das Haus des norwegischen Dichters Bjørnstjerne Bjørnson (1832–1910), der 1903 den Literatur-Nobelpreis erhielt. Das Haus ist in dem Zustand erhalten, in dem es sich zu Lebzeiten des für die Weltliteratur bedeutenden Schriftstellers befand. (Mitte Mai–September 11–14.30 h, Juni–Aug. 10–15.30 h, Juli 10–17.30 h)

■ **Nordseter** liegt 14 km nordöstlich von Lillehammer in rund 800 m Höhe. Aus einer ehemaligen Alm hat sich ein gut ausgebautes Touristenzentrum entwickelt, das von Hochgebirgshotels über mehrere Geschäfte bis hin zur eigenen Gebirgskirche vieles zu bieten hat.

■ **Sjusjøen** ist ebenfalls ein altes Almgebiet und befindet sich 22 km östlich vom Zentrum, 850 m hoch, an der Grenze zwischen Lillehammer im Bezirk Oppland und Ringsaker im Bezirk Hedmark. Hier ist in den letzten Jahren die größte »Hüttenstadt« Norwegens entstanden. Das Gebiet ist an ein großes Wandernetz angeschlossen und bietet den Winterurlaubern Hunderte Kilometer markierter Loipen.

■ Auch **Hornsjø** ist ein ehemaliger »seter« und liegt in 850–890 m Höhe rund 27 km nordöstlich des Lillehammer-Zentrums. Hier steht eines der größten Hochgebirgshotels des Landes.

Wandern

Nur in wenigen anderen Gebieten Norwegens bestehen so viele relativ leicht zu bewältigende Wandermöglichkeiten wie in Lillehammer und im angrenzenden Umland sowie dem Gudbrandsdal. Zu beiden Seiten des Tales sowie im Gebirge sind mehrere Wanderwege markiert. In Nordseter und Sjusjøen werden organisierte Wanderungen angeboten. Übernachtungsmöglichkeiten gibt es in mehreren Privatbetrieben und in Selbstbedienungshütten des DNT (Norwegischer Touristenverein)). Ein kürzerer Pfad (natursti) beginnt in der Nähe von Maihaugen.

Angeln

In Lillehammer und Umgebung bestehen gute Angelmöglichkeiten. Neben der allgemeinen Angelkarte sind lokale Angelscheine erforderlich. Im Mjøsa und im Mündungsdelta des Lågen kann man im Herbst die seltenen Lågåheringe fangen. Weitere Fischarten: Felchen, Rotaugen, Hechte und Forellen.

In den Gebirgsseen, die sich über die Höhenzüge seitlich des Gudbranddals verteilen, ist das Forellenangeln verbreitet. In Sjusjøen und Nordseter werden organisierte Angeltouren angeboten.

Baden

Im Mjøsa (Vingromdammen und Vingnesvika am Westufer) und in mehreren Gebirgsseen.

Wassersportzentrum in Vingnes, Freibad: Sportzentrum Stampesletta.

Kanu

Einführungskurse, Tagesausflüge sowie »Kanuwochen im Peer-Gynt-Reich«:
Nordseter Aktivitetssenter
N–2614 Nordseter
Tel. 6126 4037
Fjellheimen Vannsportsenter
N–2612 Sjusjøen
Tel. 6126 3409

Wintersport

Das stabile Klima und die kurzen Wege zwischen den Sportstätten trugen zum Aufstieg Lillehammers als Wintersportdomizil ebenso bei wie die günstigen Wintersportbedingungen in der Region: 500 km markierte Loipen, 250 km markierte und präparierte Loipen, zahlreiche beleuchtete. Ausgangspunkt des Loipennetzes ist das Sportzentrum Stampeslatta. Die Flutlichtloipen verlaufen in Citynähe, in Øyer, Brøttum und Tretten. – Alpiner Skilauf auch in Hornsjø, Sjusjøen, Øyer und Tretten. Skischulen in Lillehammer, Nordseter, Sjusjøen und Hornsjø.

Die Eisbahn in Stampesletta wurde anläßlich der Winterolympiade vergrößert (siehe auch oben unter »Winterolympiade).

Reiten

Im Gudbrandsdal sowie rund um Lillehammer bieten zahlreiche Hotels und Outdoor-Veranstalter Reitferien und Ausritte an. Informieren Sie sich über das aktuelle Angebot im Touristenbüro.

Information

Turistinformasjon Lillehammer
Lilletorget
Postboks 85
N–2600 Lillehammer
Tel. 6125 9299
Juni–August Mo–Sa 9–19 h, So 10–19 h, sonst Mo–Fr 9–17 h, Sa 10–14 h

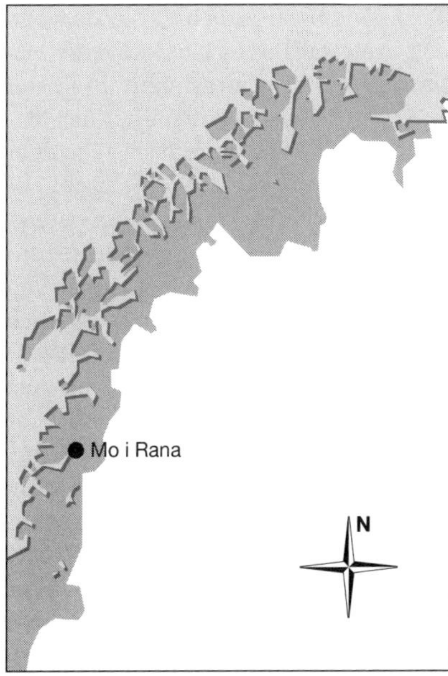

Mo i Rana

Einwohner: 25.000
Fläche im km^2: 4.463,7
Bezirk: Nordland

Entfernungen:

Narvik	418 km
Trondheim	486 km
Oslo	981 km
Bergen	1.143 km
Kirkenes	1.445 km

Karten: Cappelen, Bl. 5 – Scanmaps, Bl. 13

Mo i Rana ist das Zentrum der 4.464 km^2 großen Gemeinde Rana, der flächenmäßig viertgrößten in Norwegen. Das Gemeindegebiet, in dem insgesamt ca. 25.000 Menschen leben, reicht vom

Meer bis zu den Bergen an der schwedischen Grenze. Innerhalb der Gemeindegrenzen findet man fruchtbare Täler und tiefe Fjordarme – hier liegt auch der Svartisen, Norwegens zweitgrößter Gletscher.

Mo liegt am Nordostende des verzweigten Ranafjords und war in den vergangenen Jahrhunderten ein wichtiger Handelsplatz. Hier fand der Warenaustausch zwischen den norwegischen Küstenbewohnern und der Bevölkerung im norwegisch-schwedischen Grenzgebiet statt. Schon im Jahre 1724 gab es in Mo eine Kirche, von 1730 an wurde ein Lappenmarkt durchgeführt.

Um die Mitte des 19. Jhs. wurde in Mo die erste Erzgrube eröffnet, dies war der Auftakt zur ausgeprägten industriellen Entwicklung des Gebiets. Nach dem 2. Weltkrieg beschloß das norwegische Parlament die Errichtung eines Eisenwerks in Mo i Rana, und Mitte der 50er Jahre konnte die Produktion aufgenommen werden. Das Eisenwerk, mit 3.000 Beschäftigten einst der zweitgrößte Betrieb Norwegens, fiel Ende der 80er Jahre der internationalen Stahlkrise zum Opfer und wurde in mehrere metallverarbeitende Betriebe aufgeteilt. Ein Chemieunternehmen komplettiert die unübersehbare Industriefläche in der Stadt, die dadurch von bescheidener Schönheit ist, während das gebirgige Umland mit seinen oft schneebedeckten Gipfeln einen denkbaren Kontrast vermittelt. Dort warten reizvolle Ausflugsziele auf die Touristen, die der Versuchung widerstehen sollten, auf der E 6 einfach durchzufahren.

Sehenswertes

■ Im Zentrum der Stadt liegt das **Rana-Museum**, das sich mit der Geschichte des Ortes beschäftigt. Neben Sammlungen über das Leben der Kaufmannsfamilie Meyer, der ab 1860 der Ort gehörte, findet man hier Informationen über die Entwicklung des Bergbaus und über Geologie. In einer weiteren Abteilung ist eine Auswahl moderner Kunst ausgestellt. (Mitte Juni–Mitte August Mo–Fr 10–18 h, Sa 10–13 h, So 14–18 h, sonst Mo–Fr 9–15.30 h)

■ Nördlich vom Bahnhof befindet sich **Moholmen**, die Keimzelle der Stadt. Dieser alte Handelsplatz steht unter Denkmalschutz.

Ausflüge

■ Die größte Attraktion ist der **Svartisen**, Norwegens zweitgrößter Gletscher. Er ist 370 km² groß und besteht aus zwei Teilen. Das Eis ist 100 m dick, und jährlich fallen hier bis zu 13 m Schnee. Besonders beeindruckend ist die Gletscherzunge Østerdalsisen, die in einen kleinen See »kalbt«. Anfahrt: Autostraße bis Svartisvatn, dann mit dem Boot über den See (etwa 20.6. bis Ende August mehrmals täglich bis 16 h) und noch 3 km zu Fuß (ca. 1 Std., festes Schuhwerk notwendig) bis zur Gletscherzunge. Das Touristenbüro organisiert Tagesausflüge mit dem Bus zum Svartisen.

■ Die **Grønliggrotte** liegt im Røvasdalen, rund 22 km nördlich von Mo. Sie ist Norwegens einzige beleuchtete Höhle, ihre Gänge haben eine Gesamtlänge von fast 2 km. Zu den Attraktionen der Höhle gehören ein kleiner Bach und ein Wasserfall. Grønligrotten wird jeden Sommer von mehr als 20.000 Menschen besucht. (Im August Führungen jede volle Stunde 10–19 h, gutes Schuhwerk von Vorteil!)

■ Die nahegelegene **Sætergrotte** ist

eine der größten von über 200 weiteren Höhlen im Gebiet um Rana. Organisierte Führungen in Schutzkleidung bietet auch hier das Rana Touristenbüro an (gut 2 Stunden Fußmarsch).

■ Ein lohnender Ausflug führt am Ranafjord entlang über den »Blå Vegen« (Str. 12, viele schöne Aussichtsplätze) in das etwa 70 km entfernte **Nesna**, ein schöner Hafenort und lokaler Verkehrsknotenpunkt (z.B. halten hier die Schiffe der »Hurtigrute«). Nesna bietet Möglichkeiten für verschiedenste Aktivitäten, z.B. kann man Bootsfahrten über den Atlantik zu den Inseln Træna (Überfahrt ca. 3 Std.) und Lovund (Paradies für Vogelkundler und Taucher, Überfahrt ca. 2 Std.) unternehmen.

■ Auf einem weiteren schönen Ausflug erreicht man über die E 6 in südlicher Richtung und die Str. 808 den kleinen, malerischen Hafenort **Hemnesberget**. Schon seit Hunderten von Jahren wird hier Schiffsbau betrieben. Bei Hemnesberget bestehen auch ausgezeichnete Angelmöglichkeiten.

■ Fährt man auf der E 6 weiter nach Korgen (ca. 40 km hinter Mo, sehr gute Angelmöglichkeiten) und folgt dann den Schildern Richtung Leirskardalen, kommt man nach etwa 14 km (z.T. Privatweg) und einem kurzen Fußweg zu der **Hütte Klemet-Helleren**. Hier lebte vor über 80 Jahren Klemet Persson, der zunächst jahrelang mit seiner Frau, sechs Kindern, zwei Kühen und einer Katze in einer 3 x 5 m großen Steinhöhle wohnte. Nach einigen Jahren baute er neben der Hütte ein kleines Häuschen, das später wiederaufgebaut wurde und nun der Öffentlichkeit zugänglich ist.

■ Ca. 8 km westl. des Zentrums liegt das **Freilichtmuseum Stenneset** (Ranatunet). Um das Hauptgebäude aus dem 18. Jh., eine zeittypische Beamtenwohnung, sind 17 historische Gebäude aus dem Gemeindegebiet errichtet worden. Auch ein Pfarrhof sowie ein Bauernhof mit mehreren Nebengebäuden wurden hier neu aufgebaut (20.6.–20.8. So–Do 14–18 h).

Angeln

■ In der Gemeinde Rana gibt es nicht weniger als 450 Seen, die ganz hervorragende Angelmöglichkeiten bieten. Einen besonders reichen Fischbestand hat das östlich von Mo liegende **Fiskløsvatnet**.

Wandern

Das **Saltfjell** ist ein Paradies für Gebirgswanderer. Besonders lohnend ist eine Tour durch das Stormdal, die man in Bjollånes (44 km von Mo, E 6) beginnt. – Schwieriger ist die Besteigung der Okstindene, deren höchster Gipfel, der Oksskjolten, 1915 m erreicht (höchster Berg Nord-Norwegens). – Empfehlenswert ist eine Tour von Leirskardalen vorbei an der Hütte Steinbua zum Gletscherrand. Bei Gletschertouren ist jedoch stets zu beachten, daß sie nur für äußerst geübte Wanderer mit sehr guter Ausrüstung geeignet sind. Für kleine Wanderungen bietet das Touristenbüro markierte »Sommerrouten« an.

Information

Rana Turistkontor
Jernbaneplassen
Postboks 225
N–8601 Mo i Rana
Tel: 7515 0421

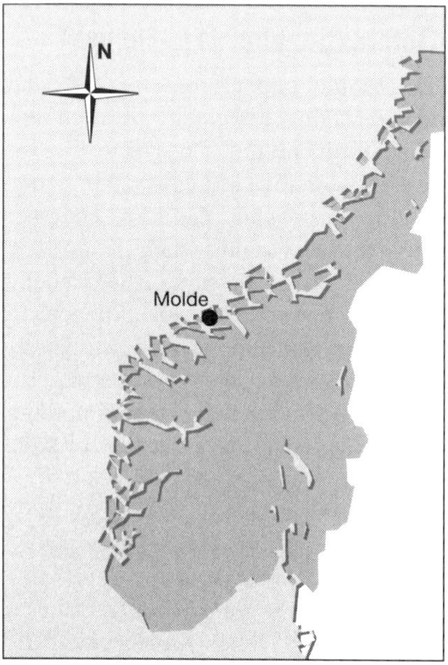

Molde

Einwohner: 22.750
Fläche im km²: 362
Bezirk: Møre og Romsdal

Entfernungen:

Ålesund	70 km
Trondheim	218 km
Røros	314 km
Bergen	446 km
Oslo	483 km
Kristiansand	786 km

Karten: Cappelen, Bl. 3 – Scanmaps, Bl. 8
Top. Karte 1 : 50.000, Bl. 1220/II
Wanderkarte 1 : 50.000, Nr. 39

Molde hat knapp 23.000 Einwohner, von denen rund 15.000 im Stadtkern leben. Die Stadt ist bekannt wegen ihrer geschützten Lage in einer landschaftlich schönen und abwechslungsreichen Umgebung. Dank des Golfstroms und der vorherrschenden südwestlichen Winde ist das Klima so mild, daß hier ein angesichts der nördlichen Lage bemerkenswerter Pflanzenreichtum zu finden ist. Schon im 19. Jh. war Molde als »Stadt der Rosen« bekannt und ein beliebtes Touristenziel.

An der Mündung des Flusses Moldeelva ist bereits im ausgehenden Mittelalter ein kleiner Hafen- und Handelsort entstanden. Molde erhielt 1742 die Stadtrechte und erlangte Bedeutung und Wohlstand durch den Holzhandel mit England und Holland, die – selbst arm an Wäldern – in großem Umfang Holz aus Norwegen importierten. Im 20. Jh. wurde Molde von zwei großen Katastrophen heimgesucht. 1916 zerstörte ein verheerender Großbrand fast den ganzen Ortskern. 1940 wurde das Stadtzentrum durch deutsche Bombenangriffe zu zwei Dritteln verwüstet. Man findet daher heute kaum ältere Gebäude. Trotzdem ist beim Wiederaufbau der ursprüngliche Kleinstadtcharakter weitgehend bewahrt worden.

Molde ist heute das Verwaltungszentrum des Bezirks Møre og Romsdal und seit 1983 auch Bischofssitz. Die Stadt verfügt über ein gutes Ausbildungsangebot und auch einige Industriebetriebe (Textilverarbeitung, Möbel, Schiffsausstattung, Elektroindustrie). Und immer noch spielt der Tourismus eine große Rolle. Touristen kommt hierbei zugute, daß Molde sich zu einem beliebten Kongreßort entwickelt hat und somit über ein großes Übernachtungsangebot verfügt.

Sehenswertes

■ Das **Romsdals-Museum** liegt oberhalb der Stadt und besteht aus über 40 Häusern und zahlreichen Ausstellungsgegenständen, die die Entwicklung des Distriktes Romsdal von der Wikingerzeit bis ins 20. Jh. darstellen. Zur Sammlung gehören neben alten Bauernhäusern eine Abteilung über den Widerstand im 2. Weltkrieg sowie ein Zimmer, das dem großen norwegischen Dichter Bjørnstjerne Bjørnson gewidmet ist. Literatur-Nobelpreisträger Bjørnson ging in Molde zur Schule. Während des Sommers finden Volkstanzdarbietungen einer Kindergruppe statt. (Mitte Juni–Mitte Aug. Mo–Sa 10–18 h, So 12–18 h, übrige Zeit Juni u. Aug. Mo–Sa 10–14 h, So 12–15 h)

■ Das **Rathaus** im Zentrum der Stadt, am Marktplatz (Torget), wurde 1966 nach Plänen der Architekten Capellen und Rodahl fertiggestellt. Auf dem Dach des aus Beton und goldfarbenem Glas gestalteten Gebäudes befindet sich eine Parkanlage mit Springbrunnen, Sitzbänken und natürlich vielen Rosen.

■ Auch die **Stadtkirche** ist, wegen der Zerstörung der alten Kirche im Krieg, noch jung. Sie wurde 1957 nach Plänen des Architekten Finn Bryn fertiggestellt und von norwegischen Künstlern ausgestaltet. Das alte Altarbild ist eine Arbeit von Axel Enders, das alte Kreuz stammt aus der früheren Kirche – Brandspuren weisen auf deren Schicksal während des Krieges hin. (Mai–September 10–15 h)

■ Die **Königsbirke** (»Kongebjerka«) am westlichen Stadtrand bot am 29.4.1940 dem norwegischen König und dem Kronprinzen (dem heutigen König Olav V.) Schutz vor den Bombenangriffen der deutschen Luftwaffe. Auf der Flucht vor den Okkupationstruppen kamen der König und sein Gefolge nach Molde, das daraufhin bombardiert wurde. 1955 wurde an der Birke ein Monument zur Erinnerung an die Geschehnisse des Jahres 1940 enthüllt. Der Baum besitzt allerdings mehr symbolischen Wert, denn seine Tage sind längst gezählt.

■ Das **Fischerei-Museum** auf der Insel Hjertøya im Moldefjord ist eine Abteilung des Romdals-Museums. Hier werden der Alltag der Fischer und ihrer Familien im Laufe der Zeit dargestellt. Das Museum ist in Form eines Fischerdorfes angelegt und in seiner Art einmalig in Norwegen. Dem Besucher wird deutlich, wie hart die Arbeit der Fischer war und ist – häufig ein Kampf auf Leben und Tod. Angesichts der großen Bedeutung, die der Fischfang für Westnorwegen seit alter Zeit hat, sollte sich Zeit für den Besuch dieses schön gelegenen Freilichtmuseums finden. Die Insel Hjertøya ist übrigens auch ein beliebter Badeplatz und per Fähre (ab Torgkaia)

Internationales Jazz-Festival

In Molde findet alljährlich in der letzten Juliwoche ein internationales Jazz-Festival statt. Hier treffen sich weltbekannte Musiker und Jazzliebhaber aus vielen Ländern. Hauptzentrum der zahlreichen Konzerte ist das Hotel Alexandra. Darüber hinaus finden in vielen kleineren Restaurants, Bars oder auch Lagerhäusern am Fjord Veranstaltungen statt. (Informationen: Molde International Jazz Festival, Postboks 261, N–6401 Molde) Auch außerhalb der Festspieltage hat Molde ein für norwegische Verhältnisse ausgesprochen abwechslungsreiches Unterhaltungsangebot: Theater, Jazzklubs, Restaurants, Discos, Kinos usw.

zu erreichen. (Mitte Juni–Mitte August tägl. 12–19 h, übrige Zeit Juni und August tägl. 9–15 h, Boot ab Marktplatz tägl. 9–14 h, in der Hochsaison 12–18 h)

Aussicht

■ Das sog. »Moldepanorama«, der Ausblick nach Süden vom Berg **Varden**, gehört zu den Höhepunkten der norwegischen Landschaftsszenerie. Man blickt auf ein Gebirge mit 87 schneegekrönten Gipfeln, auf den Fjord mit Schären und Inseln und das weite Meer. Im Osten herrschen ruhige, fruchtbare Landschaftsformen vor; am Fuße der Berge liegt Molde. Der nördlich der Stadt gelegene Varden ist über eine Autostraße bequem zu erreichen. Auf dem Gipfel (406 m) befindet sich auch ein Panoramarestaurant.

Ausflüge

■ Beliebte Ausflugsziele sind: Die **Trollkirche** (Trollkyrkja), ein weitverzweigtes System aus Höhlen, Gängen und Grotten mit einem unterirdischen Wasserfall (30 km, Str. 64 nach Kristiansund, Fackeln oder andere Lichtquellen mitnehmen, gutes Schuhwerk für den Anstieg zum Grotteneingang. – Die **Rødven-Stabkirche**, Nebenstraße von der Str. 64 nach Åndalsnes (25 km, auch mit dem Bus erreichbar). – Das offene Meer (Hustadvika) mit den Fischerorten **Bud**, **Vikan** und **Hustad** (Str. 64/664, auch mit dem Bus durchführbar). – Empfehlenswert ist folgende Rundfahrt: Molde – Åndalsnes – Trollstigen – Valldal – Sjøholt – Vestnes – Molde (190 km).
■ Die idyllische Insel **Veøy** liegt im südlichen Gemeindegebiet, ca. 25 km südöstlich des Zentrums. Im 13. und 14. Jh. war Veøy das Zentrum des Distriktes Romsdal. Sehenswert ist die 800 Jahre alte mittelalterliche **Steinkirche**. In der Umgebung von Kaupang hat man bei Ausgrabungen zahlreiche Gegenstände aus der Wikingerzeit freigelegt.

Angeln

In den Bergseen und Flüssen der Umgebung fängt man vor allem Forellen. Beliebte Forellen- und Lachsflüsse in der Umgebung sind: Eira, Driva, Vista, Moaelva u.a. – Kostenlos ist das Angeln im Fjord, man mietet am besten ein Boot und rudert hinaus. Das Touristenbüro organisiert zudem Angelfahrten.

Segeln

■ An der Reknes-Mole ist ein neuer Gästehafen. Verleih von Segel- und Motorbooten über »Høstmark yachting«.

Baden

Schwimmhalle Idrettens Hus (beim Romsdal-Museum). – Fjordbaden Kringstadbukta und Hjertøya (mit der Personenfähre vom Trogkaia aus zu erreichen).

Wintersport

Molde hat auch während des Winters einiges zu bieten. Nur 10 Minuten vom Zentrum entfernt findet man Skilifts und markierte wie präparierte Loipen.

Information

Molde Turistinformasjon
Rathausfoyer am Marktplatz (Torget)
Tel. 7125 7133
Mitte Mai–Ende August Mo–Sa 9–18 h, So 10–16 h, sonst Mo–Fr 8.30–15 h

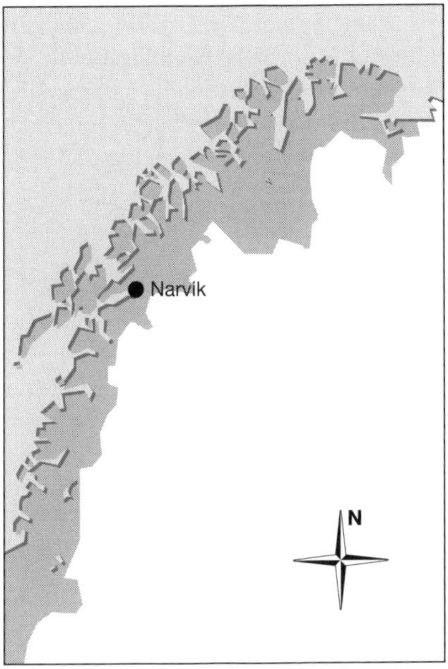

Narvik

Einwohner: 19.000
Fläche im km²: 2.040,7
Bezirk: Nordland

Entfernungen:

Tromsø	250 km
Hammerfest	654 km
Nordkap	724 km
Trondheim	904 km
Kirkenes	1.028 km
Oslo	1.398 km

Karten: Cappelen, Bl. 4 – Scanmaps, Bl. 15
Top. Karte 1 : 50.000, Bl. 1431/IV

Die Hafenstadt Narvik liegt auf einer Halbinsel im inneren Teil des Ofotfjords, ca. 30 km von der schwedischen Grenze entfernt.

Die Stadt verdankt ihre Entstehung den reichen Eisenerzfeldern in Schwedisch-Lappland. Zur Ausbeutung dieser Vorräte benötigte man einen ganzjährig eisfreien Ausfuhrhafen an der vom Golfstrom begünstigten norwegischen Küste. Ende des 19 Jhs. entschloß sich die norwegisch-schwedische Behörde (damals gehörte Norwegen noch in Personalunion zum schwedischen Königreich), eine Eisenbahn zum Ofotfjord zu bauen: die Ofotbahn. Unter schwierigsten Bedingungen wurde 1902 die Bahnlinie von Kiruna über das Gebirge zum Fjord fertiggestellt. Im selben Jahr erhielt Narvik die Stadtrechte. Die große Verladeanlage war der Lebensnerv der sich rasch entwickelnden Stadt. Der Hafen hatte nicht nur große Bedeutung für die Stadt, sondern vor allem für die nordschwedischen Erzgebiete und nicht zuletzt für die Abnehmer in Mitteleuropa.

Während des 2. Weltkriegs war Narvik besonders hart umkämpft. Die deutschen Angreifer unter General Dietl konnten die Stadt am 9. April 1940 besetzen, wurden anschließend von den alliierten Verbänden zunächst in die Berge zurückgedrängt, ehe sie abermals die Stadt okkupierten. Während der Kämpfe starben mehrere hundert Soldaten; der Verladehafen und ein großer Teil der Wohnhäuser von Narvik wurden zerstört.

Nach dem Krieg wurde die Stadt neu aufgebaut – mit ihren vielen Steingebäuden unterscheidet sie sich wesentlich von vielen anderen norwegischen Orten. Die Erzverladeanlage wurde ebenfalls wiederhergestellt (1956) und verzeichnete zunächst eine Jahreskapazität von 12 Millionen t, die bis auf 28 Millionen t gesteigert wurde, bevor sie in den letzten Jahren konjunkturbedingt wieder abfiel. Am 250 m langen Kai können Schiffe bis

350.000 t abgefertigt werden. Der Arbeitgeber, die schwedische Bergwerksgesellschaft LKAB, hat ihren Sitz in der Nachbarstadt Kiruna, jenseits der Grenze. Heute leben knapp 15.000 Einwohner im eigentlichen Stadtgebiet. Das Zentrum wird durch die Bahn und die Erzverladeanlage in zwei Hälften geteilt: Oscarsborg und Frydenlund.

Die Gemeindefläche Narviks umfaßt rund 2.040 km^2 mit 19.000 Einwohnern. Siedlungsschwerpunkte sind neben dem Zentralort die Ortschaften Ankenes und Bjerkvik. Innerhalb der Gemeinde, deren Landschaft vom verzweigten Ofotfjord und dem norwegisch-schwedischen Grenzgebiet geprägt wird, liegt auch die schmalste Stelle des norwegischen Festlandes: Vom Fjordende bis zur schwedischen Grenze sind es nur 6,3 km. Seit 1984 ist Narvik durch die Straße Nordkalottvegen mit Kiruna verbunden. Diese Strecke erschließt das Gebiet des Torneträsk und so bekannte Gebirgsorte wie Riksgränsen, Björkliden und Abisko.

Narvik ist ein beliebtes Reiseziel von Inter-Railern: Schließlich ist es der nördlichste Punkt des europäischen Eisenbahnnetzes. Im Sommer tragen Jugendliche aus aller Welt zur Belebung des Stadtbildes bei.

Sehenswertes

■ Das kulturgeschichtliche **Ofoten-Museum** im Zentrum von Narvik informiert über die noch junge Geschichte der Stadt. (Parkhallene, Eingang von der Rückseite, Mo–Fr 11–16 h)

■ Wer sich über die Ereignisse des 2. Weltkrieges informieren will, sollte dem **Krigsminnemuseum** einen Besuch abstatten. Es ist vom Roten Kreuz zusammengestellt und vermittelt ein Bild von den harten, verlustreichen Kriegsjahren, als große Teile der Stadt dem Erdboden gleichgemacht wurden. (Mitte Juni–Ende August Mo–Fr 10–22 h, So 11–16 h, sonst Mo–Fr 11–15 h, So 11–14 h)

■ Einige hundert Meter östlich vom Bahnhof, gleich nördlich der Bahngleise, steht **Fredskapellet**, die Friedenskapelle aus dem Jahr 1957. Auf dem Friedhof sind Soldaten aus Norwegen, Polen, Frankreich, Großbritannien und Deutschland begraben. (Kirche Mo–Fr 9–14 h)

■ Rund 800 m nordwestlich vom Bahnhof, auf dem Hügel Gundersenhaugen, sind **Felszeichnungen** mit der Darstellung eines Rentiers aus der Zeit um 2000 v.Chr. erhalten.

Stadtrundfahrt

In der Zeit vom 15.6.–15.8. wird eine anderthalbstündige Busrundfahrt durch Narvik angeboten. (Aktueller Fahrplan im Touristenbüro)

Aussicht

■ Von März bis Oktober kann man mit einer 1000 Meter langen Seilbahn in 13 Minuten in eine Höhe von 650 Metern gelangen (zur Zeit der Mitternachtssonne bis 2 h früh). Auf der Bergstation am **Fagernesfjell** befindet sich ein Restaurant. Die Aussicht über die Stadt und die Umgebung – bei klarem Wetter blickt man bis zu den Bergen der Lofoten – gehört zu den schönsten Eindrücken einer Norwegenfahrt.

Ausflüge

■ Ein beliebtes Ausflugsziel ist das Gebirgsgebiet zu beiden Seiten der norwegisch-schwedischen Grenze. Besonders beeindruckend ist eine Fahrt mit dem

Die Erzbahn

Seit der Entdeckung der gewaltigen Eisenerzvorkommen im schwedischen Lappland (17. Jh.) standen die schier unlösbaren Probleme des Abtransports zur Debatte. Lange Zeit wurde das Erz von zwangsverpflichteten Samen mit Rentierschlitten an die schwedische Küste transportiert, wo es verarbeitet und weiterbefördert wurde. Lukrativ war diese Methode nicht, zumal der Bottnische Meerbusen im Winter mehrere Monate durch Eis blockiert war.

In Mitteleuropa und Großbritannien begann unterdessen die Industrialisierung in großem Stil, und ungeahnte Mengen an Rohstoffen, u.a. Eisenerz, wurden benötigt. Die vielversprechenden Vorkommen in Nordskandinavien verleiteten daher ausländische Kapitalgeber zu abenteuerlichen Projekten, um das Transportproblem zu lösen.

1886 begann »The Northern of Europe Railway Company Ltd.« im damaligen Victoriahavn, heute Narvik, mit dem Bau einer Schienentrasse, die über das Gebirge nach Gällivare und Luleå in Schweden, durch Finnland, Rußland, Sibirien und weiter bis zur Pazifikküste führen sollte. Bereits im März 1888 war der schwedische Teilabschnitt Luleå-Gällivare fertig, doch im darauffolgenden Sommer sackten die Schienen an vielen Stellen ab, wo noch im Winter der Frost Stabilität verliehen hatte. Den britischen Auftraggebern ging das Geld aus.

Erst 1898 wurden die Bauarbeiten wiederaufgenommen; finanziert von der schwedischen Bergwerksgesellschaft LKAB, die das Abbaugebiet rund um Kiruna bevorzugte. Hierhin sollte nun die Bahnlinie von Narvik aus führen. Doch das Vorantreiben der Trasse vom Fjordtal hinter Narvik hinauf aufs Fjell gestaltete sich extrem schwierig. Auf einer Strecke von 30 km kletterte die Bahn auf 529 Höhenmeter. Vierzehn Tunnel mußten gesprengt, neun Brücken geschlagen und der Schienenstrang in unzähligen Kurven um die steilen Hänge herumgeführt werden. Mehrere tausend Arbeiter und Arbeiterinnen lebten jahrelang unter härtesten Bedingungen in Zelten, geplagt von Typhus, Hunger und Versorgungsengpässen. Die neue und schnelle Methode, »mit der Lokomotive« zu bauen, bedeutete für sie einen höheren Arbeitstakt und führte zu vielen Unglücks- und Todesfällen. Auch die populärste unter ihnen, Anna Rebekka Hofstad, besser bekannt unter ihrem legendären Namen »Schwarze Bärin«, mußte ihren Einsatz mit dem Leben bezahlen. Ihr Grab befindet sich auf einem kleinen Friedhof direkt an der Ofotbahn.

Im November 1902 trafen die beiden Schienenstränge zwischen Bjørnefjell und Vassijaure aufeinander, und am 5. Januar 1903 wurde in Narvik die erste Erzladung aus Kiruna nach Rotterdam verschifft.

Rallarne

Jedes Jahr im März feiert Narvik »Rallarne« – eine Festwoche zu Ehren jener Bauarbeiter, deren Leistung Narvik wirtschaftlichen Aufschwung verschaffte. Die Einwohner der Stadt verkleiden sich mit Kostümen im Stil der Jahrhundertwende und besuchen die Grabstätten der »Helden«; außerdem finden zahlreiche Veranstaltungen statt.

Lokalzug zum Grenzbahnhof Bjørnfjell oder weiter über Abisko nach **Kiruna**. Vor allem der Abschnitt vom Fjord bis Bjørnfjell gehört zu den atemberaubendsten Eisenbahnstrecken Europas. – Über den neuen Nordkalottenweg kann man nun auch per Auto in das herrliche Hochgebirgsgebiet im Bereich des Sees Torneträsk gelangen. In Abisko beginnt der berühmte Fernwanderweg Kungsleden.

Wandern

Ein herrliches Gebiet für Gebirgswanderungen ist das Grenzgebirge zu beiden Seiten der norwegisch-schwedischen Grenze.

Angeln

Angelmöglichkeiten (Dorsch und Köhler) bestehen im Fjord: Man kann z.B. beim Campingplatz ein Boot mieten und auf den Fjord hinausfahren.

Süßwasserangeln ist u.a. im Fluß Elvegårdelva bei Bjerkvik, 30 km nördlich der Stadt, möglich.

Baden

Badeplatz Ornesvika.
Hallenbad im Idrettens Hus.

Wintersport

20 km markierte und präparierte Loipen, 4 km davon beleuchtet. – 6 Slalom- und Abfahrtsstrecken auf 6 km Gesamtlänge (darunter eine der schwierigsten in Europa: auf 3.135 m Länge 16,24 Grad durchschnittliches Gefälle). Mittlerweile gastiert auch der internationale Skizirkus in Narvik.

Weiteres Skisportgebiet in Ankenes.

Seilbahn

Zwischen März und Oktober bringt die 1.000 m lange Seilbahn die Benutzer in eine Höhe von 650 m ü.d.M.

Mitternachtssonne

10. Juni bis 8. Juli

Information

Narvik Turistkontor
Kongensgate 66
Postboks 318
N–8501 Narvik
Tel. 7694 3309
Ganzjährig geöffnet, Mitte Juni–Mitte August tägl. 9–22 h

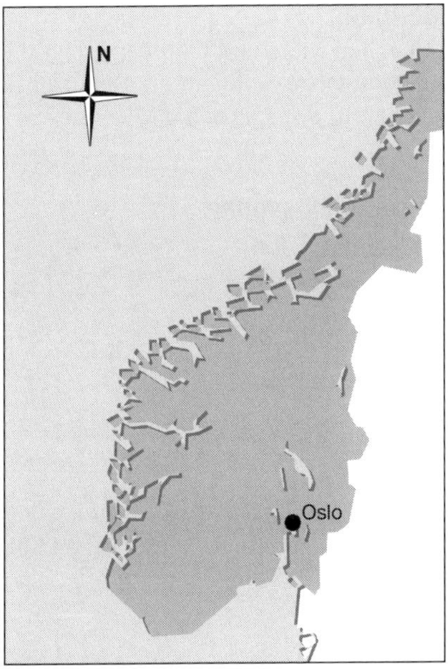

Oslo

Einwohner: 478.500
Fläche im km²: 453,7
Bezirk: Oslo Byfylke

Entfernungen:

Lillehammer	168 km
Kristiansand	321 km
Røros	385 km
Bergen	479 km
Trondheim	494 km
Ålesund	533 km
Stavanger	453 km
Narvik	1.398 km
Nordkap	2.120 km
Kirkenes	2.427 km

Karten: Cappelen, Bl. 1 – Scanmaps, Bl. 3, 5
Wanderkarte 1 : 80.000, Nr. 75 (Oslomarka)
Wanderkarten 1 : 50.000, Nr. 52 (Oslo østmark), Nr. 53 a/b (Oslo vestmark, jeweils für Sommer und Winter), Nr. 54 a/b (Oslo nordmark, jeweils für Sommer und Winter)
Top. Karte 1 : 50.000, Bl. 1814/I u. 1914/IV

Norwegens Hauptstadt Oslo liegt am Nordende des rund 100 km langen Oslofjords. Das eigentliche Stadtgebiet, das kaum ein Fünftel der Gesamtgemeinde ausmacht, wird von bewaldeten Bergen und Höhenzügen umgeben, die eine Art Kessel bilden.

Oslo ist die älteste Hauptstadt Nordeuropas und wurde in den Jahren vor 1050 von König Harald Hardråde gegründet – die ersten Spuren menschlichen Lebens sind jedoch schon 7.000 Jahre alt. Das Gebiet von Oslo war schon im ersten Jahrtausend unserer Zeitrechnung ein wichtiges Zentrum für Handel und Landwirtschaft. Auch für die heidnische Religion hatte der Ort große Bedeutung – Oslo (As-lo) hieß nicht ohne Grund »Ebene der Götter«.

Nach der Christianisierung des Landes war Oslo Norwegens geistlicher Mittelpunkt. König Olav Kyrre (der Sohn Haralds) gründete hier einen Bischofssitz – die weltliche Macht hatte jedoch zunächst ihr Zentrum in der Westküstenstadt Bergen.

Erst König Håkon Magnussen, der 1284 die Macht übernahm, machte Oslo zur Landeshauptstadt. Kurz vor 1300 begann unter König Håkon V. die Errichtung der Festung Akershus. Oslo entwickelte sich zu einem wichtigen Handelsort, der vor allem durch die Hanse mit dem Ostsee-Raum in Verbindung stand. Nach der großen Pest Mitte des 14. Jhs. gewannen die Hanse-Kaufleute mehr und mehr die Oberhand – ihr Zentrum war Bergen, das mehr Einwohner hatte als Oslo, in dem weniger als 3.000 Bürger lebten.

Während der politischen Union mit Dänemark verkümmerte Norwegen samt seiner Hauptstadt, war faktisch nicht mehr als eine dänische Provinz; besonders nach der Reformation, die das Land 1536 erreichte.

1624, während der Regierungszeit des Königs Christian IV., brannte das alte Oslo fast völlig nieder. Auf königlichen Beschluß wurde die Stadt direkt unterhalb der Festungsmauern von Akershus neu aufgebaut und erhielt den Namen **Christiana**.

Im 17. und 18. Jh. handelten die Kaufleute von Christiana hauptsächlich mit Holz, das sie nach Holland und England verschifften. Dieser einträgliche Exporthandel hatte große Bedeutung für die wirtschaftliche Entwicklung der Stadt, die nun ständig voranschritt. Mitte des 19. Jhs. wohnten hier rund 30.000 Menschen.

Die große Expansion fand jedoch in der 2. Hälfte des 19. Jhs. statt, als längs des Flusses Akerselv Webereien und Spinnereien sowie metallverarbeitende Betriebe entstanden. Durch die Entwicklung der Produktivkräfte in der Landwirtschaft entstand auf dem Lande ein enormer Bevölkerungsüberschuß, der durch Abwanderung in die großen Städte – vor allem Christiana – ausgeglichen wurde. Bis zur Jahrhundertwende stieg die Einwohnerzahl auf 250.000.

Die Wohngebiete wiesen übrigens eine klare soziale Differenzierung auf: In der Oststadt (»Østkanten«) ließen sich die Arbeiter nieder, in der Weststadt (»Vestkanten«) wohnten die reichen Leute. Im Zentrum gab es bald nur noch Verwaltungs-, Geschäftshäuser und Dienstleistungseinrichtungen. Diese Einteilung gilt im wesentlichen auch heute noch.

1924 feierte Christiana (dessen Schreibweise 1877 in »Kristiana« modernisiert wurde) sein 300jähriges Stadtjubiläum. Gleichzeitig wurde beschlossen, daß die Stadt ab 1925 ihren historischen Namen »Oslo« zurückerhalten sollte.

1948 wurde Oslo um das Gebiet der Nachbargemeinde Aker erweitert – die Gemeindefläche umfaßte nun 453,7 km^2, von denen heute 18% bebaut sind. Die Einwohnerzahl von Oslo sank vorübergehend, steigt aber nun wieder: 1969 lebten hier 475.000 Menschen, 1989 nur noch 450.800, und jetzt sogar fast 480.000.

Ungefähr zwei Drittel der Bevölkerung wohnen in Trabantenstädten. Ein großer Teil der Arbeitnehmer ist im öffentlichen Sektor tätig; nur noch 15% sind in der Industrie beschäftigt. Außerordentlich große Bedeutung haben die Bereiche Handel, Banken und Versicherungen – Oslo ist eindeutig das Wirtschaftszentrum des Landes. Die Stadt hat auch den größten Hafen Norwegens: Jährlich legen rund 35.000 Schiffe an den 13 km langen Hafenanlagen an – 45% der norwegischen Exporte gehen über Oslo.

Seit einigen Jahren hat Norwegens Hauptstadt ihren einstigen, oft als »spröde« bezeichneten Charme durch ein reichhaltiges Kultur- und Restaurantangebot ersetzt. Die internationale Küche hat demnach auch in Oslo Einzug gehalten; vielfältige eher exklusive Einkaufsmöglichkeiten verspricht die elegante Ladengalerie »Aker Brygge«, nahe dem Rathaus, und in zahlreichen Diskotheken, Cafés und Nachtclubs pulsiert das Nachtleben. 30 Kinos zeigen die aktuellen internationalen Filme im Original mit Untertiteln; norwegische Filmproduktionen sind leider rar.

Trotz dieser Neuerungen macht das Nebeneinander von Kultur und Natur nach wie vor die besondere Attraktivität dieser skandinavischen Hauptstadt aus. Die weitläufige Oslomarka beginnt im Norden des Stadtgebiets und erschließt ein herrliches Wander- und Skisportgebiet. Der gesamte Oslofjord bietet Bade- und Wassersportmöglichkeiten nur wenige Kilometer vom Hauptstadtzentrum entfernt.

Sehenswertes

In Oslo gibt es rund 50 interessante Museen, Ausstellungen, Baudenkmäler und andere Sehenswürdigkeiten – fast alle werden im folgenden Kapitel ausführlich beschrieben.

Um Ihnen die Orientierung zu erleichtern, haben wir das Stadtgebiet in vier Bereiche aufgeteilt: Innenstadt, Bygdøy, übriges Stadtgebiet und die Stadtrandgebiete.

Innenstadt

■ Das zentrale Gebäude der Innenstadt ist das **Rathaus**, das 1950 zur 900-Jahresfeier der Stadt Oslo fertiggestellt wurde (Baubeginn 1931). Insgesamt 28 Künstler haben seit den 30er Jahren zur Ausschmückung dieses Monumentalgebäudes beigetragen; darunter Henrik Sørensen, von dem die großen Freskenmalereien stammen. (Mai–August Mo–Sa 9–17 h, So 12–16 h, sonst Mo–Sa 9–15.30 h, Do bis 19 h, So 12–15 h, Führungen um 10, 12, 14 h)

Der Rathausplatz – zwischen dem Rathausgebäude und den Bootsanlegestellen – ist leider vor allem durch den starken Autoverkehr geprägt.

Die Oslo-Karte

Nach dem Vorbild anderer skandinavischer Großstädte gibt es in Norwegens Hauptstadt Oslo-Kortet, die sogenannte »Oslo-Karte«. Wer sie erwirbt, kann die Stadt zu einem Bruchteil der normalen Preise kennenlernen – ein Angebot, das man sich angesichts der hohen Preise nicht entgehen lassen sollte.

Zum Preis von NOK 120/55 (24 Std.), NOK 190/80 (48 Std.) oder NOK 240/110 (72 Std.) für Erwachsene/Kinder bietet die Karte folgende Vergünstigungen (Stand 1997):

- unbegrenzt freie Fahrt mit den kommunalen Verkehrsmitteln (einschließlich der Nahverkehrszüge und bestimmter Sightseeingfahrten)
- freier Eintritt zu den Museen und Sehenswürdigkeiten der Stadt sowie im Freizeitpark Tusenfryd
- halber Preis für Boots- und Busrundfahrten
- Spezialangebote in Restaurants
- Rabatte bei Autovermietungen, Verleih von Skiern, Spezialangebote in Geschäften
- Ermäßigungen beim Theater- und Kinobesuch

Die Oslo-Karte ist in den meisten Hotels, den Touristinformationen im Rathaus und im Bahnhof, auf Oslos Campingplätzen, Reisebüros und auch auf jenen Passagierschiffen erhältlich, die Oslo anlaufen.

■ Südöstlich vom Rathaus erstreckt sich das Gelände der Festung **Akershus**, die ursprünglich aus der Zeit um 1300 stammt. Teile der mittelalterlichen Burgmauern stehen noch. Von ihren Wällen hat man einen schönen Blick u.a. über den Rathausplatz und den Hafen. Akershus ist unter König Christian IV. in der ersten Hälfte des 17. Jhs. ausgebaut worden; aus der mittelalterlichen Burg entstand ein Renaissance-Schloß. Im 18. Jh. verfiel das Schloß und diente anschließend als Magazin, Archiv und Zuchthaus. Während des 2. Weltkriegs hatte die deutsche Besatzungsmacht hier ihr Hauptquartier. Auch heute steht Akershus unter militärischer Verwaltung und ist Repräsentationsgebäude der norwegischen Regierung – in erster Linie aber ein (allen zugängliches) Freiluftgebiet mit schönen Grünanlagen und interessanten Sehenswürdigkeiten. (Eingang Festningsplassen, Mai–August Mo–Fr 10–16 h, Sa, So 11–16 h, sonst Mo–Fr 10–15 h, Sa, So 11–16 h. Das Freigelände ist ganzjährig von Sonnenaufgang bis Sonnenuntergang geöffnet.)

■ Auf dem Festungsgelände befindet sich **Forsvarsmuseet**, das Verteidigungsmuseum. Dort kann man sich über die Entwicklung der Waffentechnik seit der Wikingerzeit informieren. Weitere Themen sind der 1. Weltkrieg, der deutsche Überfall auf Norwegen 1940 und die Kriegführung während des 2. Weltkriegs. Zudem werden wechselnde Ausstellungen arrangiert. (Juni–August Mo–Fr 10–18 h, Sa, So 11–16 h, sonst Mo–Fr 10–15 h, Sa, So 11–16 h)

■ Das benachbarte **Norges Hjemmefrontmuseum** (Norwegisches Widerstandsmuseum) ist ebenfalls in einem alten Festungsgebäude untergebracht – nicht weit von der Stelle entfernt, an der während des Kriegs norwegische Widerstandskämpfer hingerichtet wurden. Das Museum dokumentiert den Kampf der Norweger gegen die deutsche Besatzungsmacht während des 2. Weltkriegs. Anhand von Original-Gegenständen, Plakaten, Photographien und anderen Dokumenten erhält man ein eindrucksvolles, realistisches Bild von den Kriegsereignissen, die das Verhältnis zwischen Deutschen und Norwegern jahrzehntelang stark beeinflußten. (Mitte Juni–Mitte August Mo–Sa 10–17 h, So 11–17 h, ab Mitte April und im September Mo–Sa 10–16 h, So 11–16 h, sonst Mo–Sa 10–15 h, So 11–16 h)

■ Nördlich des Festungsgeländes (Ecke Rådhusgate/Nedre Slottsgate) ist das **Teatermuseum** (Theatermuseum) im alten Rathaus von 1641 untergebracht. Hier wird vor allem die Osloer Theatergeschichte vom Anfang des 19. Jhs. bis zur Mitte unseres Jahrhunderts behandelt. (Nedre Slottsgate 1, Mi, Do 11–15 h, So 12–16 h)

■ Vom Rathausplatz gelangt man u.a. über die Rosenkrantzgate zur **Karl Johans gate**, der alten »Prachtstraße« Oslos, die eine Achse zwischen dem Königlichen Schloß und dem ehemaligen Ostbahnhof (heute Zentralbahnhof/Oslo S.) bildet. Zwischen dem Bahnhof und dieser wichtigen Straße im Zentrum der Stadt zweigen einige autofreie Einkaufsstraßen ab, so auch Øvre und Nedre Slottsgate.

■ Das **Schloß**, am Nordwestende der Karl Johans gate, ist ein 1848 fertiggestelltes klassizistisches Gebäude, das für den damaligen schwedisch-norwegischen König Karl-Johan errichtet worden ist. Es ist der offizielle Wohnsitz des norwegischen Königs. Täglich findet hier um 13.30 die traditionelle Wachablösung der Königlichen Garde statt – wenn der König zu Hause ist, sogar mit Musik.

■ Um das Schloß herum befindet sich ein schöner, großflächiger **Park** für jedermann. In einem Teil hat sich die Osloer Rauschgiftszene etabliert, was allerdings niemanden veranlassen sollte,

Maut und Tunnel

Um den ständig zunehmenden Autoverkehr in der norwegischen Landeshauptstadt bewältigen zu können, unterquert die Europastraße 18 mittlerweile die City Oslos in einem 2.730 m langen Tunnel. Um den öffentlichen Finanzierungsanteil in Grenzen zu halten, werden die Autofahrer an 18 Mautstationen rund um Oslo zur Kasse gebeten: Mit NOK 11 sind sie dabei.

Um dem Verkehrschaos Oslos, das trotz Tunnel geblieben ist, zu entgehen, können die öffentlichen Verkehrsmittel nur dringendst angeraten werden (siehe Oslo-Karte). Die Einbahnstraßen in Oslos Innenstadt sind weniger nach einem System, sondern mehr nach dem Zufallsprinzip angeordnet, vor dem selbst hilfsbereite Polizisten kapitulieren müssen.

den Park während des Stadtspaziergangs zu meiden.

■ An der Karl Johans gate liegen das **Nationaltheater** und die klassizistische **Aula der Universität**. Alljährlich im Dezember wird hier der Friedensnobelpreis verliehen. Die Aula ist mit Wandmalereien von Edvard Munch ausgeschmückt. (Karl Johans gate 47)

■ Im weiteren Verlauf der Karl Johans gate befindet sich **Stortinget**, das norwegische Parlament. Das monumentale Steingebäude aus den Jahren 1857–66 wurde von zahlreichen bekannten norwegischen Künstlern dekoriert. (Karl Johans gate, Juli bis Mitte August Führungen, siehe Anschlag)

■ Das 1991 eröffnete Museum für Gegenwartskunst, **Museet for samtidskunst**, befindet sich im ehemaligen Gebäude der norwegischen Reichsbank. Zu sehen sind Gemälde und Skulpturen, die nach 1945 entstanden. Die Sammlung umfaßt zur Zeit vornehmlich norwegische und andere skandinavische Gegenwartskünstler. (Bankplassen 4, Di–Fr 11–19 h, Sa, So 11–16 h)

■ Auch der **Dom** von Oslo liegt an der Prachtstraße der Stadt. **Oslo Domkirke** stammt ursprünglich vom Ende des 17. Jhs. (Altartafel und Kanzel 1699, Orgelfassade 1727). Mitte des 19. Jhs. wurde die Kirche teilweise umgebaut; um 1950 fand eine umfangreiche Renovierung statt. Dabei entstanden die monumentalen Deckengemälde von H. L. Mohr. Beachtenswert sind auch die Glasfenster von Emmanuel Vigeland. (Stortorvet, täglich 10–16 h, sofern keine Gottesdienste und andere religiöse Handlungen)

■ Beim Dom stehen die Basarhallen, **Basarhallene**, die um 1850 erbaut worden sind. Früher verkaufte man hier Lebensmittel; heute werden vor allem Kunsthandwerksprodukte angeboten. (Karl Johans gate 11, Mo–Fr 9–16 h, Sa 9–13 h)

■ Unweit von Dom und Stortorvet befindet sich auch das **Husflid-Geschäft**. Spezialitäten: handgestrickte und handgewebte Textilien, Holzwaren, samisches Kunsthandwerk. (Møllergate 4)

■ An der Kirkegata, einer Querstraße der Karl Johans gate, liegt **Postmuseet**, das Norwegische Postmuseum. Hier sind alle bisher erschienenen norwegischen und viele ausländische Briefmarken ausgestellt – außerdem zahlreiche Originalgegenstände und Dokumente aus der norwegischen Postgeschichte. (Kirkegaten 20, Juli–August Mo–Mi und Fr 10–15 h, Do 10–18 h, S0 12–16 h, sonst Do nur 12–15 h)

■ Im Nordsektor der Innenstadt steht

die Nationalgalerie. **Nasjonalgalleriet** ist wohl Norwegens größte und beste Kunstsammlung. In der 1. Etage finden Sie eine systematische Ausstellung norwegischer Kunstwerke der letzten zwei Jahrhunderte. Alle bedeutenden einheimischen Künstler sind hier vertreten: J. C. Dahl, Tiedemand und Gude, Harriet Backer, Edvard Munch. Auch die internationale Abteilung kann sich sehen lassen. Dort findet man Werke von Cezanne, Degas, Delacroix, Gauguin, van Gogh, Manet, Picasso, Rodin – um nur einige zu nennen. Im Erdgeschoß befindet sich eine Sammlung mit Gipsabdrücken italienischer Renaissance-Werke, in der 2. Etage wird zeitgenössische skandinavische Kunst gezeigt. (Universitetsgate 13, Mo, Mi–Sa 10–16 h, So 11–15 h)

■ Unweit der Nationalgalerie liegt **Historisk museum**, das Historische Museum. Die Altertumssammlung befaßt sich mit norwegischer Geschichte und Kultur von der Eiszeit bis ins Mittelalter. In der Ethnographischen Abteilung werden die Lebensbedingungen fremder Völker vorgestellt. Das Münzkabinett umfaßt eine große Ordensammlung. (Frederiksgate 2, Mitte Mai bis Mitte September Di–So 11–15 h, sonst Di–So 12–15 h)

■ Empfehlenswert ist auch der Besuch das ganz im Norden der Innenstadt gelegenen Kunsthandwerksmuseums, **Kunstindustrimuseet**, wo norwegische wie ausländische Handwerks- und Kunsthandwerkserzeugnisse aus mehreren Jahrhunderten ausgestellt sind. Ein berühmtes Einzelstück ist der Baldishol-Teppich, ein kostbarer norwegischer Bilderteppich aus der Zeit um 1280. In der 3. Etage findet man Beispiele für modernes skandinavisches Design. (St. Olavsgate 1, Di–Fr 11–15 h, Sa, So 12–16 h)

■ Wer das alte »Kristiana« (Oslos Name bis 1924) kennenlernen möchte, sollte dem **Viertel bei der Damstredet**, zwischen dem Vår Frelser Friedhof und dem Maridalsveien, nordöstlich vom Kunsthandwerkmuseum, einen Besuch abstatten. Hier sind zahlreiche malerische Wohnhäuser vom Anfang des 19. Jhs. erhalten.

■ Wenn man Akersveien noch weiter Richtung Norden folgt, gelangt man zur Steinbasilika **Gamle Aker kirke** (aus der Zeit um 1100). Sie ist angeblich die älteste immer noch benutzte Gemeindekirche Nordeuropas. (Akersbakken 26, Mai–August Mo–Sa 12–14 h, So Gottesdienst 11 h)

■ Im Norden der Innenstadt, westlich vom Bislett-Stadion, befindet sich auch **Norsk Arkitekturmuseum**, das Norwegische Architekturmuseum. Das Museumsgebäude, in dem wechselnde Ausstellungen zum Thema gezeigt werden, steht in einem Villenviertel aus der Mitte des vergangenen Jahrhunderts. (Josefinesgate 34, Di–Fr 9–15 h)

■ In der Innenstadt gibt es, neben zahlreichen Galerien, vier weitere, oben noch nicht aufgeführte Kunstmuseen: **Oslo Kunstforening** (Osloer Kunstverein), wechselnde Ausstellungen zeitgenössischer Malereien, Skulpturen- und Grafikenverkauf. (Rådhusgate 19, Mo–Fr 11–17 h außer Do, Sa 11–15 h, So 12–16 h, Juli u. August geschlossen) – **Kunstnerforbundet** (Künstlerverband), von Künstlern in eigener Regie betriebene Galerie mit modernen norwegischen Gemälden, Graphiken, Skulpturen und Kunsthandwerkserzeugnissen; Ausstellungen und Verkauf. (Kjeld Stubsgate 3, beim Rathaus, Juli und August Mo–Fr 10–16 h, Sa 10–14 h, sonst Mo–Fr 10–17 h, Sa 10–15 h, So 12–16 h) – **Kunsternes Hus** (Haus der Künstler), wechselnde Ausstellungen zeitgenössischer norwegischer und ausländischer Bildkunst (Wergelandsveien 17, Di–Sa 10–18 h, So 12–18 h) – **Unge Kunsternes Samfund** (Gesellschaft Junger Künstler), von jungen norwegischen Künstlern in eigener Verantwortung betriebene Ausstellung von Gemälden, Skulpturen, Grafiken, Zeichnungen und Textilarbeiten (Rådhusgate 19, siehe Oslo Kunstforening)

Bygdøy

Mehrere interessante Sehenswürdigkeiten liegen auf der Halbinsel Bygdøy, einem der schönsten (und teuersten) Wohngebiete Oslos. Bygdøy erreicht man mit dem Bus 30 (bis Huk Aveny) oder mit der Bygdøy-Fähre (vom Rathauskai bis Bygdøynes alle 39 min, Pier 3).

■ **Norsk Sjøfartsmuseum**, das Norwegische Seefahrtsmuseum, vermittelt ein anschauliches Bild von der enormen Bedeutung der Schiffahrt für Norwegen. In diesem unwegsamen Land mit seiner langen Küstenlinie spielte die Seefahrt schon in frühgeschichtlicher Zeit eine große Rolle. Modelle, Originalgegenstände, Karten und Dokumente zeigen die Entwicklung der maritimen Technik von den einfachen Booten der Wikinger bis hin zu den Supertankern unserer Tage. Besonders interessant sind die begehbaren historischen Schiffe und Schiffsteile, die hier originalgetreu rekonstruiert worden sind (u.a. Segelschiff und Küstendampfer). In der 1. Etage kann man auf einem Radarschirm den Schiffsverkehr auf dem Oslofjord beobachten. In einer eigenen Bootshalle sind alte norwegische Fischfang- und Transportboote ausgestellt. Außerhalb des Museums steht das Polarschiff Gjøa, das als erstes, unter Roald Amundsen, die Nordwestpassage bewältigte. Zum Museum gehört auch ein gepflegtes Restaurant. (Bygdøynesveien 37, Mitte Mai–September täglich 10–19 h, sonst Mo, Mi, Fr, Sa 10.30–16 h, Di, Do 10.30–19 h sowie So 10.30–17 h)

■ Gleich gegenüber vom Seefahrtsmuseum kann das **Polarschiff »Fram«** besichtigt werden. Die Fram (deutsch: »vorwärts«), die 1893 nach Plänen von Colin Archer gebaut wurde, unternahm drei große Polarexpeditionen. 1893 startete Fridtjof Nansen mit ihr Richtung Nordpol, 1898–1902 benutzte Otto Sverdrup das Schiff für seine Fahrten u.a. entlang der grönländischen Nordwestküste, 1910–12 diente die Fram Roald Amundsen bei der Durchführung seiner Forschungsarbeiten in der Antarktis. Kein anderes Schiff ist so weit nach Süden und nach Norden gekommen wie die Fram. Das massive Holzschiff ist in einer eigenen Bootshalle für immer vor Anker gegangen, kann von innen und außen besichtigt werden – ein Erlebnis. (Bygdøynesveien, Mitte Mai–August tägl. 9–17.45 h, ab Anfang Mai und im September 10–16.45 h, sonst Di–Fr 11–14.45 h, Sa, So 11–13.45 h)

■ Noch ein weiteres Museum, das über interessante Forschungsreisen berichtet, befindet sich in der Nachbarschaft: das **Kon-Tiki-Museum**, das die Forschungsreisen des Norwegers Thor Heyerdahl dokumentiert. Heyerdahl fuhr 1947 mit fünf Mann Besatzung auf dem berühmten Balsa-Floß »Kon-Tiki« von Peru nach Polynesien. Der Forscher befaßte sich fortan vor allem mit der Kultur der Osterinseln: Zahlreiche Gegenstände (darunter der Abguß einer 9 m-Statue und die Rekonstruktion einer geheimen Familiengrotte) sind im Museum ausgestellt. Zu sehen ist auch das Schilfboot »Ra II«, mit dem Heyerdahl 1970 in

57 Tagen die 6.100 km lange Strecke von Marokko nach Barbados bewältigte – um zu beweisen, daß es schon vor mehreren Jahrtausenden möglich war, mit primitiven Booten vom Mittelmeerraum nach Amerika zu gelangen. Interessant ist auch die Unterwasser-Abteilung mit u.a. einem 10 m langen konservierten Walfisch. (Juni–August tägl. 9.30–17.45 h, ab April und im September 10.30–17 h, sonst 10.30–16 h)

■ Über Bygdøynesveien und den Langviksveien gelangen wir zum Wikingerschiffshaus: **Vikingskipshuset**. Dort sind drei Schiffe und zahlreiche Gegenstände aus der Wikingerzeit ausgestellt. In den Schiffen wurden im 9. Jh. Verstorbene aus reichen Königsfamilien – zusammen mit Lebensmitteln, Tieren, Geräten und Schmuckstücken und auch getöteten Sklaven (!) – beigesetzt. Die Schiffe, die zusammen mit den Beigaben die Reise ins Reich der Toten ermöglichen sollten, wurden mit Steinen und Erdreich bedeckt und somit konserviert – um die Jahrhundertwende sind sie freigelegt worden.

Das Gokstad-Schiff ist ein seetüchtiges Hochseeschiff – mit Fahrzeugen dieser Art gelangten die Wikinger bis nach Amerika (»vinland«=Weinland). Gesteuert wurde übrigens mit einem Ruder (»styri«) auf der rechten Seite – die Bezeichnung »Steuerbord« gehört inzwischen zur Seefahrersprache.

Das elegante Oseberg-Schiff – mit prächtigen, geschnitzten Verzierungen versehen – ist ein typisches Küstenfahrzeug, das sicherlich zu Repräsentationszwecken genutzt wurde.

Das Tuneberg-Schiff ist nur noch als Fragment erhalten. Besonders beachtenswert sind auch die zahlreichen Fundstücke, hervorragende Beispiele für die weit entwickelten handwerklichen und künstlerischen Fähigkeiten der Wikinger. (Huk Aveny 35, Mai–August täglich 9–18 h, September täglich 11–17 h, April u. Oktober täglich 11–16 h, sonst täglich 11–15 h)

■ Nur wenige hundert Meter von den Wikingerschiffen entfernt (Landviksveien) befindet sich der Eingang zum Norwegischen Volksmuseum. **Norsk Folkemuseet** gehört zu den schönsten und größten Volkskundemuseen. Hierhin sind rund 170 Gebäude aus ganz Norwegen zusammen »getragen« worden – man kann so innerhalb eines Spaziergangs eine interessante kulturgeschichtliche Reise durch das gesamte Königreich unternehmen. Die Hofgebäude sind – nach Herkunftsgebieten angeordnet – so aufgestellt, wie sie ursprünglich einmal standen. Meist steht eine Aufsichtsperson bereit, die in der jeweiligen Tracht gekleidet ist und sachkundige Informationen vermittelt. Ein besonderer Höhepunkt ist die Stabkirche von Gol aus der Zeit um 1200 – sie wurde 1885 von König Oscar II. gekauft und bildete einen der Grundsteine des Volksmuseums. Auch ein kleiner Teil der alten Osloer Vorstadt Enerhaugen (Gamlebyen / Altstadt) ist innerhalb des Folkemuseums wiederaufgebaut worden.

Neben der großen Freiluftabteilung sind auch die Museumsgebäude beachtenswert. Hier findet man – nach verschiedenen Themen geordnet – vielfältige Originalgegenstände aus mehreren Jahrhunderten: Möbel, Textilien, Kirchenkunst, Spielzeug, Volkstrachten, Werkzeuge usw. Besonders interessant ist auch eine rekonstruierte Apotheke. In der Stadtabteilung kann man Norwegens ersten Parlamentssaal und u.a. das Arbeitszimmer Henrik Ibsens besichtigen.

Bemerkenswert ist, daß im Volksmuseum nicht nur die Lebensverhältnisse und Kultur der herrschenden Gesellschaftsschichten dokumentiert werden, sondern auch die dürftigen Wohn- und Arbeitsverhältnisse der unteren Klassen nicht vergessen werden. – Ein wichtiger Tip: Kaufen Sie sich an der Kasse einen deutschsprachigen Führer durch das Museum – eine Anschaffung, die sich lohnt. Und: Lohnend ist auch ein Besuch des Restaurants. Dort werden u.a. original-norwegische Spezialitäten wie Rømmegrøt (Sauerrahmgrütze) angeboten. (Museumsveien 10, ganzjährig geöffnet, Mitte Mai–Mitte September tägl. 11–17 h, sonst 12–16 h)

■ An der Westküste von Bygdøy befindet sich das kleine neugotische **Lustschloß Oscarshall**, das um 1850 für den schwedisch-norwegischen König Oscar I. errichtet worden ist. Drinnen sind einige national-romantische norwegische Gemälde zu sehen. (Oscarshallveien, Ende Mai–September Di, Do, So 12–16 h)

Übriges Stadtgebiet

■ Besondere Beachtung verdient natürlich das **Munch-Museum**, das dem großen norwegischen Künstler Edvard Munch gewidmet ist. Der 1944 Verstorbene hat sein Werk der Stadt Oslo vermacht: insgesamt rund 1.000 Gemälde, 4.500 Zeichnungen und Aquarelle, über 15.000 Drucke und einige Skulpturen. Neben den Arbeiten, die das Kernstück der Sammlung bilden, werden laufend wechselnde Werke aus dem Fundus ausgestellt. Außerdem finden Vorlesungen und Konzerte statt. (Tøyengate 53, T-Bahn bis Tøyen/Munchmuseet, Bus 20 Juni–Mitte September tägl. 10–18 h, sonst tägl. außer Mo 10–16 h, Do und So bis 18 h)

■ Gleich westlich vom Munch-Museum erstreckt sich der schöne Botanische Garten, **Botanisk hage**, zu dem auch ein Treibhaus mit zahlreichen exotischen Pflanzen gehört. Der Park ist jeden Tag von morgens bis zum Einbruch der Dunkelheit geöffnet. (Gewächshaus: Di–So 11–16 h)

■ Im Norden des Botanische Gartens befinden sich **Universitetets naturhistoriske museer**, die naturgeschichtlichen Sammlungen der Universität. Das Mineralogisch-geologische Museum befaßt sich mit der Entstehung Norwegens. Ein besonderer Höhepunkt ist hier die umfangreiche Mineraliensammlung. – Die **Paläontologische Abteilung** zeigt Versteinerungen von Pflanzen und Tieren aus unterschiedlichen erdgeschichtlichen Epochen und Gebieten. – Im benachbarten Zoologischen Museum, **Zoologisk museum**, sind ausgestopfte Tiere aus Norwegen und aus vielen anderen Ländern in möglichst naturgetreuer Umgebung zu sehen. Auf Tonbändern sind zahlreiche Tierlaute festgehalten. (alle drei Sammlungen: Di–Sa 11–16 h, So 10–16 h)

■ Auf der vorgelagerten Insel **Hovedøya** (Hauptinsel) stehen die Ruinen eines 1147 von englischen Zisterzienser-Mönchen errichteten Klosters (mit den Überresten der Edmundskirche). Das Kloster überstand nicht die Reformation, diente dann als »Steinbruch« für die Bauarbeiten an der Festung Akershus. (Hovedøya, Bootsverbindung Vippetangen, südlich von Akershus)

■ Beim Campingplatz Ekeberg (südlich von Gamlebyen) dehnt sich der Park **Ekebergsletta** mit einem großen **Gräberfeld** aus frühgeschichtlicher Zeit aus. – Ebenfalls in Ekeberg, nahe der Seefahrtsschule (»Sjømannsskolen«), finden sich **Felszeichnungen** (auf norwegisch: helleristninger) aus der Eisenzeit. Insgesamt 13 Tierfiguren sind dargestellt.

Übriges Stadtgebiet (West)

■ Im Westteil der Stadt liegt der **Frognerpark**. Einen wichtigen Teil dieses Parks bildet die Vigelandsanlage: **Vigelandsanlegget** besteht aus 192 Skulpturgruppen mit insgesamt 650 Figuren. Die Anlage ist das Lebenswerk des Bildhauers Gustav Vigeland, der 1921 in einem Vertrag sein künstlerisches Werk der Stadt Oslo überschrieb und dafür ein Atelier und die entsprechende materielle Absicherung erhielt.

Mittelpunkt der Anlage ist der 17 m hohe Monolith, der aus 121 ineinander verschlungenen Menschenleibern besteht. Die Säule wird von 36 Granitskulpturen umgeben. Dazu kommen die Fontäne, deren über 60 Bronzereliefs den Verlauf des Lebens – das zentrale Thema des Künstlers – schildern, die Brücke (58 Bronzegruppen) und der Kinderplatz sowie die schmiedeeisernen Pforten (mit Motiven aus der nordischen Mythologie). Den Abschluß der Anlage nach Westen bildet das Lebensrad (»Livets hjul«), das wieder aus ineinander verschlungenen Menschenkörpern besteht und den ständigen Fluß des Lebens symbolisiert. Nicht jeder mag die monumentale Kunst Vigelands, die stark vom damaligen Zeitgeist geprägt ist – trotzdem ist der Park ein beachtliches Gesamtkunstwerk und Ausdruck der großartigen Kunstfertigkeit des Bildhauers. (Frogner, Straßenbahn 2 bis Vigelandsparken, ständig geöffnet)

■ Im Frognerpark liegt **Oslo Bymuseet**, das Stadtmuseum, das im Herrenhof (Hovegård) Frogner untergebracht ist. Der rund 200 Jahre alte Hof war einer der größten Gutshöfe des Landes. Gezeigt werden alte Möbel, Textilien und andere Gegenstände aus herrschaftlichen Haushalten, sowie – anhand von Modellen, Zeichnungen, Fotografien und Dokumenten – die Entwicklung der Stadt Oslo. (Frognerveien 67, Juni–August Di–Fr 10–18 h, Sa, So 11–17 h, sonst Di–Fr 10–16 h, Sa, So 11–16 h)

■ Ganz in der Nähe stehen das **Atelier** und das **Wohnhaus von Gustav Vigeland** (1869–1943). Hier sind Tausende von Skulpturen, Zeichnungen und Holzschnitten ausgestellt. Skizzen, Entwürfe und Modelle zeigen, welch umfangreiche Vorarbeiten bei der Gestaltung des Vigeland-Parks notwendig waren. (Nobelsgate 32, T-Bahn 2 bis Frognerplass, Mai–September Di–Sa 10–18 h, So 12–19 h, sonst Di–Sa 12–16 h, So 12–18 h)

Stadtrandgebiete

Das Gebiet Holmenkollen befindet sich nördlich der Innenstadt, am Rande der waldreichen, hochgelegenen Oslomarka. Vom Zentrum aus führt die Holmemkollbahn nach oben.

■ Die bekannteste Sehenswürdigkeit dort oben ist zweifellos **Holmenkollbakken**, die berühmteste Skisprungschanze überhaupt. Alljährlich findet das Holmenkollen-Festival statt, ein zweiwöchiges Sportereignis, das an einem der ersten drei Märzsonntage feierlich abgeschlossen wird. Die besten Skispringer aller Länder treten dabei vor bis zu 100.000 Zuschauern gegeneinander an. Der erste Wettbewerb fand hier übrigens 1892 statt; damals wurde eine Weite von 21 m erreicht. Heute liegt der Schanzenrekord bei über 110 m. 1990 fiel das Abschlußspringen erstmals wegen Schneemangels aus.

Von der Sprungschanze (Lift zur Aussichtsplattform im Sprungturm) ergibt sich ein herrlicher Blick über die Stadt und den Fjord.

■ In der Schanze ist auch das **Skimuseum** untergebracht. Hier wird die Entwicklung von Ski und Skizubehör dokumentiert; die ältesten ausgestellten Ski sind 2.500 Jahre alt. Zur Sammlung gehören Ausrüstungsteile der norwegischen Polarforscher Fridtjof Nansen und Roald Amundsen. (Holmenkollbakken, T-Bahn bis Holmenkollen, Juli–August tägl. 9–22 h, Juni 9–20 h, Mai und September 10–17 h, sonst Mo–Fr 10–15 h, Sa, So 10–16 h)

■ Westlich von Holmenkollen, beim Ufer des Bogstadvannet (10 km außerhalb vom Zentrum) steht **Bogstad gård**, der Herrenhof von Bogstad, dessen älteste Gebäudeteile aus der Mitte des 18. Jhs. stammen. Das gut erhaltene herrschaftliche Interieur (mit norwegischen Gemälden vom Ende des 18. Jhs.) ist rund 150 Jahre alt. Der Gutshof liegt in einer schönen Parkanlage. (Sørkedalen, Bus 41 bis Bogstad, Mitte Mai–Mitte September Mi 18–19 h, So 12–18 h)

Aussicht

■ Nördlich der Holmenkollschanze steht **Tryvannstårnet**, der Tryvanns-Turm. Von der in 60 m Höhe (588 m ü.d.M.) gelegenen Aussichtsplattform dieses Fernmeldeturms hat man eine einzigartige Aussicht: Bei klarem Wetter läßt sich eine Fläche von nahezu 30.000 km^2 überblicken. (Voksenkollen, T-Bahn bis Frognerseter, November–April Mo–Fr 10–15 h, Sa, So 11–16 h, Mai u. September 10–17 h, Juni 10–19 h, Juli 9–22 h, August 10–20 h)

Ausflüge

■ Westlich der Stadtgrenze, in Lysaker, steht **Polhøgda**, das Haus des norwegischen Polarforschers Fridtjof Nansen. Die dortige Forschungseinrichtung untersteht heute der Norwegischen Geographischen Gesellschaft. (Besuch nach Absprache)

■ Noch weiter westlich (E 18, 12 km Richtung Drammen) kann man in **Høvikodden** dem **Henie-Onstadt Kunstzentrum** einen Besuch abstatten. Dieses 1968 eröffnete Kulturzentrum ist eine Stiftung der norwegischen Eiskunstläuferin Sonja Henie (»Häseken«) und ihres Gatten, dem Reeder Niels Onstadt. Hier findet man eine gut bestückte Sammlung internationaler Kunst. Außerdem werden laufend Sonderausstellungen sowie Film-, Theater-, Musik- und sonstige Kulturveranstaltungen durchgeführt. Zum schön gelegenen Museum gehören auch eine Bibliothek und das Café-Restaurant »Piruetten«. (Høvikodden, Busse 151, 153, 161, 162, 251, 252, 261. Juni–August Mo 11–17 h, Di–Fr 9–21 h, Sa, So 11–19 h, sonst verkürzte Öffnungszeiten, im Touristenbüro nachfragen)

■ 1 km südlich von Oslo liegt der neue Freizeitpark »**Tusenfryd**« (E 6/E 18 bei Ås, Bus 541 von Oslo). Das norwegische Pendant zum Kopenhagener Tivoli bietet über 20 Attraktionen wie Berg- und Talbahn, Wasserrutsche u.ä. (Mitte Mai–Mitte September ab 10.30 geöffnet)

Wandern

Mit der Oslomarka, die den größten Teil des Stadtgebiets einnimmt, verfügt Oslo über ein einzigartiges Naherholungsgebiet. Es gibt dort ein engmaschiges Netz von Wander- und Forstwegen. Die im Sommer begehbaren Wanderwege sind im Gelände blau markiert. Gute Ausgangspunkte für Wanderungen auf eigene Faust sind u.a. die Holmenkollenschanze und Forgnerseteren. Beide sind mit der Holmenkollbahn zu erreichen.

Fahrradfahren

Die Fahrradwerkstatt »Den Rustne Eimke« verleiht Räder und macht Vorschläge für Stadtrundfahrten per »Drahtesel«. (Vestbaneplassen 2, N–0250 Oslo, Tel. 2283 7231

Angeln

Kaum eine andere Landeshauptstadt bietet innerhalb ihrer Grenzen wohl dermaßen vielfältige Angelmöglichkeiten, wie sie in Oslofjord und Oslomarka bestehen. Angelscheine erhält man u.a. in den Sportgeschäften.

Baden

Badeplätze am Fjord:
Ingierstrand, Hvervenbukta, Katten (alle an der Ostseite des Fjords, Bus 75). Ulvøya, gut für Kinder geeignet (Bus 75). Huk auf Bygdøy (Boot ab Rathauskai, Bus 20).

Es wird dringend davon abgeraten, im inneren Hafenbecken zu baden!

Badeplätze in der Oslomarka:
Bogstadvannet (Bus 41). Sognsvannet (schöne Waldumgebung, Nacktbaden am Svartkulp, Sognvanns-Bahn).

Freibäder: Frognerbadet, Middelthunsgate 28, Straßenbahn 2. Tøyenbadet, Helgesensgate 90 (Bus 29, T-Bahn bis Tøyen).

Hallenbäder: Bislett-Bad, Pilestredet 60 (T-Bahn 2). Lambertseter, Glimmerveien 42 (Lambertseter-Bahn). Torggata Bad, Torggate 16. Tøyenbadet, Helgesensgate 90 (Bus 29, T-Bahn bis Tøyen). Studio 40, Sørligate 40 (T-Bahn bis Tøyen). Vestkantbadet, Sommerrogata 1.

Wintersport

Oslo ist eine Wintersportstadt, die sowohl «nordischen« als auch »alpinen« Skisportlern gute Betätigungsmöglichkeiten bietet.

2.700 km gespurter und markierter Loipen stehen zur Verfügung, wovon 160 km beleuchtet sind. Beleuchtete Loipen in: Bigstad, Tryvannsåsen, Midtstuen-Frognerseteren, Frognerseteren–Tråkka–Ullevålseter, Sognsvann–Ullevålseter, Lillomarka (Linderudkollen, Trollvannstua, Grefsenkollen), Østmarka (Rustadstuga, Skullerudstua, Haraløkka). – 15 Abfahrts- und Slalompisten auf 7 km Gesamtlänge. Längste Abfahrt: Wyllerløypa (1.060 m).

Während des Winters stehen rund 150 Eisbahnen mit 600.000 m^2 Eisfläche zur Verfügung (darunter das Eisstadion Valle Hovin, geöffnet Mitte Oktober–Mitte März). Die Natureisbahnen sind meist von Anfang Dezember bis Ende März geöffnet.

Golf

Oslo Golfklubb
Bogstad (18-Loch-Platz, auch Verleih)
N–0757 Oslo
Tel. 2250 4002

Reiten

EKT rideskole (Reitschule)
Jomfrubråtveien 40
N–1179 Oslo
Tel. 2219 9786
Oslo Ridehus
Drammensveien 131
N–0277 Oslo
Tel. 2255 6980
Helge Torp, Sørbråten gård, Maridalen
N–0890 Oslo
Tel. 2242 3579
Elveli gård/Sørkedalen skole
Tel. 2249 9158 und 2249 9075

Information

Oslo Guide Service
Vestbaneplassen 1
N–0250 Oslo
Tel 2283 0100 und 0050 (aus dem Ausland)
Juli–August tägl. 9–20 h, Juni Mo–Sa 9–18 h, So 9–16 h, Mai und September Mo–Sa 9–18 h, ab Februar und bis November Mo–Sa 9–16 h, sonst Mo–Fr 9–16 h

Turistinformasjon (im Hauptbahnhof)
– auch Zimmervermittlung –
Tel. 2217 1124
Mai–September tägl. 8–23 h, sonst Mo–Mi 8–23 h, Do–So 8–15 h und 16.30–23 h

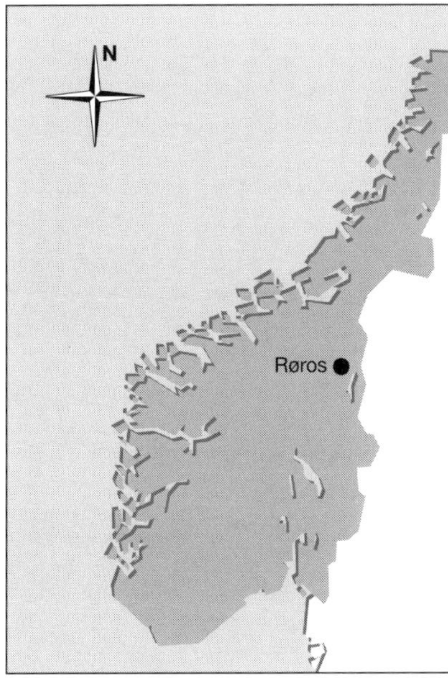

Røros

Einwohner: 5.400
Fläche im km²: 1.956
Bezirk: Sør-Trøndelag

Entfernungen:

Trondheim	155 km
Oslo	385 km
Bergen	593 km
Narvik	1.059 km
Kirkenes	2.086 km

Karten: Cappelen, Bl. 3 – Scanmaps, Bl. 9
Top. Karte 1 : 50.000, Bl. 1720/III

Die alte Bergbaustadt Røros gehört zu den beliebtesten Touristenzielen in Mittelnorwegen. Sie ist Norwegens einzige im Hochgebirge gelegene Stadt. Røros hat sein ursprüngliches vom Kupferbergbau geprägtes Ortsbild weitgehend bewahrt und wurde deshalb von der UNESCO in die »World Heritage List« aufgenommen, in der erhaltenswerte Kulturdenkmäler in aller Welt – darunter die ägyptischen Pyramiden und das Schloß von Versailles – geschützt werden.

Røros verdankt seine Entstehung den reichen Kupfervorkommen, die vor 350 entdeckt wurden. In über 600 m Höhe entstand ein Bergbauort, dem die schwierigen äußeren Bedingungen zu schaffen machten, besonders das Klima mit langen, kalten und schneereichen Wintern. Es entstanden viele kleine ärmliche Holzhütten, in denen die Familien der Bergarbeiter kaum Platz fanden. Die Beamten, Offiziere und Direktoren, von denen zahlreiche aus Deutschland kamen (noch heute gibt es einige Familien mit deutschen Namen), lebten in größeren, stattlicheren Häusern im unteren Teil der Stadt. Der Erzplatz vor der Schmelzhütte war der Mittelpunkt des alten Røros – hier luden die Fuhrleute ihre Erzlasten aus, hier wurde das Signal zu Anfang und Ende der Schichten gegeben. Die Gruben selbst lagen außerhalb der Stadt im Gebirge.

Seit Mitte des 17. Jhs. lebten die Einwohner von Røros vom Kupferbergbau. Über 300 Jahre lang stieß man dabei immer wieder auf neue Vorkommen. Noch um die Jahrhundertwende waren ungefähr 700 Arbeiter in den Gruben beschäftigt. Um 1920 waren die Erzvorkommen anscheinend erschöpft; erst 1935 fand man im Bereich der Olavsgrube neue Kupferadern, die noch bis 1973 ausgebeutet werden konnten.

Das Ende des Bergbaus bedeutete für Røros keinen unüberbrückbaren wirtschaftlichen Einbruch. Schon im Laufe der letzten 100 Jahre waren neue Wirtschaftszweige wie Holz- und Metallverarbeitung sowie Maschinen- und Glasindustrie als Erwerbsquellen erschlossen worden. Immerhin ein Drittel der Bruttoeinnahmen der Gemeinde Røros werden heute im Bereich des Fremdenverkehrs erzielt.

Im eigentlichen Ortsgebiet leben rund 3.300 Menschen. Die gesamte Gemeinde umfaßt 1.956 km² und zählt rund 5.400 Einwohner. Røros grenzt im Süden und Westen an den ostnorwegischen Bezirk Hedmark, im Osten an Schweden (Älvdalen).

Innerhalb des Gemeindegebiets liegen die schönen Seen Aursunden, Feragen und auch das Nordende des Femund-Sees. Røros bietet somit nicht nur interessante kulturhistorische Sehenswürdigkeiten, sondern auch vielfältige Möglichkeiten für Wanderer, Angler, Kanufahrer und andere Naturfreunde.

Die Bergarbeiter-Tage

Alljährlich finden Ende Juni/Anfang Juli Bergmannsdagene, die Bergarbeiter-Tage statt. Diese Tradition reicht in die dreißiger Jahre zurück. Ein Höhepunkt der Veranstaltung ist der historische Umzug, der am Erzplatz beginnt.

Während der Tage werden die alten Trachten, Werkzeuge sowie Tänze und Spiele aus alter Zeit gezeigt. Freunde von Volkstanz und Volksmusik kommen dabei ebenfalls auf ihre Kosten.

Sehenswertes

■ Der gesamte **alte Ortskern** von Røros ist mit seiner geschlossenen altertümlichen Bebauung eine einzige Sehenswürdigkeit. Bei einem Spaziergang durch die Straßen fällt es nicht schwer, sich um 100 Jahre zurückversetzt zu fühlen und eine Vorstellung von dem Leben in der alten Bergbaustadt zu bekommen. Von Juni bis Mitte September organisiert das Touristenbüro Stadtwanderungen.

■ Auf der anderen Seite des Flusses, bei den Schlackenhalden, sind auch einige der **ärmlichen Behausungen der Bergarbeiter** in ihrem Originalzustand erhalten. Sie können während einer Stadtführung besichtigt werden. (Sleggveien)

■ Für das **Røros Museum** wurde die alte Schmelzhütte **Smelthytta** wiederaufgebaut. Sie vereint heute Museumsausstellungen zur regionalen Bergbaugeschichte, Kunstausstellungen sowie Räume für kulturelle Veranstaltungen. Die Hütte ist ganzjährig geöffnet. Sie steht ebenfalls unterhalb der Schlackenhalden. (Mitte Juni–Mitte August Mo–Fr 10.30–18 h, Sa, So 10.30–16 h, sonst Mo–Fr 11–15.30 h, Sa, So 11–14 h)

■ Die Kirche von Røros, die den Beinamen **Bergstadens Ziir** trägt, ist das einzige Steingebäude der Altstadt. Sie wurde 1784 fertiggestellt (vorher gab es in der Nähe eine kleinere Holzkirche aus dem Jahr 1651) und faßt in ihrem achteckigen Innenraum etwa 1.640 Menschen. In der Ausstattung der Kirche finden sich viele Hinweise auf die enge Verbundenheit der Gemeinde mit dem Bergbau: Zum Inventar gehören neben Gemälden mit biblischen Motiven auch Portraits von Bergwerksdirektoren und die alten Seidenfahnen des Bergbaukorps. Bemerkenswert ist die alte Barockorgel über der Kanzel, die einzige ihrer Art in Skandinavien. (1984 restauriert, Mitte Juni–Mitte August tägl. 10–17 h mit 6 Führungen, erste Junihälfte und bis Mitte September Mo–Fr 14–16 h, Sa 11–13 h)

Aussicht

■ Ein guter Aussichtspunkt ist die Skihütte »**Skistuggu**«, südlich der Stadt. (Nebenstraße von der Straße nach Sørvika am Femund-See)

Ausflüge

■ Die bedeutendste Sehenswürdigkeit in der Umgebung ist die **Olavsgrube** (ca. 13 km nordöstlich von Røros, Abzweigung von der Str. 31). Hier wurden 1935 die bis dahin reichsten Kupfergruben entdeckt, die bis 1973 abgebaut wurden. Insgesamt förderte man in dieser Grube 1 Million t Erz, die 11.000–12.000 t reinen Kupfers ergaben. Die Grube, die ihren Namen dem norwegischen König Olav verdankt, ist heute als industriegeschichtliches Museum der Öffentlichkeit zugänglich. Bei einer Führung durch die Grube bekommt man einen guten Eindruck von den Arbeitsbedingungen und erfährt einiges über die verschiedenen Abbaumethoden, vom primitiven Abbrennen mit Hilfe von Grubenfeuern bis hin zum Einsatz von modernen Preßluftbohrern und Sprengstoffen. Licht- und Toneffekte geben den Anschein, als wären die Abbauarbeiten unverändert im Gang. Die Olavsgrube ist übrigens im Laufe ihrer Betriebszeit von größeren Arbeitsunfällen weitgehend verschont geblieben. Im Eingangsbereich findet man eine gute Darstellung der Geschichte der Gruben in Røros. (Führungen Juni–Mitte September Mo–Sa 13 und 15 h, So 12 h, Mitte Juni–Mitte August mehrmals täglich zwischen 10.30 und 18 h, sonst Sa 15 h; Schutzhelme werden gestellt, schmutzunempfindliche Kleidung empfohlen, Temperatur unter Tage konstant bei 5 Grad C)

■ Das Touristenbüro arrangiert Besuche von **Wasserkraftwerken**, die im Rahmen der Erzförderung in Betrieb waren.

■ Ein lohnender Tagesausflug führt in die schwedische Landschaft **Härjedalen**, ein besonders im Winter häufig frequentiertes Feriengebiet mit Fremdenverkehrsorten wie Tännäs und Funnäsdalen.

■ Einen weiteren schönen Ausflug kann man durch **Skanland** unternehmen. Dieses Touristengebiet liegt zu beiden Seiten der norwegisch-schwedischen Grenze. Auf der schwedischen Seite stellt die Gemeinde Älvdalen ein attraktives Reiseziel dar.

■ **Kopparleden**, die Kupferstraße, führt am Femund-See vorbei durch Älvdalen bis zur schwedischen Bergbaustadt Falun im Herzen von Dalarna.

■ Mit dem Boot »Fæmund II« kann man von Sørvika aus herrliche Ausflüge über den **Femund-See** unternehmen. (Bus von Røros nach Sørvika)

■ 22 km nördlich von Røros liegt **Ratvolden**, das ehemalige Wohnhaus des Schriftstellers Johan Falkberget (1879–1967), der in seinem Werk das – meist harte – Leben in der Bergarbeiterstadt Røros beschrieben hat. Seine Bücher sind auch ins Deutsche übersetzt worden. (Anfahrt: Str. 30, dann auf die 1,5 km lange, schlechte Nebenstraße abbiegen, Führungen Juli–Mitte August)

Wandern

Besonders reizvoll ist eine 10 km lange Wanderung durch das Gebirge südlich von Røros auf den Berg Kvernskaret (1.128 m). Ausgangspunkt ist die Skihütte (Skistuggu): Von hier aus folgt man dem Schotterweg zum Skaret. – Ebenfalls durch die gebirgige Landschaft führt eine 9 km lange Wanderung zunächst zum Hügel Sundbakken, dann zur 920 m hohen Fjellsjøhøgda; dort kann man eine Schleife drehen und zurück nach Røros gelangen.

Fahrradfahren

Eine 25 km lange Fahrradtour führt durch das Mølmannsdal, vor dem Rambergsjø über die Håelva, dann auf der anderen Seite des Baches zurück über Tørresdalen, Storrya und Gjøsvik nach Røros. – Eine weitere empfehlenswerte Radtour (23 km): Rørossundet – Kvernengan – Vola – Røros. Weitere Auskünfte in einem Informationsblatt es Touristenbüros.

Angeln

Das Gebiet der Gemeinde Røros ist zusammen mit der Nachbargemeinde Os in vier Forstbezirke (Allmenninger) aufgeteilt, für die es spezielle Angelkarten gibt: Die »Røros Nordre Allmenning« liegt nördlich des Aursundsees und grenzt an Tydalen und Haldalen, die »Feragenallmenning« umfaßt das Gebiet des Feragensees, »Røros Østre« und »Vestreallmenning« decken das Gebiet um Røros und einen Teil der Femundsmarka ab. – Weitere Angelgebiete sind das Gebiet um Brekken, Hitterdalen (Hittersjøen), der obere Teil der Glomma und das Hådal, Feragen–Røros.

Kanu

Die Glomma ist ein gutes Kanu- und Paddelgewässer, und als Startpunkt wird der Campingplatz Orvos empfohlen. Eine 69 km lange Tour führt von Glåmos (Westende des Aursunden) zunächst durch den Aursunden, dann durch den Feragen und anschließend durch Håsjøen und Håelva nach Røros. – Eine Mehrtagestour führt von Tännäs (Härjedalen) u.a. über den Rogen, die Røa, Femunden, Feragen und über den Hådalswasserlauf nach Røros. – Weniger aufwendig und anstrengend ist eine Tour

im Uferbereich des 60 km langen Femund-Sees.
Kanuverleih:
Håneset Camping
N–7460 Røros
Tel. 7421 1372
Røros Hotel
An Magritt vei
N–7460 Røros
Tel. 7241 1011
Femund Canoe Camp
Sorken
N–2445 Femundsenden
Tel. 6245 9019

Wintersport

300 km markierte Loipen, 100 km markierte und präparierte Loipen, 15 km davon beleuchtet. – 6 Abfahrts- und Slalompisten auf 7 km Länge.

Information

Røros Turistkontor
Peter Hiortsgate 2
N–7461 Røros
Tel. 7241 0000
Ende Juni bis Mitte August Mo–Sa 9–20 h, So 12–18 h, sonst Mo–Fr 9–16 h, Sa 10–14 h

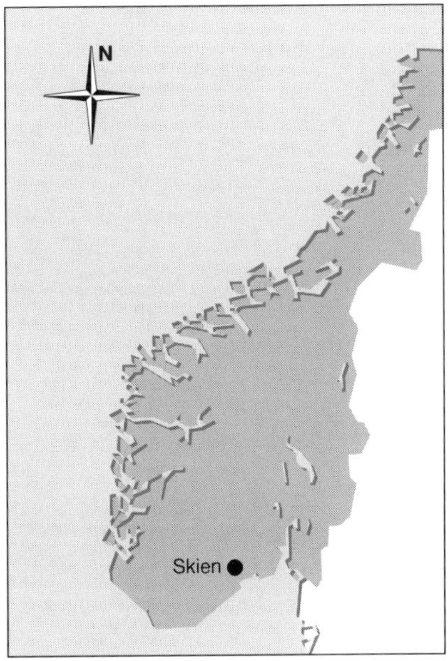

Skien

Einwohner: 48.350
Fläche im km²: 778,9
Bezirk: Telemark

Entfernungen:

Oslo	134 km
Kristiansand	187 km
Geilo	246 km
Lillehammer	285 km
Bergen	426 km
Dombås	442 km
Trondheim	624 km

Karten: Cappelen, Bl. 1 – Scanmaps, Bl. 3
Top. Karte 1 : 50.000, Bl. 1713/III

Skien liegt im Südosten der Telemark, zu beiden Seiten des Flusses Skienelv.

Bereits im Jahre 1358 erhielt Skien, das wohl schon im 12. Jh. gegründet wurde, die Stadtrechte. Der Ort ist aus dem um 1100 entstandenen Nonnenkloster Gimsøy hervorgegangen, das im Mittelalter große weltliche Macht besaß. Skien war ein günstig gelegener Handelsplatz zwischen den Binnensiedlungen der Telemark und den Orten und Höfen an der Küste. Besondere Bedeutung hatte der Handel mit Holz. Mitte des 16. Jhs. entstanden die ersten Sägemühlen – der Beginn des Industriezweigs, der noch heute das Wirtschaftsleben der Stadt bestimmt.

Große Bedeutung für die Entwicklung der Stadt hatte der Ausbau des Gewässernetzes in der Telemark um die Mitte des vergangenen Jahrhunderts: Die verbesserten Transportmöglichkeiten führten zu einem gewaltigen Aufschwung innerhalb der holzverarbeitenden Industrie. 1886 wurde der Stadtkern von Skien durch einen großen Brand fast völlig zerstört; die Stadt erhielt anschließend ein neues Gesicht mit zahlreichen – für Norwegen sonst untypischen – Backsteinbauten.

Skien ist seitdem ständig gewachsen. 1964 wurden die Nachbargemeinden Gjerpe und Solum Teil des Stadtgebiets, das nun beinahe 790 km^2 mit mehr als 48.000 Einwohnern umfaßt. Die Kernstadt hat in den letzten Jahren bedeutende Änderungen erfahren: Einige Teile wurden saniert, andere völlig erneuert und umgebaut. Neben der dominierenden Holzverarbeitung gibt es Industriebetriebe u.a. in den Sparten Maschinenbau, Elektrotechnik und Nahrungs- und Genußmittel.

Skien ist übrigens die Geburtsstadt des berühmten norwegischen Dramatikers Henrik Ibsen (1828–1906), zahlreiche Sehenswürdigkeiten der Stadt haben Bezug zu diesem für die Weltliteratur bedeutenden Dichter.

Sehenswertes

■ Mitten in der Stadt, oberhalb des zentralen Busbahnhofs, erhebt sich die **Stadtkirche**. Dieses große Backsteinbauwerk mit zwei Türmen ist 1894 nach dem vernichtenden Stadtbrand errichtet worden. (werktags 9.30–15.30 h).

■ Im Stadtzentrum steht auch das **Ibsen-Haus** (Ibsenhuset), ein 1973 errichtetes Kulturzentrum. Dort findet man eine Bibliothek, ein Kino, eine Theaterbühne, außerdem werden Kunstausstellungen, Konzerte und andere kulturelle Aktivitäten veranstaltet.

■ Gleich östlich oberhalb des Stadtkerns erstreckt sich der **Brekkepark**, eine weitläufige Parkanlage mit schönen Spazierwegen. Dort ist auch das **Bezirksmuseum für die Telemark und Grenland** (Fylkesmuseet for Telemark og Grenland) angesiedelt. Das Museum besteht u.a. aus kulturhistorischen Sammlungen, die im alten Herrenhof Søndre Brekke (1780) untergebracht sind – darunter befindet sich auch das Arbeits- und Schlafzimmer von Henrik Ibsen. Im Gutspark sind alte Gebäude aus der Telemark wiederaufgebaut worden. Ein weiteres Ausstellungsgebäude zeigt Beispiele der traditionellen Volkskunst der Telemark: u.a. Trachten, Schnitzereien und Rosenmalereien. (Führungen Mitte Mai–Ende August tägl. 10–18 h)

■ Gleich südöstlich des Stadtzentrums (Snipetorpsgate), unterhalb des Museums, liegt das **historische Viertel Snipetorp** mit zahlreichen Holzhäusern, die von den Bränden des 18. und 19. Jhs. verschont blieben. Dort steht auch das Haus, das einst dem Vater von Henrik Ibsen gehörte.

■ Noch weiter südlich, im Ortsteil Bratsberg, findet man auf dem Kapitelberg die Ruinen einer mittelalterlichen **Steinkirche**. Sie ist während des 12. Jhs. erbaut worden und hat Norwegens einzige erhaltene Krypta.

■ Im nordwestlichen Stadtgebiet befindet sich (beim Stadion) »**Lekeland**« (»Spielland»), Norwegens erster Freizeitpark. Er ist von Anfang Juni bis Mitte August täglich 11–18 Uhr geöffnet.

■ Am nordöstlichen Stadtrand steht die **Kirche von Gjerpen**, deren älteste Teile wahrscheinlich noch aus der Zeit vor 1200 stammen. 1871/82 wurde sie nach Westen hin erweitert, 1870 der Chorflügel angebaut. 1920 fand eine umfassende Restaurierung statt, bei der die Kirche u.a. von Emmanuel Vigeland ausgeschmückt wurde (tägl. 10–17 h). – Im Gjerpen sind einige **Felszeichnungen** aus der Bronzezeit erhalten, u.a. bei Nordre Måla nahe der Straße nach Venstøp.

Aussicht

■ Die schönste Aussicht über die Stadt hat man vom **Brekkepark** (Bezirksmuseum).

Ausflüge

■ Skien ist Ausgangspunkt der »**Telemark-Wasserstraße**« (Telmemarkvassdraget) – eine Verbindung zwischen dem Skagerrak und dem Ort Dalen, 130 km tief in der Telemark. Der Kanal und die Schleusenanlagen sind 1854–61 und 1887–92 entstanden. Telmemarkvassdraget wird im Sommer von der »M/S Victoria« und der »M/S Telemarken« befahren. (Mitte Juni–Mitte August Abfahrt Skien 8.30, Ankunft Dalen 18.10 h, Vor- und Nachsaison Mo–Mi, Fr, So 8.30 h)

Ein schöner Tagesausflug ergibt sich, wenn man mit dem Schiff bis Kviteseid fährt, dann den Bus nach Bø nimmt und danach in den Zug nach Skien umsteigt.

■ Ein schöner Ausflug führt rund um den **Norsjø**, besonders empfehlenswert ist die wenig befahrene Nebenstraße auf der Ostseite des Sees.

■ In **Venstøp**, 5 km nördlich der Innenstadt, steht der Hof, auf dem Henrik Ibsen den größten Teil seiner Kindheit verprachte und mit seinem Puppentheater sein dramatisches Talent auszutoben begann. Der Hof ist mit dem alten Mobiliar der Familie Ibsen eingerichtet und kann besichtigt werden. (1.6.–1.9. tägl. von 12–16 h, Bus Nr. 416 vom Landmannstorget)

■ Im **Løveid-Kanal**, der Skien mit dem Norsjø verbindet, sind drei historische Schleusen aus den 50er Jahren des letzen Jahrhunderts erhalten (Str. 357).

■ 10 km nordwestlich der Stadt steht die **Kirche von Mælum** (Str. 36), eine kleine Holzkirche aus dem Jahre 1728 (Turm von 1767). im Innenraum der 1968/69 restauriert worden ist, befinden sich ein Altarbild und anderes Inventar aus dem 17. Jh.

Baden

Badeplätze: Gåsodden (Norsjø, ca. 10 min. außerhalb der Stadt, Str. 36 Richtung Seljord), Røra (Bergsbygda, Eidanger, 15 km außerhalb), Olavsberget (Nystrand, E 18). Hallenbad: Skienshallen, im Juli geschlossen.

Kanu

■ Der **Telemark-Kanal** ist auch eine beliebte Kanuwanderstrecke. Die 18 Schleusen »liften« Kanus genauso wie Passagierboote. Achtung: Sich den Weg neben den Schleusen durch die Wasserfälle zu suchen, ist gefährlich. Kanuverleih über das Touristenbüro.

Information

Skien Turistkontor
Henrik Ibsen gt. 2
N–3701 Skien
Tel. 3552 8227 und 3553 4980

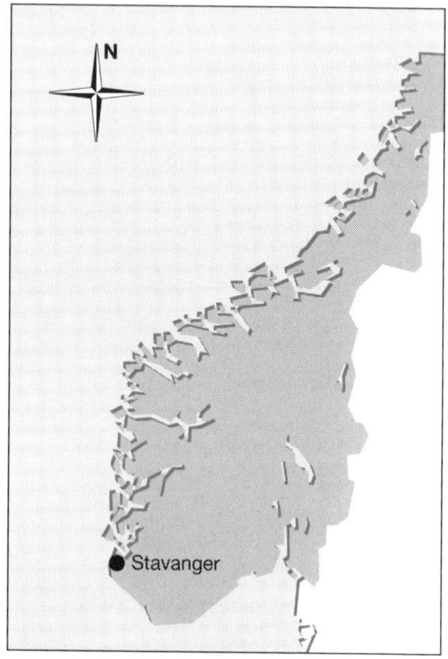

Stavanger

Einwohner: 103.500
Fläche im km²: 70
Bezirk: Rogaland

Entfernungen:

Bergen	170 km
Kristiansand	245 km
Oslo	453 km
Lillehammer:	587 km
Ålesund	621 km
Røros	699 km
Trondheim	837 km
Narvik	1.741 km
Nordkap	2.463 km

Karten: Cappelen, Bl. 1 – Scanmaps, Bl. 1
Top. Karte 1 : 50.000, Bl. 1212/IV

Stavanger, die mit rund 103.500 Einwohnern viertgrößte Stadt Norwegens, liegt am Boknfjord, im Süden des Fjordreiches.

Die Anfänge der Stadt reichen über 850 Jahre zurück; das älteste Bauwerk – der Dom – stammt aus der Zeit um 1200. Während des Mittelalters wuchs der Ort, der um den 1125 gegründeten Bischofssitz entstand, nur langsam. 1425 erhielt Stavanger die Stadtrechte. Nachdem der Bischofssitz 1684 nach Kristiansand verlegt worden war, verlor Stavanger 1686 für fünf Jahre vorübergehend seine Stadtrechte.

Als sich Fischfang und Seehandel im 19. Jh. zu lukrativen Wirtschaftszweigen entwickelten, erwachte die Stadt aus ihrem Dornröschenschlaf. 1873 entstand in Stavanger die erste Fischkonserven-Fabrik. Die fischverarbeitende Industrie bildete die Basis für das Wachstum des modernen Stavanger. Handelsflotte und Werften trugen ihren Teil dazu bei: Stavanger ist heute die drittgrößte Seefahrtsstadt Norwegens.

Seit den 70er Jahren wird Stavanger durch die Ölförderung im norwegischen Teil der Nordsee entscheidend geprägt. Wegen ihrer zentralen Lage, in Verbindung mit der vorhandenen Infrastruktur, hat sich die Stadt zum Zentrum der Ölindustrie entwickelt. Stavanger wächst mit, was die neuen Bürohäuser unterstreichen, die neben etlichen bewahrten alten Gebäuden Platz gefunden haben. Der Technologieschub hat dazu geführt, daß eine Hochschule und mehrere Fachhochschulen in Stavanger beheimatet sind.

Sehenswertes

■ Der **Dom** gehört zu den eindrucksvollsten mittelalterlichen Bauwerken Norwegens. Nachdem König Sigurd Jorsalfar Stavanger im Jahr 1125 zum Bischofssitz ernannt hatte, wurde im Auftrage des englischen Bischofs Reinald von Winchester mit der Errichtung eines Doms begonnen. Mit großer Wahrscheinlichkeit waren bei den Bauarbeiten englische Handwerker beteiligt, worauf der ursprünglich rein angloromanische Stil der Kirche schließen läßt. 1272 wurde der St. Svithun geweihte Dom durch ein Feuer schwer beschädigt; er erhielt darauf einen neuen gotischen Chor, der um 1300 vollendet wurde. Seitdem haben keine wesentlichen Veränderungen mehr stattgefunden; keine andere mittelalterliche Kirche Norwegens hat ihre äußere Gestalt so rein bewahrt wie der Dom von Stavanger. Die Kanzel aus dem Jahr 1749 und fünf Epithaphien (Gedenktafeln) sind Arbeiten des Barocks. Der Dom ist 1942 restauriert worden. (Mitte Mai–Mitte September Mo–Sa 9–18 h, So 13–18 h, sonst Mo–Sa 9–14 h, Glockenspiel Mo–Sa 11 h)

■ Das **Stavanger Museum** gliedert sich in fünf Abteilungen. Das Billet gilt am selben Tag für alle Einzelmuseen. Geöffnet sind sie Mitte Juni–Mitte August Mo–Sa 11–16 h, So 11–16 h, sonst So 11–16 h, Seefahrtsmuseum und Konservenmuseum auch erste Juni- sowie zweite Augusthälfte Di–Fr 11–15 h.

Das Hauptgebäude, das Stadtmuseum, südlich des Sees Breiavatn, umfaßt kulturgeschichtliche, archäologische und zoologische Sammlungen. Das älteste in Norwegen gefundene Skelett (Vistefund) ist hier ebenso zu sehen wie das Modell eines Bauernhofs aus der Völkerwanderungszeit. Eine Abteilung befaßt sich mit der Geschichte Stavangers. Sehenswert ist die ornithologische Abteilung, die vor allem einen Überblick über das reiche Vogelleben in der frucht-

Stavanger – Vom Fisch zum Öl

In keiner anderen norwegischen Stadt läßt sich so offensichtlich nachvollziehen, wie sich die wirtschaftliche Basis des Landes vom Fisch weg zum Öl hin verlagert hat.

Die Fabriken der fischverarbeitenden Industrie wirken gegenüber den modernen Bauten der Ölindustrie wie antiquierte Überbleibsel einer vergangenen Zeit. Nur die dem Meer zugewandten Fabrikhallen wurden aus optischen Gründen renoviert, teilweise auch in Diskotheken oder Museen umgewandelt. Ein solches Relikt befindet sich in der Altstadt von Stavanger: In einer restaurierten Fabrik ist das sog. Konservenmuseum (»Hermetikkmuseum«) untergebracht, in dem die (rekonstruierte) Produktionsanlage einer Ölsardinenfabrik, die etwa zwischen 1880 und 1920 in Betrieb war, zu besichtigen ist (Øvre Strandgt. 88a).

Ebenfalls in der Altstadt haben sich in den letzten zwanzig Jahren moderne Bauten etabliert, die sich aber durchaus harmonisch in die vorhandene Architektur einfügen: die Zentren der Ölindustrie. 1964 begannen die Norweger mit ersten Probebohrungen vor ihrer Küste. Fünf Jahre dauerte es, bis Rentabilität versprechende Vorkommen entdeckt wurden. Mit der Ausbeutung des Ekofisk-Feldes südwestlich von Stavanger 1971 und der Gründung der staatlichen Ölgesellschaft »Statoil« 1972 begann der Wohlstand in Norwegen.

Heute bestreitet der nordische Staat weit mehr als ein Drittel seiner Exporteinnahmen aus dem Öl. 50 Jahren sollen die Ölvorräte bei gleichbleibenden Fördermengen noch sprudeln. Mit der Zeit wird sich die Gewichtung zugunsten der Gasförderung verschieben: Hier sollen die Vorräte noch 130 Jahre ausreichen.

Wieviel den Norwegern die Rohstoffvorkommen in der Nordsee bedeuten, belegt eine spektakuläre Maßnahme im August 1987: Nachdem man 1984 festgestellt hatte, daß sechs riesige, miteinander verbundene Plattformen im ergiebigen Ekofisk-Feld durch nachgebenden Meeresboden absanken, leitete man eine »Rettungsaktion« ein, um den Bohrinselkomplex vor Überflutung und Kentern zu bewahren: Sämtliche Stützbeine der Förderinseln mußten durchgesägt und von hydraulischen Kränen gleichzeitig angehoben werden, um 6,5 m lange Verlängerungsstücke in die Stützbeine einzusetzen und zu verschrauben. 88 Kräne hoben 43 Stützbeine; die Abweichung durfte nur wenige Zentimeter betragen.

Die geglückte Aktion kostete rund eine Milliarde DM – in Anbetracht der noch zu erwartenden Fördermengen eine eher harmlose Investition.

baren Landschaft Jæren, südöstlich von Stavanger, bietet. (Musègate 16)

Im Gebäude des Stadtmuseums ist auch die Ausstellung des **Archäologischen Museums** untergebracht. Dort sind zahlreiche Ausgrabungsfunde aus der näheren Umgebung zu sehen, die zu den ältesten Siedlungsgebieten Norwegens gehört (Musègate 16). **Sjøfartsmuseum**, das Seefahrtsmuseum, befindet sich im selben Gebäude wie das Stadtmuseum und widmet sich in erster Linie der Seefahrtsgeschichte der Stadt. Bekanntlich ist in Stavanger die drittgrößte Handelsflotte Norwegens registriert. (Nedre Strandgate 17–19)

■ In der Altstadt befindet sich auch das Konservenmuseum **Hermetikkmuseum**, das in einer restaurierten Fabrik untergebracht ist. Dort wurden 1880–1920 Ölsardinen verpackt. (Øvre Strandgate 88a)

■ Rund 800 m nördlich steht das Herrenhaus **Ledaal**. Es wurde für die reiche Kaufmannsfamilie Kielland – aus der auch der berühmte Dichter Alexander Kielland hervorging – um 1880 erbaut. Das Gebäude dient heute Repräsentationszwecken, als Wohnung der königlichen Familie bei Besuchen der Stadt und nicht zuletzt auch als Museum. (Eiganesveien 75)

■ Nicht weit entfernt befindet sich auch die **Villa Breidablikk**. Sie stammt aus dem Jahr 1880 und ist ein typisches Beispiel für den mit anderen Stilrichtungen vermischten klassizistischen Baustil, der bei aufstrebenden Patrizierfamilien beliebt war. (Eiganesveien 40a, Eingang Nr. 38)

■ Oberhalb von Strandkaien, im Bereich der Øvre und Nedre Strandgt., befindet sich ein noch erhaltender, zusammenhängender Teil der ursprünglichen **Altstadt** Stavangers. Rund 130 Häuser, meist vom Ende des 18. und aus dem 19. Jh., sind hier als Beispiel für die traditionelle Bauweise alter Tage der Nachwelt erhalten worden: Unten am Hafen befanden sich früher die Lagerschuppen und Speicher, weiter oben dann die Wohnungen, und noch höher, oberhalb der Wohngassen, unterhielt man kleine Terassengärten. – Auch im Geschäftszentrum der Stadt gibt es zahlreiche alte Gebäude. Ein Einkaufsbummel im inneren Stadtkern, in der Nähe des Doms, gehört mit zu den Eindrücken eines Besuch der Stadt. In der Fußgängerzone mit ihren engen Gassen gibt es mehr als 300 Geschäfte, die oft in malerisch anmutenden Gebäuden untergebracht sind.

■ Die **Galerie des städtischen Kunstvereins** (Stavanger kunstforening) im südlichen Stadtkern umfaßt Arbeiten des Stavanger Malers Lars Hertervig u.a. Im selben Gebäude veranstaltet der Kunstverein wechselnde Ausstellungen und weitere Aktivitäten. (Madlaveien 33, Di–Fr 9–14 h, Mi und Do auch 18–20 h, Sa, So 12–17 h)

■ Die **Kongsgård skole** (Königshof-Schule) ist die ehemalige Residenz der Bischöfe und diente später als Domizil der Lehnsherren und Amtmänner. Das auf den Mauern der alten Residenz errichtete Holzgebäude stammt z.T. aus dem Jahr 1758. Seit über 150 Jahren befindet sich hier eine höhere Schule.

Stadtrundfahrten

In Stavanger werden währen des Sommers Stadtrundfahrten im Führer veranstaltet. (1.6.–31.8. täglich um 13 h, 120 min Stadt-Sightseeing mit Ullandhaugturm, Altstadt, Breidablikk, Dom)

Mit den Stadtbussen 10, 17 und 40 kann man preiswerte Rundfahrten auf eigene Faust unternehmen und dabei große Teile der Stadt kennenlernen.

Die »Stavanger Karte«, in Hotels und Pensionen erhältlich, gewährt 50% Ermäßigung auf alle Stadtbusse sowie Rabatte für Museen, Fjord-Sightseeing und den Kongepark.

Aussicht

■ Stavanger bekanntester Aussichtspunkt ist der alte Feuermeldeturm **Valbergtårnet** in der Altstadt.

Weitere Aussichtsstellen sind: Byhaugen (Stokkavannene), Vålandshaug (Mosvannsparken, Aussichtsturm) und Ullandhaug.

Ausflüge

■ Mit den Sightseeing-Booten von Clipper werden von März bis Oktober Fahrten in den **Lysefjord** mit der berühmten Felsformation **Preikestolen** durchgeführt (siehe unten). Billiger ist die Autofähre nach Lysebotn (Weiterreise Richtung Süden oder Osten).

■ Empfehlenswert sind auch Fjordfahrten mit dem Westamaran-Schnellboot durch die Ryfylkefjorde nach **Sandeid** und **Vikedal** oder nach **Sand** und **Sauda**.

■ Mit Bus und Boot kann die Rundfahrt **Stavanger – Tau – Sand – Stavanger** unternommen werden. (ab Ryfylkekai)

■ Besonders empfehlenswert ist der Tagesausflug zu dem markanten Felsplateau **Preikestolen** (Predigtstuhl oder Kanzel). Man fährt mit der Fähre nach Tau und weiter mit Bus oder Auto nach Jørpeland. Hier zweigt eine 10 km lange Seitenstraße (Taxi, kein Bus) zur Preikestol-Gebirgshütte (Preikestolhytta) ab. Von der Hütte sind es je Strecke rund 2 Std. mittelschwerer Wanderpfad bis zur steil abfallenden Kanzel.

■ **Ullandhauggården**, im südwestlichen Stadtgebiet, ist ein rekonstruierte Hof aus der Zeit der Völkerwanderung (ca. 350–550 n. Chr.). Die Anlage umfaßt u.a. vier Häuser, die bei Ausgrabungen freigelegt worden sind. (Mitte Mai–Mitte September So 12–17 h, Mitte Juni–Mitte August tägl. 12–17 h)

■ Der **Botanische Garten** in Ullandhaug umfaßt rund 300 Kräuterarten und 500 verschiedene Stauden (täglich geöffnet).

■ In der Höhle von Viste, **Vistehålå**, haben die Archäologen 1907 Skelette und Werkzeugfunde aus der Steinzeit gefunden. Die Exponate sind in der archäologischen Abteilung des Stavanger Stadtmuseums ausgestellt. (beim Hotel Viste, 8 km außerhalb der Innenstadt)

■ Das Kloster **Utstein** auf der Insel Mosterøy im Boknfjord ist das am besten erhaltene mittelalterliche Kloster Norwegens. Es entstand wahrscheinlich Ende des 13. Jhs., wurde 1965 restauriert und dient heute als Seminar- und Konferenzort. (Mai–Mitte September Di–Sa 10–16 h, So 12–17 h, ab Anfang März und bis Ende Oktober nur So 12–17 h. Anfahrt entweder über mautpflichtige Küstenstraße 1 oder mit dem Bus ab Busbahnhof, beim Bahnhof.)

Wandern

Der Vålandsturm im Mosvannspark, der Ullandhaugturm und der Aussichtshügel Byhaugen sind geeignete Ziele für Spaziergänge und leichte Wanderungen.

Angeln

Angelfahrten auf dem Fjord vermittelt das Touristenbüro.

Das Nordseefestival in Tananger wird alljährlich von Sportanglern aus ganz Europa besucht.

Baden

Badeplätze: Vistestranden, 8 km nördlich. Madla, Sandstrand am inneren Hafrsfjord. Solastrand beim Sola Strandhotel. Vaulen, abgegrenzter Sandstrand mit kleinen Felsen.
Hallenbad: Stavanger Svømmehall, Lars Hertervigs gate, Tel. 507451

Segeln

Verleih von Segelbooten:
Nordic Charter (Boote 30–40 Fuß)
Lyder Sagens gate 8
N–4012 Stavanger
Tel. 5156 7920
Andreas Kleppe (Boote 30–50 Fuß)
Grasholmen
N–4085 Hundvåg
Tel. 5189 0015

Wintersport

Skizentren im Umland von Stavanger sind: Suada, Gilja, Gullingen/Suldal, Tonstad, Sirdal, Stavtjønn Alpinzentrum, Fidjeland.

Golf

Stavanger Golfklubb
(18-Loch-Platz am Store Stokkavann)
Longebakken 45, N–4040 Stavanger
Tel. 5155 5431 und 5155 7025
5 km außerhalb der City. Ausrüstungsverleih. Zeiten müssen vorher mit den Trainern abgesprochen werden.

Reiten

Rogaland Rideklubb
Grannesveien 81 in Hinna
Tel. 5158 9136
Sola Ridesenter
Tananger
Tel. 5169 6553

Information

Stavanger Turistinformasjon
Kulturhus Stavanger
Tel. 5189 6600
Ganzjährig Mo–Fr 9–17 h, Sa 9–14 h

Info-Kiosk am Hafen:
Juni–August tägl. 9–20 h

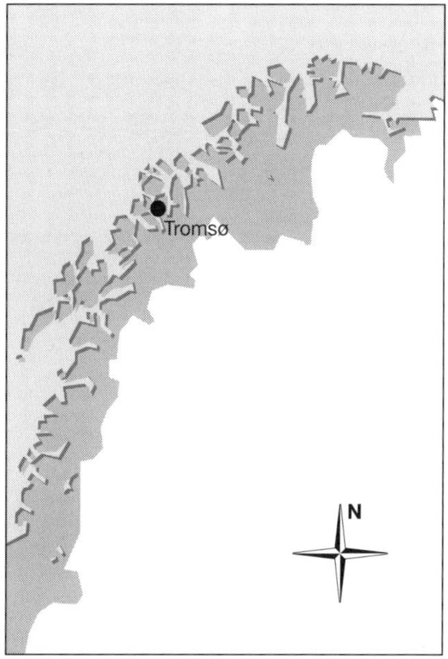

Tromsø

Einwohner: 54.700
Fläche im km²: 2.557,9
Bezirk: Troms

Entfernungen:

Narvik	250 km
Hammerfest	433 km
Nordkap	503 km
Kirkenes	807 km
Trondheim	1.154 km
Oslo	1.650 km
Bergen	1.801 km
Kristiansund	1.965 km

Karten: Cappelen, Bl. 5 – Scanmaps, Bl. 18
Top. Karte 1 : 50.000, Bl. 1534/III

Tromsø ist die »Hauptstadt« Nordnorwegens – mit fast 55.000 Einwohnern und ihrer Lage unweit des 70. Breitengrades ist sie auch die größte Stadt im hohen Norden. 30.000 Menschen leben im eigentlichen Stadtzentrum, der Mitte der Insel Tromsøy, die durch eine lange, hohe Brücke mit dem Festland und der Insel Kvaløy verbunden ist. Das 2.500 km^2 große Terrain umfaßt auch weite Teile des Festlandes sowie die Inseln Kvaløy und (teilweise) Ringvasøy.

An der Stelle des heutigen Tromsø befand sich schon im Mittelalter ein Anlegehafen und Handelsplatz – die Anfänge der Besiedlung lassen sich sogar bis in die Steinzeit zurückverfolgen. Der verkehrsgünstig gelegene Hafen hatte bereits im 13. Jh. eine so große Bedeutung, das König Håkon Håkonsson hier um 1250 eine Kirche errichten ließ. Während der Hansezeit entwickelte sich der auf der Insel Tromsøya gelegene Handelsplatz weiter.

Das Bergenser und Trondheimer Handelsprivileg für Nordnorwegen stellte letztendlich eine große Behinderung dar. Erst 1789 wurde der Handel freigegeben, und 1794 erhielt Tromsø die vollen Handels- und Stadtrechte. Innerhalb einer kurzen Zeitspanne entstand eine ansehnliche Stadt. 1803 wurde Tromsø Bischofssitz, 1814 Provinzhauptstadt. Der Handelssektor expandierte, parallel mit dem Fischfang, der von den guten Fanggründen im Nordmeer profitierte. Tromsø wurde zum Ausgangspunkt zahlreicher Expeditionen und Fangtouren in die Arktis (Nansen, Amundsen u.a.) und erhielt daher den Beinamen »Pforte zum Eismeer«.

Während die meisten anderen nordnorwegischen Städte den 2. Weltkrieg nicht unzerstört überstanden, blieb Tromsø von Bombardierung und Zerstörung verschont – große Teile der alten Bebauung sind daher erhalten. Auch nach dem Krieg blieb die Entwicklung ungebrochen.

Tromsø ist heute eine attraktiver Handels- und Seefahrerstadt, deren Industrie vor allem die »Früchte des Meeres« verarbeitet. Die Stadt verfügt (seit 1972) über die nördlichste Universität der Welt (4.000 Studenten) und ist Sitz des nördlichsten katholischen Bistums.

Trotz seiner nördlichen Lage ist das Gebiet von Tromsø alles andere als karg. Die Sommertemperaturen können ohne weiteres 25 Grad erreichen (Mitternachtssonne vom 21. Mai bis 23. Juli), und die Vegetation ist erstaunlich vielfältig. Hier wächst u.a. die »Tromsøpalme« (Haracleum), die immerhin 2,50 m hoch werden kann. Tromsø ist auch bekannt für seine Brauerei (Mack) mit angeschlossenem original-englischem Pub – eine der nördlichsten überhaupt.

Sehenswertes

■ **Tromsø bymuseum**, das Stadtmuseum, befindet sich im ältesten Teil der Stadt, nahe der Brücke (Skansen). Hier kann man sich über die Geschichte Tromsøs informieren. Skansen ist eine mittelalterliche Verteidigungsanlage, die ältesten Gebäude dienten früher als Zollager, später als Schule, Krankenhaus und Altenheim. Schöne alte Häuser findet man auch in der Sjøgate, Skippergate, Strandgate und Grønnegate. (Mitte Mai–Mitte September tägl. 11–20 h, sonst Mo–Fr 11–15 h)

■ Das neue **Nordnorsk Kunstmuseum** zeigt norwegische und besonders nordnorwegische Malerei, Bildhauerei, Textilkunst und ferner Kunsthandwerk seit dem 19. Jahrhundert. Zudem werden wechselnde Ausstellungen arrangiert. (Di–Sa 10–16 h, So 12–16 h)

■ Auf dem Gelände der Skansen liegt **Polarmuseet**, das Polarmuseum, das sich den Polarexpeditionen Nansens und Amundsens widmet. (Mitte Juni–August tägl. 11–20 h, sonst 11–15 h)

■ Mitten im Zentrum steht der **Dom** (1861). Mit 750 Sitzplätzen ist er eine der größten Holzkirchen Norwegens. (Mitte Juni–August Di–So 12–16 h)

■ Im Süden der Insel Tromsøya, im Folkepark, liegt das **Tromsø Museum**. Vorgestellt werden hier Geologie, Flora und Fauna Nordnorwegens auf der einen und die kulturgeschichtliche Entwicklung dieses Landesteils auf der anderen Seite. Einen Schwerpunkt der Sammlung bildet die Abteilung, die sich mit der samischen Kultur befaßt. (Juni–August tägl. 9–21 h, sonst im Touristenbüro nachfragen)

■ Ebenfalls im Folkepark befindet sich das Freilichtmuseum **Tromsø Folkemuseum**, wo historische Häuser aus Nordnorwegen stehen; in einigen sind entsprechende Einrichtungsgegenstände ausgestellt.

■ Eine weitere Abteilung ist das Seewasseraquarium. **Akvariet** zeigt den Fischbestand des Nordmeeres und arbeitet mit dem Meeresbiologischen Institut zusammen. (Juni–August tägl. 9–18 h, Aquarium 10–17 h, sonst im Touristenbüro nachfragen)

■ Die **Elverhøy Kirke** (1863) ist bereits zweimal »versetzt« worden. Sie stand ursprünglich mitten in der Stadt, wurde am Tromsøysund wiederaufgebaut, mußte aber 1975 der Universität weichen. In der Kirche befindet sich sehenswertes Inventar aus dem 17. Jh.

Aussicht

■ Eine Gondelbahn führt auf den 420 m hohen **Storstein** hinauf. Hier ist auch ein hervorragender Ausgangspunkt für Wanderungen und Skitouren. (2,5 km ab City, Sommersaison 10–17 h, während der Mitternachtssonne bis 1.30 h)

Ausflüge

■ **Tromsdalen kirke**, die moderne »Eismeerkathedrale« (Ishavskatedralen), wurde 1965 eingeweiht. Sie steht auf dem Festland, direkt an der Brücke. Das große Glasmosaik schuf Victor Sparre. (Juni–August Mo–Sa 10–17 h, So 13–17 h)

■ Das Touristenbüro arrangiert Ausflugsfahrten mit dem **Boot**.

■ Drei Ausflugsziele liegen an der Str. 826. Nach 26 km können Sie auf der Insel Kvaløy bei Skavberg drei- bis viertausend Jahre alte **Felszeichnungen** begutachten.

■ Auf dem Universitätsgelände in Breivika befindet sich das neue Nordlicht-Planetarium. (Filmvorführungen auf deutsch Juni–Mitte August Mo–Fr um 18 h, Sa, So 12 und 18 h)

Wandern

■ Ein guter Ausgangspunkt für Wanderungen und Skiwanderung ist der Gipfel des **Storstein** (420 m), auf den die Fjellheisen-Gondelbahn führt.

Angeln

Das Touristenbüro vermittelt Angeltouren mit Booten. – Als guter Angelplatz gilt Hella, an der Südküste Kvaløys.

Baden
Das städtische Seebad liegt im Folkepark.
Hallenbäder: Alfheim svømmehall, Alfheimen (im Westen der Stadt). Krokenhallen. Stakkevollhallen.

Kanu
Tromsø Havpadleklubb
Postboks 2803
N–9011 Tromsø
Tel. 7768 1418

Segeln
Verleih von Segelbooten/Motorseglern:
Tromsø Yachting Klubb
Postboks 60 A
N–9100 Kvaløysletta
Tel. 7768 1530

Wintersport
53 km markierte Loipen, 30 km markierte und präparierte Loipen, 4 beleuchtete Loipen mit einer Gesamtlänge von 22 km (Tromsøya, Tromsdalen, Kvaløysletta und Håkøybotn). – 5 Abfahrts- und Slalompisten mit einer Gesamtlänge von 13 km.

Reiten
Tromsø Ryttersportsklubb
Sandnes
N–9000 Tromsø
Tel. 7767 1131

Mitternachtssonne
20. Mai bis 23. Juli

Information
Tromsø Arrangement
Storgata 61-63
Postboks 311
N–9001 Tromsø
Tel. 7761 0000
Juni bis Mitte August Mo–Fr 8.30–19 h.
Sa, So 10–17 h, sonst Mo–Fr 8.30–16 h

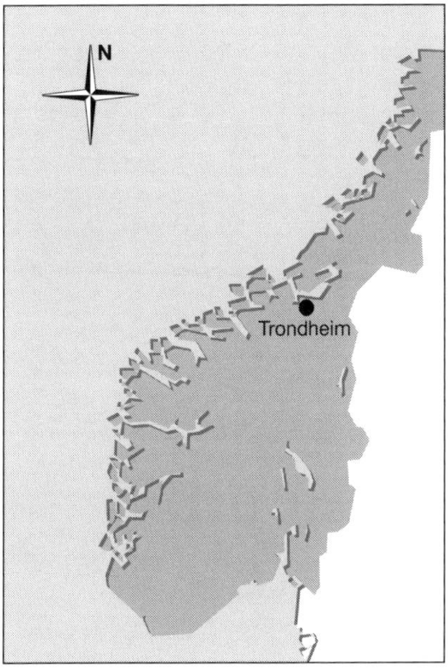

Trondheim

Einwohner: 142.250
Fläche im km²: 341,9
Bezirk: Sør-Trøndelag

Entfernungen:

Røros	155 km
Ålesund	287 km
Oslo	494 km
Bergen	657 km
Kristiansand	811 km
Narvik	904 km
Nordkap	1.626 km
Kirkenes	1.931 km

Karten: Cappelen, Bl. 3 – Scanmaps, Bl. 10

Trondheim ist Norwegens drittgrößte Stadt und das Zentrum der mittelnorwegischen Landschaft Trøndelag.

An der Mündung des Nid-Flusses (norwegisch: Nidaros) in den Fjord bestand bereits im 10. Jh. eine Wikingersiedlung, die vor allem im Zusammenhang mit den Thingversammlungen von Øra Bedeutung gewann. Olav Tryggvasson, der für die Einigung und gleichzeitig die Christianisierung des Landes kämpfte, ließ 997 auf Nidaros einen Königshof und eine Kirche errichten. König Olav der Heilige (1015–1030) setzte – mit nicht immer christlichen Mitteln – das Werk Olav Tryggvassons fort und stärkte auch die Stellung der Stadt, die, ihrer Lage entsprechend, den Namen »Nidaros« führte. 1152 wurde Nidaros Erzbischofssitz und war bis ins 13. Jh. hinein der geistliche und politische Mittelpunkt Norwegens. Zahlreiche Pilger – nicht nur aus Norwegen – zogen alljährlich zum »heilbringenden Schrein« des Nationalheiligen Olav und mehrten so den Reichtum der Stadt. Neben dem Dom entstanden nicht weniger als neun Kirchen und fünf Klöster. Die Blütezeit wurde durch die Reformation unterbrochen; allerdings sorgte später die Holzausfuhr für neuen Aufschwung.

Die seit dem 16. Jh. Trondheim genannte Stadt wurde mehrfach von verheerenden Bränden heimgesucht und 1564 sowie 1658 von den Schweden besetzt. Seine heutige Gestalt erhielt der Stadtkern nach dem Großbrand von 1681, als – unter Leitung von General Cicignon – ein rechtwinkliges, großzügig bemessenes Straßennetz angelegt wurde. Trotz der zahlreichen Brände hielt das Wachstum der Stadt an – noch Anfang des 19. Jhs. war Trondheim mit 10.000 Einwohnern größer als Oslo.

Im 19. Jh. entstanden mehrere Industriebetriebe – allerdings kam Trondheim durch seine nördliche, dezentrale Lage gegenüber Oslo ins Hintertreffen. Daher besaß der Anschluß an das norwegische und schwedische Eisenbahnnetz (um 1880) große wirtschaftliche Bedeutung.

Trondheim ist heute eine moderne Stadt mit einer vielseitigen Wirtschaftsstruktur, einer Universität (Schwerpunkt: technische Forschung) und mehreren zentralen Einrichtungen, darunter das 2. Programm des norwegischen Rundfunks. Touristen sollten sich auf die geschichtlichen Bezüge der Stadt konzentrieren, die neuzeitliche Architektur wirkt weniger einladend.

Sehenswertes

■ Die bedeutendste Sehenswürdigkeit der Stadt ist der Nidaros-Dom, das größte mittelalterliche Bauwerk des Nordens. Die Kirche entstand ursprünglich im Auftrag Olav Kyrres (1066–1093) über dem Grab Olav des Heiligen. Nachdem Trondheim 1152 Sitz des Erzbischofs wurde, ließ man den Dom im romanischen Stil erweitern (Querschiff, Marienkapelle). Die achteckige Kuppel (Oktogon), die über dem Grabschrein Olavs errichtet wurde, ist bereits von der Gotik geprägt. Im 13. Jh. erbaute man auch den Langchor, das Hauptschiff und den Zentralraum. Die Bauarbeiten waren um 1320 abgeschlossen; bereits 1328 kam es zu einem ersten verheerenden Brand. Im Laufe der Jahrhunderte wurde der Dom mehrfach von Bränden heimgesucht und oft unvollkommen ausgebessert. Nach der Reformation verlor die Kirche den größten Teil ihrer Schätze, darunter auch die Reliquien Olavs des Heiligen, die vermutlich nach Dänemark verschleppt wurden und dort verschwanden. Dann zogen die Schweden in nicht gerade friedlicher Absicht durchs Land, und wieder lag ein großer Teil des prächtigen Bauwerks in Trümmern.

Erst dem erstarkten Nationalbewußtsein im 19. Jh. ist es zu verdanken, daß der Nidaros-Dom restauriert werden konnte. 1869 begannen die Wiederherstellungsarbeiten, und erst 1930, 900 Jahre nach dem Tod Olavs des Heiligen, konnte die große Kirche (über 100 m lang und 50 m breit) wieder eingeweiht werden. Vom hohen Turm hat man eine weite Aussicht über die Stadt. (Mitte Juni–Ende August Mo–Fr 9–17.30 h, Sa 9–14 h, So 13–16 h, Rest Sommerhalbjahr Mo–Fr 9–15 h, Sa 9–14 h, So 13–16 h; Winterhalbjahr Mo–Fr 12–14.30 h, Sa 11.30–14 h, So 13–15 h)

■ Beim Dom steht **Erkebispegården**, der Hof des Erzbischofs, in dem die **Rüstkammer** besichtigt werden kann. Hier sind Waffen, Fahnen und andere militärische Exponate aus mehreren Jahrhunderten zu sehen. – Eine umfangreiche Sammlung befaßt sich mit dem norwegischen Widerstand gegen die deutschen Besatzungstruppen während des 2. Weltkriegs. (Juni–Ende August Mo–Fr 9–15 h, Sa 9–14 h, So 12–15 h)

■ Nördlich des Doms führt **Bybrua**, die alte hölzerne Stadtbrücke über die Nidelva. – Zwischen der Bybrua und der Bakke bru sind am Westufer zahlreiche **hölzerne Lagerhäuser** erhalten – eines der beliebtesten Fotomotive der Stadt.

■ Ebenfalls in der Nachbarschaft des Doms befindet sich die **Kunstgalleri**. Im Mittelpunkt steht die norwegische Bildkunst seit dem 19. Jh. – auch Werke von Edvard Munch sind zu sehen. Die meisten Bilder stammen aber von Künstlern aus Trøndelag, dem Umland

Munkholmen

Der Stadt vorgelagert befindet sich im Trondheimsfjord die kleine Insel Munkholmen. Sie war schon in vorgeschichtlicher Zeit ein Richtplatz; später befand sich hier das Kloster Nidarholm, vermutlich das erste in Norwegen überhaupt. Nach der Reformation wurde die Insel befestigt und zu einem Glied der Stadtverteidigungsanlage ausgebaut. Die Festung, die 1893 aufgegeben wurde, diente auch als Gefängnis. (Während der Sommermonate werden halbstündige Führungen durchgeführt)

Heute ist Munkholmen ein beliebtes Ausflugsziel mit einem vielbesuchten Freibad. Die Insel kann von Ende Mai bis Ende August mit einem Boot von Ravnkloa aus erreicht werden. (Abfahrten stündlich zwischen 10 und 18 h, Besichtigung 10.30–17.30 h)

von Trondheim. (Bispegate 7 b, Juni–August tägl. 11–16 h, sonst Di–So 12–16 h)

■ Das Kunstgewerbemuseum **Nordenfjeldske Kunstindustrimuseum** zeigt Kunsthandwerksgegenstände aus mehreren Jahrhunderten. Neben Silber-, Glas-, Keramik- und Porzellanarbeiten sind hier Möbel und Textilien aus Norwegen und anderen Ländern ausgestellt. Beachtung verdienen auch die Bildteppiche der Textilkünstlerin Hannah Ryggen. (Munkegate 5, Mitte Juni–Mitte August Mo–Fr 10–17 h, So 12–17 h, sonst Mo, Mi, Fr 10–15 h, Do 10–17 h, So 12–16 h)

■ Über die Munkegata, eine der Hauptstraßen der Stadt mit zahlreichen Geschäften, gelangen wir zum weitläufigen Marktplatz (torget), dem Mittelpunkt der Innenstadt. Auf dem Platz steht eine hohe **Granitsäule**, die Olav Tryggvasson, den Gründer der Stadt, darstellt.

■ Östlich vom Torget befindet sich **Vår Frue Kirke**, die Liebfrauenkirche, die in ihren ältesten Teilen noch aus dem Mittelalter stammt. Sie entstand aus der gotischen Marienkirche (13. Jh.), die jedoch im 17. und 18. Jh. aus- und umgebaut wurde. (Juni–August Di–Fr 10–13 h)

■ Beim Markt steht auch **Stiftsgården**, das zweitgrößte Holzbauwerk Nordeuropas. Es entstand in den 70er Jahren des 18. Jhs. zur Blütezeit der Trønderschen Holzhausarchitektur. Das gut erhaltene Rokkoko-Gebäude dient seit 1815 bei Besuchen des Königs als Domizil des jeweiligen Monarchen und seiner Familie. Während des Sommers werden halbstündlich Führungen veranstaltet. (Munkegate 23, 1.6.–19.6. Di–Sa 10–15 h, So 12–17 h, 20.6.–20.8. Mo–Sa 10–17 h, So 12–17 h)

■ Aus derselben Zeit stammen der Hof **Hornemansgården** (mit einer Galerie und dem Touristenbüro) und **Svaneapotek**, die Schwanenapotheke.

■ Am nördlichen Ende der Munkegata, die den Dom mit dem Hafen verbindet, liegt der Fischmarkt **Ravnkloa** mit der Fischhalle und der historischen **Ravnklo-Uhr**. Ravnkloa ist der Ausgangspunkt der Bootsfahrten zur vorgelagerten Insel Munkholmen (siehe auch Kasten).

■ Über die Fjordgata, die am Südufer des Østre Kanalhavn-Beckens entlangläuft (auf der Nordseite liegen der Bahnhof und die Kais), gelangt man zum **Sjøfartsmuseum** (Seefahrtsmuseum). Die sehenswerten Sammlungen sind im ehemaligen Zuchthaus (Slaveriet) untergebracht. (Fjordgate 6 a, Juni–August

Mo–Sa 9–15 h, So 12–15 h, sonst Sa geschlossen)

■ Folgt man vom Marktplatz der Kongensgata (Königsstraße) in Richtung Westen, gelangt man zur **Hospitalskirke**, einer achteckigen Kirche, die 1705 erbaut wurde. Sie entstand beim bereits 1277 gegründeten Spital, der ältesten vergleichbaren Einrichtung Nordeuropas (heute Altersheim). In der Nachbarschaft der Hospitalskirche sind einige Holzhäuser aus dem 18. Und 19. Jh. erhalten.

■ Wenige hundert Meter südöstlich der Kirche steht **Universitetets Museum**, das Gebäude des Museums der Königlich Norwegischen Wissenschaftlichen Gesellschaft, die der Universität Trondheim angeschlossen ist. Die umfangreichen Sammlungen behandeln die Themenbereiche Zoologie (u.a. große Vogeldioramen mit Tonbandvorführungen), Archäologie (Stein-, Bronze- und Eisenzeit, Mittelalter), Ethnographie (vor allem Samen/Lappen und Eskimos) und Kirchenkunst. (Erling Skakkes gate 47, Juni–August Di–Fr 10–18 h, Sa, So 11–18 h, sonst Di–Sa 10–15 h, So 11–17 h)

Außerhalb der Innenstadt

■ Auf den Hügeln westlich der Nidelva liegt das weitläufige Freilichtmuseum **Trøndelag Folkemuseum**. Hier hat man eine Reihe von Gebäuden aus allen Teilen der Region Trøndelag wiederaufgebaut, so daß man einen guten Überblick über die Wohn- und Baukultur der Gegend erhält – von der einfachen Erdhütte der Samen über gepflegte Bürgerhäuser bis hin zu den Fischerhütten der Küstenbewohner. Besondere Beachtung verdient die Stabkirche von Haltdalen. Auf dem Gelände des Museums befinden sich auch die Ruinen der Festung Sverresborg aus der Zeit um 1180. Eine Sonderabteilung des Museums zeigt Handwerks- und Kunsthandwerksprodukte, verschiedenartige Geräte und Gegenstände des täglichen Lebens aus dem bäuerlichen und städtischen Wohn- und Arbeitsbereich. Das historische Wirtshaus »Tavern« ist während der Sommermonate geöffnet. Vom Burgplateau hat man eine schöne Aussicht über Trondheim und den Fjord. (Sverresborg, Busse 8, 9 von Dronningensgate bis Nullumsgården, Ende Mai–August tägl. 11–18 h, Führungen, auch in deutscher Sprache, um 11.15, 13.15 und 16.30 h, im Juli nur um 11.15 und 16.30 h)

■ Auf der Ostseite der Nidelva erhebt sich die Festung **Kristiansten**, die 1676–1682 unter General Cicignon errichtet wurde. Aus 72 m Höhe bietet sich ein schöner Blick über die Stadt. (Besichtigung: Juni–August Mo–Fr 10–15 h, Sa, So 10–14 h)

■ Im Ortsteil Lade befindet sich das renommierte **Ringve Museum**. Das musikgeschichtliche Museum ist im Herrenhof Ringve untergebracht. Hier sind kostbare alte Musikinstrumente in zeittypischer Umgebung zu sehen. Das Museum kann im Rahmen einer 80minütigen Führung besichtigt werden. Häufig werden Konzerte mit historischen Instrumenten durchgeführt. (Bus 1 ab Zentrum nach Lade, Lade Allè 60, Führungen auf deutsch von Ende Mai bis Juni tägl. um 12 h, Juli–Anfang August um 13 und 15 h, bis Ende August um 12.30 und 14.30 h, im September um 12 h, sonst auf englisch So um 13.30 h)

■ Beim Herrenhof Ringve ist ein **Botanischer Garten** angelegt worden, in dem Pflanzen aus Norwegen und allen Teilen der Welt wachsen. (ganzjährig geöffnet)

■ In Lade, einst Sitz der mächtigen Lade-Herzöge, die um 1000 gegen die

Einführung des Christentums und die Unterwerfung unter die Reichsgewalt des Königs kämpften, steht eine mittelalterliche Steinkirche vom Anfang des 13. Jhs. mit einer Altartafel aus dem 17. Jh.

Stadtrundfahrten
Von Juni bis Mitte August wird täglich eine anderthalbstündige Busrundfahrt durchgeführt. Sie führt an zahlreichen Sehenswürdigkeiten vorbei und bietet auch die Gelegenheit zu Fotopausen. Abfahrt täglich 12 h beim Touristenbüro.

Für Bootsrundfahrten, auch eine Tagestour auf dem Trondheimsfjord, melden Sie sich am besten beim Touristenbüro an.

Aussicht

■ Seit 1985 steht der Fernsehturm **Tyholttårnet**. In 80 m Höhe befindet sich dort ein rotierendes Restaurant.

■ Eine gute Aussicht über die Stadt bietet sich von der **Festung Kristiansten** (siehe dort).

■ Ein weiterer schöner Aussichtspunkt ist die Ruine der Burg **Sverresborg** auf dem Gelände des Freilichtmuseums (siehe dort).

■ Bis aufs offene Meer und zum norwegisch-schwedischen Grenzgebirge blickt man vom 550 m hohen Gråkallen. (Auto oder Bus 10 von der Dronningensgate bis zur Skistua, anschließend Spazierweg)

Ausflüge

■ Mit dem Auto oder der Eisenbahn kann der Tagesausflug in die historische Bergbaustadt **Røros** unternommen werden (siehe dort). Røros liegt im Gebiet nahe der norwegisch-schwedischen Grenze. Hin und zurück können Sie mit 300 km rechnen.

■ 250 km lang ist die Fahrt **rund um den Trondheimsfjord**, den man westlich der Stadt mit der Fähre Flakk-Rørvik überquert.

Wandern

■ Zahlreiche Spazier- und Wanderwege, die den unterschiedlichsten Ansprüchen gerecht werden, finden Sie im Naherholungsgebiet **Bymarka** im Westen und in der Estenstadsmarka im Osten Trondheims: Steigen Sie z.B. auf den 550 m hohen Gråkallen. (Anfahrt: Auto oder Bus 10 bis zur 515 m hoch gelegenen Skistua) – Ein anderer guter Ausgangspunkt für Wanderungen ist Lian (Straßenbahn 1).

Angeln

Der Nid-Fluß gilt als einer der besten Lachs- und Forellenreviere mit reichhaltigem Fischbestand. Angelkarten gibt es in den Sportgeschäften.

Baden

Badeplätze und Freibäder: Munkholmen, Korsvika, Ringvebukta, Lianvatnet. Weiter außerhalb: Øysanden, Vikhamar, Storsand.
Hallenbad: Prinsengate 61 (temperiertes Salzwasser).

Wintersport

■ Ein gutes Wintersportgebiet in Stadtnähe ist die **Bymarka** mit der Skihütte Skistua (Skilift, Slalom, Loipe). – Rund 25 km südlich der Stadt liegt das alpine Skizentrum **Vassenfjellet** Skisenter

(6 Slalom- und Riesenslalomabfahrten, 3 Skilifts, teilweise Flutlicht).

Golf

Trondheim Golfklubb (9-Loch-Platz)
Sommersæter
N–7020 Trondheim
Tel. 7353 1885

Reiten

Am Stadtrand liegen mehrere Reitzentren. Wählen Sie eines in Nähe der Bymarka, die sich besonders gut für Ausflüge auf dem Pferderücken eignet.

Information

Trondheim Turistkontor
Munkegate 19 (am Marktplatz Torget)
Postboks 2102
N–7001 Trondheim
Tel. 7392 9394
Ende Mai–Ende August Mo–Sa 8.30–20 h, So 10–20 h, sonst Mo–Fr 9–16 h

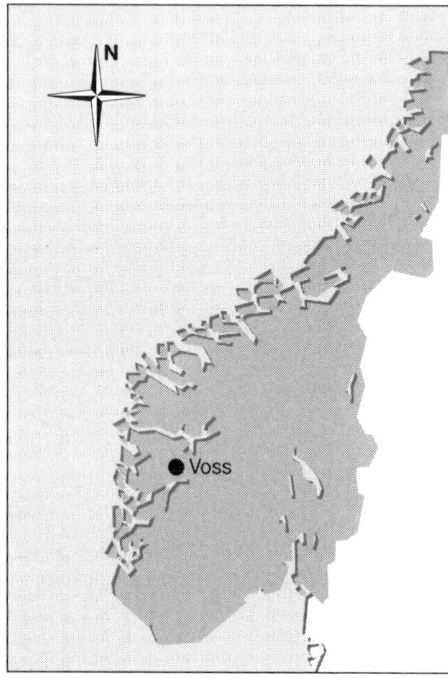

Voss

Einwohner: 14.000
Fläche im km^2: 1815
Bezirk: Hordaland

Entfernungen:

Bergen	114 km
Geilo	139 km
Stavanger	223 km
Ålesund	370 km
Kristiansand	417 km
Trondheim	500 km

Karten: Cappelen, Bl. 2,1 – Scanmaps, Bl. 4
Top. Karte 1 : 50.000, Bl. 1316/III
Wanderkarte 1 : 50.000, Nr. 61

Voss ist einer der bekanntesten Fremdenverkehrsorte in Westnorwegen und liegt verkehrsgünstig zwischen dem

Hardanger- und Sognefjord. Durch die Bergbahn ist der Ort mit Oslo und Bergen verbunden. Voss ist ein bedeutender Landwirtschaftsbezirk und gleichzeitig Handels-, Verwaltungs- und Schulzentrum für ein großes Einzugsgebiet. Außerdem befindet sich hier das Bezirkskrankenhaus. In Vossevangen, dem Ortskern, leben rund 6.000 Menschen, die Gesamtgemeinde zählt rund 14.000 Einwohner.

Voss ist ein Ort mit jahrhundertealter Geschichte. Mehrere Gebäude aus dem Mittelalter sind noch erhalten. Alte Traditionen der bäuerlichen Kultur werden weiterhin gepflegt. Viele Leute tragen – vor allem zu festlichen Ereignissen – ihre alten Trachten. Auch Volkstanz und Volksmusik stehen hoch im Kurs. Das Ortsbild wird jedoch eher durch moderne Gebäude geprägt. Dies ist in erster Linie auf die weitgehende Zerstörung der alten Bebauung während des 2. Weltkrieges zurückzuführen.

Voss ist einer der meistfrequentierten Wintersportorte Skandinaviens und hat alle wichtigen Einrichtungen, u.a. zahlreiche Übernachtungsmöglichkeiten in unterschiedlichen Preisklassen. Auch im Sommer wird der Ort von Touristen gern besucht – und das nicht ohne Grund ...

In der Umgebung von Voss findet man alle Landschaftselemente, deren Zusammenspiel das westnorwegische Fjordland so eindrucksvoll macht: Gletscher, Hochgebirge, Fjorde, tosende Wasserfälle und Wildflüsse, Seen, aber auch fruchtbare Obstgärten und Landwirtschaftsflächen.

Sehenswertes

■ Die **Kirche von Voss** (Vangskyrkja) wurde in den 70er Jahren des 13. Jhs. in gotischem Stil erbaut. Der Altar der massiven Steinkirche stammt ebenfalls aus dem Mittelalter. Sehenswert sind auch die Renaissance-Kanzel (14. Jh.) und die holländische Lichterkrone aus dem Jahre 1641. Im Gegensatz zu den anderen Gebäuden des Ortskerns ist die Kirche von den Zerstörungen des letzten Krieges verschont geblieben. (im Sommer tägl. 9–17 h)

■ Der **Kunstverein** von Voss (Voss Kunstlag) stellt in eigenen Ausstellungsräumen vor allem Arbeiten lokaler Künstler vor. (Hestavangen 8)

■ Das **Volkskundemuseum** (Voss Folkemuseum) befindet sich am Berghang über dem Ortszentrum. Alle Gebäude des 400 Jahre alten Hofes Mølster stehen an der Stelle, an der sie während der Jahre 1600–1850 errichtet wurden. Der Hofplatz von Mølster (»tun« = Hof) ist also ein natürlich gewachsener Hof, der noch in diesem Jahrhundert genutzt wurde. Sehr sehenswert sind auch die zahlreichen Gegenstände, die in den Gebäuden ausgestellt sind. (Juni–August tägl. 10–19 h, Mai und September 10–17 h, sonst Mo–Fr 10–15 h)

■ Gut 1 km westlich des Bahnhofs befindet sich **Finnesloftet**, das älteste nichtkirchliche Holzbauwerk Norwegens. Es wurde um 1250 erbaut und diente der hier ansässigen Adelsfamilie als Festsaal. (Ende Juni–Mitte August tägl. 10–16 h)

■ Etwas außerhalb des Ortskerns liegt das **Magnus-Dagestad-Museum**, das sich im Haus des verstorbenen Volkskünstlers befindet. Dagestad entwarf und fertigte Gebrauchs- und Ziergegenstände – alles in typisch norwegischem Stil (Juni–August Di–So 11–15 h, im Juli bis 17 h).

■ Im **Troll-Taral Museum** zeigt eine Ausstellung frühe Werke sowie Reproduktionen und illustrierte Schriften des witzigen Troll-Zeichners Taral. (Gjemesveien 7, Juni–Mitte September tagsüber geöffnet, sonst Anmeldung: Telefon 5651 3794)

Aussicht

Eine schöne Aussicht über Voss und seine Umgebung, mit teilweise auch im Sommer schneebedeckten Gipfeln, hat man vom Folkemuseum.

■ Noch weiter ist der Ausblick von der **Bergstation der Hangurs-Kabinenseilbahn** in 660 m Höhe (mit Restaurant).

Die Hangursbahn verkehrt während der Sommer- und Wintersaison und erschließt herrliche Wander- und Skigebiete. Ein Sessellift führt von der Bergstation bis zum Gipfel Hangurstoppen in 810 m Höhe.

Ausflüge

Voss bietet wegen seiner zentralen Lage zwischen Hardanger- und Sognefjord hervorragende Ausflugsmöglichkeiten: Kombinierte Rundfahrt mit Bus, Fähre, Zug: Voss, Gudvangen, Flåm, Myrdal (jeweils Mo–Fr). – Mit dem Bus über das Vika-Gebirge nach Vika und zurück. – Kreuzfahrt auf dem Hardangerfjord: Voss, Ulvik, Lofthus. – Mit eigenem Auto um den See Vangsvatnet (20 km) oder von Voss am Tvinde-Wasserfall entlang zum Stalheim-Hotel.

■ 10 km nördlich von Voss (abseits der E 68) liegt der alte **Hofplatz Nesheim**, der aus 13 alten Gebäuden besteht, von denen das älteste aus dem Jahre 1688 stammt (nur für Gruppen nach Anmeldung).

■ Ganz besondere Beachtung verdient das **Stalheim Museum**, ein privates Volksmuseum beim Stalheim Hotel, an der E 16 (35 km Richtung Gudvangen, Serpentinenstrecke Stalheimskleiva, nur für Pkw). Der Sammelleidenschaft des Hotelbesitzers ist ein vorbildlich angelegtes Museum zu verdanken, das neben einer Freilichtabteilung mit über 20 Häusern aus dem Fjordland auch ein modernes Museumsgebäude mit systematischen Sammlungen umfaßt. Auch das traditionsreiche Hotel ist mit wertvollen Kunst- und kulturhistorischen Gegenständen ausgestattet (bei der Rezeption melden!). Von der Hotelterrasse haben Sie einen atemberaubenden Blick in das enge Nærøydal.

Angeln

Das Gemeindegebiet von Voss bietet hervorragende Angelmöglichkeiten, besonders im Juli, August und September (vor allem Forellen). Den lokalen Angelschein erhält man u.a. im Touristenbüro, bei Post und Tankstellen. Fischgewässer sind: Bolstadelva, Vosso, Seimsvatn, Vangsvatn, Storvatn, Strandavassdraget, Raundalen, Myrkdalsvatn.

Baden

Freibad bei Voss Camping (Saison Juni–August), ebenso Sandstrand Prestegardstranden. Das Fleischers Hotel hat ein überdachtes Schwimmbecken (Benutzungsgebühr für Nicht-Gäste).

Fahrradfahren

Zahlreiche Nebenstraßen in der Umgebung von Voss eignen sich für Fahrradtouren abseits der Hauptverkehrsströme. Tourenvorschläge erhält man über das Touristenbüro, u.a. um die Seen Lundarvatnet, Melstavatnet, Lønavatnet und Vetlavatnet herum sowie rund um den Vangsvatnet.

Wandern

■ Wandertouren: Mit dem Bus zum **Tvinne-Wasserfall**, zurück zu Fuß (13 km). – Mit dem Bus zur Grotland-Brücke, an den Seen Lønavatnet, Melvatnet und Lundarvatnet entlang zurück zum Zentrum (11 km). – Mit dem Bus nach Skulestadmo, Wanderung um den See Lundarvatnet herum. – Ein schönes Wandergebiet ist auch der Talzug Dyrvedalen (Bus bis Bø). – Vom Touristenbüro aus kann ein schöner Spaziergang über Hjelle und Tyrlingen unternommen werden (Broschüre mit diversen Vorschlägen beim Touristenbüro).

Wintersport

Voss hat sich zu einem der führenden alpinen Skizentren Norwegens entwickelt. Außerdem stehen rund 50 km angelegte Loipen zur Verfügung. Je vier Seilbahnen und Lifte (Kapazität 6.500 Pers./Std.) verkehren während der Saison permanent. Skiunterricht und Skiverleih durch die Voss Skischule; außerdem kann man Sportausrüstungen in den Sportgeschäften leihen. Ein Kinderhort ist im Winter tagsüber geöffnet und kümmert sich um Kinder im Alter von 3–7 Jahren. Die Skisaison geht vom 15.12. bis Ende April. Nähere Informationen erhalten Sie beim Fremdenverkehrsamt.

Information

Voss Turistkontor
Voss Tinghus
Uttråagata 9
N–5700 Voss
Tel. 5651 1716
Juni–August Mo–Sa 9–19 h, So 14–19 h, sonst Mo–Fr 9–16

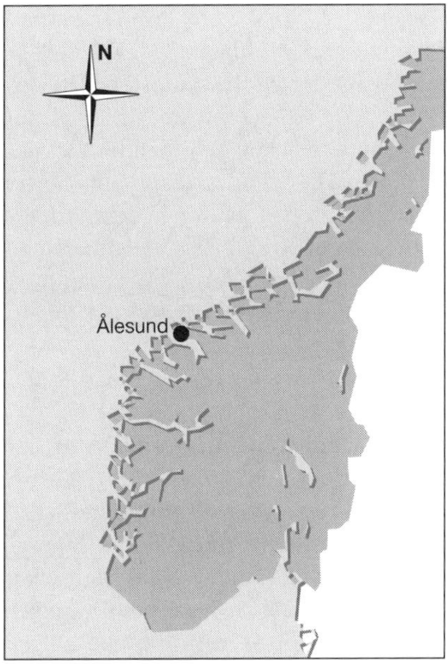

Ålesund

Einwohner: 36.850
Fläche im km²: 98
Bezirk: Møre og Romsdal

Entfernungen:

Trondheim	287 km
Lillehammer:	382 km
Bergen	378 km
Røros	383 km
Stavanger	621 km
Oslo	533 km
Kristiansand	811 km
Narvik	1.191 km
Nordkap	1.913 km

Karten: Cappelen, Bl. 2 – Scanmaps, Bl. 8
Top. Karte 1 : 50.000, Bl. 1119/I

Ålesund ist Norwegens größter Fischereihafen und mit knapp 37.000 Einwohnern einer der interessantesten Orte des Landes. Im Stadtzentrum, das sich auf drei durch Brücken miteinander verbundenen Inseln befindet, leben annähernd 26.000 Menschen. Mitten in der Stadt erhebt sich der Berg Aksla, der für seinen atemberaubenden Ausblick bekannt ist (im Sommer farbenprächtige Sonnenuntergänge).

Ålesund ist eine relativ junge Stadt. Sie wurde 1848 gegründet und ist mit dem expandierenden Fischfang in der zweiten Hälfte des 19. Jhs. groß geworden. 1904 zerstörte ein Großbrand weite Teile der Stadt; rund 1.000 Häuser brannten nieder, und 10.000 Menschen wurden obdachlos. Innerhalb weniger Jahre wurde der Ort völlig neu aufgebaut, und das auch mit Hilfe aus Deutschland. Besonders der damalige Kaiser Wilhelm setzte sich für Ålesund ein – noch heute erinnert die Kaiser-Wilhelm-Straße im Stadtzentrum daran. Gemäß der damals vorherrschenden Architektur-Richtung entstand das neue Ålesund im Jugendstil, wobei traditionelle norwegische Bauelemente mit verarbeitet wurden. Ålesund wurde zu einer Stadt aus einem Guß – ein architektonisches Denkmal seiner Epoche. Auch wenn es im Laufe der Zeit zu Stilbrüchen kam, ist die charakteristische Jugenstil-Architektur in großen Zügen bis in unsere Tage bewahrt geblieben.

1968 ist Ålesund um das Gebiet der Gemeinde Borgund erweitert worden und seitdem fast 100 km^2 groß. Neben Möbel-, Textil- und fischverarbeitender Industrie sowie Dienstleistungsbereich stellen die Ölgesellschaften, die sich in den letzten Jahren hier niederließen, mehr und mehr Arbeitsplätze.

Tunnel unterqueren den Fjord

Im Herbst 1987 eröffnete der damalige König Olav V. in Ålesund die ersten beiden Teilstücke Europas zweitlängste unterseeische Tunnelverbindung.

Zwei 3,5 und 4,2 km lange Tunnel, die teilweise 140 m unter der Meeresoberfläche verlaufen, führen über Ellingsøy nach Valderøy und Vigra, wo sich der Flughafen der Stadt befindet (die beiden letztgenannten Inseln sind bereits seit längerem durch ein Brücke miteinander verbunden). Eine 550 m lange Hängebrücke überquert zudem den Sund zwischen Valderøy und Giske, und seit 1989 ist das letzte Teilstück, ein 3,9 km langer Tunnel zwischen Giske und Godøy, freigegeben.

Damit sind alle größeren Inseln in der Umgebung Ålesunds ohne Inanspruchnahme von Fähren zu erreichen. Das Projekt wurde privat finanziert und soll sich nach 15 Jahren mittels Benutzungsgebühren amortisiert haben, doch die Strecke wird längst nicht so genutzt, wie veranschlagt; aus 15 dürften so 25 Jahre werden. Die bei den Arbeiten angefallenen Steinmassen wurden u.a. dazu verwendet, die Landebahn des Flughafens um 500 m zu verlängern, um auch größeren Flugzeugen die Landung zu ermöglichen.

Sehenswertes

■ **Ålesunds Museum** informiert über Geschichte und Entwicklung von Ålesund und Umgebung. Eine Abteilung befaßt sich mit Seefahrt und Fischfang sowie den Aktivitäten im nördlichen Polargebiet. (R. Rønnebergsgate 16, Mitte Juni–Mitte August Mo–Fr 11–16 h, Sa 11–15 h, So 12–15 h, sonst Mo–Sa 11–15 h, So 12–15 h)

■ 1967 öffnete das **Ålesund Akvarium** im Fiskernes Hus (Haus der Fischer). In 8 Becken werden Beispiele mariner Fauna aus dem Bereich der norwegischen Westküste, der Nordsee und des Atlantiks gezeigt. Neben den gewöhnlichen Arten sind hier auch seltene Meerestiere zu betrachten. Die unglaubliche Vielfalt wird in weitgehend naturgetreuer Umgebung vorgestellt. (Nedre Strandgate 4, Mo–Fr 10–17 h, Sa 10–15 h, So 12–16 h)

■ Die **Stadtkirche**, einige hundert Meter östlich vom Museum, ist nach dem großen Stadtbrand erbaut und 1909 geweiht worden (Fresken- und Glasmalereien von E. Thømt).

■ Ein Erlebnis sind die Jugenstil-Viertel der Innenstadt. Ein Spaziergang durch das Hafengelände lohnt sich sehr.

Aussicht

■ Die Aussicht vom 189 m hohen Stadtberg **Aksla** über die Stadt und das Wasser mit seinen zahlreichen Inseln und Schären bis hin zu den Sunnmøre-Alpen, ist berühmt. Den Aksla (mit Restaurant Fjellstua) erreicht man entweder zu Fuß (Treppen mit 418 Stufen vom Stadtpark aus) oder per Auto (Abzweigung vom Borgundvegen).

Ausflüge

■ In Borgund, 5 km außerhalb des Zentrums, befindet sich das **Sunnmøre museum**. Dieses Volkskundemuseum für die gleichnamige Landschaft besteht u.a. aus mehr als 40 alten Häusern aus der Zeitspanne vom 16. bis zu Beginn unseres Jahrhunderts. Die Sammlungen umfassen zahlreiche alte Gegenstände (Handwerkszeug, Möbel, Trachten u.ä.) aus dem bäuerlichen Leben. In der Fischereiabteilung werden alte Boote und Geräte gezeigt. Im Hauptgebäude werden Ausstellungen zu wechselnden Themen aus der Sunnmørschen Kulturgeschichte durchgeführt. (Mitte Juni bis Mitte August Mo–Fr 10–17 h, Sa, So 12–17 h, ab Mitte Mai und bis Ende September Mo–Fr 11–15 h, Sa, So 12–15 h)

Vogelinsel Runde

Nicht weit von Ålesund entfernt liegt die Vogelinsel Runde, ein lohnendes Ziel für einen Tagesausflug (Fähre Ålesund-Hareid, dann Str. 61 und 654).

Mehr als 245 verschiedene, teilweise seltene Vogelarten sind hier im Laufe der Jahre gezählt worden; 100 davon hat man beim Brüten beobachtet. Nirgendwo sonst in Norwegen gibt es einen solchen Artenreichtum auf so kleinem Raum (6,5 km^2).

Am zahlreichsten sind Dreizehenmöwen und Papageitaucher vertreten (jeweils rund 300.000). Je 20.000 Trottellummen und Tordalken (arktische Seevögel) wurden ebenso gezählt wie 6.000 Eissturmvögel und 3.500 Baßtölpel. Auch selten gewordene Arten, wie Sturmschwalbe, Ringdrossel, Singschwäne und diverse Raubvögel, darunter Uhu, Wanderfalke, Habicht und Große Raubmöwe, sind regelmäßig Gäste auf Runde.

Die Vogelwelt auf Runde steht selbstverständlich unter besonderem Schutz. Das bedeutet auch, daß sich Touristen während bestimmter Zeiten nur eingeschränkt auf der Insel bewegen können. An der Rezeption des Campingplatzes »Goksøyr«, N-6096 Runde, können sich Interessenten mit Karten und Informationsmaterial versorgen und sich über die Besonderheiten der Insel erkundigen.

■ In der Nähe des Volkskundemuseums befinden sich die **mittelalterliche Kirche** von Borgund und der durch Ausgrabungen teilweise freigelegte, ebenfalls mittelalterliche Handelsplatz Borgund. Die Kirche ist um das Jahr 1250 erbaut worden, wurde aber im Laufe der Zeit mehrfach umgebaut und erweitert. Die letzte größere Veränderung wurde nach dem Stadtbrand von 1904 vorgenommen.

■ **Middelaldermuseet**, das Mittelalter-Museum, wurde auf dem Standort des Handelsplatzes errichtet, die Reste der um 1100 entstandenen Gebäude dabei integriert. Eine Ausstellung zeigt Ausgrabungsfunde und vermittelt einen Einblick in die Lebensbedingungen der damaligen Ortsbewohner. (Borgundkaupangen, Mitte Juni bis Mitte August Mo–Fr 10–17 h, Sa, So 12–17 h, ab Mitte Mai und bis Ende September So 12–15 h)

■ Auf der flachen Insel **Giske**, durch die neue Tunnel- und Brückenverbindung zu erreichen, befindet sich eine kleine Marmorkirche, die um 1200 im Auftrage des mächtigen »Giske-Geschlechts«, dessen Stammsitz die Insel war, errichtet wurde. Die Inneneinrichtung der Kirche stammt aus dem Jahr 1756.

■ Die Nachbarinsel **Godøy** prägt ein fast 500 m hoher Tafelberg, der über mehrere Pfade bestiegen werden kann.

■ Zwei Wege führen zum **Geirangerfjord**, dem wohl bekanntesten Vertreter seiner Art in Norwegen: Fähre über den Storfjord nach Sykkylven, Str. 60 über Stranda nach Hellesylt, Fähre über Sunnylvsfjord und Geirangerfjord nach Maråk/Geiranger, Str. 63 nach Eidsdal, Fähre über den Norddalsfjord nach Linge, weiter Str. 63, dann Str. 1/9 nach Ålesund. Bei Bedarf ist diese Tour umgekehrt zu unternehmen. Doch Vorsicht: Die Fährverbindung zwischen Hellesylt und Geiranger ist während der Sommermonate stark belegt; längere Wartezeiten sind möglich.

■ Kaum weniger bekannt ist der **Trollstigvei**. Der Weg führt über die Straße 1/9 nach Åndalsnes. 5 km hinter dem Ort zweigt rechts die Str. 63 Richtung Valldal ab. Nach wenigen Kilometern ist der Trollstigvei erreicht. Über Valldal an Norddalsfjord und Storfjord entlang führen die Str. 63 und 650 zurück zur Str. 1/9 und nach Ålesund.

Wandern

Ein schönes Wandergebiet ist das Emblemsfjell (bei Spjelkavik, Sessellift).

Angeln

Das Touristenbüro vermittelt Fjord-Angeltouren per Boot.

Baden

Freibäder: Prinsen Sjøbad in Gåseid (6 km, gleichnamiger Campingplatz), Volsdalen Camping in Volsdalen (2 km), Emblemssanden (Emblem, 17 km, zwischen Vegsund und Magerholm).
Hallenbad: Fjelltunveien 6.

Information

Ålesund Turistkontor
Rådhuset (Rathaus)
N–6025 Ålesund
Tel. 7012 1202
Anfang Juni–Mitte August Mo–Fr 9–18.30 h, Sa 9–15 h, So 12–17 h, sonst Mo–Fr 9–16 h

Streckenteil

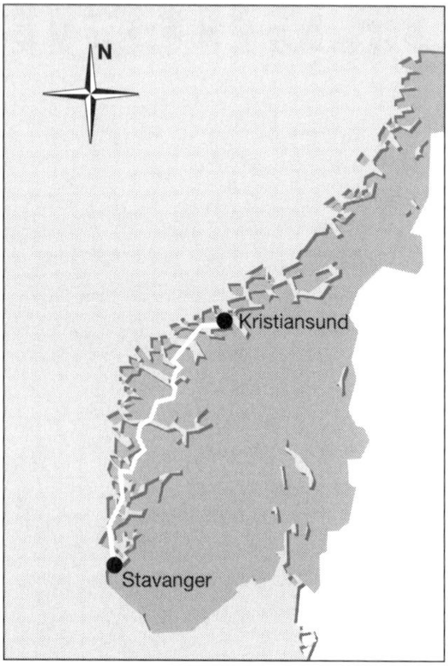

Str. 1:

Stavanger – Kristiansund

Karten: Cappelen, Bl. 1, 3 – Scanmaps, Bl. 1, 2, 4, 6, 8, 10

Die Str. 1 ist in ihrem aktuellen Verlauf nur wenige Jahre alt. Sie verbindet das westnorwegische Fjordland in Nord-Süd-Richtung, führt von Stavanger nach Kristiansund. In weiten Teilen folgt sie der Trasse der ehemaligen Küstenstraße 14. Gerade in den letzten Jahren haben Brücken, Tunnel unter dem Meer und verkürzte Fährrouten das Vorwärtskommen beschleunigt. In absehbarer Zukunft werden weitere solcher Bauprojekte fertiggestellt. Wie für keine zweite Straße Norwegens ist es wichtig, daß Sie eine aktuelle Straßenkarte dabei haben. Die Straße 14 beginnt in **STAVANGER**, der viertgrößten norwegischen Stadt.

■ Eine ausführliche Beschreibung der Stadt und ihrer Sehenswürdigkeiten finden Sie im Ortsteil dieses Buches (u.a. Dom, Stadtmuseum, Herrenhaus Ledaal, Konservenmuseum, Altstadt). Stavanger erreicht man über die E 18 (Oslo–Kristiansand–Stavanger).

Die Str. 1 verläßt Stavanger im Norden, durchquert unterseeische Tunnel, führt über mehrere Inseln und erreicht den Fähranleger **Mortavika** auf Rennesøy.

■ Die Autofähre pendelt zwischen Mortavika und **Arsvågen** auf Bokn rund um die Uhr, mit Ausnahme von Samstagnacht.

■ Alternativroute: Eine andere Fähre verkehrt zwischen Mekjarvik, nördlich von Stavanger (ab Str. 1 ausgeschildert) und **Skudeneshavn**, ein sehenswertes Städtchen, dessen Ortsbild durch gut erhaltene Holzhäuser – Empirestil aus der ersten Hälfte des 19. Jhs. – geprägt wird. Der kleine Hafenort verdankt seine rasche Entwicklung zu Beginn des letzten Jahrhunderts der starken Expansion innerhalb des Fischereisektors. Heute hat die Stadt rund 2.500 Einwohner. Kaum irgendwo sonst in Norwegen findet man eine ähnlich geschlossene, harmonische Altstadtbebauung. Ein Spaziergang durch die alten Gassen ist sehr zu empfehlen. – Beachtenswert ist auch der kleine Naturpark Doktor Jensens Minne, mit zahlreichen Bäumen, die sonst nur in südlichen Breiten gedeihen.

In Skudeneshavn haben Sie die Wahl: entweder über die Str. 47 an der Nordsee entlang oder über die Str. 511 an der Ostküste der Insel Karmøy entlang nach Kopervik, wo sich beide Routen vereinen.

Die Str. 47 führt nordwärts und passiert die mittelalterliche St. Olavs Kirche oder **Avaldsnes kirke**. Sie wurde um 1250 als königliche Kapelle von Håkon Håkonsson erbaut und dem Heiligen Olav geweiht. Im Spätmittelalter verfiel die Kirche, wurde aber ab 1830 völlig restauriert. Der 6,5 m hohe, zur Kirchenwand geneigte Bautastein wird »Nähnadel der Jungfrau Maria« (Jomfru Marias synål) genannt und ist sagenumwoben. Die gängigste Version lautet, daß die Erde untergehe, wenn die Spitze des Steins die Wand berührte. – Auf Avaldsnes befinden sich auch die **Rehaugene** (»Rehhügel«), ein Grabfeld aus der Bronzezeit.

Über die 690 m lange Karmøy-Brücke verlassen wir bald die Insel und erreichen das Stadtgebiet von **HAUGESUND**, das im Ortsteil eingehend beschrieben wird.

Über die Str. 11 können Sie ostwärts zur Str. 1 zurückkehren.

Über Sveio und Førde erreichen wir den Fährhafen **Valevåg**.

■ Mit der Fähre setzen wir über den Fjord nach **Skjersholmane** (17 x, 20 min).

■ Alternativroute: Wer Lust auf eine kleine Extrator hat, nimmt die Fähre nach **Mosterhamn** und folgt der Str. 541.

Mosterhamn war im Mittelalter das Zentrum der Region. Sehenswert: die mittelalterliche **Moster kirke**, deren Einrichtung aus dem 17. Jh. stammt. Beachten Sie auch die Kalkmalereien aus der Renaissance.

Wir folgen der Str. 541, die die Insel Moster durchquert und zur Insel **Bømlo** führt. (Wandern) An der Kreuzung Håvik kann man links zum ehemaligen Vulkan Siggjo abbiegen, der leicht zu besteigen ist und eine gute Aussicht bietet.

Bømlo und die umliegenden Inseln liegen ein wenig abseits des Hauptverkehrs und eignen sich deshalb ausgezeichnet für erholsame Ferienaufenthalte. Die Freunde des Angelsports kommen hier auf ihre Kosten; außerdem gibt es schöne Badebuchten und Wandermöglichkeiten. In Lykling befindet sich übrigens eine – leider erschöpfte – Goldgrube. Immerhin wurde hier noch bis in unser Jahrhundert hinein Gold gefunden. Hauptort der Insel ist **Bremnes** mit rund 2.000 Einwohnern. Ein weiterer wichtiger Ort ist **Rubbestadneset** (1.000 Einwohner, Industrie).

Von der Insel Bømlo aus können wir unsere Fahrt in Richtung Bergen fortsetzen, indem wir die Fähre von **Siggjarvåg** nach **Sagvåg** (21 x, 15 min) benutzen. Von Sagvåg sind es dann noch rund 10 km auf der Str. 545 bis nach Leirvik, wo wir die Str. 1 wieder erreichen.

Leirvik (mehr als 7.500 Einwohner), kurz hinter Skjersholmane, ist ein wichtiger Industrieort auf der Insel Stord. Auch hier macht sich die Ölförderung vor der norwegischen Küste bemerkbar. Die Werft von Leirvik kann Schiffe bis zur Größenordnung von ca. 280.000 BRT bauen, ist jedoch inzwischen hauptsächlich für die Ölindustrie tätig. Leirvik gilt außerdem als Handels- und Schulzentrum.

■ Sehenswert ist das Volkskundemuseum für Sunnhordland: **Sunnhordland Folkemuseum**. Zu den zahlreichen hier zusammengetragenen Gebäuden gehören das mittelalterliche Bauernhaus Ådlandsstova, eine Wassermühle u.a. (im Sommer Mo, Di, Do, Fr 10–17 h, Mi u. So 16–19 h, Sa 10–13 h)

■ Eine Nebenstraße führt von Leirvik (am See Ådlandsvatn vorbei) zum Fernsehturm am **Kattnakken** in 724 m Höhe.

Von dort hat man eine weite Aussicht über das Meer und die umliegenden Berge bis zum Folgefonn-Gletscher.

■ Alternativroute: In Leirvik können wir die Fahrt nach Bergen auch über die **Str. 545** fortsetzen. Über Sagvåg an der Westküste der Insel gelangen wir nach Fitjar. Vom Aussichtspunkt **Storhaugen** (Radiosender) hat man einen weiten Ausblick über das Meer und die Inselwelt.

Am Nordende der Insel Stord befindet sich der Fährhafen Sandvikvåg, von dem aus wir mit der Fähre nach Halhjem übersetzen (15 x, 50 min). Bei klarer Sicht sehen Sie im Osten die Eiskappe des Folgefonn-Gletschers.

Von Halhjem aus erreichen wir bald **Osøyra**, einen beliebten Ferienort mit guten Bade- und Angelmöglichkeiten.

■ Sehenswert ist die **Ortskirche** aus dem Jahr 1870 mit einer spätmittelalterlichen Gedenktafel und schönen Glasmalereien.

■ Hinter Osøyra besteht an der Kreuzung Ulvenskiftet die Möglichkeit, links auf die Str. 553 abzubiegen, die an einigen interessanten Sehenswürdigkeiten vorbei nach **Bergen** führt (siehe »Ausflüge« im Bergen-Kapitel).

Die Str. 1 führt von Ulvenskiftet über Syfteland, Kalandseid und Sandven nach **Nesttun**, das bereits zum erweiterten Stadtgebiet von Bergen gehört.

■ In Nesttun erreichen wir die **E 16**, die Oslo mit Bergen verbindet (siehe dort).

Von Nesttun sind es noch 10 km bis zum Stadtzentrum Bergens (Straßengebühren auf allen Einfallstraßen). **BERGEN**, die zweitgrößte norwegische Stadt und Kulturmetropole des Westens, wird im Ortsteil ausführlich vorgestellt.

■ Sehenswert: Aquarium, Festung »Bergenhus«, Seefahrtsmuseum, »Brygge« mit dem Hanseatischen Museum und dem Brygge-Museum, Fischereimuseum, Fantoft-Stabkirche, Freilichtmuseum »Alt-Bergen«, Mariakirche, Edvard Griegs »Troldhaugen« – um nur einiges zu nennen.

Wir verlassen Bergen in nördlicher Richtung und gelangen über die Vororte Sandviken und Eidsvåg (Tunnel) nach **Åsane**.

■ Sehenswert ist hier die **Ortskirche** vom Ende des 18. Jhs. mit schönem Inventar.

Die Str. 1 führt weiter nach **Haukås**.

■ Mit der Fähre Breitstein–Valestrandsvossen erreicht man per Abstecher die große Binneninsel **Osterøy**.

Die **Kirche** von **Hamre** (nordwestlich von Valestrandsvossen) stammt aus der Mitte des 17. Jhs. und zeichnet sich durch ihren Renaissance-Innenraum aus. – In **Gjerstad** (Str. 566) befindet sich das **Heimatmuseum Osterøy**, dessen älteste Gebäude aus dem 17. Jh. stammen. – Im Süden der Insel (östlich von Haus) liegt der Hofplatz **Havråtunet**, der die vor Jahrhunderten in Westnorwegen übliche Siedlungsform dokumentiert.

Weiter geht die Fahrt zum Industrieort und Fährhafen **Steinestø**, wo einst die Fähre nach Knarvik ablegte, Norwegens meist befahrene Fährstrecke. Seit 1993 überquert die 1,6 km lange Brücke Nordhordlandsbrua westlich von Steinestø den Fjord.

Knarvik ist ein wichtiges Zentrum der Landschaft Nordhordland.

■ Bei Knarvik zweigt die Str. 57 ab, die westlich unserer Strecke eine Alternative Richtung **Førde** darstellt.

Samenfamilie auf Magerø

◀ E6 zum Nordkap

Kanutour in der Finnm

iterferien in Venabu

lfs erster Lachs

Lustrafjord bei Solv

Rathaus Arend

bkirche Ringebu

ne, Lofoten

Geirangerfj

Trollstigen bei Åndals

'ein Hotel, Ulsteinvik

Gletscherwanderung am Nigårdsbreen ▶

'tad, Lofoten

Der Abstand zwischen den Siedlungen wird größer. Die Str. 1 führt weiter über Leknes und Eikanger nach **Bjørsvik**. Von dort geht es über ein Teilstück mit 5 Tunneln bis zum am Romarheimsfjord gelegenen Fährort **Vikanes**.

Anschließend geht es über das Gebirge und durch den neuen, 4123 m langen Masfjordtunnel nach **Matre**, das ebenfalls wieder am Fjord liegt (Angeln, Kanu).

■ Von Matre führt eine kurvenreiche Nebenstraße, die eine Höhe von immerhin 700 m erreicht, nach **Bjordal**. Unterwegs passiert man »Stordalen Fjellstove«, einen Gebirgsgasthof, der ein guter Ausgangspunkt für Wandertouren im Gebirge Stølsheimen ist. Der Sognefjord wird nach steilem Abstieg in Hest erreicht, wo eine kurze Nebenstrecke nach Bjordal abzweigt (Verlängerung bis zum abgeschiedenen Fjordort Ortnevik).

Man kann nun weiter dem Fjordufer folgen und über Svartemyr nach Oppedal fahren, wo die Str. 1 wieder erreicht wird.

Die Str. 1 folgt hinter Matre ein Stück dem Ufer des Matrefjords, anschließend dem Hogsfjord, durchquert weitere Tunnel und erreicht **Solheim**.

Von hier durchfahren wir das Fjordsdal nach Instefjord, wo wir den Sognefjord erreichen.

■ In **Ytre Oppedal** setzen wir mit der Fähre über den Sognefjord nach Lavik (16 x, 20 min).

Lavik ist ein kleines Kirchdorf und der westliche Verkehrsknotenpunkt am Nordufer des Sognefjords.

■ Sehenswert ist die achteckige **Kirche** aus dem Jahr 1865.

Die Str. 1 folgt nun dem Fjordufer in östlicher Richtung. Obwohl die Entfernung bis zum nächsten größeren Ort – Vadheim – immerhin 28 km beträgt, legen wir im Vergleich zur Gesamtlänge des Fjords nur ein kleines Stück zurück. Der Sognefjord, der längste der norwegischen Fjorde, ist von der Mündung bis zum östlichen Ende rund 180 km lang. An manchen Stellen ist er über 1.000 m tief – u.a. vor Breivik (1.308 m), das wir unterwegs passieren.

Vadheim liegt am Nordende des schmalen Vadheimsfjords.

■ Hier treffen wir auf die **Str. 55**, die über Høyanger und Balestrand ins innere Sognefjordgebiet führt. Sie eröffnet auch eine Alternative zum nächsten Abschnitt der Str. 14 – empfehlenswert für alle, die den Sognefjord näher kennenlernen möchten.

Wir folgen zunächst der Str. 55, – meist am Fjordufer entlang – zum Industrieort **Høyanger**. Anschließend geht es durch den neuen 7,5 km langen Høyanger-Tunnel. Durch den fruchtbaren Fjorduferstreifen (Obstanbau) kommen wir zum beliebten Urlaubsort **Balestrand**. Wir umrunden den Esefjord und stoßen auf die Str. 5, die uns über das Gaularfjell (Aussicht) nach **Eldalsosen** bringt. Dort biegen wir auf die Nebenstraße 610 ab.

Unterwegs kommen wir an der **Kapelle von Hæstad** vorbei. Diese Kirche ist 1805 umgebaut worden, wobei Teile einer mittelalterlichen Kirche Verwendung fanden.

In **Sande** erreichen wir wieder die Str. 1.

Die Str. 1 verläßt nun das Fjordufer und führt in nördlicher Richtung durch das schöne Ytredal.

15 km hinter Vadheim erreichen wir **Sande**.

■ Angeln im Fluß **Gaula** (Angelscheine im Motel).

■ In Sande kreuzt die **Str. 610**, die Eldalsosen mit Dale verbindet.

Über Storehaug gelangen wir nach **Førde**, den Hauptort des Sunnfjordgebiets, am Ende des Førdefjords in einem weiten Talkessel gelegen. Førde zählt rund 6.500 Einwohner (Gesamtgemeinde 9.300 Einwohner). Die lebhafte Kleinstadt mit zahlreichen Geschäfts- und Bürogebäuden ist Sitz regionaler Einrichtungen (Schulen usw.). Førde ist nicht zuletzt Fremdenverkehrsort; die Landschaft ist aber, gemessen am westnorwegischen »Standard«, von bescheidener Schönheit.

■ Die **Ortskirche** stammt aus dem Jahr 1885, Altar und Kanzel sind aus einer älteren Kirche (ca. 1640). – Das moderne **Kulturzentrum** von Førde ist Bibliothek, Kunstmuseum, Kino und Theater der Stadt. – Der **Vogtshof** Bruland (3 km vom Zentrum) stammt aus dem 18. Jh. und diente als Wohnstätte für den dänischen Steuervogt.

Die Str. 1 und 5 verlassen Førde gemeinsam in östlicher Richtung.

■ Unterwegs kommen wir am **Sunnfjord Museum** vorbei, einem besuchenswerten Freilichtmuseum. Alte Hofgebäude aus der Gegend zwischen Sogne- und Nordfjord sind hier zusammengetragen worden; das älteste Haus stammt aus dem 16. Jh. In den Häusern befinden sich zahlreiche interessante Ausstellungsgegenstände: Kunsthandwerk, Kleidung, Schmuck, Werkzeug u.a. (im Sommer Sa, So 12–17 h, Mo–Fr 11–18 h, im Winter nach Absprache)

Wenig später gelangen wir zur Kreuzung **Moskog**.

■ Dort befindet sich nahe der Landwirtschaftsschule (Jordbruksskule) ein schöner Wasserfall, der **Huldefoss**, mit einem freien Fall von 90 m. Parken Sie an der Schule und gehen Sie das kurze Stück bis zum Wasserfall zu Fuß.

■ Die Str. 5 biegt hier von unserer Strecke ab und führt über das **Gaularfjell** nach **Sogndal** und **Kaupanger**.

Von Moskog führt die Str. 1 nach **Vassenden**, einem kleinen Ort am Südwestufer des 30 km langen Binnensees **Jølstravatn** (40 km^2)

■ Dort und im Fluß **Jølstra** bestehen ausgezeichnete Angelmöglichkeiten.

Die Hauptstraße folgt dem Nordufer des zweitgrößten Binnensees Westnorwegens.

■ Mindestens ebenso schön ist jedoch eine Fahrt am Südufer des Sees entlang. Man kommt dabei an zwei schönen Museen vorbei: Der Hof **Midttunet**, Geburtshaus des Malers Nikolai Astrup (1880–1928), ist ein jahrhundertealter Bauernhof mit Gebäuden, die teilweise aus dem 17. Jh. stammen. – Wenig später erreicht man das Freilichtmuseum **Astrupheimen**, früher Wohnsitz Astrups, dessen Bilder mit Motiven aus der Landschaft von Jølster in Norwegen sehr bekannt sind. Astrup hat eine Reihe von alten Häusern aus der Umgebung hier zusammengetragen. (Mitte Juni–Mitte August So–Fr 10–18 h, Sa 10–16 h, bis Anfang September So–Fr 12–17 h, Sa 12–16 h)

Die Str. 1 führt am Nordufer des Sees entlang zum kleinen Dorf **Ålhus**.

■ Die schön gelegene **Ålhus kirke** wurde 1795 erbaut. Altartafel und Kanzel stammen aus einer älteren Kirche.

Über Årdal und Helgheim (schöne Aussicht über den See, mit dem Jostedals-Gletscher im Hintergrund) gelangen wir nach **Skei**, das wegen seiner schönen Lage gerne von Touristen besucht wird.

■ In Skei besitzen **Kunsthandwerk** und **Handarbeit** eine lange Tradition, die noch immer gepflegt wird. 200 Beschäftigte zählt die ansässige Weberei. Eine Spezialität sind gewebte Wandbehänge und Läufer (Verkauf: Audhild Vikens Webstube).

■ Ein lohnender Abstecher führt über die Str. 5 am schmalen Kjøsnesfjord entlang. Die Straße wurde 1986 mittels eines 6,4 km langen Tunnels, der einen Ausläufer des Jostedals-Gletschers unterquert, bis nach **Fjærland** verlängert, das an einem nördlichen Arm des Sognefjords liegt und bis dahin nur per Schiff zu erreichen war. Mittlerweile führt die Str. 5 durch einen weiteren Tunnel bis nach Sogndal und ins innere Fjordland.

Wir fahren weiter nach **Klakegg**.

■ Hier empfiehlt sich ein Abstecher ins **Stardal**, das eine großartige Kulisse garantiert: Landwirtschaft in unmittelbarer Nähe des mächtigen **Jostedalsbre**, Europas größtem Festlandgletscher.

Durchs Våtedal gelangen wir nach **Byrkjelo**, einem kleinen Ort in schöner Umgebung. Das fruchtbare Gebiet um Byrkjelo wird schon seit der Wikingerzeit bewohnt; noch heute spielt die Landwirtschaft eine große Rolle.

■ In Byrkjelo zweigt die Str. 60 ab, die genau wie die Str. 1 nach **Ålesund** führt.

In **Breim** (Reed) erreichen wir bald den langgestreckten Binnensee Breimsvatn, dem wir bis **Vassenden** folgen. In diesem Gebiet hat die Ziegenhaltung Tradition: Hier wird echter norwegischer »geitost« hergestellt – karamelfarbener, milder Ziegenkäse, eine typisch norwegische Spezialität.

Falls Ihnen der Ortsname »Vassenden« bekannt vorkommen sollte – Vassenden bedeutet, daß hier der See zu Ende ist, und bei den vielen norwegischen Seen darf es nicht verwundern, daß viele Orte diesen Namen tragen...

■ In Vassenden lohnt sich ein kleiner Abstecher von der Str. 1: Ein Fahrweg führt am Westufer des Sees entlang zu den Ziegenalmen **Kandal** und **Myklandstølen**. Hier können Sie in typisch westnorwegischer Landschaft erholsame Wanderungen unternehmen.

Von Vassenden ist es nicht mehr weit bis **Sandane**, das am Südende des Gloppenfjords liegt (Gemeinde Gloppen). Sandane ist ein beliebter Fremdenverkehrsort, außerdem Schulzentrum im südlichen Nordfjordgebiet. Der moderne Ort, der rund 2.100 Einwohner zählt, hat auch einige kleinere Industriebetriebe. In der Umgebung findet man zahlreiche Pelztierfarmen. Durch den 10 km außerhalb liegenden Flughafen ist Sandane an das norwegische Flugverkehrsnetz angeschlossen.

■ Das lokale Volkskundemuseum **Nordfjord Folkemuseum** besteht aus insgesamt 35 alten Gebäuden, die aus dem ganzen Nordfjord-Gebiet zusammengetragen worden sind. Sie können hier eine alte Dorfschule, ein Bootshaus (mit Boot), eine »Årestue« u.a. besichtigen. Der Haustyp »Årestue« geht übrigens bis in den letzten Teil des Mittelalters zurück; früher wurde in einem solchen Gebäude, das lediglich aus einem Raum bestand, gekocht, gegessen, gearbeitet, geschlafen. Eine »Årestue« besaß in ihrer ursprünglichen Form keine Fenster, und als Rauchabzug über der offenen Feuerstelle diente eine Öffnung im Dach, durch die das einzige Tageslicht eindrang. Man kann sich ohne weiteres vorstellen, wie schwer das Leben unter diesen Bedingungen war. (Mitte Juni–August täglich 11-16 h)

■ Am nördlichen Ortsrand führt eine schmale, kurvenreiche Nebenstraße zu einem beliebten Aussichtspunkt (utsikten = Aussicht, rechts halten, bergauf). Von oben hat man einen phantastischen Ausblick über **Sandane** und den **Gloppenfjord**.

■ Über die Str. 615, die am Westufer des Fjords entlang führt, gelangt man nach ca. 5 km zur Kirche von **Gimmestad** aus dem Jahr 1692. – In der Nähe der Kirche befinden sich Grabhügel aus der Eisenzeit.

Wir setzen unsere Fahrt auf der Str. 1 fort.

■ Wenig später liegt bei **Hauge** (abseits der Hauptstraße) der wahrscheinlich größte **Grabhügel** Westnorwegens, der Tinghøgja, mit einem Durchmesser von 50 m und einer Höhe von ca. 7 m. Das Vorhandensein von Grabhügeln und anderen Zeugnissen der Vergangenheit ist ein Beweis für die frühe Besiedlung dieser fruchtbaren Gegend.

Nach einigen Kilometern erreichen wir dann **Vereide**.

■ Die **Kirche** von Vereide ist eine Steinkirche aus der Mitte des 12. Jhs. Die Kanzel und der Altar stammen vom Ende des 16. Jhs., der Pfarrhof wurde um 1780 erbaut.

Kurz hinter Vereide passieren wir den Flughafen von Sandane und kommen dann zum Fähranleger **Anda**.

■ Hier müssen wir mit der Fähre auf die andere Fjordseite nach **Lote** übersetzen (27 x, 10 min).

Auf der Weiterfahrt geht es zwischen Lote und Nordfjordeid durch den 2.850 m langen Lote-Tunnel.

Nordfjordeid ist mit seinen 2.350 Einwohnern das Zentrum auf der Nordseite des Nordfjords. Im Ort gibt es einige Industriebetriebe; außerdem hat Nordfjordeid als Schulzentrum überregionale Bedeutung. Hier befindet sich auch das Bezirkskrankenhaus. Nicht zuletzt bietet der Ort gute Voraussetzungen für einen erholsamen Urlaub (Wandern, Angeln, Baden, Bootsfahren).

■ In Nordfjordeid sind die Reste des ältesten **Exerzierplatzes** Norwegens erhalten. Man hat hier ein kleines militärgeschichtliches Museum eingerichtet. (im Sommer Mo–Fr 12–15 h)

Die Str. 1 führt nun zusammen mit der Str. 15 zum 5 km entfernten **Hjelle**.

■ Ab hier besteht die Möglichkeit, als Alternative zur Str. 1 eine wenig befahrene Nebenstrecke nach **Volda** zu benutzen. Man spart dabei die Fähre von Folkestad nach Ørsta.

Kurz hinter Hjelle zweigt diese Alternativroute von der Str. 15(!) ab und folgt zunächst dem Nordufer des Hornindalsvatn, dem tiefsten Binnensee Europas (514 m), bis Heggjabygda. Die Straße steigt nun auf eine Höhe von über 400 m an und überquert in der Nähe des kleinen Sees Grøndalsvatn die Grenze zwischen Sogn und Romsdal. Es geht weiter in Richtung Osten bis zum **Kalvatn** (Angeln, Wandern).

Wenn Sie sich in Kalvatn links halten, gelangen Sie über Austefjord nach Volda: Ab Austefjord folgt die Straße weitgehend dem Fjordverlauf (erst Austefjord, dann Voldfjord). Der Abschnitt nach Hunnes ist schmal, kurvenreich und unübersichtlich, die Landschaft allerdings überwältigend.

In **Volda** erreichen wir wieder die Str. 1.

Die Hauptstraße führt ab Hjelle durchs Stigedal und erreicht mit 320 m ihren höchsten Punkt. Wir überqueren die Bezirksgrenze zwischen Sogn og Fjordane und Møre og Romsdal und kommen über Bjørkedal nach **Straumshamn**, das am Südende des Voldafjords liegt.
■ Von Straumshamn aus besteht die Möglichkeit, auf einer kurvenreichen und schmalen Nebenstraße (Str. 651) über Austefjord und Hunnes nach **Volda** zu fahren. Diese schmale Straße ist nur für geübte Fahrer von Wohnwagengespannen geeignet.

Die Str. 1 führt von Straumshamn weiter nach **Folkestad**, das gegenüber von Volda am Voldafjord liegt.
■ Mit der Fähre setzen wir über den Fjord nach Volda (25 x, 15 min).
Das Gebiet von **Volda** war bereits in frühgeschichtlicher Zeit besiedelt; im Mittelalter bildete der Ort den Mittelpunkt der Landschaft Sunnmøre.

Neben Industrie und Schiffsbau hat heute der Ausbildungssektor eine große Bedeutung für die Stadt. Rund 2.500 Schüler besuchen hier teils überregionale Bildungseinrichtungen. Volda (6.000 Einwohner, Gemeindegebiet 8.200) ist nicht zuletzt ein guter Ausgangspunkt für Touren in den »Sunnmøre Alpen«.
■ Die **Ortskirche** (1932) entstand nach Plänen von Arnstein Arneberg, der Innenraum wurde von H.L. Mohr gestaltet. (Mitte Juni–Mitte August Di–So 11–14 h) – **Volda bygdetun** ist ein kleines Volkskundemuseum, bestehend aus 17 alten Gebäuden und einer Reihe historischer Ausstellungsstücke. (Juni–August) – Die Fylkesgalleriet, nahe der Kirche, widmet sich der Bildenden Kunst. (So–Fr 18-20 h, Sa 12–14 h) – Im Park des Krankenhauses finden Sie einen Versuchsgarten mit vielen sehr unterschiedlichen Pflanzen.

■ Auf der Weiterfahrt in Richtung Ålesund kommen wir am **Geburtshof** des Dichters und Sprachforschers **Ivar Aasen** vorbei. Der Hof, auf dem sich ein kleines Museum befindet, ist im Sommer geöffnet.

Ivar Aasen ist es u.a. zuzuschreiben, daß in Norwegen heute zwei offizielle Schriftsprachen verwendet werden (siehe Kastentext).

Über Hovden, dem gemeinsamen Flugplatz von Ørsta und Volda, erreichen wir **Ørsta**, das mit rund 6.000 Einwohnern etwa so groß wie der Nachbarort ist. Das großflächige Gemeindegebiet (10.250 Einwohner), in dem es mehrere Industriebetriebe gibt, bietet gute Ferienmöglichkeiten, z.B. Angeln, Bergsteigen, Wandern und Wintersport.
■ Die **Ortskirche** wurde 1864 erbaut und hat einen bemerkenswerten flämischen Altarschrein (ca. 1520) sowie ein barockes Epitaph. – Das **Ivar-Aasen-Monument** ist dem großen Sprachreformer Aasen gewidmet, eine Arbeit von Dyre Vaa. – Das **Volkskundemuseum Brudavoll** besteht aus fünf alten Hofgebäuden und zahlreichen historischen Gegenständen.

Die Str. 1 folgt nun zunächst dem Ufer des Ørstafjords und führt – am Vartdalsfjord entlang – über Rjånes und Vartdal nach **Festøy**.
■ Mit einer Autofähre setzen wir über den Fjord nach **Solevågen** (36 x, 15 min).

Über Solevseidet gelangen wir nach **Blindheim**.
■ Hier vereinigt sich die Str. 1 wieder mit der Str. 60 (**Byrkjelo–Ålesund**).

Eine Nation – zwei Sprachen

Die rund 4,35 Millionen Norweger leisten sich den »Luxus«, gleich zwei offizielle Sprachen zu verwenden. Interessiert man sich für die Gründe, wird man schnell auf den Namen des Sprachforschers Ivar Aasen stoßen.

Von 1397 bis 1814 war Norwegen praktisch dänische Provinz. Kopenhagen regierte den nordischen Nachbarn. Als der »Kieler Frieden« 1814 die Union zwischen Schweden und Norwegen festlegte, regten sich infolge der Verfassungsversammlung von Eidsvoll erste national ausgerichtete Strömungen, die sich mehr Eigenständigkeit zum Ziel setzten.

Eine heftige Diskussion entbrannte dabei um die offizielle Schriftsprache, die mit dem Dänischen nahezu identisch war. Während gemäßigte Sprachforscher und Schriftsteller sich dafür einsetzten, die Schriftsprache langsam zu »norwegisieren«, hatten ihre radikaleren Kollegen ganz anderes im Sinn: Zum einen wollten sie alle dänischen Elemente ihrer Sprache ausmerzen, zum anderen durch die Vermischung ländlicher Dialekte einen nationalen Grundwortschatz bilden. Der wichtigste Vertreter dieser Gruppe war Ivar Aasen. Er betrachtete die Dialekte der ländlichen Bevölkerung als »lebendige Nachkommen des Urnorwegischen« und machte sie zum Gegenstand seiner Forschung.

Doch sein Versuch, aus dem »Dialektsubstrat« eine eigenständige Sprache zu etablieren, stieß vor allem in den Städten auf wenig Gegenliebe. Das Bürgertum schrieb nicht nur »danonorwegisch«, es sprach auch so – und sah nicht ein, nun eine völlig neue Sprache lernen zu müssen.

Die mit Leidenschaft geführten Auseinandersetzungen um dieses Thema führten schließlich dazu, daß beide Sprachvarianten 1885 offiziell anerkannt und seitdem durch mehrere Reformen einander angeglichen wurden. Die gemäßigte, danonorwegische Variante heißt heute »bokmål« (Buchsprache), die radikale in Aasens Tradition »nynorsk« (Neunorwegisch). Den Grundschulen wird freigestellt, ob sie in »bokmål« oder »nynorsk« unterrichten. In Radio und Fernsehen müssen mindesten 25% der Beiträge in »nynorsk« verfaßt sein.

»Nynorsk« wird vor allem in den ländlichen Gebieten des Westens und Südwestens verwendet. Die Verstädterung entzieht »nynorsk« dabei mehr und mehr die Basis. Weniger als ein Sechstel der Grundschulkinder lernen heute »nynorsk«.

Wenig später erreichen wir den Industrieort **Spjelkavik**, der bereits zum erweiterten Stadtgebiet von Ålesund gehört.

■ In Spjelkavik stoßen wir auf die Str. 9 (**Dombås–Ålesund**), die sich die Trasse vorübergehend mit der Str. 1 teilt. In westlicher Richtung gelangen Sie in das Stadtzentrum von **ÅLESUND**, das Sie im Ortsteil eingehend beschrieben finden.

Unsere Route wendet sich allerdings nach Osten. Die gut ausgebaute Schnellstraße begleitet den schmalen, langgestreckten Binnensee Brusdalsvatnet, später den Storfjord, bevor sie nordwärts abknickt, auf 338 m Höhe hinauf- und durch das Skorgedal führt. An dessen Ende erreichen Sie den Tresfjord, wo sich die Str. 1 und 9 wieder trennen.

Die Str. 1 hält sich nordwärts und erreicht **Vestnes**.

■ Dort überqueren wir den Gezeitenstrom **Flatevågstraumen**, der den Anglern vor allem während der Gezeitenwechsel reiche Beute beschert.

3 km nördlich von Vestnes erreicht die Str. 1 den Fähranleger **Furneset**.

■ Die Autofähre setzt über den **Moldefjord** (26 x, 35 min).

Die »Rosenstadt« **MOLDE** wird ebenfalls im Ortsteil vorgestellt. Auf der Str. 1 sind die letzten 90 Kilometer unserer Route vergleichsweise schnell zurückzulegen.

■ Alternativroute: Sie können aber auch am östlichen Stadtrand von Molde (Flugplatz Årø) auf die **Str. 64** abbiegen, die Sie an der Grotte Trollkyrkja vorbei (Siehe »Ausflüge« unter Molde) an den äußeren Schärengürtel führt. Dort spannt sich die neue, mautpflichtige Straße **Atlanterhavsveien** über Brücken und aufgeschüttete Dämme Richtung Kristiansund. Sie ist für Touristen allerdings weit weniger interessant, als es die Werbeprospekte versprechen. Außerdem müssen Sie immer noch die Fähre in Bremsnes nehmen, um den letzten Sprung nach Kristiansund zu schaffen (etwa stündlich, 20 min).

Die Str. 1 begleitet das nördliche Ufer des Fannefjords. Unterwegs passieren Sie die Molde-Werft, die Einzelteile für eine bestimmte Reederei produziert.

In Hjelset verläßt die Str. 1 den Fjord und überquert, ähnlich wie bei Ålesund, eine bescheidene Paßhöhe (230 m), bevor sie erneut auf einen Fjordarm stößt, den Batnfjord.

Seit 1992 sind keine Fähren mehr notwendig, um vom Festland nach **KRISTIANSUND** (siehe Ortsteil) zu gelangen: Zunächst überqueren Sie bei Gjemmes auf einer 1.257 m langen Hängebrücke den Sund, kurz darauf tauchen Sie für 5,1 km in einen Fjordtunnel ein. Mit diesem mautpflichtigen Projekt sind die Norweger ihrem Verkehrskonzept einer schnellen Küstenstraße im Westen des Landes einen weiteren großen Schritt nähergerückt.

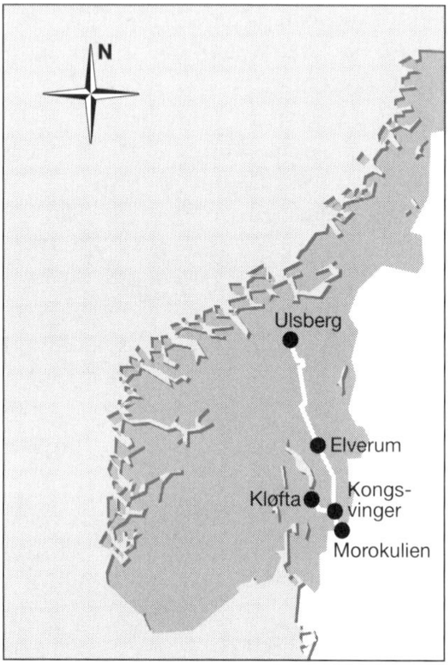

Str. 2/20/3

Die nachfolgenden Straßen 2, 20 und 3 führen durch die ruhige, waldreiche Natur Ostnorwegens. Zwar hat der Urlauber hier keine imposanten Fjord- und Gletschererlebnisse, eine Reise wert sind diese Strecken aber allemal, denn sie bieten eine sehr sinnvolle und vor allen Dingen geruhsame Alternative zur im Sommer oft überlasteten E 6. Das leicht hügelige und dicht bewaldete Gebiet bietet dem Durchreisenden genug Abwechslung, um den zeitweise auftretenden Kolonnenverkehr auf der Hauptverkehrsroute einmal mit einer beschaulichen Reise durch ein vom modernen Tourismus weitgehend unberührtes Gebiet einzutauschen.

Auf der Str. 2 gelangt man von Oslo aus in das norwegisch-schwedische Grenzgebiet. Durch die fruchtbare, landwirtschaftlich gut genutzte Landschaft Romerike führt der Weg am Fluß Glomma entlang bis zur Festungsstadt Kongsvinger und weiter bis zur Grenze nach Morokulien. In Kongsvinger, im Süden des Bezirks Hedmark, beginnt die Str. 20, die nordwärts nach Elverum führt. Dort stoßen Sie auf die Str. 3. Die Strecke folgt bis zum Ort Tynset dem Verlauf des Lachsflusses Glomma, mit einer Länge von 600 km der längste Fluß Norwegens, und durchquert dann das dünn besiedelte Østerdal, bis schließlich bei Ulsberg die E 6 wieder erreicht wird. Ulsberg liegt im Bezirk Sør-Trøndelag, zu dem auch Trondheim gehört.

Str. 2: Kløfta – Morokulien

0 km	↓	Kløfta	↑	96 km
59 km		Kongsvinger		37 km
87 km		Eidskog		9 km
96 km		Morokulien		0 km

Karten: Cappelen, Bl. 1, 2 – Scanmaps, Bl. 3,5

Die Str. 2 beginnt in **Kløfta**, das 30 km nordöstlich von Oslo liegt. Das eigentliche Ortsgebiet von Kløfta befindet sich 2 km östlich der Hauptstraße.

■ Kurz nach Antritt der Fahrt können wir der **Kirche von Ullensaker** einen Besuch abstatten. Diese moderne Kirche wurde 1958 erbaut und mit einigen wertvollen, teils mittelalterlichen Inventarstücken ausgestattet.

Wir fahren durch die für norwegische Verhältnisse recht fruchtbare Gegend von Romerike und gelangen über Nyback nach **Rød**.

■ Wer etwas über die einstige wirtschaftliche Bedeutung dieses von der Natur bevorzugten Landstriches erfahren möchte, sollte einen Abstecher zum **Königsbauernhof Gamle Hvam** unternehmen. Die Geschichte dieses großen Gutes, dessen heutiges Hauptgebäude aus dem 17. Jh. stammt, reicht bis ins Mittelalter zurück. Die Anlage steht als kultur- und agrarhistorisches Museum der Öffentlichkeit zur Verfügung (Juni–August Mo–Fr 11–16 h, Sa, So 12–17 h).

Wir kommen nach **Vormsund**, wo wir den Fluß Vorma überqueren, der südlich der Brücke in die Glomma mündet.

■ Hier kann man im Sommer ein kleines **Schulmuseum** besichtigen (Juni–August tägl. 12–17 h).

■ Hinter der Brücke kann man rechts zu den Ruinen der Mitte des 19. Jhs. zerstörten mittelalterliche Kirche abbiegen.

Die Str. 2 folgt nun dem Verlauf der Glomma. Wir passieren die Grenze zwischen den Bezirken Akershus und Hedmark und kommen über Ulleren nach Skarnes, das zu beiden Seiten der Glomma liegt. **Skarnes** (Zentrum jenseits des Flusses) ist ein kleiner Industrieort mit rund 2.000 Einwohnern.

■ Sehenswert ist das im nördlichen Ortsgebiet gelegene **Heimatmuseum Odalstunet**, das aus mehreren Gebäuden mit historischer Einrichtung besteht (freier Eintritt).

Auch weiterhin folgen wir der Glomma, deren landwirtschaftlich genutztes Flußtal hier Odalen genannt wird. Vorbei an der Kirche von Strøm und über Sundby gelangen wir zur Festungsstadt **Kongsvinger** (siehe unten).

Die Str. 2 verläuft nun in südlicher Richtung und führt u.a. am kleinen See Sigernessjøen vorbei (Bademöglichkeiten am Sjøenden Camping). 22 km hinter Kongsvinger erreichen wir den Ort **Matrand**.

■ Dort steht die 1665 errichtet, mit weißen Holzpaneelen verkleidete kreuzförmige **Kirche von Eidskog**. Sie erhielt ihre heutige Gestalt bei Umbauarbeiten im Jahre 1856. Neben schönem, alten Inventar ist eine Ausstellung ausgegrabener historischer Münzen zu sehen (Mai–August tägl. 10–15 Uhr).

Das Tal des Flusses Vrangselva, dem die Str. 2 nun folgt, ist ein alter Verkehrsweg, den einst die Pilger auf ihrer Reise nach Nidaros/Trondheim benutzten. Über Skotterud und **Magnor**, einst ein lebhafter Handelsort, gelangen wir zur (offenen) **Reichsgrenze** beim Freistaat »Morokulien«. Der Ortsname setzt sich übrigens aus dem norwegischen (»moro«) und dem schwedischen (»kul«) Wort für »Spaß« zusammen. Hier war auch 1959 der Sitz der legendären unabhängigen norwegisch-schwedischen »Radiorepublik Morokulien«.

■ In der Glasfabrik **Magnor Glassverk** können Sie Glasbläsern bei der Arbeit zuschauen.

■ Sehenswert ist die alte **Postkutschenstation Brennastua**. – Norwegische und schwedische Friedensfreunde errichteten 1914 ein Friedensmonument.

■ Von Morokulien führt die schwedische Str. 61 durch die seen- und waldreiche Landschaft Värmland über Ed und Arvika nach Karlstad, am Nordufer des Vänern.

Str. 20: Kongsvinger – Elverum

0 km	↓	Kongsvinger	↑	97 km
34 km		Kirkenær		63 km
54 km		Flisa		43 km
97 km		Elverum		0 km

Karten: Cappelen, Bl. 2, 3 – Scanmaps, Bl. 5,7

Wir beginnen unsere Fahrt in **Kongsvinger**, das im südlichen Teil des Bezirks Hedmark liegt (17.250 Einwohner).

■ Sehenswert ist vor allem die 1681/82 errichtete **Festung**, die an einem strategisch günstigen Punkt am Glommaufer plaziert wurde (Juli–August tägl. 11–16 h). – **Vinger-Kirche** mit Zwiebelturm (1697, Juni–August Mo–Fr 9–15 h) – Stadtmuseum **Kongsvinger Museum** (Vollgate 10, Mitte Juni–Mitte August tägl. 12–18 h).

Die Str. 20 folgt zunächst dem Ostufer der Glomma und führt zum Industrieort **Roverud**.

■ Dort zweigt die **Str. 205** ab, die durch ein schönes Waldgebiet, vorbei an zahlreichen Seen, über Svullrya zur schwedischen Grenze führt.

Bald erreichen wir Brandval und **Grinder** (Gutshof aus der Mitte des 18. Jh.), danach **Kirkenær** in der Gemeinde Grue.

■ Die Kirche von Grue wurde 1828 nach Plänen des berühmten Architekten von Linstow (u.a. Königliches Schloß, Kirchen bei Rjukan) aus Steinen erbaut. – 1 km östlich vom Zentrum liegt das **Heimatmuseum Gruetunet** mit einigen mehrere hundert Jahre alten Gebäuden, darunter zwei Vorratshäuser (»stabbur«) aus dem 15. Jh.

Die Str. 20 folgt weiter dem Ostufer der breiten Glomma. Dieses Landschaftsgebiet zwischen Kongsvinger und Elverum trägt seit alter Zeit den Namen Salør.

Über Namnå und Ameberg (Bademöglichkeiten im Fluß) erreichen wir **Flisa** (1.100 Einwohner).

■ In Flisa beginnt die Str. 206, die durch das Waldgebiet **Finnskogene** (»Finnlandwälder«) zur schwedischen Grenze führt. Das Gebiet wurde besonders von eingewanderten Finnen besiedelt. Zahlreiche Nebenstrecken erlauben lohnende Ausflüge in dieser schönen, einsamen Gegend.

Die Str. 20 verläuft nun – in einigem Abstand zum Glomma-Ufer – in nordwestlicher Richtung.

■ Abseits der Straße taucht bald die **Kirche von Åsnes** aus der Mitte des 18. Jhs. auf. Auf dem Friedhof sind gefallene Soldaten aus der Schlacht zwischen Norwegen und Schweden im Frühjahr 1808 beigesetzt.

Über Haslemoen gelangen wir nach **Våler**, dessen Ortskern westlich der Str. 30 liegt.

■ Die **Ortskirche** wurde 1805 aus Holz erbaut. Beachtenswert sind das mittelalterliche Taufbecken und die schöne Altartafel (Ende des 17. Jhs.).

■ Bei Våler bestehen Bademöglichkeiten in der **Glomma**.

■ Während die Hauptstraße 20 dem Ostufer folgt, wo auch die meisten Siedlungen liegen, verläuft die weniger befahrene, schmalere **Str. 210** am Westufer des Flusses. Über die lohnende Alternativstrecke abseits des Hauptverkehrs erreicht man u.a. die stattlichen Gutshöfe Opset und Sjurderud, deren Hauptgebäude aus dem 18. Jh. stammen.

Über Jømma erreichen wir die Siedlung **Heradsbygd**.

■ Hinter Heradsbygd passieren wir die **Stromschnelle Skefstadfossen**, deren Energie durch ein Wasserkraftwerk genutzt wird. Die Wassermenge der Glomma kann während der Frühjahrsflut bis zu 160 Kubikmeter/Sekunde erreichen.

Nach 6 km gelangen wir nach **Elverum** (ca. 17.550 Einwohner).

■ Das Freilichtmuseum **Glomsdalsmuseet** umfaßt rund 90 Gebäude aus der Region. (Mitte Juni–Mitte August tägl. 10–18 h, sonst So–Fr 10–16 h) – Über eine Brücke mit dem Glomsdalmuseum verbunden ist **Norsk Skogbruksmusem**. Das Forstwirtschaftsmuseum beschäftigt sich mit den Themen Wald, Jagd, Fischfang. Das Hauptgebäude beherbergt ein Aquarium, während sich auf der Glommainsel Prestøya eine Freilichtabteilung befindet. Die Gebäude sind aber nur in der Hauptsaison geöffnet (Juni–September tägl. 10–18 h, sonst 10–16 h).

Str. 3: Elverum – Ulsberg

0 km	↓	Elverum	↑	282 km
33 km		Rena		249 km
188 km		Motrøen		73 km
231 km		Kvikne		30 km
282 km		Ulsberg		0 km

Karten: Cappelen, Bl. 2, 3

Die Str. 3 überquert bei Elverum den Fluß und folgt nun dessen Westufer. Wir befinden uns jetzt bereits im Østerdal.

Zwischen Elverum und dem 32 km flußaufwärts gelegenen Rena gibt es keine größeren Siedlungen.

Rena ist ein Industrieort mit knapp 2.000 Einwohnern und liegt an der Mündung des Flusses Rena in die Glomma. Der Ort (u.a. Østerdalens größte Papierfabrik) wurde im April 1940 durch Bombenangriffe weitgehend zerstört. Rena ist bekannt wegen seiner Skisprungschanzen – darunter eine 110-Meter-Großschanze.

Wir fahren weiter durch das dünn besiedelte Østerdalen, das von Wald- und Hochgebirgsflächen umgeben wird.

Es geht vorbei am modernen Østerdalen Turistsenter und über Saetre, Strand, Taraldstu und Furuset zur Kreuzung **Messelt**.

■ Dort zweigt der sog. »Birkebeiner-Weg« ab, der über das Gebirge (höchster Punkt 1.090 m) nach **Lillehammer** führt.

Auf der Str. 3 erreichen wir wenig später die Kreuzung **Imsroa**.

■ Es besteht hier die Möglichkeit, auf eine gebührenpflichtige Privatstraße abzubiegen, die durch das schöne Imsdalen zur **Alm Storfjellseter** führt. Von dort kann man über den »Friisveien« und die Str. 219 zur Str. 3 zurückkehren, die man bei Atna wieder erreicht.

Unsere nächste Station ist der kleine Ort **Stor-Elvdal**. Die Glomma hat sich nun verbreitert und bildet ein verzweigtes Seenlabyrinth mit vielen kleinen Inseln.
■ Die klassizistische **Holzkirche** von Stor-Elvdal ist im Jahre 1821 erbaut worden.

Die Str. 3 führt dann zur Kreuzung **Nordstumoen**.
■ Dort zweigt die Str. 30 ab, die parallel zur Str. 3 über Otnes und Øvre Rendal verläuft und sich bei Tynset wieder mit ihr vereinigt. Über die Str. 30 gelangt man auch – kurz hinter der Abzweigung – in den Ort **Koppang**.

Die Hauptstraße folgt weiterhin dem dünn besiedelten Glommatal. Über Atna (Atnamoen) fahren wir **Hanestad**.
■ Eine 18 km lange Nebenstraße stellt eine Verbindung über das Gebirge (Paßhöhe 700m) nach **Øvre Rendal** her (tolle Aussicht über Østerdal und Rendal).

Parallel zur Bahnlinie gelangen wir dann nach **Barkald**.
■ Versäumen Sie nicht einen kurzen Abstecher zum **Jutulhogget**, einer 2,5 km langen und 150 m tiefen, engen Schlucht, die während der Eiszeit gebildet worden ist (an der Straße in das Tylldal)!

22 km hinter Barkald erreichen wir **Alvdal**.
■ Sehenswert ist vor allem der unter Denkmalschutz stehende **Husan-Hof** (Husantunet), ca. 2,5 km nordöstlich von Alvdal, am östlichen Flußufer. Die im Laufe der Jahrhunderte entstandene Hofanlage besteht aus 17 sorgfältig restaurierten Gebäuden, von denen die ältesten aus dem 17. Jh. stammen. Der Reiz von Husantunet besteht vor allem darin, daß es sich bei diesem Heimatmuseum um ein tatsächlich an Ort und Stelle »gewachsenes« Gehöft handelt.
■ Sehr empfehlenswert ist ein Abstecher auf den 1.666 m hohen Berg **Tron**, den man über Norwegens zweithöchste Autostraße erreicht. Die Fahrt über die steile, schmale und kurvenreiche Strecke und der Blick vom Gipfel sind ein beeindruckendes Erlebnis.

Die Str. 3 verläuft weiter durch das Tal der Glomma.
■ An der Kreuzung Fåset bru kann man zum Almgebiet beim **See Savalen** abbiegen, das sich zu einem – besonders im Winter – vielbesuchten Touristenziel entwickelt hat.

Kurze Zeit später stoßen wir auf die Kreuzung **Motrøen**.
■ Dort zweigt die Str. 30 ab, die über Tynset und Røros nach Støren führt.

In der Gebirgsgemeinde **Tynset** leben rund 5.400 Menschen. Zu beachten sind die auf einem Hügel gelegene Ortskirche sowie das Heimatmuseum.

Die traditionsreiche Bergwerksstadt **RØROS** sollte man auf jeden Fall besuchen, wenn man diese Region Ostnorwegens bereist (Beschreibung siehe Ortsteil). In der Altstadt des Ortes stehen noch die teilweise über 250 Jahre alten Häuser der damaligen Bergleute (Führungen durch das Fremdenverkehrsamt). Røros liegt 628 m hoch und zählt im Winter aufgrund seines ausgeprägten Kontinentalklimas zu den »frostigsten« Orten Norwegens. Temperaturen unter 30 Grad Kälte sind keine Seltenheit.

Die Str. 3 verläßt nun das Glommatal und verläuft in nordwestlicher Richtung.
■ Bei der Kreuzung Tunna bru kann man ins schöne Gebirgsgebiet von **Vingelen** abbiegen (Wandermöglichkeiten!).

Über Nytrøa erreichen wir bei Løkkja den höchsten Punkt der Straße (700m) und gelangen dann nach **Yset**.
■ Eine Nebenstraße zweigt hier zu den stillgelegten **Kupfergruben** von Kvikne ab, die sich in einsamer Gebirgslage befinden. Sie waren von 1671 bis 1870 in Betrieb.

Der nächste Ort, den wir erreichen, ist **Kvikne**.
■ Die sehenswerte **Kirche von Kvikne** ist Mitte des 17. Jh. aus Holz errichtet worden (Umbau 1739). Bemerkenswert ist das alte Inventar, das teilweise aus dem Mittelalter stammt. (Juni–August Mo–Fr 10–14 h)

Die Str. 3 folgt weiter dem Fluß Orkla talwärts. Das Gewässernetz der Orkla wurde Mitte der 80er Jahre zum Zwecke der Energiegewinnung »reguliert«. Wir passieren die Siedlungen Frengstad, Ulset, Børlia, Breivad und Gardli und überqueren die Grenze zur mittelnorwegischen Provinz Sør-Trøndelag. Wenig später kommen wir nach **Nåverdalen**. Dort befand sich einst eine Schmelzhütte der Kupfergruben von Kvikne.
■ Teile der **historischen Kupferhütte** (Schmelzofen, 1653) sind als industriegeschichtliches Denkmal restauriert worden.

Die Str. 3 führt weiter nach **Innset**.
■ Abseits der Hauptstraße steht die **Kirche von Innset**, (Innset gamle kirke), eine Holzkirche aus dem Jahre 1642 mit schönem Inventar. Vom Kirchenhügel bietet sich ein herrlicher Ausblick auf das Trollheimen-Gebirge.
■ Ein reizvoller Ausflug führt ins hochgelegene **Innerdal**. Die mautpflichtige Straße endet am See Innerdalsvatn.

Wenige Kilometer später erreichen wir **Ulsberg**, den Endpunkt der Str. 3. Von dort aus kann man die Fahrt auf der E 6 fortsetzen.

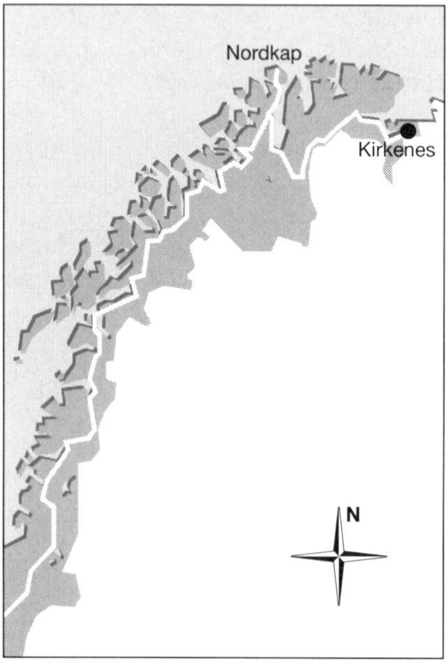

E 6:

Svinesund – Kirkenes

0 km	Svinesund-Brücke	2.538 km
113 km	Oslo	2.425 km
231 km	Hamar	2.307 km
450 km	Dombås	2.088 km
607 km	Trondheim	1.931 km
730 km	Steinkjer	1.808 km
1.005 km	Mosjøen	1.533 km
1.095 km	Mo i Rana	1.443 km
1.270 km	Fauske	1.268 km
1.513 km	Narvik	1.023 km
2.025 km	Alta	513 km
2.198 km	Lakselv	340 km
2.397 km	Tana bru	139 km
2.538 km	Kirkenes	0 km

Karten: Cappelen, alle Blätter

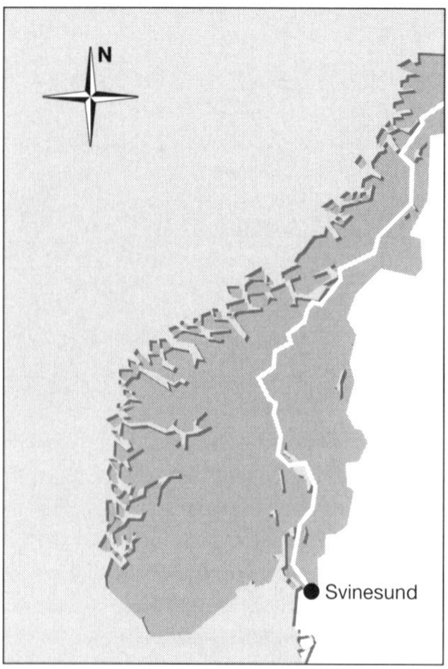

Die E 6 ist eine der großen Fernstraßen Skandinaviens. Sie beginnt in der südschwedischen Hafenstadt Trelleborg und führt über Malmö, Helsingborg und Göteborg zum norwegisch-schwedischen Grenzübergang Svinesund. Das »Reststück« Svinesund–Kirkenes ist über 2.500 km lang.

An der E 6 wird ständig gearbeitet, Umgehungsstraßen entlasten zunehmend die einst vom Verkehr verstopften Ortschaften. Vor der Winterolympiade 1994 in Lillehammer wurde die gesamte Strecke zwischen Oslo und dem Wintersportzentrum aus- und umgebaut. Aber auch in Nordnorwegen sollen in den nächsten Jahren die noch verbliebenen Nadelöhre beseitigt werden.

Die **Svinesund-Brücke** überspannt den Sund zwischen Schweden und Norwegen und ist der wichtigste Grenzübergang zwischen den beiden Staaten.
■ Die 1946 eingeweihte, über 400 m lange Brücke bietet in 600 m Höhe einen weiten Ausblick.

Die E 6 führt zunächst durch das Gebiet der Gemeinde **Halden**.
■ An der Kreuzung Løkkeberg zweigt rechts die Str. 21 ab, über die man ins **Zentrum von Halden** gelangen kann (6 km). Die Grundlage für das Entstehen der Stadt bildeten die Sägemühlen, die das Gefälle des Tista ausnutzten, und die für den Holzhandel günstigen Hafenbedingungen. Durch den »Frieden von Roskilde« wurde Halden 1658 zur Grenzstadt zwischen den verfeindeten Reichen Dänemark-Norwegen und Schweden. 1665 erhielt Halden die Stadtrechte und den Namen Fredrikshald. Dreimal bestürmten die Schweden den Ort mit der Festung Fredriksten, die jedoch stets unbesiegt blieb. Die Stadt selbst brannte in ihrer Geschichte hingegen fünfmal ab. Wichtig war auch das Jahr 1869, in dem sich die Sägewerksbesitzer zur «Saugbrugsforening« zusammenschlossen, die noch heute der größte Arbeitgeber der Gegend ist. Halden war im letzten Jahrhundert eine der wichtigsten Hafenstädte des Landes, in der der wirtschaftliche Wohlstand den Nährboden für kulturelle Entfaltung bildete: Die Traditionen der Maler und des Theaters sind unverändert lebendig.

Halden ist heute eine bedeutende Industriestadt, in der übrigens der erste Schwerwasser-Atomreaktor der Erde steht. Zur Großgemeinde zählen auch die Orte Berg und Idd.
■ Die **Festung Fredriksten** erhebt sich 128 m hoch über die Stadt. Der Grundstein für das bedeutendste militärgeschichtliche Denkmal Norwegens wurde 1661 gelegt. Heute ist das 1905 modernisierte Fredriksten auch ein beliebtes Freizeitgebiet mit Rasenflächen, Spazierwegen, einem Gasthaus und einer weiten Aussicht auf das Umland. Im Innern der Festung befindet sich das **kultur- und militärgeschichtliche Museum** Haldens. (Ende Mai–Ende August Mo–Sa 10–17 h, So 10–18 h, September So 10–18 h) – Am Fuß der Festung steht die 1833 im spätklassizistischen Stil errichtete **Immanuels-Kirche**. – Das **Fredrikshald Theater** aus den 30er Jahren des 19. Jhs. hat die einzige erhaltene Barockbühne Norwegens.
■ Der **Herrenhof Rød** stammt aus dem 18. Jh. und gehörte einer reichen Sägewerks- und Gutsbesitzerfamilie. Heute ist das authentisch eingerichtete Gebäude als Museum zugänglich. (Ende Juni–Mitte August Führungen um 12, 13, 14 h)
■ Die mittelalterliche **Kirche von Berg** hat wertvolles Inventar, z.B. ein Taufbecken aus dem 13. Jh. und ein Altarbild von 1615. – Die **Kirche von Idd** stammt ebenfalls aus dem Mittelalter; der romanische Innenraum (Taufbecken und zwei Kruzifixe aus dem 13. Jh.) trägt auch Züge des Barock.
■ Die **Schleusen von Brekke** (10 km östlich der Stadt) sind Teil des Haldenkanals. Mit vier Kammern überwinden sie einen Höhenunterschied von 26,5 m.
■ **Information**: Halden Touristenbüro, Storgaten 6, N-1751 Halden, Telefon 6917 4840.

Wir fahren weiter über **Nygård**.
■ Unweit der Straße erhebt sich dort der **Grabhügel Jellhaugen** (8. Jh.), mit einem Durchmesser von fast 90 m und einer Höhe von 15 m einer der größten in ganz Skandinavien. – Nicht weit ent-

fernt befinden sich mehrere Felszeichnungen aus der Bronzezeit.

Die E 6 führt anschließend auf einer neuen Trasse vorbei an **Ingedal**.

■ Die **Ortskirche** ist ursprünglich mittelalterlich, trägt aber vornehmlich Züge des späten 18. Jhs.

Als nächstes passieren wir Skjeberg, das nördlich eines langgestreckten Meeresarmes liegt (Bademöglichkeit).

■ Hier zweigt links die Str. 110, die sog. »Frühzeitstraße« (Oldtidsveien), nach **FREDRIKSTAD** ab. Die Küstenstadt stellt für Reisende, die etwas Zeit übrig haben, einen lohnenden Umweg dar, denn sie lädt ein zur Besichtigung mehrerer Grabstätten, Felszeichnungen und anderer Relikte aus frühgeschichtlicher Zeit sowie zu einem Besuch ihres gut bewahrten historischen Altstadtkerns, der am Ostufer des Flusses Glomma liegt (siehe Ortsteil).

■ Biegt man dagegen nach rechts ab, gelangt man auf einer Nebenstrecke (Str. 127) nach **Sarpsborg**. Sie führt an der mittelalterlichen **Kirche** von **Skjeberg** vorbei, zu deren wertvollem Inventar ein romanisches Taufbecken gehört. – Bemerkenswert sind auch die mittelalterlichen Steinskulpturen und die Runeninschriften.

Auf der E 6 erreichen wir bald das Stadtgebiet von **Sarpsborg** und fahren dabei über die 1,5 km lange Sandesund-Brücke, die Norwegens längsten Fluß, die Glomma, überquert. Sarpsborg ist vermutlich schon im Jahr 1016 von König Olav dem Heiligen gegründet worden und damit Norwegens zweitälteste Stadt. Nachdem schwedische Truppen Sarpsborg 1567 niedergebrannt hatten, übernahm Fredrikstad die Aufgabe der Festungsstadt an der schwedischen Grenze. Wirtschaftlichen Aufschwung erhielt Sarpsborg durch die Ansiedlung von Sägewerken an der Glomma, und nachdem der Ort 1839 die Stadtrechte wiedererhielt, war er bis zum Ende des 19. Jhs. einer der wichtigsten Holzexporthäfen Norwegens. Auch heute noch spielt die holzverarbeitende Industrie neben der Informationstechnik eine wichtige Rolle in der Stadt: Hier steht der größte Holzveredelungsbetrieb Nordeuropas (Firma Borregaard). Sarpsborg hat etwa 12.000 Einwohner; im Umland leben rund 46.500 Menschen.

■ Im **Borgarsyssel-Museum** sind interessante kulturgeschichtliche Sammlungen aus Østfold zu sehen (Borg ist die mittelalterliche Bezeichnung für die Gegend um Sarpsborg). Die Freilichtabteilung umfaßt nicht nur die Ruinen der Nikolas-Kirche (um 1100), sondern auch mehrere Gebäude aus dem 17., 18. und 19. Jh. sowie einen Heilkräutergarten nach mittelalterlichem Vorbild. – Die **Ruinen des St. Olavs-Wall** sind Reste einer Verteidigungsanlage, die noch aus der Wikingerzeit stammt. Sie wurde nach dem König Olav benannt, der das Land um 1024 christianisierte.

■ Immer noch beeindruckend sind die – inzwischen gezähmten – **Stromschnellen der Glomma**. – Der **Herrenhof Hafslund** liegt an einer schönen Parkanlage auf der anderen Seite des Flusses. – Das **Bjørnstadskip** (5 km südlich), ein in Stein geritztes Schiff, ist die größte erhaltene Felszeichnung Norwegens.

■ In Sarpsborg kreuzt die Str. 111 (Fredrikstad–Rakkestad). Hierüber erreicht man das Geburtshaus von **Roald Amundsen** (Tomta) und den Garten beim **Storedal Kultursenter**, der auf die Wahrnehmungsfähigkeiten blinder Menschen ausgerichtet wurde.

■ **Information**: Sarpsborg Turisteninformasjon, Jernbanegade, N-1700 Sarpsborg, Tel. 6911 4370.

Die als Schnellstraße ausgebaute E 6 verläuft nun durch die Gemeinde **Tune**.
■ Kurz hinter Sarpsborg lohnt ein kleiner Abstecher zur Landwirtschaftsschule (Jordbruksskole) von Østfold (Kalnes), in deren Nähe guterhaltene **Felszeichnungen** aus der Bronzezeit zu sehen sind: Schiffe, Tiere, Sonnensymbole u.a.

Weiter gehts über den Landrücken zwischen den Seen Vestvatnet und Visterflo.
■ Vom Rastplatz bietet sich eine schöne Aussicht über die freundliche Landschaft von **Østfold**.

Über Solli gelangen wir zur Kreuzung **Missingmyr**.
■ Touristen mit Zeit sollten hier auf die alte Streckenführung der E 6, die heutige Str. 118 abbiegen. Sie folgt der eiszeitlichen Endmoräne »Ryggeraet» – schon seit frühgeschichtlicher Zeit ein vielbefahrener Verkehrsweg.

Wir kommen zunächst durch das Kirchdorf **Råde**. Sehenswert: mittelalterliche Steinkirche, **Heimatmuseum** (»Råde bygdetun«) mit altem Inventar, **Steinzeichnungen** (Grabmale) aus der Eisenzeit beim Lundeby Autosenter.

Die Straße folgt dem Verlauf der Endmoräne nach **Rygge**. Westlich des Ortsgebiets befindet sich die sehenswerte **Kirche** von Rygge mit teilweise mittelalterlichem Inventar (12. Jh.).

Eine Nebenstraße führt wenig später zum Gut Værnes Kloster, dessen Wurzeln bis ins Mittelalter zurückreichen.

Bademöglichkeit bei Fuglevik.

Die Str. 118 bringt uns weiter nach Moss, von wo aus wir auch zur E 6 zurückkehren können.

Die als Schnellstraße ausgebaute E 6 verläuft nun am Ortsgebiet **Rygge** und am (militärisch genutzten) Flugplatz »Rygge flyplass« vorbei. In 3 km Abstand passiert sie den Stadtkern von Moss.

■ Ins Stadtgebiet von **Moss** gelangt man über die Str. 118 und 120 (am besten durch den Felstunnel »Mosseporten«). Die Existenz der Stadt liegt in einigen Sägewerken und Mühlen begründet, die am Auslauf des Vannsjø in den Mossesund errichtet wurden und vom Mosser Wasserfall mit Energie versorgt werden konnten. Nachdem Moss 1560 die Marktrechte erhalten hatte, gab es hier Ende des 16. Jhs. ein Eisenwerk; 1720 bekam Moss die Stadtrechte. Wichtig für die Geschichte der Stadt und ganz Norwegens war der 14. August 1814, an dem die «Konvention von Moss« unterzeichnet wurde, die Bestätigung der Union zwischen Schweden und Norwegen.

Moss heute eine ausgesprochene Industriestadt, Holz- und Metallverarbeitung stehen im Vordergrund, eine – nach Stillegung des Eisenwerks gegründete – Zellulosefabrik sorgt für einen nicht eben angenehmen typischen »Duft«. Moss ist Einkaufsstadt und Dienstleistungszentrum für 50.000 Menschen im Bezirk Østfold.

■ Sehenswert: **Konventionsgaarden**, am Nordufer der Mosselva, wurde 1778 als Privathaus erbaut und diente dann lange als Hauptgebäude des Eisenwerks. 1814 wurde hier die «Konvention von Moss« unterzeichnet. Das ganze Haus, das heute der Zellulosefabrik gehört, steht unter Denkmalschutz. (Privatbesitz, daher keine Besichtigung) – In der Nähe ist eine **Arbeitersiedlung** aus der Zeit des Eisenwerks erhalten. – Die **Hauptkirche von Moss** wurde im Jahr 1861 nach einem Stadtbrand erbaut. – In der

Kunstgalerie werden Werke hauptsächlich norwegischer Künstler gezeigt; außerdem finden hier laufend Sonderausstellungen statt. (Di–Fr 11–15 h, Sa 11–14 h, So 12–15 h)

■ Die **Insel Jeløy**, auch »Perle des Oslofjords« genannt, ist durch einen Mitte des 18. Jhs. angelegten Kanal vom Festland getrennt. Sie ist vulkanischen Ursprungs und gehört mit ihrem milden Klima zu den fruchtbarsten Gebieten Norwegens. Hier findet man seltene, wild wachsende Pflanzen, eine vielfältige Fauna, abwechslungsreiche Landschaftsformen und einige stattliche Herrensitze. Einen Besuch wert ist die **Galleri F 15** mit ständig wechselnden Ausstellungen moderner Künstler (Mai–September Di–So 11–19 h, sonst Di–Sa 11–17 h, So 11–19 h, Wegweisern folgen).

■ Fähre über den Oslofjord nach Horten.

■ **Information**: Moss Touristenbüro, Fleischersgate 17, N-1531 Moss, Telefon 6925 3295.

Die E 6 umgeht das Siedlungsgebiet von Moss und verläuft östlich der Orte Kambo und Son durch die – für norwegische Verhältnisse – recht flache Landschaft östlich des Oslofjords. Kurz hinter Kambo passieren wir die Grenze zum Bezirk Akershus.

■ Über die Str. 151 kann man einen Abstecher nach **Son** unternehmen (4 km), das am Ostufer des Oslofjords liegt. Im Ort, der Anfang dieses Jahrhunderts eine beliebte Künstlerkolonie darstellte, sind zahlreiche malerische Holzhäuser aus dem 18. und 19. Jh. erhalten (Bademöglichkeit).

Die E 6 führt an Hølen vorbei nach **Vestby**.

■ Eine 6 km lange Nebenstrecke bringt uns von hier nach **Hvitsten**, einem kleinen Ort am Oslofjord (zahlreiche Ferienhäuser) (Bademöglichkeit). Der berühmte Maler Edvard Munch lebte einige Zeit lang hier.

7 km hinter Vestby gelangen wir auf der E 6 zur Kreuzung **Korsegården**.

■ Hier kreuzt die Str. 152, auf der ein Abstecher nach **Drøbak** lohnt. Drøbak, das 10 km westlich der E 6 am Oslofjord liegt, ist ein alter Hafenort mit schönen, malerischen Holzhäusern (knapp 2.800 Einwohner). Die Maler Christian Krohg und Fritz Thaulow hielten sich um die Jahrhundertwende häufig in Drøbak auf – um sie herum entstand eine Künstlerkolonie. Auch heute noch leben viele Künstler und Kunsthandwerker in dem beliebten Ferienort am Fjord.

Sehenswert ist die **Ortskirche** aus dem Jahr 1776 im Rokoko-Stil, das am Ortsrand gelegene **Follo-Museum** mit einer Freilichtabteilung und einem Ausstellungsgebäude und die alte **Verteidigungsanlage Seiersten batteri** oberhalb der Stadt, die den hier schon schmalen Oslofjord sichern sollte. Auf der Höhe von Drøbak wurde übrigens (von der Festung Oscarsborg aus) am 9. April 1940 das deutsche Kriegsschiff »Blücher« versenkt. Die deutschen Truppen trafen verspätet in Oslo ein, wodurch König und Parlament die Flucht gelang.

Bademöglichkeiten in der Umgebung. Auch Bootssportler kommen auf ihre Kosten.

Fähre über den schmalen Oslofjord nach Storsand. Für Ende der 90er Jahre ist ein Tunnel oder eine Brücke geplant.

Auf der E 6 fahren wir weiter in nördlicher Richtung vorbei am kleinen Binnensee Årungen. 14 km nördlich von Vestby erreichen wir die Kreuzung **Bekkevoll**.

■ Dort kann man auf die Str. 156 nach **Nessodtangen** abbiegen. Nessodtangen liegt an der Nordspitze einer bewaldeten Halbinsel, die früher vor allem eine beliebte Sommerfrische war, sich heute aber mehr und mehr zu einer bevorzugten »Vorstadt« von Oslo entwickelt. Die Nesodden-Halbinsel ist durch häufig verkehrende Personenfähren mit dem Zentrum von Oslo verbunden. Sehenswert die ursprünglich mittelalterliche Steinkirche von Nesodden.

Die als Schnellstraße ausgebaute E 6 erreicht bald die Kreuzung **Vinterbru**.

■ Hier kreuzt die **E 18**, die, aus Stockholm kommend, über Oslo nach Stavanger führt.

■ Bei Vinterbru liegt der Vergnügungspark **Tusenfryd**. (Wegweiser an der E 6, Mitte Mai–Mitte September Mo–Fr 10.30–18 h, Sa, So 10.30–20 h, in den Schulferien erweiterte Öffnungszeiten.)

Die E 6 nähert sich nun auf einer neuen Umgehungsstraße (Store Ringvei) dem erweiterten Stadtgebiet von **OSLO**, ohne das eigentliche Zentrum zu berühren. Die Oststadt von Oslo gehört traditionell nicht gerade zu den bevorzugten Wohngebieten dieser mit knapp einer halben Million Einwohnern viertgrößten Stadt Nordeuropas.

Eine ausführliche Beschreibung finden Sie im Ortsteil.

Die E 6 biegt in Ulven in ihre alte Trasse ein und ist ab hier als Autobahn ausgebaut. Sie verläuft zunächst durch die östlichen Vorstädte Oslos und anschließend durch die Gemeinde **Skedsmo**.

■ Hier kreuzt die **Str. 120** (Moss–Hurdal) die E 6. An der Abzweigung lohnt ein kurzer Abstecher zur mittelalterlichen Kirche von Skedsmo (wertvolles Inventar).

Wir fahren durch das landwirtschaftlich genutzte, dich besiedelte Gebiet Romerike. Über Frogner gelangen wir nach **Kløfta**, das westlich der Schnellstraße liegt. Kløfta ist ein Industrieort mit rund 4.000 Einwohnern, in Norwegen auch wegen des großen Zentralgefängnisses Ullersmo bekannt.

■ Dort zweigt die Str. 2 ab, die zur schwedischen Grenze bei **Magnor** führt und in Verbindung mit der Str. 20 und 3 eine weniger befahrene Alternative zur E 6 in Richtung Trondheim bildet.

Die E 6 führt nun nach **Jessheim** (5.500 Einwohner).

■ Hier biegt die Straße 174 ab, die u.a. zum Flughafen **Gardermoen** führt, der Ende der 90er Jahre den bisherigen Stadtflughafen in Fornebu als Airport für Oslo ablösen soll. – Westlich von Jessheim liegt der mächtige Grabhügel **Raknehaugen** (um 500 v. Chr.; fast 100 m Durchmesser, 14 m Höhe).

Die E 6 hält sich unverändert nordwärts. Bei **Romerike** können Sie auf die alte Trasse der E 6 wechseln, die parallel zur Europastraße verläuft.

■ Unterwegs zweigt links eine Nebenstraße nach **Trandum** ab. Im Trandum-Wald befindet sich ein Denkmal (Minnesmerke), das an die Hinrichtung von 173 Norwegern, 15 Sowjetbürgern und 6 Briten durch die deutsche Besatzungsmacht während des 2. Weltkriegs erinnert.

Die neu ausgebaute Streckenführung der E 6 umgeht die Industrieorte Dal, Råholt und **Eidsvoll verk** (Holzindustrie).

Der Mjøsa-See

Zwischen Eidsvoll, Gjøvik, Hamar und Lillehammer verkehrt Mitte Juni bis Mitte August der 1856 erbaute Raddampfer **Skibladner** – das älteste noch fahrplanmäßig verkehrende Passagierschiff überhaupt. Das liebevoll als »weißer Schwan des Mjøsa« bezeichnete, noch immer voll funktionsfähige Schiff legt auf seiner Fahrt über Norwegens größten See (1000 km lang) täglich um 9.30 h in Gjøvik ab. Montags, mittwochs und freitags läuft der historische Raddampfer Eidsvoll an (4 Std. Fahrtzeit), an den übrigen Wochentagen Lillehammer (etwa 2,5 Std.). Zwischenstation ist jeweils Hamar. An Bord befindet sich auch ein Restaurant. Empfehlenswert für Autofahrer: Man fährt die Strecke Eidsvoll – Hamar mit dem Schiff und kehrt mit der Eisenbahn nach Eidsvoll zurück.

Im Osten liegt **Eidsvoll**, das als »Wiege« der norwegischen Verfassung bekannt ist.

■ Im **Herrenhof** von **Eidsvoll** (Eidsvollbygningen) wurde am 17. Mai 1814 die norwegische Verfassung proklamiert. Der Reichstagssaal ist in seinem Originalzustand erhalten und – wie das gesamte Gebäude – der Öffentlichkeit zugänglich. (Mai–September tägl. 10-15 h, Mitte Juni–Mitte August sogar 10–17 h, sonst 12–14 h)

Die E 6 nähert sich auf einer neuen Trasse dem **Mjøsa-See**.

■ Über die Str. 181 gelangt man zur **Kirche** von **Eidsvoll**, einer mittelalterlichen Steinkirche mit kreuzförmigem Grundriß. Sie ist im Laufe der Jahrhunderte mehrfach abgebrannt und 1967 schließlich restauriert worden. Im benachbarten Pfarrhaus wuchsen die Schriftsteller-Geschwister Camilla Collet und Henrik Wergeland auf. – Die Str. 181 führt weiter bis zum Ort Eidsvoll, der an der breiten, schiffbaren Vorma liegt.

Auf der E 6 kommen wir durch ein fruchtbares Gebiet nach **Minnesund**, wo wir die Vorma überqueren. Hier beginnt auch der 100 km lange Mjøsa, Norwegens größter See (366 km^2), der stellenweise 450 m tief ist.

■ Während die E 6 dem Ostufer folgt, verläuft die (schönere) Str. 33 am Westufer des Mjøsa bis nach **Gjøvik**. Ca. 16 km hinter Gjøvik hat man Anschluß an die neue Streckenführung der E 6.

Wir fahren in nördlicher Richtung weiter am Ostufer des Mjøsa entlang und passieren u.a. Strandlykkja. Hinter Espa verläßt die E 6 den Uferbereich und führt durch ein bewaldetes Gebiet.

■ Parallel zur Europastraße verläuft die Str. 222 über Tangen und Stange nach **Hamar**. Über sie erreicht man auch die **Kirche** von **Stange** (3 km westlich), die Mitte des 13. Jhs. errichtet wurde. Sie wird durch das Nebeneinander von romanischen und gotischen Stilelementen geprägt. Die Innenausstattung entstand vor allem im 17. Jh. (Kanzel, Altar), die Glasmalereien sind eine Arbeit Gabriel Wergelands (1928). In der fruchtbaren Umgebung von Stange stehen mehrere prächtige Herrenhöfe, u.a. Ringnes (um 1760) und Atlungstad.

Auf der E 6 gelangen wir weiter zur Kreuzung Uthus. Nach weiteren 11 km erreichen wir das Stadtgebiet von **HAMAR**. Diese mit 16.000 Einwohnern größte norwegische Stadt, die nicht am Meer liegt, ist bereits im Mittelalter gegründet worden und besitzt heute als Bezirkshauptstadt von Hedmark große Bedeutung (siehe Ortsteil).

■ In Hamar zweigt die **Str. 25** ab, die über Elverum zur schwedischen Grenze führt.

Die E 6 verläuft weiter nach **Brumunddal**, dem Zentrum der Landgemeinde Ringsaker.

■ Östlich von Brumunddal – beim 560 m hohen Høsbjørkampen – liegt das Erholungsgebiet **Høsbjør** (Wintersport). Aussicht von der Bergkuppe über die Mjøsa-Landschaft.

■ Gleich westlich vom Brumunddal erlaubt die Str. 212 einen Abstecher über die Mjøsa-Halbinsel bis zur Insel **Helgøya** (»Heilige Insel«). Dort findet man zahlreiche Herrenhöfe inmitten einer freundlichen und fruchtbaren Kulturlandschaft.

Wir fahren weiter über Økelsrud und Hersaug in Richtung Moelv.

■ Besondere Beachtung verdient die **Kirche** von **Ringsaker**, eine dreischiffige Basilika nahe des Seeufers. Die um 1300 erbaute romanische Kirche ist im 13 Jh. in gotischem Stil erweitert worden. Die kostbare Altarwand ist eine Antwerpener Arbeit aus der Zeit um 1520, Kanzel und Taufbecken entstanden Anfang des 18. Jhs. Die freigelegten mittelalterlichen Fresken zeigen den Heiligen Olav, dem die Kirche geweiht ist. – Nordwestlich der Kirche befinden sich auf dem Hügel zwischen E 6 und Seeufer die Reste einer **Schutzburg** aus der Zeit der Völkerwanderung.

Beim Gutshof Stein stehen die **Ruinen einer Burg**, die König Håkon Håkonsson um 1230 errichten ließ; in der Nähe findet man **Felszeichnungen** mit Tierdarstellungen aus der Steinzeit.

Wenig später erreichen wir **Moelv**, wo einige Industriebetriebe ansässig sind.

Über die neue Mjøsa-Brücke (gebührenpflichtig) setzt sich die E 6 jetzt am Westufer des Sees fort. Die alte, nun ruhige Route führt als Str. 213 am Ostufer entlang.

■ Gleich hinter der Brücke zweigt die Str. 4 ab, die über Gjøvik zurück nach **Oslo** führt. Sehenswert: In Biri befinden sich eine 1777 errichtete Holzkirche und der sog. **Tingplatz** (Tingplassen), eine Grabanlage aus der Eisenzeit.

In **Vingnes** überqueren wir das Nordende des Sees. Ebenfalls in Vingnes kann man über die alte Mjøsa-Brücke das Zentrum von **LILLEHAMMER** erreichen. Die Olympiastadt wird im Ortsteil beschrieben.

Nördlich von Lillehammer beginnt das **Gudbrandsdal**, ein geschichtsträchtiges Tal mit langer bäuerlicher Tradition, dessen Höfe teilweise noch aus dem Mittelalter stammen. Das Tal ist schon seit frühgeschichtlicher Zeit ein wichtiger Verkehrsweg. Von Lillehammer (180 m) steigt das vom Lågen durchzogene Gudbrandsdal bis Dombås auf 659 m an.

Auf der E 6 gelangen wir weiter nach **Fåberg**.

■ Wenn man hier den Lågen überquert, dem Westufer 2 km in nördlicher Richtung bis Drotten folgt und dann auf einem Fußweg zum Flußufer hinabgeht, gelangt man zu gut erhaltenen **Felszeichnungen** aus der Steinzeit. – Auf derselben Uferseite, ein paar Kilometer weiter nördlich, liegen in unmittelbarer Nachbarschaft der Vergnügungspark **Hunderfossen** und das verkehrshistorische **Vegmuseum**, die im Lillehammer-Kapitel vorgestellt werden.

■ Von Fåberg aus führt die Str. 255 nach Vinstra. Sie stellt, wie der Peer Gynt-Weg, eine lohnende Alternative zur E 6 das und erlaubt einen Abstecher in das Gebirgsgebiet von Forn.

Die erste Station ist **Follebu**. Die mittelalterliche **Steinkirche** von Follebu liegt rund 2 km nördlich des Zentrums.

Kurz nach Follebu passieren wir **Aulestad**. Dort steht das **Haus von Bjørnstjerne und Karoline Bjørnson**. Alles ist so erhalten, wie es zu Lebzeiten des großen Dichters um die Jahrhundertwende ausgesehen hat.

Wir kommen nach **Segalstad bru**. Man kann hier zum **Peer Gynt-Weg** abbiegen, über den man ebenfalls nach Vinstra gelangt.

Die Str. 255 führt weiter nach **Forset/Vestre Gausdal**. Sehenswerte **Kirche** (1784). Hier beginnt eine schmale, kurvenreiche und spannende Nebenstraße, die über das Gebirge nach Fagernes und Bagn führt.

Über Bødal fahren wir zum Kirchdorf **Svatsum**. Die achteckige **Holzkirche** von Svatsum stammt aus dem Jahr 1860.

Weiter geht es in nordwestlicher Richtung. Unterwegs kommt man am **Vis-Knut-Haus** (Vis-Knut-stugu) vorbei, in dem der Laienprediger »Vis-Knut« Nordgarden (1792-1876) lebte. Das alte Holzgebäude ist heute als Museum der Öffentlichkeit zugänglich.

Wir folgen dem ansteigenden Tal. Auf der linken Straßenseite befindet sich bald die enge **Schlucht Helvete** (»Hölle«) mit einigen beeindruckenden Strudeltöpfen (jettegryter). Fußweg bis zur Helvete.

Bei Vassenden erreichen wir den langgestreckten See Espedalsvatn; die Str. 255 verläuft an dessen Nordufer. Über Dalseter kommen wir zur Kreuzung **Ruten**. Dort erreicht der Peer Gynt-Weg wieder unsere Strecke.

Wenig später überqueren wir den höchsten Punkt der Str. 255 (972 m) und fahren abwärts zum Berghof **Skåbu**. Es besteht nun die Möglichkeit, auf die sog. »**Jotunheimstraße**« abzubiegen, die mitten durch eine herrliche Gebirgslandschaft (Paßhöhe 1.230 m) zur Str. 51 bei Bygdin verläuft. Die Fahrt durch dieses karge Fjellgebiet bietet einen denkbaren Kontrast zu den fruchtbaren Tälern rund um das Gudbrandsdal.

Wir fahren weiter talabwärts nach **Kvikne**. Die **Holzkirche** von Kvikne ist eine 1763 errichtete Kreuzkirche. Ihr heutiges Aussehen erhielt sie, als sie 1789 nach einem Erdrutsch an ihren jetzigen Standort »versetzt« werden mußte.

Rund 12 km hinter Kvikne erreichen wir Vinstra, wo wir wieder auf die E 6 stoßen.

Über Hunder (280 m langer Staudamm) und Øyer (Kirche aus dem 18. Jh.) gelangen wir nach **Tretten**, das am Südende der Flußverbreiterung Losna liegt.

■ Die **Ortskirche** von Tretten stammt aus dem Jahr 1728.

■ Von Tretten führt die **Str. 254** zum Peer Gynt-Weg und zur Str. 255.

Wir passieren **Fåvang** und anschließen den Hof **Elstad**.

■ Ein kurzer Abstecher bringt uns zur **Stabkirche** von Ringebu, **Ringebu stavkirke**. Sie ist eine der ältesten Kirchen Norwegens und um das Jahr 1200 erbaut worden. Die St. Laurentius-Statue, zwei Kruzifixe und das Taufbecken stammen aus dem Mittelalter; auch mehrere Runeninschriften sind erhalten. Um 1630 wurde die Kirche erweitert und erhielt dabei ihre heutige Gestalt. (Mitte Juni–Mitte August tägl. 10-18 h, auch Führungen)

Die E 6 führt weiter nach **Ringebu** (1.500 Einwohner).

■ Von Ringebu führt die 38 km lange **Str. 27** über das Ringebufjell (Paßhöhe 1.060 m) nach Enden. Unterwegs hat man eine einzigartige Aussicht auf das Rodane-Gebirge; mehrere Fußwege erschließen den 572 km² großen **Rondane-Nationalpark**. Die Str. 27 führt auch an der Kirche von Venabygd vorbei, die aus dem Jahr 1780 stammt (schönes, reich dekoriertes Inventar). – Der 44 m lange **Friisvei** (Paßhöhe 1.140 m) stellt eine Verbindung nach Atna ins Østerdal her (dort Anschluß an die Str. 3).

10 km hinter Ringebu gelangen wir nach **Hundorp**.

■ Bei der Volkshochschule (Dale-Grudbrands gård) findet man ein **Gräberfeld** aus der Wikingerzeit. – Hier steht eine restaurierte Hütte, in der sich während des Zweiten Weltkriegs Widerstandskämpfer trafen. – Außerhalb des Ortes steht die **Kirche von Sør-Fron**, eine achteckige Steinkirche aus dem Jahr 1786. Sie wird oft als »Kathedrale des Gudbrandsdals« bezeichnet.

Auf der E 6 fahren wir weiter nach **Harpefoss**. Hier befand sich einst die größte Stromschnelle des Gudbrandslågen. Der Harpefossen verläuft heutzutage allerdings durch ein mächtiges Röhrensystem (Staudamm) und versorgt ein Kraftwerk mit Energie. Für die Fische, die zu ihren Laichplätzen zurückkehren, wurden eigens Treppen angelegt.

Wir kommen dann nach **Vinstra**, wo alljährlich Anfang August das Peer Gynt-Fest veranstaltet wird. Es erinnert an das hier ansässige historische Vorbild für Henrik Ibsens weltberühmtes Schauspiel.

■ Die **Sødorp-Kirche** am westlichen Flußufer ist 1752 aus Holz erbaut worden, befindet sich jedoch erst seit 1908 an ihrem heutigen Standort. – Bei Skoe, außerhalb des Ortes, erstreckt sich ein großes Feld mit 3.000 Jahre alten **Felszeichnungen**. Vermutlich handelt es sich dabei um eine frühgeschichtliche Kultstätte, worauf die Sonnensymbole hinweisen.

■ Von Vinstra führt der **Peer Gynt-Setervei** (Almweg) in einem 50 km langen Bogen durch das Gebirge nach Kvam, das 10 km nördlich von Vinstra im Gudbrandsdal liegt. Nach rund 3 km passiert man dabei den Hof Hågå, auf dem Peer Gynt (vermutlich der 1665 gestorbene Peder Lauritson) gelebt haben soll. – In Vinstra endet die **Str. 255**, die ab Lillehammer eine Alternativverbindung zur E 6 darstellte.

Die E 6 führt talaufwärts nach **Kvam**, einem kleinen Industrieort mit rund 1.000 Einwohnern. 1940 fand hier eine erbitterte Schlacht um die wichtige Verkehrsader Gudbrandsdalen zwischen deutschen und britischen Truppen statt.

■ Die historische Kirche von Kvam fiel den Kämpfen des Jahres 1940 zum Opfer; die neue **Kirche** wurde nach dem Krieg in altem Stil errichtet.

Wenige Kilometer hinter Kvam gelangen wir nach **Sjoa**.

■ Hier biegt die **Str. 257** ab, die eine Verbindung zur Str. 51 (über das Jotunheimen-Gebirge) herstellt.

Am Ostufer des Talflusses entlang fahren wir in Richtung Otta.

■ Bei Kringen steht die sog. »**Sinclair-Säule**«. Sie erinnert an die Kämpfe der Gudbrandsdal-Bauern gegen schottische Invasionstruppen im August 1612.

2 km nördlich von Kringen kommen wir nach **Otta**, Hauptort der Gemeinde Sel

sowie Handels- und Verkehrszentrum im nördlichen Gudbrandsdal. Schon im 19. Jh. war Otta ein beliebtes Touristenziel, wozu die Eröffnung der Eisenbahnlinie Olso–Trondheim entscheidend beitrug. Durch Bombenangriffe wurde der Ort 1940 völlig zerstört, anschließend aber wieder aufgebaut. Zum Gemeindegebiet gehören auch das von steilen Felswänden eingefaßte Heidal (gut erhaltene alte Bauernhöfe) sowie die Siedlung Sjoa und die Alm Høvringen (Hotels, Pensionen, Ferienhütten).

■ Die **Kirche** von **Heidal** wurde 1938 eingeweiht, nachdem ihre Vorgängerin abgebrannt war. – Die **Bjølstad-Kapelle** wurde 1964 aus altem Material wieder aufgebaut (mittelalterliches Inventar). – Der **Hof Bjølstad** aus der Mitte des 18. Jhs. hat seine mittelalterlichen Züge bewahrt und steht unter Denkmalschutz (kein Zutritt). Weitere jahrhundertealte, noch immer bewirtschaftete Höfe im Heidal sind: Kruke, Slette, Faukstad, Havildstad, Åseng u.a.

■ In Otta zweigt die Str. 15 ab, die über Stryn zur Küstenstadt **Måløy** führt.

■ Außerhalb des Zentrums biegt rechts der sogenannte **Rondaneweg** ab, über den man das herrliche Gebirgsgebiet von Mysuseter erreicht (Wandern).

■ **Information**: Sel-Rondane Reiselivslag, Nygata 4, N-2671 Otta, Tel. 6123 0244.

Wir folgen dem Gudbrandsdal talaufwärts.

■ Die **Kirche** von **Sel** stammt aus dem Jahr 1742. Im Innenraum der hölzernen Kreuzkirche ist besonders das geschnitzte Altarbild (Østen Kjørn, 1783) auffallend.

■ Nördlich der Kirche zweigt eine Nebenstraße ab, die zum Almgebiet Mysuseter führt. Von dieser Straße aus erreicht man (nach 3 km) über einen Fußweg die **Kvitskriuprestene**. Hierbei handelt es sich um eigenartige, bis zu 6 m hohe Erdpyramiden, die aus Moränenablagerungen entstanden sind.

13 km hinter Otta folgt **Nord-Sel**.

■ Der südlich gelegene, über 300 Jahre alte **Hof Romundgard** ist aus dem historischen Roman »Kristin Lavranstochter« von Sigrid Undset bekannt. Dort steht auch die Hütte »Sinclair-stugu«, in der 1612 der Anführer der schottischen Invasionstruppen seine letzte Nacht verbracht haben soll.

Die E 6 steigt weiter an, und das Tal wird enger und unwegsamer.

■ Bei Rosten kann man einen kurzen Abstecher zum 1.000 m hoch gelegenen Almgebiet von **Høvringen** unternehmen, wo man mehrere Hotels und Pensionen sowie zahlreiche Ferienhütten findet (Wandern, Angeln, Wintersport).

Über Brennhaug gelangen wir nach **Dovre**.

■ Die schieferverkleidete **Holzkirche** von Dovre wurde 1740 eingeweiht. Zum wertvollen Inventar gehören das Taufbecken (Mittelalter) und die Kanzel (Anfang 18. Jh.).

■ Nördlich von Dovre zweigt eine Nebenstraße von der E 6 ab und führt hoch über dem Talboden am Osthang entlang. Unterwegs passiert man dabei den alten Hof **Tofte**, dessen Geschichte bis ins Mittelalter zurückreicht. Hier rasteten die Reisenden auf ihrem Weg über das Dovrefjell, darunter auch Könige. Der restaurierte Hof ist leider nicht für die Öffentlichkeit zugänglich.

13 km hinter Dovre erreichen wir **Dombås** (659 m ü.d.M.). Wichtig für die Ent-

wicklung des Tourismus in dieser Gegend war die Eröffnung der Dovre-Bahn (Oslo–Trondheim), die 1921 eingeweiht wurde. Nach und nach entwickelte sich Dombås zu einem Verkehrsknotenpunkt (Str. 9, Rauma-Bahnlinie). Nach den Zerstörungen des 2. Weltkriegs mußte der Ort neu aufgebaut werden.

Dombås ist ein guter Ausgangspunkt für Aktivurlaub; der Norwegische Sportverband hat hier ein Trainingszentrum u.a. für Wintersportler eingerichtet.

■ Die **Kirche** von Dombås ist 1939 aus Dovre-Gestein errichtet worden.

■ Dombås ist Ausgangspunkt der Str. 9, die über Åndalsnes bis zur Küstenstadt Ålesund führt. – Hier zweigt auch die Rauma-Bahnlinie nach Åndalsnes ab.

■ **Information**: Dovre Reiselivslag, N-2660 Dombås, Tel. 6124 1444.

Hinter Dombås beginnt nun der Hochgebirgsabschnitt der E 6: Die Straße führt auf das Dovrefjell, der landschaftliche Höhepunkt zwischen Oslo und Trondheim; besonders im September, wenn die Herbstfarben Einzug halten. Dieser alte Gebirgsübergang – der heutzutage natürlich bestens ausgebaut ist – wurde schon von den Königen des Mittelalters (insgesamt waren es im Laufe der Zeit nicht weniger als 41) auf der Reise zur Krönung im Nidaros-Dom (Trondheim) benutzt. Das **Dovrefjell** gehört übrigens zu den trockensten Gebieten Norwegens: Die durchschnittliche jährliche Niederschlagsmenge liegt unter 250 mm (und kommt meistens – manchmal auch im Hochsommer – als Schnee vom Himmel).

Der nächste Ort, **Fokstua**, liegt bereits 951 m hoch.

■ Hier erstreckt sich westlich der Straße das Moor **Fokstumyra**, das seit 1923 unter Naturschutz steht. Innerhalb des 8 km^2 großen Naturreservats findet man neben einer artenreichen Fjellflora vor allem viele, teils seltene Vogelarten: Mehr als 50 Arten brüten hier. Fokstumyra ist ein beliebtes Reiseziel für Ornithologen aus ganz Europa. Im Norden erhebt sich der 2.286 m hohe Snøhetta.

Die Straße steigt weiter an und führt am Ufer des schmalen Vålåsjø vorbei.

Bald passieren wir den Gebirgsgasthof **Dovregubbens hall** (Halle des Dovreriesen).

■ In der Nähe des Gasthofs steht – als verkehrsgeschichtliches Denkmal – eine **Steinbrücke** aus dem Jahr 1825, Teil des alten Königsweges über das Gebirge.

Wir setzen unsere Fahrt über das Dovrefjell fort – u.a. am See Avsjøen vorbei – und gelangen nach **Hjerkinn**, dessen Bahnhof in 1.017 m Höhe liegt. Hjerkinn taucht bereits in vorchristlichen Sagas auf und ist seit dem Mittelalter ein wichtiger »Meilenstein« auf dem Weg zwischen Oslo und Trondheim.

■ Die 1969 errichtete **Eysteinkyrkja** erinnert an König Eystein (Øystein) Magnusson, der die ersten Schutzhütten auf dem Dovrefjell erbauen ließ.

■ Für Wanderfreunde: Der alte **Königsweg** verläuft östlich der E 6, hinter dem 1.294 m hohen Hjerkinnhø. Die erhaltene Etappe ist in etwa 2 Stunden zu bewältigen. (Beginn an der Eysteinkyrkja).

■ Von Hjerkinn kann man über die Str. 29 nach **Alvdal** gelangen (Anschluß an die Str. 3, siehe dort).

2 km hinter Hjerkinn erreicht die E 6 mit 1.026 m ihren höchsten Punkt.

■ Genießen Sie die schöne Aussicht über das **Dovrefjell**, dessen höchster

Gipfel der im Westen gelegene 2.268 m hohe Snøhetta ist.

Wenig später passiert die Europastraße die Grenze zwischen dem südnorwegischen Bezirk Oppland und dem mittelnorwegischen Sør-Trøndelag.

Die E 6 führt nun abwärts nach **Kongsvold** (886 m), ebenfalls ein Gebirgsgasthof mit jahrhundertealter Tradition.

■ Im Gasthof **Kongsvold Kro** sind zahlreiche alte Einrichtungsgegenstände und historisches Inventar erhalten. Ausstellungen zu Geschichte, Flora und Fauna. – Beim Bahnhof ist der **Botanische Garten** »Fjellhagen« angelegt, der die Vielfalt der norwegischen Gebirgsflora dokumentiert. In Kongsvold werden eine botanische und zoologische Gebirgsstation betrieben.

■ Bei Kongsvold liegt der 265 km^2 große **Dovrefjell-Nationalpark**, der sich zu beiden Seiten des Drivadals erstreckt. Hier versucht man, die noch weitgehend intakte Hochgebirgslandschaft für uns und unsere Nachwelt zu erhalten. Auf dem Dovrefjell leben übrigens auch wilde Rentiere und Moschusochsen, die aus Grönland stammen und zuletzt 1947–53 hier ausgesetzt wurden. Im »Knutshø-Feld« finden sich Pflanzenarten, die vermutlich die letzte Eiszeit überstanden haben.

■ Von Kongsvold aus kann man reizvolle Tageswanderungen unternehmen.

Wir folgen dem Drivadal talabwärts. Rund 9 km hinter Kongsvold passieren wir den Fahrweg »Vårstigen«.

■ Der **Vårstigen** (Frühlingspfad) wurde Anfang des 18. Jhs. angelegt und benutzt, wenn die Flut das Vorankommen im Drivadal unmöglich machte. Der Fahrweg war teilweise kaum breiter als 2 m und hatte eine Steigung von bis zu 40%. Er ist heute ein empfehlenswerter Spazierweg.

Über Drivstua gelangen wir nach **Engan** (Schieferbruch).

■ Nördlich von Engan, an der alten Streckenführung der E 6, befindet sich die enge Schlucht **Magalaupet**. Die reißende Driva hat hier einige teilweise mächtige Strudeltöpfe ausgespült.

■ Im **Driva Steinsenter** werden (nicht nur) seltene Mineralien aus der Region ausgestellt. Auch Verkauf und organisierte Steinbruch-Expeditionen.

Nach weiteren 10 km erreichen wir das Urlauberdomizil **Oppdal**, das vor allem im Winter hohe Übernachtungszahlen verzeichnet.

■ **Oppdal bygdemuseum**, das Heimatmuseum, umfaßt rund 25 teilweise mehrere Jahrhunderte alte Gebäude mit umfangreichem Inventar. – Die **Holzkirche** von Oppdal stammt aus den Jahren 1651/52 (Altar und Kanzel von 1758). – Im Ortsteil Vang erstreckt sich ein großes **Gräberfeld** aus der Wikingerzeit mit annähernd 1.000 Grabhügeln.

■ Im **Skigebiet** Oppdal gibt es insgesamt 16 Skilifte, 26 Abfahrtsstrecken und rund 180 km Loipen.

■ In Oppdal zweigt die **Str. 70** von der E 6 ab und führt in westlicher Richtung über Sunndalsøra nach Kristiansund.

■ **Information**: Oppdal Turistkontor, Torvet, Postboks 50, N-7341 Oppdal, Tel. 7242 1760.

In Oppdal verläßt die E 6 das Tal der Driva und führt an der Byna entlang nach **Ulsberg**, das zur Gemeinde Rennebu gehört.

■ Hier mündet die **Str. 3** (siehe dort) in die E 6.

11 km hinter Ulsberg (unterwegs schöne Aussicht) erreichen wir **Berkåk**.

■ In Berkåk zweigt die **Str. 700** ab, die nach Orkanger führt. Nach ca. 15 km passiert man in **Voll** die alte, kürzlich restaurierte **Hauptkirche** von **Rennebu** mit Y-förmigem Grundriß. In Voll sind auch einige alte, für die Gegend von Rennebu typische Bauernhäuser erhalten.

Die E 6 verläuft weiter – parallel zur Bahnlinie – durch das schmale Soknedal zum Verkehrsknotenpunkt **Støren**.

■ Rechts biegt die Str. 30 ab, auf der Sie durch das hübsche **Gauldal** in die alte Bergwerksstadt **Røros** gelangen (siehe Ortsteil).

Die Europastraße verläuft nun längs der Gaula, die als einer der besten Lachsflüsse Norwegens gilt. Hinter der Talverengung bei **Haga bru**, Schauplatz bereits mehrerer Lawinen-Katastrophen, wird das Tal nun zunehmend breiter, um sich schließlich zur fruchtbaren Ebene südlich von Trondheim zu öffnen.

Wir kommen über Lundamo und Ler (Kirche von Flå vom Ende des 18. Jhs.) und erreichen schließlich **Melhus**.

Durch ein für norwegische Verhältnisse flaches und recht dicht besiedeltes Landwirtschaftsgebiet gelangen wir weiter nach Klett.

■ Von Klett führt die Str. 65 über **Orkanger** Richtung Kristiansund.

Wir befinden uns nun bereits innerhalb der Gemeindegrenzen von Groß-Trondheim und kommen durch den expandierenden Vorort Heimdal ins eigentliche Stadtgebiet von **TRONDHEIM**, das im Mittelalter Norwegens Hauptstadt war. Trondheim finden Sie im Ortsteil ausführlich beschrieben.

■ Sehenswert: der **Nidaros-Dom** (Norwegens Nationalheiligtum), das Freilicht-Volksmuseum für die Landschaft Trøndelag, die Sammlungen der Universität, das Seefahrtsmuseum, das Nordfjeldske Kunstgewerbemuseum. Außerhalb der Innenstadt liegen das musikhistorische Museum von Ringve, die Mittelalterkirche von Lade und, mitten im Trondheimsfjord, die Festungsinsel Munkholmen.

Die E 6 folgt nun dem Südufer des Trondheimsfjords, der mit einer Gesamtlänge von 124 km immerhin Norwegens drittlängster Fjord ist. Die Gegend Trøndelag, eines der besten Landwirtschaftsgebiete, war im Mittelalter das Zentrum Norwegens, dessen mächtige Großbauern einen beachtlichen politischen Einfluß hatten. In Trøndelag, das verwaltungsmäßig in die Bezirke Sør- und Nord-Trøndelag aufgeteilt ist, befinden wir uns also auf geschichtsträchtigem Boden.

Durch den Vorort Ranheim (Papierfabrik) gelangen wir nach Vikhamar und weiter nach **Hommelvik**. Hier befindet sich ein Exporthafen für Holz aus dem benachbarten Schweden.

Hinter Hommelvik erreichen wir den Regierungsbezirk (fylke) Nord-Trøndelag. Dort kommen wir zunächst nach **Hell**. Hier zweigt die Meråker-Bahnlinie ab, die nach Schweden führt.

■ Abseits der Straße (Parkplatz, kurzer Fußweg) sind **Felszeichnungen** (helleristninger) aus der Steinzeit erhalten.

Wir erreichen dann **Stjørdal** (Stjørdalshalsen), das an einer Bucht des Trondheimsfjords liegt. Innerhalb der Gemeinde leben rund 7.500 Menschen – Stjørdal gehört damit zu den größeren Kommunen im Zuge unserer Strecke.

Neben zahlreichen Dienstleistungseinrichtungen gibt es hier eine Reihe Industriebetriebe.

Bei Stjørdal liegt auch der Verkehrsflughafen Værnes, der den Trondheimer Raum bedient. Die E 6 führt unter einem Teil der Anlage hindurch.

■ Die **Kirche** von **Værnes** stammt aus dem frühen Mittelalter (1080) und zeugt durch ihre Größe vom Wohlstand dieses fruchtbaren Gebiets. Der offene, mittelalterliche Dachstuhl, der einzige seiner Art in Norwegen, ist noch vollständig erhalten. Die Schnitzereien tragen deutlich heidnische Stilzüge. Besonders beachtenswert ist der sog. »Værnes-Stuhl«, eines der Hauptwerke des Trønder-Barocks. (Ende Juni–Anfang August Mo–Sa 11–18 h, So 13–18 h) – In der Kirche befindet sich das **Heimatmuseum** von Stjørdal mit Gegenständen und alten Gebäuden aus dem Gemeindegebiet, ferner Mineralien.

■ Von Stjørdal führt die **E 14** über Storlien nach Östersund in Schweden.

Auf der E 6 fahren wir weiter über Skatval zur Kreuzung **Tiller**.

■ Dort zweigt eine Nebenstraße nach Fløan ab, über die man die **Burgruinen** von **Steinviksholm** erreicht. Diese spätmittelalterliche Burg ist vom letzten katholischen Erzbischof Norwegens (Olav Engelbregtsson, 1525–32) erbaut worden, der sich nach der Reformation hier verschanzte. Türme und Kellerräume sind gut erhalten, ebenfalls der Kerker, in dem einst der dänische Adlige Niels Lykke einsaß.

■ Bademöglichkeiten im **Stjørdalsfjord**.

Die E 6 erreicht abermals das Fjordufer. Im Fættenfjord bei Langstein lag 1940–54 das deutsche Schlachtschiff »Tirpitz« – von der Straße aus sind noch Reste der Landbefestigung zu sehen.

■ Beim Campingplatz Fættenfjord bestehen Bademöglichkeiten im **Fjord**.

Wir verlassen nun den Uferbereich und kommen nach **Åsen**, einer Siedlung mit einigen kleineren Industriebetrieben.

■ Die Str. 753 führt von Åsen auf die landschaftlich reizvolle, hügelige Halbinsel **Frosta**. Am Ende der Straße steht an der alten Thingstätte von Frosta (Gerichtsplatz für ganz Trøndelag von ca. 940 bis ins 16. Jh.; Denkmal) die **Steinkirche** von **Logtun**, die zwischen der Mitte des 13. und dem Ende des 14. Jhs. errichtet wurde. In einem Schrein der Kirche soll das historische Frosta-Gesetz aufbewahrt sein.

Westlich von Evenhus (beim Konsum Mostad) sind **Grabhügel** aus dem 2. Jh. n. Chr. erhalten. Östlich liegen Felder mit **Steinzeichnungen** (Bootsmotive). – Auf Tautra sind die Ruinen eines mächtigen **Zisterzienser-Klosters** erhalten (1207-1537), dem einst nicht weniger als 167 Höfe in der Landschaft Trøndelag gehörten.

Die E 6 verläuft weiter durch die flache fruchtbare Landschaft Trøndelags.

■ Bei Ronglan zweigt eine Nebenstraße nach **Falstad** (Ekne) ab. Dort befand sich während der Besatzungszeit ein deutsches Konzentrationslager, in dem 200 Gefangene hingerichtet wurden. Eine Gedenkstätte erinnert an die Ermordeten.

Wir kommen dann nach **Skogn**, einem Ort mit knapp 3.000 Einwohnern, dessen Wirtschaftsstruktur durch die holzverarbeitende Industrie geprägt wird. Hier befindet sich Norwegens größte Zeitungsfabrik (»Nordenfjeldske Treforedling«), die 1966 errichtet wurde und einen großen Exportanteil zu verzeichnen hat. Sie beliefert auch deutsche Großverlage.

Die E 6 führt nun wieder näher am **Trondheimsfjord** entlang (Bademöglichkeit).

■ Über einen kurzen Abstecher erreicht man die **Steinkirche** von **Alstadhaug**, die aus der Zeit um 1200 stammt und sich durch ihre mittelalterlichen Kalkmalereien auszeichnet. – Bei der Kirche erhebt sich der größte **Grabhügel** des mittleren Norwegens. Der Durchmesser von **Ølvingerhaugen** beträgt 55 m.

Wenige Kilometer später erreichen wir **Levanger** (etwa 17.300 Einwohner). Über die Ortschaft wurden einst umfangreiche Handelsgeschäfte mit der benachbarten schwedischen Provinz Jämtland abgewickelt.

■ Rund 8 km östlich der Stadt sind bei **Munkeby** (Mönchsstadt) die Ruinen eines mittelalterlichen Zisterzienserklosters erhalten. Die Gemäuer sind jahrhundertelang als »Steinbruch« genutzt worden.

Weiter geht es am nördlichen Trondheimsfjord entlang.

■ Ein kurzer Abstecher führt uns nach **Skånes**, einem Freizeitgebiet am Fjord mit guten Bademöglichkeiten.

10 km hinter Levanger erreichen wir **Verdalsøra**.

■ Einige Kilometer östlich der Stadt (Str. 757, 759) liegt **Stiklestad**, einer der historisch bedeutendsten Orte Norwegens. Hier fiel 1030 der spätere Nationalheilige König Olav. Die mittelalterliche Kirche von Stiklestad wurde im 12. Jh. an der Stelle errichtet, an der Olav der Heilige tödlich verwundet worden war. – Im **Stiklestad Nasjonale Kultursenter** werden die Ereignisse von 1030 wiederbelebt und der Übergang vom Heidentum zum christlichen Glauben dokumentiert. (Täglich 9–20 h) – Im Amphitheater von Stiklestad wird alljährlich von Amateuren zusammen mit Berufsschauspielern das **Olsok-Spiel** aufgeführt, das an die historischen Ereignisse vor über 900 Jahren erinnert (Ende Juli).

Die E 6 bringt uns weiter nach **Røra**.

■ Hier zweigt die Straße 755 ab, die auf die Halbinsel **Inderøy** führt (weiter am Nordwestufer des Fjords entlang bis nach Vanvikan).

■ Eine lohnende Alternative zur Hauptstrecke ist eine Fahrt über **Straumen** (Str. 755, 761). Dabei kommt man am Roelsbakken vorbei, wo sich eine schöne Aussicht über den Fjord und die fruchtbare Landschaft bietet. Man überquert dann die Enge zwischen dem Trondheimsfjord und dem Borgenfjord und gelangt nach Straumen. Außerhalb des Ortes steht die **Sakshaug gamle kirke**, eine mittelalterliche Steinkirche, die um 1130 errichtet wurde. – Neben der Kirche findet man das **Heimatmuseum** von Inderøy. – Bei der Straumbrua sind einige kleine **Holzhäuser** aus der Zeit der Jahrhundertwende erhalten.

Von Straumen folgt man der Str. 761, die westlich des Borgenfjords verläuft. Versäumen Sie nicht nach 10 km den kurzen Abstecher zur mittelalterlichen **Steinkirche** von **Hustad** (Sandvollen), die aus der Zeit um 1100 stammt und damit eine der ältesten Kirchen Norwegens ist.

15 km hinter Straumen mündet die Str. 761 wieder in die E 6.

Folgt man weiter der Europastraße, gelangt man bald nach **Sparbu**.

■ Auf den Höhenzügen im Osten, bei Dalum, liegt eines der größten **Gräberfelder** des nördlichen Norwegens mit Rund- und Langhügeln, sternförmigen Hügeln, einem rechteckigen Steingrab und drei Bautasteinen.

Die nächste Ortschaft ist **Mære**.

■ Westlich der Hauptstraße steht dort die mittelalterliche Steinkirche **Mære kirke**, die Ende des 12. Jhs. anstelle eines heidnischen Göttertempels errichtet wurde. Beachtenswert sind die geschnitzten Tierfratzen des mittelalterlichen Dachgestühls, das Kruzifix, das Chorgestühl (Mittelalter) sowie Altarbild und Kanzel aus dem 17. Jh.

Über Sørlia (Badeplatz) kommen wir dann ins Zentrum von **Steinkjer** (20.725 Einwohner), der Hauptstadt des Bezirks Nord-Trøndelag. Steinkjer liegt am Nordostende des Trondheimsfjords und ist die größte Stadt in Nord-Trøndelag.

Der Ort war bereits früh ein Handelszentrum, unter den Herzögen Eirik und Svein sogar bedeutender als Trondheim.

Mit der Industrialisierung im 19. Jh. begann für Steinkjer als Verladehafen für Holz und Landwirtschaftsprodukte eine neue Phase des Aufschwungs. 1900 brannte der Südteil der Stadt ab und wurde mit kleinen Holzhäusern neu aufgebaut. 1905 erfolgte der Anschluß an das norwegische Eisenbahnnetz. Bei einem Bombenangriff im Jahr 1940 kam es zur fast völligen Zerstörung des Zentrums.

Heute ist Steinkjer eine der größten Landwirtschaftsgemeinden Norwegens. Mehrere der hier ansässigen Industriebetriebe verarbeiten Forst- und Landwirtschaftsprodukte.

■ Die neue **Ortskirche** ist 1965 nach Plänen von Olav Platou fertiggestellt worden. Das große Bronzekruzifix ist eine Arbeit von Sivert Donali, Glasmalereien und Wanddekorationen stammen vom Maler Jakob Weidemann. – **Egge Museum**, nördlich der Stadt, zeigt historische Gegenstände und Gebäude aus dem Gemeindegebiet. – Im Nordteil der Stadt liegt auch das **Steinfeld** von **Tingvold**, mit 38 in Schiffsform aufgestellten Steinen aus der jüngeren Eisenzeit. Diese 35 m lange Steinsetzung ist die größte ihrer Art in Norwegen. – Einen Besuch wert ist **Janes Brukskunst Galleri**, eine Verkaufsausstellung mit qualitativ und künstlerisch hochwertigen Kunstgewerbeartikeln. (Kongensgate 18)

■ 11 km nordwestlich der Stadt sind bei Bardal einige **Felszeichnungen** aus der Steinzeit (2.000 v. Chr.) und aus der Bronzezeit (1.500-500 v.Chr.) erhalten. – Im Gebiet des Hofs Helge bei Byafossen (Str. 763) liegen zwei große Grabhügel: **Helgeshaugen** und **Ormshaugen**; dazu kommen noch mehrere kleinere Grabhügel und Bautasteine.

■ **Information**: Steinkjer Servivekontor, Svein Jarlsgt., N-7701 Steinkjer, Tel. 7416 3495.

■ Eine Alternative zur E 6 stellt für die folgenden 50 km die **Str. 763** dar, die – parallel zur Nordland-Bahnlinie – östlich des großen Sees Snåsavatn verläuft. Rund 20 km nördlich von Steinkjer befindet sich beim Bølafluß (Valøy) die originalgroße **Steinzeichnung** eines Rentiers (Bølarein), die vor rund 6000 Jahren in den Felsen geritzt wurde. Kurz hinter Snåsa mündet die Str. 763 wieder auf die Hauptstrecke.

Wenige Kilometer hinter Steinkjer erreichen wir auf der E 6 die Kreuzung **Asp**.

■ Dort zweigt die **Str. 17** ab, die über Namsos und Sandnessjøen bis in die Gegend von Bodø führt und eine sehr lohnende, küstennahe Alternative zur E 6 darstellt.

Kurze Zeit später liegt der Snåsavatn vor uns, Norwegens sechstgrößter See mit 117 km^2 Wasseroberfläche und 42 km Länge (Angeln). Im Vergleich zum Trondheimsfjordgebiet ist der Uferbereich des Sees recht dünn besiedelt.

Auf Kvam folgt am Nordende des Sees die Kreuzung **Vegset**.

■ Hier kann man über die Str. 763 einen kurzen Abstecher nach **Snåsa** unternehmen (rund 2.000 Seen, darunter viele Angelgewässer).

Sehenswert: die Sammlung über die Kultur der Südsamen (Lappen) im Südsamischen Kulturzentrum (Saemien Sitje). – Ortskirche, teilweise mittelalterlich (Chor und Sakristei), während das Längsschiff aus dem Jahr 1870 stammt.

Die E 6 steigt nun an auf die **Snåsaheia** und erreicht eine Höhe von 246 m.

■ Einige Kilometer vor Formofoss kann man auf eine Nebenstraße abbiegen, die bis an den Rand des 1970 eingerichteten, 180 km^2 großen Nationalparks **Gressåmoen** führt. Durch ein einsames Waldgebiet gelangt man bis 2 km vor Gressåmoen, das man über einen Fußweg erreicht. Ein Wanderweg verläuft durch den Nationalpark und die angrenzende, ebenso schöne Wald- und Gebirgslandschaft bis nach Berglia, das Straßenverbindung hat.

Der nächste Ort ist **Formofoss** (Bahnhof, Wintersportzentrum Bjørgan).

■ Der Fluß Sandøla bildet den Wasserfall **Formofossen** (Fußweg zum Aussichtspunkt). Damit die Lachse die mächtige Stromschnelle passieren können, ist eine teils unterirdische »Lachstreppe« angelegt worden.

■ Bei Formofoss zweigt die **Str. 74** ab, die nach 96 km die schwedische Grenze (bei Gäddede) erreicht. Sie erlaubt einen Abstecher ins dünn besiedelte norwegisch-schwedische Grenzgebiet, einer Grenzzone für Flora und Fauna. Innerhalb der Gemeinde Lierne – Norwegens »östlichste Gemeinde südlich des Polarkreises« lautet die Fremdenverkehrswerbung – stößt man auf Vogelarten, die sonst nur in Osteuropa beheimatet sind. Auch die nördlichen und südlichen Verbreitungsgebiete einiger anderer Vogelarten überlappen sich hier.

Auf der Straße 74 kommen wir zunächst durch das dünn besiedelte Tal der Sanddøla (Wasserfall Bergfossen) und steigen dann auf eine Höhe von 430 m an, die wir hinter **Gosen** erreichen. Wir befinden uns nun in einem Gebiet mit nicht weniger als 1.000 fischreichen Seen (Angeln.)

Rund 66 km hinter Formofoss erreichen wir Sandvika. Der alte Hof »Gamstuggu« ist als **Heimatmuseum** der Nachwelt erhalten worden.

3 km hinter Sandvika gelangen wir, auf der Landenge zwischen den Seen Laksjøen und Sandsjøen, zur Kreuzung Eide. Dort zweigt die **Str. 765** ab, die durch den südlichen Teil der Gemeinde (Sørli) verläuft. Sie steigt zunächst auf 570 m an und folgt dann dem Ostufer der Seen Lenglingen und Rengen. Nach 53 km erreicht sie die Staatsgrenze und geht in die schwedische Str. 340 über.

Die Str. 74 führt nun am Nordufer des 409 m hoch gelegenen Sandsjø entlang und folgt später dem Uferverlauf der Seen Kvesjøen und Murusjøen. Am

Ende des Murusjø überquert man die norwegisch-schwedische Grenze (keine Kontrolle) und gelangt nach 5 km über die schwedische Str. 342 nach **Gäddede**. Dort befindet sich auch die gemeinsame norwegisch-schwedische Zollstation. In Gäddede, einem kleinen Gebirgsdorf, bestehen günstige Einkaufsmöglichkeiten.

Das norwegisch-schwedische Grenzgebiet, das in vieler Hinsicht eine natürliche Einheit darstellt, wird durch mehrere Nebenstraßen erschlossen, die teilweise ebenfalls (z.B. am nördlich gelegenen Tunnsjø entlang) zur E 6 zurückkehren.

Auf der E 6 fahren wir weiter nach **Grong** (Tømmerås/Medjå). Hier zweigt die Namdalsbahn nach Namsos von der Hauptlinie ab.

■ Südlich des Ortes bildet die Sandøla den eindrucksvollen Wasserfall **Tømmeråsfossen** (mit Lachstreppe).

■ Die Gemeinde Grong bietet mit dem Fluß **Namsen** eines der besten Lachsgewässer Nordeuropas. Angelscheine erhält man in den Sportgeschäften und im Touristenbüro.

■ Eine Abwechslung bietet der **Pottermakergården**, in dem Keramik, Glaswaren, Grafiken und Fotografien ausgestellt und verkauft werden.

Die E 6 folgt nun dem Namdal, das vom Namsen, Norwegens siebtlängstem Fluß (210 km), durchzogen wird.

8 km hinter Grong folgt **Gartland**.

■ Dort steht die Kirche von Gløshaug, **Olavskirke**, die 1689 teilweise mit dem Material einer mittelalterlichen Stabkirche erbaut wurde.

Weiter talaufwärts passiert die E 6 den Wasserfall **Fiskumfoss**, der zur Stromerzeugung genutzt wird (Kraftwerke Øvre und Nedre Fiskumfoss).

■ Trotz des Ausbaus bietet der Wasserfall **Fiskumfoss**, der 34 m Gefälle aufzuweisen hat, immer noch einen beeindruckenden Anblick. Hier befindet sich übrigens Europas längste Lachstreppe (290 m).

■ Im **Namsen Lakseakvarium** können Sie Wasserfall, Treppe und durch ein Fenster unter der Wasseroberfläche vor allem die Lachse selbst besichtigen, wenn sie Anlauf nehmen, um die nächste Treppenstufe zu erspringen.

Durch das Namdal, das von bewaldeten Hängen – mit hohen Bergen im Hintergrund – eingerahmt wird, geht es weiter nordwärts.

■ Unterwegs bestehen immer wieder gute Angelmöglichkeiten im **Namsen**.

■ An der Kreuzung Grøndalselv kann man auf die Str. 764 abbiegen, die nach **Røyrvik** und ins norwegisch-schwedische Grenzgebiet führt und in Verbindung mit der Straße Gjersvik–Namskogan eine Alternative zur E 6 darstellt.

Auf der E 6 fahren wir weiter durch das Namdal, durchqueren dann das weitläufige Kirchdorf **Trones**.

■ In dem neuen Naturpark **Namskogan Familiepark** können typische Vertreter der nordischen Tierwelt in möglichst naturgetreuer Umgebung beobachtet werden, selbstverständlich auch Elche. Das Freizeitangebot umfaßt Reiten, Bootfahren, Angeln usw. (Anfang Juni–Ende August tägl. 10–17/9 h)

■ Hinter Trones bildet der Namsen die Stromschnelle **Trangfossen**.

73 km nördlich von Grong erreichen wir den Zentralort **Namskogan**, die letzte Siedlung in Nord-Trøndelag.

Wenig später wird in rund 290 m Höhe die Grenze zum Bezirk Nordland überquert, der geographische Anfang Nordnorwegens.

Die erste Ortschaft dort ist **Majavatn**, das während der deutschen Besatzungszeit ein Zentrum des norwegischen Widerstands darstellte. Hier kam es mehrfach zu Zusammenstößen: Über 20 Widerstandskämpfer aus der Gegend wurden zum Tode verurteilt und ermordet. Heute erinnert ein Mahnmal an die Opfer der deutschen Besatzungsmacht.

Majavatn ist auch ein alter Versammlungsplatz der Bergsamen (Lappen) mit Übernachtungshütten, einer Kapelle und einem alten Lagerhaus.

Die E 6 steigt weiter an und erreicht eine Höhe von 375 m (Kappfjell). Sie führt dann an einigen Seen vorbei zur Abzweigung nördlich des **Lille Svenningsvatn**.

■ Von hier kann man auf der **Str. 76** (Tosenvegen) zur Küstenstraße 17 gelangen. Der Landschaftscharakter erinnert hier noch in starkem Maße an das südöstliche Norwegen: der dichte Hochwald reicht meist hinauf bis zu den Bergkuppen.

Parallel zur Nordland-Bahnlinie kommen wir zur Kreuzung **Bjåfjellmo bru**.

■ In östlicher Richtung führt die **Str. 73** über Hattfjelldal zur schwedischen Grenze. In ihrem ersten Abschnitt steigt sie kurvenreich bis auf eine Höhe von 402 m an und führt dann hinab zur Gemeinde Hattfjelldal, ein früheres Siedlungsgebiet der Samen. Seit Ende des 17. Jhs. leben hier norwegische Siedler, die die Samen zumindest nicht völlig zurückgedrängt haben. Hier befindet sich ein Kulturzentrum für die samische Bevölkerung. Die Kirche von Hattfjelldal stammt aus den 60er Jahren des 19. Jhs. Angeln: nähere Informationen im Touristenbüro.

Rund 10 km hinter dem Zentralort erreichen wir den **Røssvatn**, der durch Aufstauung zu Norwegens zweitgrößtem Binnensee geworden ist (Wasseroberfläche 210 km^2). Aussicht über den See und die umliegenden Berge bei der kleinen Siedlung Grubben. Hinter Grubben zweigt eine Stichstraße ab, die am Ostufer des Sees entlang bis nach Bakketun führt.

Die Str. 73 steigt nun wieder an, führt am See Krutvatn vorbei und erreicht bei der norwegisch-schwedischen **Grenze** mit 1.600 m ihren höchsten Punkt (keine Grenzstation, nächste Zollabfertigung in Tärnaby). Dort stoßen wir auf die E 12, über die man – u.a. am schönen Överuman entlang – zur E 6 nach Norwegen zurückkehren kann. In östlicher Richtung führt die E 12 über Tärnaby (Wintersport) und Storuman nach Umeå.

Auf der Europastraße fahren wir weiter über den Kirchort **Grane** nordwärts.

■ Abseits der E 6 (Fußweg) liegt bald der **Laksfors**, eine tosende Stromschnelle der Vefsna mit einem Gefälle von 16 m (Lachstreppe).

Wir folgen dem Fluß talwärts und gelangen zur Industriestadt **Mosjøen**, die am Ende des schmalen Vefsnfjords liegt.

Mosjøen ist der Verkehrsknotenpunkt im inneren Helgeland. Die Keimzelle der Stadt waren die Fischerhäuser und Lagerschuppen, die von den Talbauern an der Mündung der Vefsna errichtet wurden. Hier trafen die Bewohner der Täler und der Küstenregion zusammen; ein kleiner Handelsplatz entstand. Mehrere der alten Holzgebäude sind auch heute noch erhalten. Im 19. Jh. hatte

Mosjøen eine gewisse Bedeutung als Holzausfuhrhafen – seine heutige Größe hat es vor allem dem Aluminiumwerk zu verdanken, das immerhin 900 Menschen beschäftigt. Der zweitgrößte Arbeitgeber ist die Textilfabrik Mosjøen Veveri.

Das Zentrum von Mosjøen, das durch gepflegte Holzhäuser geprägt wird, erstreckt sich südlich der Skjerva; im Norden der Stadt liegen das Aluminiumwerk und die Weberei. Die Gemeinde Vefsn und Mosjøen zählen heute rund 13.500 Einwohner.

■ Die **Holzgebäude** im Bereich der Sjøgata – Wohn- und Lagerhäuser, Bootsschuppen u.ä. – bilden die größte zusammenhängende Holzhauszeile Nordnorwegens.. Das ganze Viertel steht mittlerweile unter Denkmalschutz und wurde behutsam restauriert. – Die achteckige **Kirche** von **Dolstad**, gleich nördlich der Flußbrücke, stammt aus dem Jahr 1734. Sie ist 1977 restauriert worden, wobei man ihren ursprünglichen Zustand (und auch die alten Innenraum-Konstruktionen) wiederherstellte (Juni–August tägl. 8–16 h). – **Vefsn Museum**, das Heimatmuseum, das schon 1909 gegründet wurde, besteht aus 12 alten Gebäuden und 5.000 Sammlungsgegenständen. Zur Anlage gehört auch ein rekonstruiertes Versteck (Waldhütte) norwegischer Widerstandskämpfer des 2. Weltkriegs. (Juni–September, Mo–Fr 9–16 h, So 11–18 h.

■ Das Lachsangeln im unteren Teil der **Vefsna** (zwischen der Brücke Øybrua und dem Hafen) ist frei.

■ In Mosjøen zweigt die Str. 78 ab, die am Nordufer des Vefsnfjords entlang führt und eine Verbindung zur Str. 17 herstellt. Hier hat man die Möglichkeit, einen schnellen Abstecher zur **Küste** – z.B. bis zur Hafenstadt **Sandnessjøen** – zu unternehmen. Diese Gegend mit der vorgelagerten Insel Døna gehört zu den sanften, runden Abschnitten der nordnorwegischen Küste.

■ **Information**: Mosjøen Reisebyrå, C.M. Havigsgate 39-41, N-8650 Mosjøen, Tel. 7517 6120.

Die E 6 führt an den Seen Fustvatn, Mjåvatn und Ømmervatn vorbei zur Kreuzung **Osen**.

■ Über die Str. 807 kann hier der 7 km lange Abstecher hinunter nach **Elsfjord** am gleichnamigen Fjord eingelegt werden.

Unsere Strecke steigt nun an zum Korgfjell (Vesterfjell). Der höchste Punkt der Straße liegt hier bei 550 m – man hat einen herrlichen Ausblick über die schöne Gebirgslandschaft.

In Serpentinen geht es dann hinab nach **Korgen**, das im Tal des Flusses Røssåga liegt.

Südlich des Ortes befindet sich das große Kraftwerk Nedre Røssåga.

■ Über die streckenweise kurvenreiche Str. 806 kann man – am Fluß entlang – einen Abstecher zum **Røssvatn** unternehmen, der durch den Tustervassdamm aufgestaut wird und Norwegens größter Stausee ist. Bei Bleikvassli befinden sich große Kiesgruben (Zink, Blei und Schwefelkies). Die Str. 806 führt bis nach Hattfjelldal, von wo aus Sie sowohl nach Schweden wechseln als auch zur E 6 zurückkehren können.

Die E 6 verläuft nun – parallel zur Røssåga – zum Sørfjord.

■ Bei Bjerka ist ein Bauernhof aus dem 19. Jh. als **Heimatmuseum** der Öffentlichkeit zugänglich.

Wir folgen nun dem Fjordufer (Aussicht) und gelangen nach **Finneidfjord**.

■ Über die Str. 808 gelangt man nach 14 km zum idyllisch am Ranafjord gelegenen lebhaften Handels- und Industrieort **Hemnesberget**, der zu Beginn des 2. Weltkriegs hart umkämpft war (Angeln in Fjord und Flüssen).

Die E 6 führt dann am Finneidfjord entlang, der schließlich in den Ranafjord übergeht (Aussicht bei Skjånes).
Wir kommen durch die Wohngebiete von Hauknes und Andfiska (Badeplatz beim Fjordufer) und erreichen das Stadtgebiet von **MO I RANA**. Mo liegt am Ende des Ranafjords und ist – wie Mosjøen – ein eher unansehnlicher Industrie- und Dienstleistungsort, den Sie im Ortsteil genauer beschrieben finden.
■ Wesentlich spannender als die Stadt selbst sind die Ausflüge zum Gletscher **Svartisen** und zur **Grønliggrotte** (siehe »Ausflüge« unter Mo i Rana.)
■ Rana ist der westliche Endpunkt der E 12, die in südöstlicher Richtung durch Schweden bis nach Umeå führt. Jenseits des Bottnischen Meerbusens verläuft sie dann von Vaasa bis zur finnischen Hauptstadt Helsinki.

In ihrem nur 40 km langen norwegischen Teil verbindet die E 12 Mo i Rana mit dem norwegisch-schwedischen Grenzgebirge.

Die gut ausgebaute Straße führt zunächst durch die östlichen Ausläufer der Industriestadt, die sich im Tal entlangziehen. Nach wenigen Kilometern zweigt eine Nebenstraße ab, die uns ins **Plurdal** führt (Schild: »Tapperskar«), das einiges an sehenswerter Natur zu bieten hat: Der Fluß Plura verläuft hier mehr als 3 km unterirdisch. Nicht weniger beeindruckend die zwei Dolinen Trollkirka und Steinugleflået, jeweils über 100 m tiefe Schluchten. Wenige Kilometer weiter sprudelt der Wasserfall Sprutfossen direkt aus dem Berg. Die Grotte Jordbrugrotten gehört zu den größten im nördlichen Skandinavien.

Die E 6 steigt weiter an und führt am 489 m hoch gelegenen Gebirgssee Rauvatnet vorbei. Mit 650 m erreichen wir die Paßhöhe der Straße. Am höchsten Punkt biegt eine schmale, nur im Sommer befahrbare Straße ab, die um den See Store Akersvatn herum bis zur Touristenhütte Kjennvasshytta (am gleichnamigen See) führt. Die Hütte ist ein hervorragender Ausgangspunkt für Wanderungen im Gebiet des vergletscherten Okstindan.

Wenig später passieren wir die **Umbukta Fjellstue** (Gebirgsstation). Umbukta eignet sich ausgezeichnet als Stützpunkt für Wanderungen u.a. im Bereich des Okstindan (Norwegens achtgrößter Gletscher, empfehlenswerte Wanderkarte: Sonderkarte Okstindan).

Die E 6 führt an der Bucht **Umbukta** vorbei, dem norwegischen Ausläufer des schwedischen Sees Överuman.

Nach kurzer Zeit passieren wir die norwegisch-schwedische Grenze (keine Zollstation, nächste Zollabfertigung in Tärnaby). Von hier aus verläuft die Europastraße quer durch Nordschweden über Storuman und Lycksele bis zur großen Hafenstadt Umeå, die 440 km weiter östlich liegt.

Die E 6 folgt nun dem Verlauf der Ranaelva zur Kreuzung **Røssvoll**.
■ Hier besteht die Möglichkeit zu einem Abstecher ins **Plurdal** (siehe Kreuzung E 12) und an den Fuß von Svartisen, Norwegens zweitgrößtem Gletscher.

Am Fluß entlang (Aussicht bei Storheien) kommen wir nach **Storforshei**, einem Bergwerksort mit rund 1.000 Einwohnern. Hier wird in einem großen

Tagebruch Eisenerz gefördert, das die Grundlage für die Eisen- und Stahlproduktion von Mo i Rana darstellt.

Wir fahren anschließend durch das ansteigende Dunderlandsdal, das im Westen vom vergletscherten Svartisenmassiv und im Osten vom norwegisch-schwedischen Grenzgebirge eingerahmt wird.

■ Bei Storvollen/Bjøllånes zweigt ein Fußweg ab, der ins wilde **Stormdal** führt. Unterwegs kommt man am restaurierten Hof Bredek vorbei, am Wasserfall Stromdalsfossen gelegen. Das Waldreservat Granneset im unteren Teil des Tales ist Norwegens nördlichster natürlicher Nadelwald. – In nördlicher Richtung kann man durchs **Bjøllådal** ins Gebiet des **Saltfjells** wandern.

Die E 6 biegt nun nach Südosten ab und führt auf einer neuen Trasse in nur wenigen Kilometern Abstand an der schwedischen Grenze vorbei.

■ Eine dreistündige Wanderung bringt Sie zur stillgelegten Silbermine **Nasafjäll**, die gleich jenseits der Grenze liegt (eventuell weiter bis zum Sädvajaure-See).

Wir fahren weiter durch das hochgelegene **Lønsdal**, durch das seit Mitte der 30er Jahre die Straße in den Norden des Landes führt.

■ Die alte, nun gesperrte Trasse passiert einen **Gedenkstein** für jugoslawische Kriegsgefangene, die von den deutschen Besatzern hierhin verschleppt wurden und, Tausende Kilometer von ihrer Heimat entfernt, beim Bau der Nordland-Bahnlinie unter den harten klimatischen Bedingungen und unmenschlichen Arbeitsverhältnissen ums Leben kamen.

Kurz darauf erreicht die E 6 in 650 m Höhe den **Polarkreis** (norwegisch: Polarsirkel) – das »offizielle« Tor zu Norwegens hohem Norden. In der Cafeteria werden die begehrten Polarkreis-Zertifikate verkauft, die das Überqueren dieser »magischen Linie« bestätigen. Das neue Polarsirkelzentrum (Polarsirkelsenteret) dient primär der Vermarktung, eignet sich aber auch als brauchbares Informationszentrum für die anschließenden Regionen nördlich des Polarkreises. Sie werden bemerken, daß es sich nicht lohnt, stracks auf der E 6 gen Norden zu hasten, sondern daß zumindest einige Abstecher eingelegt werden sollten. Die Architektur des Polarkreiszentrums orientiert sich an einem typischen Gebäude der Samen.

■ Nahe der E 6 steht **Polarsirkelstøtten**: Die Polarkreissäule gehört wohl zu den meistfotografierten Denkmälern Norwegens. Viele Touristen haben hier ihre individuellen Gedenksteine in Form von Steinmännchen hinterlassen.

Die E 6 steigt im Lønsdal weiter an.

■ Bei der stillgelegten Bahnstation **Stødi** (einige hundert Meter westlich der neuen Strecke) stehen drei samische Opfersteine.

■ Zwischen Stødi und Semska erstreckt sich als schmaler Streifen östlich der E 6 das **Semska-Stødi-Naturreservat**, das vom Fluß Lønselva durchflossen wird.

Die E 6 erreicht auf dem Saltfjell eine Höhe von 707 m und passiert 23 km nördlich des Polarkreises den Bahnhof **Lønsdal** (Global Hotell Polarsirkelen).

■ Lønsdal ist ein guter Ausgangspunkt für Wanderungen auf dem **Saltfjell** und zum wildromantischen **Junkerdal** – das Junkerdal erreicht man, indem man zwei Stunden durch die angrenzende Schlucht mit dem Fluß Junkerdalselva wandert.

Die E 6 setzt ihren Weg talabwärts fort und gelangt zur Kreuzung **Hestbrinken**.

■ Dort biegt die 24 km lange **Str. 77** ab, auf der man durch das Junkerdal nach Schweden gelangt. Im Junkerdal, das für seine vielfältige Pflanzenwelt bekannt ist, gedeihen – dank des Glimmerschiefergesteins – neben arktischen Gewächsen auch wärmeliebende Pflanzen, die sonst in südlicheren Breitengraden beheimatet sind. 440 km^2 nördlich der Straße stehen unter Naturschutz.

Die Str. 77 steigt im Tal an und passiert das **Junkerdalen Turistsenter** (Wandern, Wintersport) sowie anschließend die Gebirgsstation **Graddis Fjellstue** (Wandern). Von Graddis/Junkerdalen verlaufen markierte Wanderwege durch das Naturschutzgebiet nach Sulitjelma. Der norwegisch-schwedische Grenzübergang liegt in rund 600 m Höhe. Die Straße führt auf der schwedischen Seite weiter als Str. 95 (bekannt als »Silberstraße«, Silvervägen).

Wir kommen weiter über Storjord (Camping) nach **Røkland**, der größten Siedlung im oberen Saltdal (Bahnhof, Post, Bank).

■ Eine Nebenstraße bringt uns nach **Evenesdal**, einem guten Ausgangspunkt für Wanderungen im Junkerdal- und Sulitjelma-Gebiet (Wandern).

Wir fahren weiter zur Kreuzung **Medby**.

■ Von hier kann man über mehrere Nebenstraßen nach **BODØ** gelangen. (z.B. Str. 812). Die Hauptstadt des Bezirks Nordland wird im Ortsteil eingehend vorgestellt.

Das Saltdal verbreitert sich nun und führt hinab nach **Rognan**, das auf Meereshöhe am Südende des Saltdalsfjords liegt.

Hier gibt es mehrere Dienstleistungs- und Ausbildungseinrichtungen, Fabriken und eine Werft.

■ Außerhalb vom Ortskern liegt das **Heimatmuseum** der Gemeinde (Saltdal bygdetun), das aus rund 20 älteren Gebäuden besteht.

Der nun folgende Streckenabschnitt, am Fjordufer entlang nach Botn, trägt den Namen »Blutstraße«, weil er 1942-45 auf Befehl der deutschen Besatzungsmacht von jugoslawischen Kriegsgefangenen, die hier zu Hunderten starben, angelegt worden ist.

■ In Botn befinden sich zwei **Kriegsfriedhöfe**, auf denen 1.657 jugoslawische Gefangene und 2.732 deutsche Soldaten beigesetzt sind.

Die E 6 folgt nun dem östlichen Fjordufer (unterwegs Aussicht).

■ Bei der Kreuzung Leivset ist ein mittelalterlicher **Opferplatz** der Samen erhalten.

Wir kommen dann nach **Finneid**, dem Verschiffungshafen für das Eisenerz aus den Gruben von Sulitjelma.

■ Von Finneid lohnt ein Abstecher ins Gebirge nach **Sulitjelma**, der durch mehrere Tunnels führt. Unterwegs passiert man den Hof Sjønstå gård mit einigen teilweise jahrhundertealten Gebäuden. Sulitjelma ist ein Bergbauort mit knapp 1.200 Einwohnern. Rund 300 Beschäftigte fördern hier kupfer-, zink- und schwefelhaltiges Erz. Mittlerweile werden die wirtschaftlichen Weichen für die nahende Zeit nach dem Erzabbau gestellt. Der Ort, der über ein interessantes Bergbaumuseum verfügt, ist ein guter Ausgangspunkt für Wanderungen nach Schweden (Padjelanta-Nationalpark u.a.) und im Bereich des Blåmannsis,

Norwegens drittgrößtem Gletschergebiet.

Kurz hinter Finneid erreichen wir **Fauske** (um 6.600 Einwohner), einen Verkehrsknotenpunkt: Hier kreuzen sich die E 6 und die Str. 80; außerdem findet hier der Übergang von der Nordlandbahn zum Nordnorwegen-Bus statt. Marmor aus Fauske ist übrigens weit über die Landesgrenzen hinaus bekannt, u.a. wurde er zur Verkleidung des UNO-Gebäudes in New York verwendet. (Besuch des Marmorbruchs nach Absprache)

■ Das **Heimatmuseum** von Fauske, ein altes Gehöft, ist außerhalb der Hauptsaison nur nach Vereinbarung zu besichtigen. (Mitte Juni–Ende August tägl. 10–15 h)

■ Von Fauske führt die **Str. 80** in westlicher Richtung nach Bodø ans offene Meer. Die 63 km lange Strecke verläuft dabei am Nordufer des Skjerstad- und Saltfjords.

Die gut ausgebaute Straße führt zunächst – größtenteils am Fjord entlang – nach **Valnesfjord**. Über eine Nebenstraße gelangt man nach **Øvre Valnesfjord** (Wandern). Dort befindet sich auch ein renommiertes Sporttherapiezentrum.

Die Str. 80 folgt, parallel zur Nordlandbahn, dem Valsnesfjord. Bademöglichkeit bei Sagelva.

Wir kommen dann über Mones nach **Vågan**, einem ehemaligen Fähranleger. Bei Vågan erlaubt ein zumeist feuchter Fußweg einen Abstecher zu einer rund 4.000 Jahre alten **Felszeichnung**, die einen Elch darstellt.

Auf der Str. 80 kommen wir weiter nach **Løding**. Hier zweigt die Str. 17 ab, die längs der Küste bis nach Steinkjer (Nord-Trøndelag) führt. Über diese Straße gelangt man zum Gezeitenstrom **Saltstraumen** (13 km), der bis zu 10 Knoten Geschwindigkeit erreicht und als beliebtes Angelrevier gilt.

Über Bertnes gelangen wir dann ins Stadtgebiet von **BODØ**, das im 19. Jh. infolge reicher Heringsfänge und wegen der Gruben von Sulitjelma (Verschiffung) zur Stadt anwuchs (siehe Ortsteil).

Auf der E 6 fahren wir weiter nach **Straumen**, das am Ende des langgestreckten verzweigten Fjords Sørfolda liegt. Außerhalb des Ortes befindet sich ein großes Ferrosiliziumwerk.

In Straumen beginnt ein besonders interessanter Streckenabschnitt der E 6. Auf den folgenden 32 km bis Sommerset gibt es nicht weniger als 10 Tunnel und 6 Brücken (Aussicht).

■ Bei der Brücke **Trengsel bru** zweigt eine Nebenstraße nach Lakshola ab. Von dort erreicht man sehr gut den **Rago Nationalpark**, der auf schwedischer Seite in den Padjelanta übergeht (Anschluß an Sarek und Stora Sjöfallet, weitere schwedische Nationalparks).

Auf – trotz der Tunnel – aussichtsreicher Strecke fahren wir nach **Sommerset**, früher der erste Fährhafen im Zuge der E 6. Seit einigen Jahren ist die neue Streckenführung (29 km, 6 Tunnel) fertiggestellt. Sie stößt bei **Sildhoppen** wieder auf die »alte« E 6.

Anschließend fahren wir wieder bergan, diesmal kommen wir auf eine Höhe von 390 m (beim Tennvatnet).

Die E 6 führt dann bergab über Kråkmo – hier schrieb Knut Hamsun seinen Roman »Die Stadt Segelfoss« – und vorbei an einigen ineinander übergehenden Seen (u.a. Sandnesvatn, 46 m).

■ Die Seen im **Sagvassdal** bieten exzellente Angelmöglichkeiten. Angelscheine sind am Campingplatz erhältlich.

Am Ende des Sagfjords erreichen wir die Ortschaft **Tømmerneset**.

■ Über eine schmale Seitenstraße gelangt man zu **Felszeichnungen** (die Felswand gleich westlich des Flusses), deren Alter auf 4-8.000 Jahre geschätzt wird und die Rentiere u.a. darstellen.

Am Fjord entlang kommen wir über Innhavet zur Kreuzung **Sommerset**.

■ Hier kann man zum Fähranleger Drag abbiegen; von dort besteht eine Autofährverbindung zum abgeschiedenen Industrieort **Kjøpsvik** (Tysfjord). Von dort aus gelangt man per Autofähre nach Skarberget, wo man die E 6 wieder erreicht. Von Tysfjord aus erreicht man auch per Schnellboot das Ende des Hellemofjords (Hellemobotn). Dort ist Norwegen am schmalsten, ganze 6 km breit (Wanderung nach Schweden).

Von Sommerset fahren wir weiter, am See Skilvatnet vorbei, bis schließlich die Kreuzung **Ulvsvåg** vor uns liegt.

■ Dort zweigt die Str. 81 ab, die durch die äußeren Bereiche der Inselgemeinde **Hamarøy** führt.

21 km hinter Ulvsvåg erreichen wir den Fährhafen **Bognes**.

■ Kurz vor Bognes kann man über die Str. 814 einen Abstecher nach **Korsnes** unternehmen. Unterwegs passiert man (in einigen hundert Metern Abstand) einige Felszeichnungen, die mehr als 4.000 Jahre alt sind und größtenteils Jagdtiere darstellen. – In einer alten Poststation ist das Heimatmuseum Ytre Tysfjord Bygdemuseum eingerichtet.

■ In Bognes benutzen wir die einzige Fährverbindung der E 6 und setzen über den breiten, 608 m tiefen Tysfjord nach **Skarberget**. – Mit der Fähre Bognes–Lødingen (70 min, ca. 10 x täglich) gelangt man auf die **Vesterålen**- und **Lofoten-Inseln**.

Die E 6 führt an der Bucht Skrovkjosen vorbei (unterwegs schöne Aussicht, u.a. auf die Insel Bekkenesholmen mit Norwegens erstem Naturreservat) und steigt dann – kurvenreich – bis auf eine Höhe von 255 m, die beim Paß **Skjellesvikskaret** inmitten einer bizarren Gebirgswelt erreicht wird, an.

■ Hier kann man die Aussicht auf Nordeuropas eigenartigste Berggipfel **Eidetind** (im NW), **Stortind** (im S) und **Kuglhornet** (im O) genießen.

Die Straße schlängelt sich dann bergab zum Elfjord, dessen Arme von einer vierteiligen Brückenanlage überquert werden.

Ballangen, eine kleine Industriesiedlung mit rund 1.000 Einwohnern, liegt am Ende der gleichnamigen Bucht des Ofotfjords.

Die E 6 folgt dem Südostufer des Ofotfjords, der, mehrfach verzweigt, bis nach Narvik reicht.

Hinter Skjærvik überqueren wir auf einer über 700 m langen Hängebrücke den Skjomenfjord, einen fast 20 km langen Nebenarm des Ofotfjords.

■ Von Grindfjord führt eine 29 km lange Nebenstraße zunächst am Fjordufer entlang und dann durch das Skjomdal bis nach **Fjellbu** (Wandern: günstiger Ausgangspunkt für Touren im norwegisch-schwedischen Grenzgebirge).

Wir befinden uns nun bereits im Gebiet der Großgemeinde Narvik und kommen über Ankenes und Fagernes (im Krieg befand sich hier ein berüchtigtes Konzentrationslager, in dem über 1.500 serbische Gefangene umgebracht wurden) zur Hafenstadt **NARVIK**, die zu Beginn der Besetzung Norwegens durch Deutschland hart umkämpft war und dadurch Geschichte gemacht hat. Narvik ist Verladehafen für Eisenerz aus den nordschwedischen Gruben (Beschreibung siehe Ortsteil).

■ Sehenswert in Narvik sind vor allem die gigantischen **Erzverladeanlagen**, außerdem das Kriegsmuseum und die Felszeichnungen in Brennholtet.

■ Vom **Fagernesfjell** (Seilbahn) hat man eine einzigartige Aussicht über die Stadt und den Fjord.

■ Unbedingt zu empfehlen ist ein Ausflug mit der **Ofotbahn** (auch: Erzbahn) bis zum Grenzbahnhof Bjørnfjell.

Hinter Narvik umrunden wir auf der E 6 den Fjordarm Rombaken, dessen schmalen Ausläufer Rombaksbotn wir mit Hilfe der 765 m langen Hängebrücke Rombaksbrua überqueren.

■ Hinter Nygård zweigt die **E 10** nach Schweden ab. Über diese Verbindung erreicht man nach rund 25 km die norwegisch-schwedische Grenze bei Bjørnfjell und gelangt u.a. am Torneträsk-See entlang zur berühmten schwedischen Erzstadt Kiruna.

33 km hinter Narvik erreichen wir **Bjerkvik**, das im 2. Weltkrieg ebenfalls hart umkämpft war. Der Ort wurde beim Landungsversuch der alliierten Truppen weitgehend zerstört.

■ Die **Kirche** von Bjerkvik wurde 1955 fertiggestellt (Architekt: A. Arneberg).

■ In Bjerkvik zweigt die westliche Teilstrecke der E 10 ab, über die man auf die **Vesterålen**- und **Lofoten-Inseln** gelangt.

Über die Landzunge Gratangseidet (höchster Punkt der Straße 330 m), auf der wir auch die Bezirksgrenze zwischen Nordland und Troms passieren, erreichen wir **Gratangen**, wo 1940 ebenfalls erbitterte Kämpfe stattfanden.

■ Die Str. 825 ermöglicht einen Abstecher in den äußeren Fjordbereich, der durch zahllose, sich verzweigende Straßen erschlossen wird. Hier besteht die Möglichkeit zu Abstechern auf eigene Faust abseits der Hauptverkehrswege. – Bei **Gratangsbotn** befindet sich ein Boots- und Fischereimuseum (Gratangen Båtmuseum).

Die E 6 steigt nun auf eine Höhe von 428 m und erreicht hinter Lapphaugen **Fossbakken**.

■ Die hier abzweigende **Str. 84**, die u.a. durch die Küstengemeinde Salangen führt, stellt – im Zusammenhang mit den Straßen 86 und 855 – eine überlegenswerte Alternative zur E 6 dar, da sie landschaftlich abwechslungsreicher ist.

Auf der E 6 fahren wir in nordöstlicher Richtung weiter.

■ Unterwegs können wir dem Heimatmuseum **Bardu bygdetun** eine Besuch abstatten, das aus einer alten Hofanlage (Lundamo) aus der Mitte des 19. Jhs. besteht. Hierzu gehört auch ein kleines Kriegsmuseum, das sich mit den Ereignissen des 2. Weltkriegs befaßt.

Wenig später erreichen wir die Kreuzung **Brandvold**.

■ Hier zweigt die Str. 851 durch das Salangsdal nach **Sjøvegan** ab.

Nach weiteren 9 km gelangen wir ins Ortsgebiet von **Setermoen**, übrigens die einzige Gemeinde in Troms, die nicht am Meer liegt. Setermoen ist ein wichtiger militärischer Standort in Nordnorwegen.

■ Die **Bardu-Kirche** ist eine achteckige Holzkirche, die 1829 nach dem Vorbild der Kirche von Tynset – der Heimat zahlreicher Neusiedler in diesem Gebiet – erbaut wurde.

■ Die 34 km lange Str. 847 führt von Setermoen an das Nordwestende des 80,9 km² großen, aufgestauten Sees **Altevatnet** (Nordnorwegens größter See, Angeln). Wanderungen zum schwedischen Torneträsk und in den **Øvre Dividal Nationalpark**. Unterwegs kann man bei Bardujordet auf dem Hof Eggen die Bardustua besichtigen, die Ende des 18. Jhs. von Einwanderern aus dem südlichen Norwegen errichtet wurde. Die Einrichtung blieb weitgehend originalgetreu erhalten.

Die E 6 verläuft nun durch das Bardudal am Barduelva entlang nach **Elverum**.

■ Dort zweigt die **Str. 87** ab, die durch das naturschöne Målselvdal über Øverbygd und durch das Tamokdal führt und bei Storfjord wieder auf die E 6 stößt. – Rund 10 km hinter der Abzweigung von der E 6 führt eine Nebenstraße zur Stromschnelle Måselvfossen, eines der besten Lachsgewässer des Landes. – Von Øverbygd aus gelangt man an den Rand des **Øvre Dividal Nationalparks**, ein 750 km² großes Gebiet, in dem noch Bären und Vielfraße zu Hause sind.

Auf der Hauptstraße fahren wir weiter nach **Andselv**, das Teil eines aus mehreren Ortschaften bestehenden Siedlungsgebiets ist, in dem knapp 3.000 Menschen leben. Bei Andselv befindet sich ein wichtiger militärisch und zivil genutzter Flughafen.

■ Einige Kilometer südöstlich liegt das Heimatmuseum **Fossmostua Bygdemuseum**, das mehrere Gebäude (einen kleinen Laden u.a.) aus dem letzten Jahrhundert umfaßt.

Die E 6 trifft in **Bardufossen** ein.

■ In Bardufossen zweigt die **Str. 86** ab, die einen sehr empfehlenswerten Abstecher in den äußeren Küstenbereich auf die Insel Senja ermöglicht.

Von Andselv fahren wir zunächst nach **Sørreisa** (Straumen), das am Reisfjord liegt. Der größte Betrieb hier ist eine Spanplattenfabrik.

Wir kommen einige Kilometer später an der achteckigen Kirche von Sørreisa (1860) vorbei und fahren nach **Finnsnes** ein (Schul- und Dienstleistungszentrum).

Über die 1.146 m lange **Gisund-Brücke** gelangen wir auf die Insel **Senja** (mit 1.590 km² Fläche Norwegens zweitgrößte Insel). Senja wird durch mehrere sich verzweigende Straßen erschlossen, die bis in die abgelegensten Küstensiedlungen reichen. Während die Südostseite von flachem, begrüntem Gelände geprägt ist, findet man an der Küste eine schroffere Landschaftsszenerie mit fast 1.000 m hohen Gipfeln vor.

Die Str. 86 führt quer über die Insel nach **Straumsnes**, das abseits der Hauptstraße direkt an der Küste liegt.

Die Straße endet – ca. 110 km hinter Andselv – in **Torsken**, einem Fischerdorf mit gut 200 Einwohnern. Sehenswert die **Ortskirche** vom Ende des 18. Jhs. mit altem Inventar (ein spätmittelalterliches Kruzifix u.a.).

Die E 6 folgt weiter dem Verlauf der sich verbreiternden Målselva, vorbei an dem kleinen Ort **Moen**.

■ Bei **Olsborg** besteht die Möglichkeit, die E 6 zu verlassen und auf eigene Faust über wenig befahrene, verzweigte Nebenstraßen nahe der Küste die Fahrt fortzusetzen. – Wer nach Tromsø will und viel Zeit mitbringt, kann mit Hilfe der Fähre Vikran–Larseng dorthin gelangen.

Unsere Hauptstrecke biegt nun nach Osten ab. Wenn wir den See Takvatnet passiert haben, geht es auf einer neu ausgebauten Strecke an den **Balsfjord**.

■ Hier zweigt die Str. 858 nach **Storsteinnes** und **Vikran** ab. Storsteinnes ist für seine Ziegenmilchproduktion bekannt. – Südwestlich von Storsteinnes erstreckt sich das Naturschutzgebiet **Sagelvatn Naturreservat**, wo seltene Wattvögel und Enten zu Hause sind. – Über die Straßen 858 und 859 erreicht man die Kirche von **Balsfjord** (10 km), in deren Nähe 2.500–4.500 Jahre alte **Felszeichnungen** erhalten sind.

Am Südufer des Balsfjord entlang fahren wir nach **Nordkjosbotn**.

■ Hier treffen wir auf die E 8, die aus Finnland kommend nach **TROMSØ** (siehe Ortsteil) führt.

E 6 und E 8 verlaufen nun gemeinsam über die Landenge Balsfjordeidet nach **Oteren**.

■ In südlicher Richtung gelangt man in das schöne, fruchtbare **Signaldal**, das von über 1.000 m hohen Gipfeln umgeben wird, bis in die Nähe der Staatsgrenze. Hier erschließt sich ein lohnendes Wandergebiet im norwegisch-schwedischen Grenzbereich. Angeln im Tal!

■ Von Oteren führt die Str. 868 (u.a. durch einen über 3 km langen Tunnel) am Westufer des Lyngen entlang bis nach **Lyngseidet** (Zentralort der Gemeinde Lyngen, Sehenswert: Holzkirche aus dem Jahr 1731). – Von Lyngen gelangt man über die Str. 91 zur E 8 und nach Tromsø; man kann aber auch mit Hilfe der Autofähre Lyngseidet–Olderdalen zur E 6 zurückkehren.

Die E 6 folgt nun (zusammen mit der E 8) dem Ostufer des Storfjords (Aussicht bei Horsnes) und erreicht das Dorf **Skibotn**. Der Ort war in vergangenen Jahrhunderten ein wichtiger Marktplatz, zu dem die Händler von weither, auch aus Schweden und Finnland, kamen.

■ Von Skibotn führt die **E 8** durch das Skibotndalen zur 38 km südlich gelegenen norwegisch-finnischen Grenze. – Das Grenzgebiet wird von mehreren empfehlenswerten grenzüberschreitenden Wanderrouten durchzogen.

Die E 6 folgt nun dem Ostufer des Storfjords – auf der gegenüberliegenden Seite erheben sich in einer langen Reihe die Lyngsalpen, ein bizarres, vergletschertes Gebirgsgebiet, das sich bei Bergsteigern großer Beliebtheit erfreut. Hier steigen die Alpen im wahrsten Sinne des Wortes aus dem Meer empor ...

Die Straße führt nun am Nebenarm Kåfjorden entlang über Samuelsberg nach **Løkvoll**.

■ Die Gegend von **Kåfjord** ist etwas für Liebhaber von samischem Kunsthandwerk, das in mehreren Zeltdörfern ausgestellt und verkauft wird.

Am Ende des Fjords erreichen wir **Kåfjordbotn**.

■ Hier zweigt eine Nebenstraße ab, die das schöne **Kåfjorddal** durchquert. Sie führt nahe an die höchsten finnischen Berge heran (um 1.000 m).

Am Fjord entlang geht es weiter nach **Olderdalen**, dem Hauptort der Gemeinde Kåfjord.

■ Ein Fußweg führt durch das Olderdalen zum See **Gavtavarre** (Angeln).

■ Beim Kåfjord Vertshus kann man Boote mieten und eine Tour auf dem **Lyngenfjord** – im Hintergrund die imposanten Lyngsalpen – unternehmen.

■ Mit einer Autofähre gelangt man über den Fjord nach **Lyngseidet**.

Wir fahren weiter nach **Djupvik**.

■ Ein kurzer Abstecher führt von hier zur Landzunge **Spåkenes**, wo im Krieg eine deutsche Befestigungsanlage den Fjord bewachte. Man hat in Spåkenes eine herrliche Aussicht über den Fjord auf die Lyngsalpen (besonders eindrucksvoll bei Mitternachtssonne).

Einige Kilometer hinter Djupvik erreichen wir den Fähranleger **Rotsund**.

■ Mit der Autofähre kann man (auch ohne Auto!) den kurzen Abstecher zum alten Handelsort **Hamnnes** auf der Insel Uløya unternehmen, wo die alten Gebäude des traditionsreichen Handelpostens erhalten sind.

Über den Kirchort **Rotsund** kommen wir zur Kreuzung **Langslett**.

■ Die Str. 866 führt von hier nach **Skjervøy** (Zentrum einer Gemeinde mit 3.000 Einwohnern, Holzkirche von 1728, Angeln mit dem hundertjährigen Fischerboot Feie), das man durch zwei Tunnel unter Meerengen erreicht. Von Skjervøy gelangt man per Fähre bis zur Insel Arnøy, auf der man bis zum alten Handelsort Årviksand fahren kann, der am offenen Meer liegt. Von dort schauen Sie auf die Vogelinsel **Fugløy**, wo rund 300.000 Papageitaucher, aber auch viele Seeadler zu Hause sind.

Die E 6 steigt bis auf eine Höhe von 227 m an und führt dann hinab zum Reisafjord. Dort kommen wir bald durch den Fischereihafen Sørkjosen (Flugplatz) und wenig später nach **Nordreisa**, wo viele Bewohner samischer Herkunft sind. Neben dem Fischfang und der Fischverarbeitung spielt hier – trotz der nördlichen Lage – die Landwirtschaft (in Gewächshäusern) eine große Rolle.

■ Von Nordreisa führt die Str. 865 durch das schöne **Reisadal**, seit 1988 **Nationalpark** (mit einer erstaunlich artenreichen Flora), bis nach Bilto und erschließt so eines der eindrucksvollsten Wildnisgebiete Nordnorwegens mit herrlichen Wander- und Angelmöglichkeiten. Von Bilto und Sarelv kann man mit flachen Flußbooten eine Fahrt auf dem Reisaelv bis zum Wasserfall Nedrefoss unternehmen. Die dreistündige Tour geht vorbei an der mächtigen Kiefer »Nordreisakongen« (König von Nordreisa) und endet an der Nedrefoss-Hütte. Ein kurzer Fußmarsch führt von dort zum Wasserfall Imofoss. Die Pfade zu beiden Seiten des Talflusses werden seit Jahrhunderten von nomadisierenden Samen (Lappen) benutzt.

Die E 6 führt nun an den Fjordarmen Straumfjorden und Oksfjorden entlang und folgt anschließend dem Ufer des Binnensees Oksfjordvatn, das nur durch eine schmale Landschwelle vom Meer getrennt ist. Die Europastraße steigt daraufhin aufs **Kvænangsfjell**, wo sie eine Höhe von immerhin 402 m erreicht (Aussicht).

■ Auf dem Fjell befindet sich ein **Lager der Kautokeino-Samen**, dessen Besichtigung mit Souvenirkäufen gekoppelt werden kann. Die Samen leben hier von Ostern bis Herbst in einfachen Hütten und Zelten, den traditionellen Behausungen.

Am Kvænangen-Fjord vorbei (Aussicht) erreicht man die Kreuzung **Karvik**.

■ Dort kann man die E 6 verlassen und auf der früheren Streckenführung der E 6 – über Kvænangsbotn – den südlichen Ausläufer des **Kvænangsfjords** umrunden (Abstecher ins Gebirge).

Die E 6 überquert auf der Storstraumen-Brücke den schmalsten Teil des Kvænangen (Angeln in der Meeresströmung Sørstraumen) und führt über Sekkemo und Badderen. Sie erreicht dann eine Höhe von 269 m und verläuft talwärts nach **Burfjord** am gleichnamigen Fjord.
■ Eine Nebenstraße führt durch das **Burfjorddal** (schöner Kiefernbestand) in die Nähe der stillgelegten Eisenerzgrube **Middavarre**.

Wir fahren am **Burfjord** entlang und haben am Ausgang des Fjords einen schönen Blick auf die Felswand Kvænangstindan.
■ Bei Alteidet, einem im Krieg zerstörten Handelsplatz, kann man nach **Jøkelfjord** abbiegen. Dort besteht die Möglichkeit, einen Bootsausflug zum Gletscher Øksfordjøkulen zu unternehmen, Norwegens einzigem Gletscher, der direkt ins Meer kalbt.

Auf der E 6 passieren wir bald die Grenze zwischen den Bezirken Troms und Finnmark und gelangen zur Kreuzung **Langfjordbotn**.
■ Dort zweigt die Str. 882 ab, die nach **Øksfjord** führt. Mehrmals täglich verkehrt eine Autofähre zwischen Øksfjord und der zerklüfteten Insel Sørøya, deren Bewohner hauptsächlich von Fischfang und Fischverarbeitung leben (u.a. Krabbenfabrik).

Die E 6 verläuft nun am Südufer des langgestreckten **Langfjords**.
■ Am Fjordeingang bei **Toften** sind auf den Strandterrassen die Überreste von steinzeitlichen Wohnplätzen erhalten. Dahinter steht als Mahnmal die deutsche Bunkeranlage, mit der die Einfahrt in den Altafjord überwacht wurde. – Außerdem können hier Ausgrabungen einer mittelalterlichen Samensiedlung besichtigt werden.

Wir haben nun den Hauptfjord, den Altafjord erreicht, und folgen dessen Ufer über den Kirchort Talvik nach **Kåfjord**. Hier befand sich im 19. Jh. ein Kupferwerk, das große Bedeutung für die wirtschaftliche Entwicklung des Gebiets von Alta hatte. Der Kåfjord war während des 2. Weltkriegs Schutzhafen für den deutschen Zerstörer »Tirpitz«.
■ Die **Kirche** von Kåfjord ist 1837 durch die englische Bergwerksgesellschaft errichtet worden und erinnert in ihrem Aussehen an die typisch englische Landkirchen-Architektur.
■ Von Kåfjord aus bietet sich die vierstündige Wanderung auf den 907 Meter hohen Berg Haldetoppen an. Dort befinden sich die Ruinen des ersten **Nordlicht-Observatoriums**.

Rund 15 km hinter Kåfjord ist **ALTA** in Sicht, wo gut 16.000 Einwohner auf 3.850 km^2 verteilt leben.
■ Eine gute Aussicht über Alta und Umgebung bietet sich vom 212 m hohen **Komsafjell**.

Auf der E 6 fahren wir nordostwärts. Am Nipivatn (samisch: Nibijaurre) befindet sich ein **Sommerlager** der Kautokeino-Samen.
■ Bei Leirbotnvatn zweigt die Str. 883 ab, die bis an den **Korsfjord** führt (Fähre).

Die E 6 verläuft dann landeinwärts durch eine recht einförmige, öde Landschaft (Rentierweidegebiet bei Sennalandet). Wir erreichen eine Höhe von 406 m und gelangen dann abwärts durch das Breidal nach **Skaidi**.
■ Hier zweigt die Str. 94 ab, die nach **Hammerfest** führt, der nördlichsten

Stadt der Erde (Koordinaten 70°39'48"). Dieser 57 km lange Abstecher gehört für nicht wenige Norwegen-Fahrer zu den Pflichtübungen ihrer Reise. Der Besuch von Hammerfest lohnt sich aber nicht nur wegen der Lage der Stadt, sondern auch wegen der Natur unterwegs.

Die Str. 94 verläuft zunächst durch das Repparfjorddal, in dem sich etliche Ferienhütten der Hammerfester Bevölkerung befinden, zumal es für seinen Fischreichtum bekannt ist.

Wir folgen dann dem Verlauf des Repparfjords. Hinter Lerbukt sind einige rund 2.500 Jahre alte **Felszeichnungen** erhalten (Elche).

Wenig später erreichen wir **Kvalsund**. Auf der eindrucksvollen **Kvalsundbrua** überqueren wir den Sund zwischen dem Festland und der Insel **Kvaløya**. Bei Stallogargo findet man den **Stalloen**, einen alten samischen Opferplatz aus vorchristlicher Zeit. Stallo ist eine Sagengestalt der Samen.

E 69 zum Nordkap

Die E 69, die im Sommer hauptsächlich von Touristen befahren wird, führt zunächst durch eine öde Landschaft am Westufer des breiten Porsangerfjords entlang. Das Gebiet ist, bis auf einige vereinzelte Höfe, weitgehend unbewohnt.

■ Nach 46 km biegt eine Seitenstraße nach **Repvåg** ab, ein kleiner Ort mit fast 100 Einwohnern (Fischfang und -verarbeitung). Von Repvåg verkehrt im Winter die Autofähre nach Honningsvåg.

Die Strecke steigt nun auf 345 m – im Winter ist dieser Abschnitt gesperrt.

69 km hinter Olderfjord ist der Fähranleger **Kåfjord** erreicht. 1998 soll die neue Festlandverbindung fertig sein, die durch zwei unterseeische Tunnel auf die Insel Magerøya und nach Honningsvåg führen werden. Bis zur Einweihung dieser Route verkehrt noch die Autofähre.

■ Die Autofähre Kåfjord–Honningsvåg verkehrt während der Hauptsaison 16 x täglich; die Überfahrt dauert 40 Minuten. Wer Geld sparen will, kann den Wagen in Kåfjord stehen lassen: Von Honningsvåg bestehen mehrmals täglich Busverbindungen zum Nordkap.

Honningsvåg ist der Hauptort der Gemeinde Nordkap (insgesamt 3.950 Einwohner). 1944 wurde es beim Rückzug der deutschen Besatzungstruppen vollständig zerstört, anschließend jedoch neu aufgebaut. Der Ort lebt hauptsächlich vom Fischfang, der Fischverarbeitung und der entsprechenden Zulieferindustrie.

■ Die **Ortskirche**, ein Holzbauwerk aus dem Jahr 1884, ist das einzige Gebäude, das die Zerstörungen beim deutschen Rückzug überstanden hat. – Das **Nordkaphuset** befaßt sich vor allem mit dem Fischfang und den kulturellen Besonderheiten des Küstenbezirks (Havnegata). – Eine Sehenswürdigkeit für sich ist der große **Fischereihafen** – Im August findet alljährlich das **Norkap-Festival** statt. Neben zahlreichen kulturellen Veranstaltungen wird der **Norkap-Marsch** durchgeführt, einer der härtesten Volksläufe der Welt. Über 1.000 Teilnehmer aus aller Welt laufen dann zum

Nordkap und zurück – eine Strecke von 70 km.

■ **Information**: Nordkap Reiselivslag, Postboks 34, N-9751 Honningsvåg, Tel. 7847-2599.

Im nördlichen Ortsgebiet von Honningsvåg passieren wir den 71. Breitengrad und fahren später am Skipsfjorden entlang.

■ Ein kurzer Abstecher führt nach **Kamøyvær**, einem typischen Fischerdorf mit rund 150 Einwohnern.

Die Nordkapstraße steigt nun an und erreicht eine Höhe von 312 m. Hier oben befinden sich die Sommerweiden für die Rentiere der Karasjok-Samen.

■ hinter der Paßhöhe zweigt eine 21 km lange Stichstraße zum Fischerort **Gjesvær** ab, dem zahlreiche Klippen und kleinere Inseln vorgelagert sind.

Die E 69 führt weiter durch die karge, aber dennoch reizvolle Landschaft, deren Vegetation deutlich arktische Züge trägt.

■ Versäumen Sie nicht einen 3 km langen Abstecher nach **Skarsvåg**, dem nördlichsten Fischerdorf Europas. Seine 170 Einwohner leben fast ausschließlich vom Fischfang und von der Verarbeitung der Fische nach modernen Konservierungsmethoden. – Aussicht: Ein 15minütiger Fußweg führt zur Felsformation **Kirkeporten** (Kirchpforte), die einen eindrucksvollen Blick auf das Nordkap ermöglicht.

Die E 69 steigt nun wiederum auf eine Höhe von 336 m an. Oberhalb des Tufjords hat man einen herrlichen Ausblick über die karge Küstenlandschaft.

13 km hinter der Repvåg-Kreuzung erreichen wir das **Nordkap**, seit 1956 der nördlichste Punkt des europäischen Straßennetzes – der alljährlich von über 200.000 Touristen besucht wird. Den Grundstein für den heutigen Massentourismus legte der norwegisch-schwedische König Oskar II. mit seinem Besuch im Jahr 1873, an den ein Gedenkstein erinnert. Das auf einer geographischen Höhe von 70°10'21" gelegene Nordkap ist ein 307 m hohes Plateau, das steil ins Meer hinabfällt. Seit Ende der 80er Jahre wird der Felsen zu einem touristischen Rummelplatz ausgebaut. Die neue Nordkaphalle erhielt ein Panoramafenster nach Norden sowie ein Supervideograf. Achtung: Auf dem Nordkapplateau ist das Campen verboten!

Wir fahren weiter über Rypefjord und erreichen dann das Ortsgebiet von **HAMMERFEST** (Beschreibung im Ortsteil).

Hinter Skaidi steigt die Straße noch einmal an und führt dann hinab zum Olderfjord, einer Bucht des breiten Porsanger (Norwegens viertgrößter Fjord).

■ Von hier aus gelangt man über die **E 69 zum Nordkap**, dem Ziel so mancher Nordnorwegen-Reise (siehe Kasten).

Die E 6 folgt nun dem Westufer des breiten, 123 km langen Porsangerfjords. Die ursprünglichen Bewohner dieses Gebiets sind Samen; zwischen 1750 und 1900 wanderten Finnen (Quänen) ein. Noch heute werden hier im täglichen Leben die Sprachen Samisch, Finnisch und Norwegisch verwendet.

■ Die **Kirche** von **Kistrand** aus der Mitte des 19. Jhs. ist eines der wenigen Gebäude im hohen Norden, das den Rückzug der deutschen Truppen unbeschadet überstand.

Am Fjordufer entlang fahren wir über Ytre und Indre Billefjord nach **Stabbursnes**.

■ Im **Stabbursnes Naturhus og Museum** können Sie sich über Natur und Kultur der Landschaft Finnmark informieren.

■ Westlich des Ortes erstreckt sich das unbesiedelte **Stabbursdal**. Teile des Tales, mit dem nördlichsten Kiefernwald der Welt, sind als Nationalpark besonders geschützt (Reiten, Wandern, Angeln).

Wir kommen dann nach **Lakselv**. Der Ort zählt knapp 2.500 Einwohner und verfügt über mehrere Geschäfte, Schulen und andere Einrichtungen, die ein großes Umland versorgen. Lakselv ist auch an das Flugnetz der SAS angeschlossen.

■ Von Lakselv führt die Str. 98 über **Tana** und **Varangerbotn** nach **Vadsø** und **Vardø**. Diese Strecke trifft in Tana bru wieder auf die E 6 und stellt eine Abkürzung um 44 km dar.

Wir verlassen nun den Fjordbereich und fahren am Fluß **Lakselva** entlang, der sich später zu den Seen Nedrevatn und Øvrevatn verbreitert.

■ Bei **Skoganvarre**, einem alten samischen Dorf, das noch zur Gemeinde Lakselv gehört, ist eine **Opferstelle aus vorchristlicher Zeit** erhalten (Offerholmen im Øvrevatn).

Die E 6 steigt nun an und erreicht hinter der Gemeindegrenze eine Höhe von 330 m (Aussicht). Wir befinden uns nun in Karasjok, das zusammen mit dem benachbarten Kautokeino das Kerngebiet des samischen Siedlungsbereichs darstellt.

Wir kommen am verzweigten Nattvatnet (samisch: Igjajavrre) vorbei und steigen noch einmal auf 350 m Höhe an, ehe wir nach Karasjok hinabfahren, das im Flußtal der Karasjokka liegt.

Karasjok ist der Zentralort (1.500 Einwohner) der 5.464 km^2 großen Gemeinde, deren 2.750 Bewohner zum großen Teil samischen Ursprungs sind. Die Rentierzucht stellt immer noch eine wichtige Erwerbsquelle dar. Der Ort kann wohl zu Recht als die inoffizielle Hauptstadt des Samenlandes bezeichnet werden: Hier befinden sich eine samische Rundfunkstation, eine samische Volkshochschule und eine umfangreiche Bibliothek mit Publikationen über die Literatur und Kultur der Samen. Auch eine eigene samische Zeitung erscheint hier («Sami Aigi«).

■ Das große Museum **De samiske samlinger** beschäftigt sich mit der Kultur der Samen und umfaßt auch eine Freilichtabteilung. – Die alte **Kirche** von Karasjok ist 1807 erbaut worden und somit die älteste noch erhaltene Kirche in Finnmark. – Das **Samelandsentret** umfaßt ein Sommerlager samischer Rentierzüchter, Goldwaschcamp, Goldschmiede und andere Kunsthandwerkstätten (Verkauf) sowie ein samisches Restaurant.

■ In Karasjok kreuzen wir die Str. 92, die zur samischen Nachbargemeinde **Kautokeino** führt. In östlicher Richtung gelangt man nach 18 km zur finnischen Grenze bei Karigasniemi.

Die E 6 folgt nun dem Verlauf der Karasjokka, die bei Elvemund in den Fluß Tana mündet. Diesem norwegisch-finnischen Grenzfluß – übrigens ein äußerst beliebtes Lachsgewässer – wird die Europastraße nun mehr als hundert Kilometer lang folgen (nur wenige Brücken nach Finnland!). Die Tana (samisch: »großer Fluß«) ist Norwegens zweitlängster Flußlauf (insgesamt 360 km einschließlich des Quellflusses Anarjokka).

47 km hinter Karasjok kommen wir durch das Samendorf **Valjok**, nach weiteren 34 km passieren wir **Lævvajoki**.

■ Die **Tanaelva** (finnisch: Tenojoki) bietet hervorragende Angelmöglichkeiten. Neben der allgemeinen Angelkarte (»Fisketrygd«) und der Angelkarte für Finnmark benötigt man lokale Angelscheine, die man an Ort und Stelle erhalten kann. Achtung: Ausländern ist das Angeln in den Nebenflüssen der Tanaelva untersagt!

Die E 6 folgt weiter dem Tana-Westufer. Auf der finnischen Seite verläuft ebenfalls eine (schmalere, kurvenreiche) Uferstraße, zu der allerdings unverändert keine Brückenverbindungen bestehen.

Die E 6 führt vorbei an den **Stromschnellen Ailestrykene**, die sich über mehrere Kilometer erstrecken. Wir passieren dann die finnische Siedlung Utsjoki (am anderen Ufer), die nördlichste Gemeinde Finnlands.

Wir fahren weiter durch eine dünn besiedelte Landschaft, die ihren besonderen Reiz durch den Talfluß erhält. Das Tanadal ist übrigens schon seit frühgeschichtlicher Zeit besiedelt, wie Funde aus der Steinzeit beweisen. Das Gebiet war zunächst ausschließlich von Samen bewohnt, zwischen 1730 und 1740 drangen die ersten finnischen Siedler aus dem Süden vor – die norwegische Besiedelung des Flußtals begann erst mit dem Ende des 18. Jhs.

Die E 6 führt weiter über Laksnes nach **Sirma**, einem kleinen samischen Dorf mit finnischsprechender Bevölkerung (Gebirgsstation, Wandermöglichkeiten).

Der nächste Ort im Zuge unserer Strecke ist **Båteng** (Einkaufsmöglichkeiten). Am gegenüberliegenden Ufer befindet sich die kleine finnische Siedlung Nuorgam.

■ Einen Besuch wert ist das samische **Kunsthandwerksgeschäft** (Samisk Husflidssentral).

Die norwegisch-finnische Grenze biegt nun nach Süden ab. Die immer breiter werdende flache Tanaelva ist nun im folgenden Streckenabschnitt ein rein norwegischer Fluß, dessen recht fruchtbares Ufergebiet von den Anwohnern auch landwirtschaftlich genutzt wird. In Polmak überquert eine Brücke die Tanaelva. **Polmak** ist eine samische Siedlung mit einer hübschen Holzkirche aus der Mitte des 19. Jhs. Wenige Kilometer südwestlich von Polmak, auf der anderen Flußseite, passiert man die norwegisch-finnische Grenze und erreicht bei Nuorgam den nördlichsten Punkt des finnischen Straßennetzes (weiter nach Utsjoki).

26 km hinter Båteng erreichen wir **Tana bru**. Hier befindet sich nach Utsjoki die dritte Brücke über den Fluß.

■ In einem alten Holzhaus ist eine **Silberschmiede** untergebracht, die für ihre hochwertigen Produkte bekannt ist.

■ In Tana bru stoßen wir wieder auf die Str. 98, die in ihrem westlichen Teil der Streckenführung der ehemaligen E 6 folgt und in östlicher Richtung bis nach **Vardø** verläuft.

Die Europastraße überquert nun auf einer eleganten Hängebrücke die Tana.

■ Am anderen Ufer zweigt die **Str. 890** ab, die zusammen mit der Str. 891 einen längeren Abstecher bis ans offene Eismeer ermöglicht. Vor allem der letzte Teil der Strecke führt durch ein karge, eindrucksvolle Felsenlandschaft, die ihresgleichen sucht.

Hinter Tana bru folgen wir zunächst dem Ostufer der sich verbreiternden Tanaelva. Wir kommen durch die Ortschaft Seida und anschließend durch ein nur vereinzelt besiedeltes Gebiet. An der Mündung des Flusses in den Tanafjord biegt die Str. 890 nach Süden ab und führt nach **Austertana** (Leirpollen).

Wir verlassen dann das Fjordgebiet und fahren ins Innere der Varanger-Halbinsel. Die Str. 890 erreicht eine Höhe von 292 m (im Winter gesperrt!). An der Kreuzung **Gednje** zweigt die Str. 891 ab, die über das Båtsfjordfjell (Paßhöhe 400 m) zum Fischereihafen **Båtsfjord** führt. Die rund 2.250 Einwohner des Ortes leben hauptsächlich von Fischfang und Fischverarbeitung. – Über das Syltefjordfjell und durch das Syltefjorddal (Angeln: Lachse u.a.) gelangt man zum fast unbewohnten Fischerdorf **Syltefjord**.

Die Str. 890 verläuft weiter durch ein karges Fjellgebiet und dann abwärts durch das Kongsfjorddal nach **Kongsfjord**, einem kleinen Fischereihafen. Außerhalb des Ortes liegt Veines mit Seeverteidigungsanlagen und anderen historischen Gebäuden.

Hinter Kongsfjord beginnt der beeindruckendste Abschnitt der Str. 890: die **Eismeerstraße** (»Ishavsvegen«), die durch eine von Meereskräften gestaltete, verwitterte Steinlandschaft führt. Unterwegs bietet sich immer wieder eine großartige Aussicht auf das offene Eismeer. Bei **Nordmannset** befindet sich ein besonders schöner Aussichtspunkt (kurvenreiche Nebenstraße), der einen beeindruckenden Blick über die zerklüftete Küste und das weite Meer gewährt.

Vorbei am Leuchtfeuer Kjølsnes fyr fahren wir nach **Berlevåg**, dem Endpunkt der Hauptstraße. Dieser Fischereihafen am Rande des menschlichen Siedlungsraums ist durch zwei große, aus tonnenschweren Betonelementen gebildete Molen geschützt, die bislang auch den schwersten Stürmen – mit bis zu 10 Meter hohen Brechern – standgehalten haben. Im Gebiet von Berlevåg führt eine Provinzstraße am Südrand des Svanefjellet vorbei bis nach Store Molvik, das an einer recht geschützten Bucht des Tanafjords liegt.

Die E 6 folgt nun ein Stück dem Ostufer der Tanaelva bis zur Kreuzung **Skipagurra**.

■ Von dort gelangt man am Fluß zurück bis nach Polmak (Str. 895)

Die Europastraße führt nun auf das Seidafjellet (Paßhöhe 150 m) und anschließend hinab nach **Varangerbotn** (samisch: Vuonnabahta), am inneren Ende des trichterförmigen Varangerfjords. Im benachbarten **Nyborg** (samisch: Rovvejohka) befindet sich der Verwaltungssitz der Gemeinde Nesseby, deren rund 1.100 Einwohner überwiegend Samen sind.

■ Das **Varanger Samiske Museum** (samisch: Varjjat Sami Musea) in Varangerbotn befaßt sich mit der Kulturgeschichte der sog. See-Samen.

■ In Varangerbotn trennt sich die Str. 98 wieder von unserer Strecke und führt weiter an der Küste entlang über **Vadsø** nach **Vardø**.

Auf der E 6 fahren wir weiter Richtung Süden zur Kreuzung **Karlebotnhøgda**.

■ Das unten am Fjord gelegene **Karlebotn** war vom Mittelalter bis zur letzten Jahrhundertwende ein wichtiger Marktort, an dem Händler und Käufer aus Norwegen, Schweden und Rußland zusammentrafen. – Durch Ausgrabungen im Bereich von Karlebotn konnte die permanente Besiedlung des Gebiets seit der Steinzeit nachgewiesen werden. Auf Gropengbakken sind die Grundmauern einer Steinzeitstadt freigelegt worden.

Wenige Kilometer später trifft die Europastraße in **Reppen** ein.

■ Dort steht der Hof **Sabagård**, in dem einst der Lehrer Isak Saba (1875–1921) aufwuchs. Er war der erste norwegische Parlamentsabgeordnete der Samen und gehörte der Sozialdemokratischen Arbeiterpartei an.

Die E 6 führt weiter durch die recht karge und felsige **Uferlandschaft**.

■ An der Kreuzung **Brannsletta** hat man die Möglichkeit zu einem 20 km langen Abstecher nach **Bugøynes**, einem kleinen Fischerdorf mit rund 300 Einwohnern. Bugøynes blieb gegen Ende des Zweiten Weltkriegs von den Zerstörungen des »Verbrannte-Erde-Rückzugs« der Deutschen verschont, so daß hier noch einige ältere Holzhäuser vorhanden sind. Ein großer Teil der Bevölkerung stammt von finnischen Einwanderern ab; Finnisch ist dementsprechend hier immer noch für viele die Umgangssprache. Das Touristenbüro organisiert im Sommer Angelausflüge auf dem Meer.

Unsere Strecke verläßt das Fjordufer und erreicht eine Höhe von 160 m. Wir befinden uns nun schon innerhalb der Gemeindegrenzen von Sør-Varanger, deren Hauptort Kirkenes ist.

Wir durchqueren Bugøyfjord am Ende des gleichnamigen Fjords und erreichen **Neiden**, den alten Hauptort der Skolte-Samen.

■ Die Skolte-Samen, die inzwischen fast völlig in den anderen Bevölkerungsgruppen des Gebiets aufgegangen sind, gehörten der griechisch-orthodoxen Religionsgemeinschaft an. Für sie wurde um 1560 die kleine hölzerne **St. Georgs-Kapelle** errichtet. Sie ist inzwischen restauriert worden und steht Besuchern offen (beim Campingplatz nachfragen!). An jedem letzten Samstag im August findet hier ein griechisch-orthodoxer Gottesdienst mit finnischen Priestern statt.

■ Die Stromschnelle **Skoltefossen** ist ein beliebter Lachs-Angelplatz. Für den Neidenelva gelten spezielle Bestimmungen.

■ Neiden liegt nur 10 km von der norwegisch-finnischen Grenze entfernt (keine Zollstation). Auf der finnischen Seite gelangt man über eine einsame, schmale Straße bis zum berühmten **Inari-See**.

Die E 6 folgt bald dem schmalen Munkfjord/Neidenfjord (Aussicht) und führt am Flughafen Høybuktmoen vorbei, dem nordöstlichsten Endpunkt des innernorwegischen Flugverkehrsnetzes (teilweise militärisches Sperrgebiet, Hinweise beachten!).

Wenig später erreichen wir **KIRKENES**, den Endpunkt der E 6 – mehr als 5.000 km nordöstlich von Rom und immerhin 2.425 km nördlich von Oslo. Kirkenes, das Sie im Ortsteil näher beschrieben finden, liegt übrigens nicht nur sehr weit nördlich, sondern genauso östlich wie Leningrad, Istanbul und Kairo.

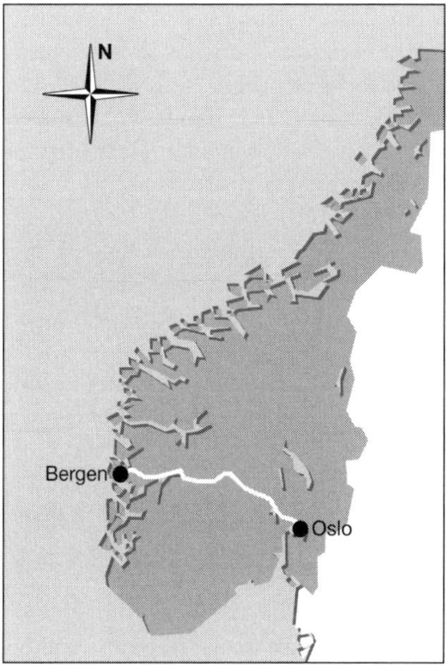

Str. 7:

Oslo – Bergen

Die Str. 7 verbindet, wie die E 16, die beiden norwegischen Metropolen Oslo und Bergen. Sie führt über Hønefoss, 57 km nordwestlich von Oslo, am See Krøderen entlang und folgt dann dem Verlauf des Hallingdals über Nesbyen, Gol, Ål nach Geilo. Kurz hinter diesem bekanntesten Wintersportort Norwegens beginnt die Fahrt über das Hochplateau der Hardangervidda, die durch den Abstieg ins Måbødal beendet wird. Danach verläuft sie am Ufer des Eidfjords entlang bis Brimnes; dort überqueren wir mit der Fähre den Eidfjord bis Bruravik. Die Str. 7 durchquert den 7,5 km langen Vallavik-Tunnel und erreicht Granvin, wo sie sich auf der ehemaligen, berüchtigten Trasse der E 68 fortsetzt. Der Gebirgsabschnitt der Str. 7 ist in der Regel von Mitte Mai bis Mitte Oktober befahrbar.

Ab Oslo teilen sich Str. 7 und E 16 zunächst die Trasse (siehe unter E 16) bis

(57 km) **Hønefoss**, Ringerike. Die Str. 7 verläuft von Sokna (Kirchen von 1704 mit Barockinventar) zum schmalen, ca. 40 km langen See Krøderen. Dort liegt auch der Ort

(113 km) **Noresund**. Von hier führt eine Nebenstraße zum Norefjell (Aussicht, Wintersport).

Am Seeufer entlang erreichen wir das traditionsreiche Hallingdal. Hinter Flå lohnt linker Hand ein Abstecher nach Flentenseter, das in einem herrlichen Gebirgsgebiet liegt (zurück zur Str. 7 über die Str. 287, Paßhöhe 960 m). Talaufwärts gelangen wir nach

(172 km) **Nesbyen**, einen für sein im Sommer mildes Klima bekannter Ort. Der Wärmerekord für Norwegen wurde mit über 35 Grad(!) in Nesbyen gemessen. Besonders sehenswert: das große Freilichtmuseum »Hallingdal Folkemuseum«. – Der nächste größere Ort im Hallingdal ist

(190 km) **Gol**. Die ursprüngliche Stabkirche von Gol wurde Ende des 19. Jhs. ins Osloer Freilichtmuseum versetzt. Seit 1994 steht eine originalgetreue Kopie in Gol. Hier kann man auf die Str. 51 nach Fagernes und die Str. 52 nach Laerdal/Borlaug abbiegen. Der Weg führt nun weiter nach Südwesten, über Torpo (Stabkirche aus dem 12. Jh.).
Wir fahren weiter über Ål und Hol nach

(243 km) **Geilo**, neben Lillehammer das größte Wintersportzentrum Norwegens. Hier besteht Anschluß an die Str. 40 (herrliche Aussicht von der Geilohøgda, Seilbahn).

Die Str. 7 führt weiter über Ustaoset (911 m Höhe, zahlreiche Ferienhäuser) nach

(267 km) **Haugastøl**, ein unscheinbares Nest, das am Westende des Ustevatn liegt. Auch hier gibt es zahlreiche Ferienhütten (Wandern, Wintersport!).

Aber: Nun beginnt der Hochgebirgsabschnitt der Str. 7: Die Fahrt über die Hardangervidda, eine riesige Hochebene mit zahlreichen Seen und eine Art Tundra-Vegetation, stellt ein ganz besonderes Erlebnis dar. Wir kommen an den Gebirgshütten Fagerheim und Halne vorbei; beide sind gute Ausgangspunkte für Gebirgswanderungen. An der Gebirgshütte Tråastølen wird mit 1250 m der höchste Punkt unserer Strecke erreicht. Hier erlaubt eine Nebenstraße einen Abstecher bis in den Nationalpark Hardangervidda, der sich südlich der Straße erstreckt. Über Dyranut (Hütte) und am aufgestauten Sysenvatn vorbei gelangt man zur

(315 km) Kreuzung **Isdøla**. Das in der Nähe gelegene Fossli Hotel bietet einen großartigen Blick in das enge Måbødal mit dem 182 m hohen Wasserfall **Vøringfoss**.

Auch die Straße 7 bietet bald eine wenn auch bescheidene Aussicht auf den Vøringfoss. Am besten nehmen Sie den Wanderweg, der während der Abfahrt an der Str. 7 beginnt (gutes Schuhwerk erforderlich). In mehreren Serpentinen gelangt man abwärts ins Måbødal und zum See Eidfjordvatn (Abstecher ins wilde Hjølmodal). Am Ende des Sees erreichen wir

(327 km) **Eidfjord**, das am gleichnamigen Arm des Hardangerfjords liegt (sehenswert: mittelalterliche Steinkirche, interessante Moränen-Terrassen-Bildungen). Das neue »Hardangervidda Natursenter« macht seinem Namen keine Ehre, sondern enttarnt sich als stark kommerzialisierte Werbeveranstaltung für Eidfjord. Abstecher: Über eine schmale, 12 km lange Nebenstraße gelangt man ins Simadal (Besichtigung eines Wasserkraftwerks) und weiter in ein karges Gebirgsgebiet.

Die Straße 7 führt nun am Ufer des Eidfjords entlang bis Brimnes und weiter mit der Fähre nach Bruravik. Von dort gelangt man in kurzer Zeit durch den 7,5 km langen Vallavik-Tunnel nach

(356 km) **Granvin**. Vom Kai in Granvin (Rastplatz) hat man einen Panoramablick auf den Granvinfjord und die umliegenden Berge.

Dir Str. 7 verläuft nun auf der Strecke der früheren E 68, die heute durch die nördlich gelegene Route der E 16 abgelöst ist. Die folgende Strecke am Hardangerfjord galt als gefürchtetes Nadelöhr: unten der Fjord auf der einen Seite, auf der anderen steil aufragende Berge, dazwischen die schmale Straße in den Fels gesprengt. Der zunehmende Schwerlastverkehr bescherte den Benutzern der eigentlichen Schnellroute Oslo–Bergen viele unangenehme Situationen und Verzögerungen.

Ein schönes, aber typisches Nadelöhr im kleinen ist die Fyksesundbrua, eine Hängebrücke aus den 50er Jahren. Die Brücke überqueren Sie zwischen dem Industriezentrum Ålvik und

(399 km)**Øystese**. In diesem Ort befindet sich das »Ingebrikt-Vik-Museum«, zu Ehren von Norwegens anerkanntestem Bildhauer. Nur wenige Kilometer weiter liegt die Schwesterstadt

(404 km) **Norheimsund**. In der Werft »Hardanger Fartøyvernsenter« können Sie bei der Restauration alter Schiffe zuschauen.

Hinter Norheimsund passieren wir den Wasserfall Steindalsfossen, unter dem Sie hindurchgehen können. Danach klettert die Str. 7 durch mehrere Tunnel aufwärts, die die verwegene Hangstraße entlang der Schlucht Tokagjelet entschärft haben, bevor sie die Hochebene Kvamskogen erreicht, ein beliebtes Ausflugsziel der Bergenser. Der höchste Punkt liegt bei 454 m ü.d.M.

Die Str. 7 durchquert mehrere Tunnel, bevor sie in

(449 km) **Trengereid** auf die E 16 trifft (siehe dort). Gemeinsam führen beide Hauptverkehrsrouten nach

(483 km) **Bergen**, das im Ortsteil ausführlich beschrieben wird.

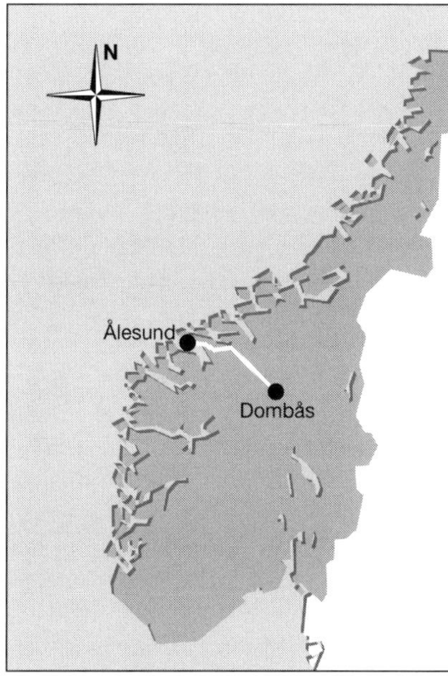

Str. 9:

Dombås – Ålesund

0 km	Dombås	227 km
16 km	Lesja	211 km
66 km	Verma	161 km
100 km	Sogge bru	127 km
105 km	Åndalsnes	122 km
147 km	Vikebukt	80 km
186 km	Sjøholt	41 km
215 km	Spjelkavik	12 km
227 km	Ålesund	0 km

Karten: Cappelen, Bl. 2 – Scanmaps, Bl. 6, 8

Die Str. 9 führt im ersten Teil von Dombås, das noch im ostnorwegischen Bezirk Oppland liegt, durch das wilde Romsdal ins Fjordgebiet von Møre. Der zweite

Streckenabschnitt führt durch eine sehr abwechslungsreiche Fjordlandschaft und endet in der Hafenstadt Ålesund. Die Str. 9 ist 227 km lang und ganzjährig befahrbar.

Wir beginnen unsere Fahrt in **Dombås**.
■ Dombås erreichen wir über die **E 6** (Svinesund–Kirkenes), Norwegens längste Straßenverbindung (siehe dort).

Von Dombås, das in 659 m Höhe liegt, fahren wir in nordwestlicher Richtung zunächst nach **Lesja**.

Lesja gehört übrigens zu den niederschlagsärmsten Regionen Norwegens, hier ist die Landwirtschaft nur durch umfangreiche Bewässerungsmaßnahmen möglich.
■ Sehenswert ist die **Ortskirche** (Lesja kirke) aus dem Jahr 1748 mit Altartafel, Kanzel, Chorschranke und Taufbecken, die mit einer für diese Gegend typischen Akantus-Schnitzerei verziert sind. Die Schnitzereiarbeiten wurden von dem hier lebenden Bauern J. Klukstad ausgeführt. Die rotbraun gestrichene Kirche liegt unterhalb der Straße und ist weithin sichtbar. (Ende Juni–Mitte August 10–17 h) – Interessant ist auch das **Heimatmuseum** (Lesja Bygdetun), gleich neben der Kirche.
■ Von Lesja führt der (gebührenpflichtige) **Slådalsvegen** in südlicher Richtung übers Gebirge (Paßhöhe 1.190 m) nach Vågåmo. – Einige Kilometer vor Lesja zweigt der (ebenfalls mautpflichtige) **Dalsidevegen** von der Str. 9 ab. Er führt zu den Seen Gautsjøen und Aursjøen. In diesem herrlichen Hochgebirgsgebiet bestehen ausgezeichnete Wandermöglichkeiten.

Auf der Str. 9 folgen wir dem breiten, flachen Gebirgstal des Flusses Lågen. Gerundete Bergketten, oberhalb der Baumgrenze teilweise schneebedeckt, rahmen den Talzug ein.

8 km hinter Lesja erreichen wir **Lora**.
■ Dort kann man auf eine gebührenpflichtige Straße abbiegen, die durch das **Lordal** zur Alm Nyseter führt (21 km).

Auf der Hauptstraße gelangen wir nach **Lesjaverk**.

Hier wurde bis 1812 Eisenerz gefördert und verhüttet. Die Ruinen des Hüttenwerks befinden sich direkt am See. Durch einen im 17. Jh. am Ostende des Sees angelegten Damm hat der Lesja-See zwei Abläufe.
■ Der **Lesjaverk gård**, ein Holzhaus aus dem Jahre 1734, ist das alte Verwaltungsgebäude des Eisenwerks.

Wir fahren weiter talabwärts durch ein lichtes Waldgebiet nach **Lesjaskog**.
■ Dort steht, nahe der Str. 9, eine **Kirche**, die ursprünglich als Werkskirche der Eisenhütte eingerichtet worden war. 1855 wurde sie an die jetzige Stelle versetzt und umgebaut.

Die Str. 9 folgt weiterhin dem Verlauf des Lågen und führt über Bjorli (Touristenort, besonders Wintersport) nach **Stugufiåten** (530 m, alte Postkutschenstation).
■ Hier zweigt rechts eine Nebenstraße zum 1.084 m hoch gelegenen Sandgrovvatn ab, die in ihrer Fortsetzung am Mardalsvatn endet. Die Straße ist im Zusammenhang mit dem Ausbau des Gewässernetzes im Mardal-Gebiet entstanden. Dem in seinen Ausmaßen umstrittenen Ausbau fiel auch Europas ehemals höchster Wasserfall, der **Mardalsfoss** (297 m freie Fallhöhe, 655 m insgesamt), zum Opfer. 11 Monate steht er im Dienst der Energiegewinnung. Von

Ende Juni bis Mitte August, während der Schulferien, stürzt der Mardalsfoss für die Touristen, allerdings mit eingeschränkter Wasserführung, abwärts.

Die Str. 9 überquert nun bald die Grenze zwischen dem ostnorwegischen Bezirk Oppland und dem westnorwegischen Møre og Romsdal.

Der nächste Ort entlang unserer Route ist **Verma** (273 m ü.d.M.).

■ Sehenswert ist hier die **Eisenbahnbrücke Kylling bru** über den Fluß Rauma. Die Eisenbahnlinie (Rauma-Bahn), die in Dombås von der Hauptlinie Oslo–Trondheim abzweigt und nach 114 km in Åndalsnes am Romdalsfjord endet, führt oberhalb von Verma durch zwei Kehrtunnel. Diese Anlage verlängert zwar die Strecke um über 7 km, überwindet aber auf engstem Raum einen Höhenunterschied von über 100 m. Unter der Brücke schießt in mehreren Armen der Wasserfall **Vermafossen** a bwärts.

Die Str. 9 verläuft nun nahe der grünen, klaren Rauma, die als äußerst begehrter Lachsfluß gilt.

Über Flatmark gelangen wir nach **Kors**.

■ Die dortige **Kirche** stammt aus dem Jahre 1799 (Kors kirke). Die geschnitzte Altartafel ist ein Werk des Künstlers J. Klukstad aus Lesja.

Gleich anschließend liegt Marstein (Bahnhof), das von hohen Bergen umgeben wird und den ganzen Winter über ohne direktes Sonnenlicht ist.

3 km hinter Marstein erreichen wir den Hof **Horgheim**.

■ Hier erstreckt sich ein Gräberfeld aus der Zeit der Völkerwanderung.

Kurz darauf kommen wir nach **Horgheimseidet**.

■ Dort befindet sich ein Rastplatz mit einer bebilderten Informationstafel, die über Klettertouren an der 1.000 m hohen, fast senkrechten **Trollveggen** (Trollwand) Auskunft gibt. Trollveggen gehört zu den schwierigsten Kletterwänden Europas. Die Fallschirmsprünge von den Zinnen wurden nach mehreren Todesfällen verboten.

Wir passieren das Wasserkraftwerk **Grytten**, das durch einen fast 950 m langen Druckschacht gespeist wird. Zum Kraftwerk, dessen Turbinen 300 m tief im Berg Romsdalshorn liegen, gehört ein über 30 km langes System von Tunneln und Schächten.

Wir setzen unsere Fahrt in Richtung Küste fort und kommen bald am Hof **Nerhole** vorbei.

■ Hier hat man eine großartige Aussicht auf das 1.550 m hohe **Romsdalshorn**, das fast senkrecht aus dem Tal emporsteigt. 1971 bestiegen zwei jugoslawische Bergsteiger das Romsdalshorn erstmals vom Tal aus über die Südwand. Der »normale« Weg führt über die nicht ganz so steile Ostwand (Erstbesteigung 1826). – Auch der Blick auf die steilen Felswände, die von zerklüfteten Gipfeln (Trolltindane) gekrönt werden, ist beeindruckend. Schneeflecken reichen fast bis hinunter in die Talsohle.

Wir kommen dann zur Kreuzung **Sogge bru**.

■ Hier zweigt die Str. 63 nach Valldal ab, besser bekannt als **Trollstigveien**. Der Weg hinauf zur Paßhöhe gehört sicherlich zu den imposantesten Eindrücken der westnorwegischen Gebirgslandschaft. Etliche Serpentinen müssen überwunden werden, um dann in luftiger

Höhe die zurückgelegte Wegstrecke mit dem Auge verfolgen zu können. Die großartige Aussicht reicht bis zur Fjordgemeinde Åndalsnes.

Nach 5 km erreicht die Str. 9 **Åndalsnes**, das am Isfjord, einem Nebenarm des Romsdalsfjord, liegt. Der Ort ist Endstation der Raumabahn und ein wichtiger Verkehrsknotenpunkt. Als Ferienort ist Åndalsnes besonders bei Anglern und Bergwanderern beliebt.

■ Das **Norsk Tindemuseum** widmet sich dem Bergsteigen; in der Nähe von Romsdalshorn und Trollveggen sicher der passende Ort.

■ Atemberaubend ist die Gebirgskulisse im **Vengedal**. Das 1.550 m hohe Romsdalshorn erreicht man über die Nebenstraße Isfjorden–Kolfåt.

■ In Åndalsnes kann man auf die Str. 64 Richtung **Molde** und weiter Richtung **Kristiansund** abbiegen.

Wir setzen unsere Fahrt auf der Str. 9 fort und gelangen kurz hinter Åndalsnes nach **Veblungsnes**.

■ Die achteckige rot gestrichene **Holzkirche** (Gryttenkirke) stammt aus dem Jahre 1829.

Der neue, 6,6 km lange Tunnel, durch den wir jetzt fahren, ersetzt die alte Route am Fjordufer, die mehrfach von Lawinen begraben worden war. Die Str. 9 erreicht **Innfjorden**.

Innfjorden ist ein kleiner Industrieort mit einigen sehenswerten alten Hofgebäuden. Im Ortsgebiet befinden sich auch mehrere Grabhügel aus der Zeit der Völkerwanderung. Beeindruckend ist die Bergkulisse mit bizarren Gipfelformen und zahlreichen Schneefeldern.

■ Von Innfjorden aus führt eine Nebenstraße über Berill nach **Bostølen** (15 km, gebührenpflichtig), Ausgangspunkt für Bergwanderungen (auch zum Trollstigveien) und Angeltouren.

Wir fahren weiter über Måndalen (kleiner Industrieort) und Vågstranda nach **Gjermundnes**. Die Str. 9 verläuft nun nahe am Fjordufer (Lawinenschutzbauten).

■ Das Landwirtschaftsmuseum **Landbruksmuseet** zeigt die neuere Entwicklung in der Region. (Ende Juni–Mitte August Mi-So 11–17 h) – Bei Gjermundnes befindet sich ein **Ankerplatz** für stillgelegte Schiffe: Supertanker bis 600.000 BRT können hier im tiefen, geschützten Fjord festmachen.

Hinter Vikebukt folgt die Str. 9 dem Ufer des Tresfjords, eines weiteren Nebenarms des Romsdalsfjords, nach **Daugstad**.

■ Hier zweigt eine kurvenreiche, gebührenpflichtige Privatstraße zu den Almen **Daugstadseter** und **Sessetra** ab (Wandern). Unterwegs passiert man die Siedlung Sakselid, deren Höfe mittlerweile verlassen sind.

Am inneren Ende des Fjords liegt **Tresfjord**.

■ Die achteckige **Holzkirche** stammt aus dem Jahre 1828. Teile der Innenausstattung sind jedoch wesentlich älter. – Im **Tresfjord Museum**, 300 m abseits der Str. 9, können Sie einige alte Hofgebäude besichtigen, die teilweise aus dem 17. Jh. stammen.

Am Westufer des Tresfjords entlang fahren wir zur Kreuzung **Skorgenes**.

■ Über die Str. 661 gelangen wir hier nach Vestnes und **Furuneset** (Autofähre nach Molde, siehe Ortsteil). – Die Str. 661 führt ab Furuneset westwärts – am Fjordufer entlang – über Tomrafjord und Vatne zurück zur Str. 9.

Den Rest der Strecke teilen sich die Str. 9 und 1 die Trasse. Bei Skorgenes verlassen wir das Gebiet des Romsdalsfjords und fahren durch das Skorgedal. Der höchste Punkt der Straße liegt bei 338 m; in diesem höher gelegenen Talabschnitt befindet sich ein beliebtes regionales Ferien- und Ausflugsgebiet.

In **Sjøholt** erreichen wir den Storfjord. Sjøholt ist ein aufstrebender Ort mit vor allem holzverarbeitender Industrie (Fertighäuser, Möbel usw.)

■ Von hier aus führt die Str. 650 zum Fähranleger Linge (Autofähre nach Eidsdal, Str. 63 nach **Geiranger**).

Wir setzen unsere Fahrt auf der Str. 9 fort und kommen über Solnør (schöner Blick über den Storfjord) zur Kreuzung **Dragsund**.

■ Wir empfehlen hier einen kleinen Umweg über **Skodje** (Str. 661). Bevor man die Str. 9 bei Digernes wieder erreicht, überquert man auf der eindrucksvollen **Steinbrücke** Skodje bru den Skodjestraumen.

Über Digernes fahren wir auf der gut ausgebauten Schnellstraße, meist am langgestreckten Binnensee Brusdalsvatn entlang, zum Industrieort **Spjelkavik**.

■ Aussicht: In **Spjelkavik** führt ein 910 m langer Sessellift auf die 307 m hohe Høglia (im Sommer leider nur sonntags). Die hier abzweigende Str. 1 führt über Volda bis in den Süden des Fjordlandes nach Stavanger (siehe dort).

Es sind nun noch 11 km bis zum Stadtzentrum von Ålesund.

■ Unterwegs kommen wir an der mittelalterlichen **Borgund-Kirche** und am **Sunnmøre Museum** vorbei (Beschreibung siehe Ortsteil).

Im Zentrum von **ÅLESUND**, einer schön gelegenen Hafenstadt mit immerhin rund 25.000 Einwohnern im eigentlichen Ortsgebiet, endet die Str. 9. Lesen Sie weiter im Ortsteil.

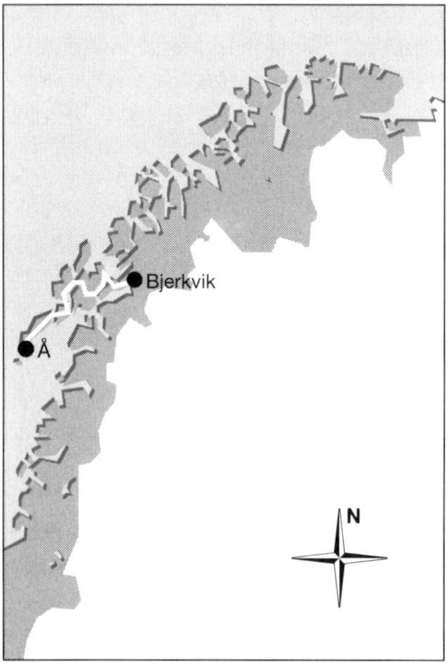

E 10:

Bjerkvik – Å

0 km	Bjerkvik	365 km
167 km	Sortland	208 km
232 km	Svolvær	133 km
365 km	Å	0 km

Karten: Cappelen, Bl. 4 – Scanmaps, Bl. 15, 14

Die Europastraße 10 verbindet Nordnorwegen mit dem nordschwedischen Kiruna und reicht bis an den Finnischen Meerbusen. Der norwegische Abschnitt ist 409 km lang, vom Grenzgebiet auf dem Bjørnfjell bis fast an die Südspitze des Lofoten-Archipels. In diesem Reiseführer beschrieben wird die Strecke von Bjerkvik, Verkehrsknotenpunkt an der E 6, nach Å, dem kleinen Fischerdorf an der Ostküste der äußeren Lofotinsel Moskenes. Diese Verbindung erschließt ein landschaftlich vielfältiges Gebiet, dessen Spanne von fruchtbaren Landwirtschaftsflächen bis zu den charakteristischen bizarren Gipfeln der jäh aus dem Meer emporsteigenden Berge reicht. Im Zuge der E 10 macht man Bekanntschaft mit zahlreichen malerischen Fischerdörfern, die den flachen Uferstreifen ausnutzen – und erlebt eine Landschaftsform, die man sonst nirgendwo in Europa vorfindet: alpine Gipfel mitten im Meer. So erwarten Sie unterwegs mehr landschaftliche als kulturelle Höhepunkte.

Wir beginnen unsere Fahrt in **Bjerkvik**, das am Nordende des Herjangsfjords, einem Ausläufer des Ofotfjords, liegt. Der Ort war zu Beginn des 2. Weltkriegs hart umkämpft und wurde beim Landungsversuch der alliierten Truppen weitgehend zerstört.

Die E 10 folgt zunächst ein Stück dem Nordwestufer des Herjangsfjords (schöne Aussicht, gute Angelmöglichkeiten) und führt dann landeinwärts auf das Herjangsfjell, wo sie eine Höhe von 195 m erreicht.

■ An der Kreuzung Lenvikmark biegt die **Str. 829** ab, die in Verbindung mit der Str. 825 eine empfehlenswerte Alternative zur E 10 darstellt. Sie führt u.a. vorbei an den Seen Skodbergvatn und Saltvatn und folgt den Ufern des Grovfjords und des Astafjords.

Die E 10 führt weiter nach **Bogen**. Während des letzten Krieges befand sich hier eine deutsche Marinebasis.

■ Statt der Hauptstraße, die in einigem Abstand zur Küste verläuft, kann man hinter Bogen der Küstenstraße über **Liland** (Kirche aus der Zeit um 1800) folgen. Hierbei kommt man auch am Verkehrsflughafen Evenes vorbei, der das Gebiet von Narvik und Harstad bedient. Auf der E 10 fahren wir weiter nach **Evenskjær**, das schon zum Bezirk Troms gehört.

Einige Kilometer hinter Evenskjær überqueren wir auf einer ca. 1.000 m langen Brücke den Tjeldsund, der Hinnøya, Norwegens größte Insel, vom Festland trennt.

■ Gleich hinter der Brücke zweigt die Str. 83 ab, die nach **Harstad**, einem Verkehrs- und Handelszentrum in Nordnorwegen führt. Eine ausführliche Beschreibung der Stadt finden Sie im Ortsteil dieses Autoreiseführers.

Die E 10 verläuft nun am Westufer des bis zu 140 m tiefen Tjeldsunds entlang nach Sandtorg, einem alten Handelsort mit einigen gut erhaltenen historischen Gebäuden. Hier ist inzwischen ein kleines Industriegebiet entstanden.

Wir passieren nun die Grenze zwischen den Bezirken Troms und Nordland und erreichen das Gebiet der Gemeinde Lødingen. Die Straße schlängelt sich weiter am Ufer des Tjeldsunds entlang. In der Nähe von Harvik bietet sich eine besonders schöne Aussicht in den Sund hinein.

Wir passieren die Gehöfte Fiskøya, Djupfest und Strand.

■ Bei **Strand** ist ein öffentlicher Badestrand eingerichtet.

Die E 10 erreicht dann die Kreuzung **Kåringen**.

■ Hier empfiehlt sich ein 4 km langer Abstecher (Str. 85) zum Hafenort **Lødingen** (Fischereihafen, Zoll- und Lotsenstation), die durch eine Autofähre mit der E 6 verbunden ist (Lødingen–Bognes). Sehenswert sind die alte **Holzkirche** aus der Mitte des 18. Jhs. sowie das Lotsenmuseum. – Folgt man der Straße bis Neshamn, kann man über einen Fußweg zu einem oberhalb des Fjords gelegenen Feld mit Steinzeichnungen gelangen.

Die E 10 steigt auf 200 m Höhe an (schöne Aussicht auf den Kanstadfjord) und erreicht schließlich den Kreuzungspunkt **Kanstad**.

■ Dort zweigt die schmale, kurvenreiche und wenig befahrene **Str. 837** ab, über die man einige abgelegene, kleinere Fischerorte an der zerklüfteten Küste besuchen kann. Dort liegt auch der alte Handelsort Vestbygd.

Wir folgen dem Verlauf des nur wenige hundert Meter breiten **Indrefjords**, später dem **Gullesfjord**. Westlich der Straße erstreckt sich ein teilweise vergletschertes Gebirgsgebiet, mit mehr als 1.000 m hohen Gipfeln.

■ Bei **Langvassbukt** (Kapelle) zweigt die Str. 850 ab, die durch die fruchtbare Gemeinde **Kvæfjord** (bekannt für ihre aromatischen Erdbeeren) nach Harstad führt (Fähre Flesnes–Revsnes).

Die E 10 führt nun durch das Langvassdalen nach **Sigerfjord**, einem Ort mit Fischereihafen, Fischölfabrik und einigen kleineren fischverarbeitenden Betrieben. Sigerfjord ist von hohen Bergen umgeben und liegt dadurch sehr geschützt.

■ In der **Kapelle** von Sigerfjord befindet sich eine St. Olavs-Statue aus dem 15 Jh.

Wir fahren weiter über den flachen Uferstreifen nach **Strand**.

■ Dort zweigt die **Str. 82** ab, die bis nach Andenes führt, dem nördlichsten Punkt der Inselgruppe.

Die E 10 verläßt nun die Insel Hinnøya und führt auf einer 1.000 m langen Brücke über den Sortlandsund nach **Sortland**, das an der Ostküste der zerklüfteten Vesterålen-Insel Langøya liegt.

Sortland ist mit rund 4.000 Einwohnern der Verkehrsknotenpunkt der Vesterålen-Inseln. Die Stadt ist mehr praktisch als schön. Hier liegt die Basis der Küstenpatrouille-Schiffe für den Nordteil des Landes.

■ Von Sortland führt die **Str. 820** quer über die verzweigte, abwechslungsreiche Insel Langøya bis zur Westküste.

Die E 10 folgt nun dem Verlauf des Sortlandsunds, der in den Hadselfjord übergeht. Sie verläuft auf einem ebenen Uferstreifen, während im Osten, rechter Hand, eine mächtige, gerundete Felswand emporragt. Wir kommen durch **Kleiva**, das zu den besten Landwirtschaftsgebieten auf Vesterålen gehört. Die dortige Landwirtschaftsschule widmet sich u.a. der Aufzucht des Nordlandpferdes, einer besonders robusten Rasse.

Bei Skagen passieren wir den Verkehrsflughafen des Gebiets und fahren dann über die 1.020 m lange, 33 m hohe **Hadsel-Brücke** nach **Stokmarknes**. Hier befindet sich der Sitz der »Vesteraalen Dampskibsselskab«, einer der Pionier-Reedereien im Hurtigruten-Verkehr, 1881 gegründet, worüber ein Hurtigrutenmuseum Auskunft gibt. Stokmarknes wird auch heute noch regelmäßig von Schiffen der Hurtigrute angelaufen.

■ Der Hafen von Stokmarknes ist ein guter Ausgangspunkt für Touren mit **Linienbooten** durch die Inselwelt der Vesterålen.

Die E 10 folgt nun dem Ostufer der Insel Hadsel (vorbei an einer öffentlichen Badestelle) bis zum Kirchort **Hadsel**.

■ Die kleine achteckige **Holzkirche** von Hadsel stammt aus dem Jahre 1824. In ihrem Inneren findet man einen einfachen Leuchter aus dem 13. Jh.

An der Südküste der Insel erreichen wir **Melbu**, einen alten Handelsort mit rund 2.500 Einwohnern. Hier ist die größte Trawlerflotte der Vesterålen beheimatet, ebenso einige fischverarbeitende Betriebe.

■ Das **Vesterålen Heimatmuseum** (bygdemuseum), bestehend aus zwei alten Bauernhöfen, zeigt u.a. die damaligen Gebrauchsgegenstände der Fischer und Bauern (im Sommer kulturelle Veranstaltungen, Kunstausstellungen und Führungen).

■ Lohnend ist auch eine Fahrt an der **Westküste** der Insel entlang mit schöner Aussicht auf die Lofoten, das offene Meer und das Fischerdorf Bø an der Südwestküste von Langøya. Unterwegs passiert man den Badeplatz Taen, ein weiterer Strand befindet sich gleich westlich von Melbu.

Mit einer Autofähre überqueren wir nun den Hadselfjord und legen nach rund 30 Minuten in Fiskebøl an (11 x tägl.).

Fiskebøl liegt an der zerklüfteten Nordküste der Insel Austvågøy, die bereits zum Lofoten-Archipel gehört. Die Insel hat eine Fläche von 526 km^2 und ist damit die neuntgrößte in Norwegen. Die Berge Higravtind (1.161 m) und Vågakallen (942 m) sind die höchsten Erhebungen.

Wir fahren über Higrav nach **Vestpollen**, einer kleinen Siedlung am Austnesfjord.

■ Die **Kapelle** von Sildpollnes steht malerisch auf einer langgestreckten Landzunge mitten im Fjord.

Die E 10 führt weiter nach **Svolvær**, der »Hauptstadt« der Lofoten-Inseln. Der alte Handels- und Fischereiort besitzt seit 1760 die Handelsprivilegien und erhielt 1918 die Rechte einer Landstadt. Heute zählt Svolvær 4.000 Einwohner und ist damit die größte Ortschaft im Lofoten-Archipel (Zentralort der Gemeinde Vågan mit insgesamt knapp 9.350 Einwohnern).

Svolvær ist Verkehrsknotenpunkt und Verwaltungszentrum der Region und auch Sitz der Lofotfischerei-Verwaltung. Hier erscheint auch eine der größten Zeitungen Nordnorwegens (Lofotposten). Es gibt einige Industriebetriebe, die sich mit Schiffbau und -ausrüstung sowie der Fischverarbeitung beschäftigen. Svolvær ist übrigens auch ein – außergewöhnlicher – Wintersportort (Langlauf, Abfahrt). Wintersportler und die vielen Fischer, die zur Lofotfischfang-Saison anreisen, bilden dann in Svolvær einen beeindruckenden Kontrast.

■ Im Rathaus von Svolvær hängt die berühmte Darstellung der **Schlacht im Trollfjord** (siehe auch unten) des aus Svolvær stammenden Malers Gunnar Berg (Düsseldorfer Schule). – Wegen der besonderen Lichtverhältnisse zieht es viele Maler nach Svolvær. Auf Svinøya betreiben einige das **Vågan Kunstnersenter** (Bildende Kunst). – Eine geologische Sehenswürdigkeit ist die **Svolværgeiß** (Svolværgeita) im 596 m hohen Fløyfjell, das vom Friedhof emporragt. Zwischen ihren steinernen Hörnern mißt die »Ziege« fünf Fuß – ein Sprung von einem Horn zum anderen ist eine Herausforderung für mutige Bergsteiger.

■ Von Svolvær aus sollte man unbedingt einen Bootsausflug zum **Trollfjord** unternehmen. Dieser zwei Kilometer lange und an seinem Eingang nur hundert Meter breite Fjord war Schauplatz der »Schlacht im Trollfjord«, die von Johan Bojer in seinem Roman »Der letzte Wikinger« eindrucksvoll geschildert worden ist. Die Auseinandersetzung fand 1880 zwischen Fischern statt – auf der einen Seite die Besitzer der kleinen, alten Boote ohne Motorantrieb, auf der anderen Seite die Dampfbootfischer. – Ein weiterer herrlicher Ausflug führt von Svolvær mit der Fähre nach **Skrova** (30 min), das mitten im Meer liegt. Skrova ist ein Fischerdorf mit 400 Einwohnern und einer der größten Lachszuchtanlagen Nordnorwegens. Besonders sehenswert ist dort der alte Handelsplatz mit gut erhaltenen Holzgebäuden. – Ein traditionsreiches Touristenziel ist das kleine Fischerdorf **Digermulen** am Rafsund. Schon Kaiser Wilhelm II. besuchte mehrmals den malerischen Ort. Digermulen erreicht man heute mit Autofähre oder Expreßboot von Svolvær aus in zwei Stunden (1–2 x tägl.).

■ Information: Lofoten Reiselivslag, Boks 210, N–8301 Svolvær, Telefon 7607 3000.

5 km südwestlich von Svolvær erreichen wir auf der E 10 **Kabelvåg**.

Dieser interessante Fischerort war einst der größte Fischereihafen der Lofoten. Um 1100 wurden hier unter König Øystein die ersten »rorbuer« errichtet, einfache Pfahlbauten, die den Lofotfischern als Übernachtungsmöglichkeit dienten. Die erste Kirche der Lofoten

»Rorbu-Ferien«

Die für die Lofoten typische Ferienart ist ein Urlaub in einem rorbu, einer rot gestrichenen, meist einfach ausgestatteten Fischerhütte. In diesen Hütten, deren Ursprung bis ins Mittelalter zurückreicht, wohnten die Fischer, die zum großen Lofotfischfang kamen. Die heutigen rorbuer sind jedoch speziell auf die Bedürfnisse der Touristen zugeschnitten – sie bieten die Möglichkeit, direkt am Wasser, mit Angelmöglichkeiten praktisch vor der Tür, in malerischen Fischerdörfern herrliche, streßfreie Ferientage zu verleben.

entstand ebenfalls hier (1120). Kabelvåg war der wichtigste Handelsplatz und bis ins frühe Mittelalter Gerichtsort der Lofoten.

■ Das **Aquarium** von Kabelvåg (Lofotakvariet) zeigt die Bewohner des Nordmeers sowie eine interessante Ausstellung über die Entwicklung des Lofotfischfangs. – Die **Kirche** von **Vagen**, die 1898 erbaut wurde und den Beinamen »Lofotkathedrale« erhielt, ist die größte Holzkirche nördlich von Trondheim. In der Nähe liegt der alte **Hof Finnes**, der bis zum Jahr 1670 als Pfarrhof diente. Heute ist die örtliche Volkshochschule in dem Gebäude untergebracht. – In Storvågen, wo im Mittelalter der Handelsplatz lag, befindet sich heute das kulturgeschichtliche **Lofotmuseum** (Mo–Fr 9–15 h, Sa, So 11–15 h).

Die E 10 führt weiter in westlicher Richtung u.a. durch den 745 m langen Rørviktunnel.

■ Von der **Rørvikschlucht** hat man eine weite Aussicht über die Küste und das Meer (Fußweg).

Wir kommen dann zur Kreuzung **Rørvik**.

■ Hier dürfen Sie keinesfalls den 7 km langen Abstecher nach **Henningsvær** versäumen, das durch eine Brückenanlage mit der Hauptinsel verbunden ist. Henningsvær liegt auf mehreren kleinen Inseln und wird deshalb als das »Venedig der Lofoten« bezeichnet. Um den Ort ist eine schützende Mole angelegt worden, die gute Hafenbedingungen schafft. Henningsvær ist einer der großen Fischereihäfen der Lofoten und wird in jedem Winter von einer beachtlichen Fischereiflotte angelaufen. Hier findet man zahlreiche »typische« Lofoten-Fotomotive.

Wir fahren weiter über Lyngvær (die Ortsbezeichnung »vær« bedeutet übrigens »Fischerdorf«) und überqueren auf einer 840 m langen Brücke den **Gimsøystraumen**, der die flache Insel Gimsøy (250 Einw., Landwirtschaft) von Austvågøy trennt. Die Insel besitzt zum Nordmeer hin offene Sandstrände und gehört zu den am längsten bewohnten Stellen der Lofoten. U.a. sind bei Hov Wohnplätze aus der Stein- und Eisenzeit entdeckt worden.

Die E 10 überquert die Meeresenge **Sundklakkstraumen** und erreicht Vestvagøy. Diese Insel ist zwar kleiner als Austvågøy, hat aber rund 10.500 Einwohner. Dank der relativ guten Landwirtschaftsbedingungen ist auch das Innere der Insel besiedelt.

■ Während die E 10 das Landesinnere durchquert, folgt die **Str. 815** weitgehend dem Verlauf der Ostküste. Dabei können Sie einen Abstecher zum Fischereihafen Stamsund einschieben, wo auch

die Hurtigrutenschiffe zwischen Svolvær und Bodø festmachen.
Wir fahren nun über Haugen (schöne Aussicht über den Sund aufs offene Meer) nach **Limstrand**.
■ Dort zweigt eine Nebenstraße ab, die an der **Küste** entlang führt (herrliche Aussicht bei Kvalnes, besonders bei Mitternachtssonne) und bei Vonheim wieder in die Hauptstraße mündet.

Wir kommen nach **Bøstad** (Borg). Auf einer Anhöhe liegt die neue Dorfkirche.
■ Das neue **Wikingermuseum** in Borg umfaßt einen rekonstruierten Häuptlingshof, ein Bootshaus und das nachgebaute Wikingerschiff »Lofotr«. (Juni–August tägl. 8-22 h, bis Mitte September 10–17 h, sonst nach Vereinbarung mit Tel. 7608 4900.
■ Ein Abstecher führt von hier nach **Eggum**, das für seine schöne Lage am offenen Meer bekannt ist (Aussicht). Sie können hier stundenlang am Ufer entlang wandern. – Außerhalb liegt eine ehemalige Verteidigungsanlage aus dem Zweiten Weltkrieg.

Die E 10 bringt uns weiter zur Kreuzung **Liland**.
■ Hier lohnt ein kurzer Ausflug nach **Unstad**. Bevor man Unstad erreicht, bietet sich ein eindrucksvoller Blick über Trogtal und Meer.

Durch ein landwirtschaftlich gut genutztes Gebiet gelangen wir nach **Oppdøl**.
■ Hier zweigt ebenfalls eine Nebenstraße zur Küste ab (Aussicht). Unterwegs Bademöglichkeit in der von Bergen wunderbar eingerahmten Bucht **Vikspollen** (weißer Sand).

Die E 10 erreicht dann **Leknes** (1.500 Einw.), einen der wenigen Orte auf den Lofoten, die nicht durch den Fischfang geprägt sind – er liegt vielmehr inmitten eines fruchtbaren Landwirtschaftsgebiets, das in letzter Zeit durch die Zentralisierung des Dienstleistungsgewerbes an Bedeutung zugenommen hat. Hier befindet sich auch einer der beiden Verkehrsflugplätze der Lofoten.

Hinter Leknes gelangen wir zur Kreuzung **Haug**.
■ Über die **Str. 818** kann man einen Abstecher nach Gravdal und Ballstad unternehmen. Die **Buksnes-Kirche** in Gravdal wurde 1905 geweiht und ist offensichtlich den mittelalterlichen Stabkirchen nachempfunden. – **Ballstad** ist ein wichtiger Fischereihafen. Hier gibt es Fischfabrik, Trankocherei, Kühlhäuser etc.

Die E 10 durchquert jetzt den 1.780 m langen Tunnel unter der Meerenge **Nappstraumen**, der die letzte Fährverbindung auf den Lofoten abgelöst hat. Am Ende des modernen Tunnels steht die Mautstation, danach folgt die Ortschaft Napp.

Von einem Sattel geht es abwärts zur Bucht Flakstadpollen und weiter zur Kreuzung **Kilan**.
■ Dort zweigt eine schmale Nebenstraße zum Fischerdorf **Nusfjord** ab. Nusfjord ist eine der malerischsten Fischersiedlungen des Lofot-Archipels und wurde 1975 im Europäischen Natur- und Denkmalschutz-Jahr als norwegisches Pilotprojekt ausgewählt. Die meisten Häuser des Dorfes stammen noch aus dem 19. Jh. Hier findet man auch die vielleicht schönsten rorbuer der Inseln, die ganz nahe zwischen den engen Felsen zusammenrücken.

Wir fahren um den Flakstadpollen herum nach **Flakstad**.

■ Die rot gestrichene **Holzkirche** von Flakstad, die einen schönen farblichen Kontrast zu den umliegenden Wiesenflächen bildet, stammt vom Ende des 18. Jhs.

Die E 10 erreicht dann den Ort **Ramberg**, das Zentrum der Gemeinde Flakstad (insges. 1.600 Einw.).

■ Bis dicht ans Zentrum erstreckt sich ein 1.000 m langer **Sandstrand**. Beim Schwimmen oder Strandspaziergang kann man aufs offene Nordmeer blicken – ein beeindruckendes Erlebnis!

Wir fahren weiter zur Kreuzung **Spange**.

■ Über eine am Ostufer des Skjelfjords verlaufende Straße gelangt man zum Fischerdorf **Nesland** (Rorbu-Ferien).

Als nächstes erreichen wir **Finnbyen**.

■ Über zwei 1989 eröffnete Brücken, die die ehemalige Fähre ersetzen, empfiehlt sich ein Abstecher zum abgelegenen Fischereihafen **Fredvang**, der bereits auf der unzugänglichen Insel Moskenesøya liegt.

Auf der E 10 gelangen wir dann zur **Kåkern bru**, einer Hängebrücke über den schmalen Sund zwischen den Inseln Flakstadøya und Moskenesøya.

■ Bevor wir die Brücke überqueren, können wir noch einen Abstecher nach **Sund** unternehmen. Dieses idyllische Fischerdorf wird schon seit dem Mittelalter bewohnt. Das Hauptgebäude des alten Handelsplatzes gehört zu den am besten erhaltenen historischen Gebäuden der Lofoten. Hier befinden sich auch ein besuchenswertes **Fischereimuseum** sowie eine Kunsthandwerksschmiede. Auch in Sund gibt es mehrere modern ausgestattete rorbuer.

Røst und Værøy

Mit der Autofähre oder (von Bodø aus) per Helikopter gelangt man zu den Inselgruppen Røst und Værøy, die weit draußen im Meer, südlich der Lofoten liegen. Hier begegnet man einer eigenen, abgeschiedenen Welt.

Røst besteht aus mehreren hundert Inseln und Klippen; die meisten Einwohner leben auf der Hauptinsel Røstlandet.

■ Sehenswert ist die Kirche vom Ende des 19 Jhs. mit ihrem spätmittelalterlichen Altarschrein. – Einer der bekanntesten **Vogelberge** befindet sich auf Røst. Hier brüten rund 2 Millionen Seevögel, wie z.B. Trottellummen, Gryllteisten, Papageitaucher und Seeadler. Die Zahl der brütenden Vögel hat sich allerdings durch störende Umwelteinflüsse verringert.

Værøy liegt zwischen Røst und den Lofoten und ist ebenfalls eine typische Fischergemeinde. Das Zentrum von Værøy, **Sør-Værøy**, zählt rund 800 Einwohner.

■ Neben der **Ortskirche** verdient vor allen Dingen der Vogelberg **Mostadfjell** große Aufmerksamkeit. Jedoch ist auch hier der Vogelbestand erheblich zurückgegangen. – Værøy wird durch den **Moskenstraumen** von den Lofoten getrennt. Dieses bewegte Fahrwasser, dessen Strömung bis zu 6 Knoten Geschwindigkeit erreichen kann, diente den Schriftstellern Jules Verne (der eine Zeit lang in Norwegen lebte) und Edgar Allen Poe als literarische Vorlage (»Mahlstrom«).

Auf Moskenesøya kommen wir zunächst nach Mølnarodden, einem Fischerdorf mit rund 100 Einwohnern.

Es folgt nun ein besonders schöner Abschnitt der E 10, die hier in die felsige Küstenlandschaft hineingesprengt worden ist – zur Rechten die steil aufragenden Felsen, zur Linken der breite Vestfjord. Am Horizont hebt sich bei klarer Sicht das Festland ab.

■ In Akkervik erinnert eine **Gedenkplatte** mit dem Namenszug König Olav V. an die Einweihung der Lofotstraße im Jahre 1963.

Wir erreichen nun das von steilen Bergen umgebene Fischerdorf **Hamnøy** (Rorbu-Ferien) und gelangen über eine dreiteilige Brückenanlage zum alten Handelsort **Reine**.

Das inmitten einer bizarren Berglandschaft gelegene Reine ist das Verwaltungszentrum der Gemeinde Moskenes. Der malerische Ort liegt inmitten gewaltiger Berge, und der Küste sind zahlreiche Schären vorgelagert. Hier sind auch noch mehrere alte, mit Grassoden bedeckte rorbuer erhalten.

Die E 10 führt weiter über **Moskenes** (Fähre nach Bodø, Kirche von 1821) nach **Sørvågen**, das ebenfalls in einer idyllischen Umgebung liegt – ein typisches Lofotfischerdorf.

Über den Tind erreichen wir **Å**, den Endpunkt der E 10 – der krönende Abschluß einer Straße, die zu den schönsten Strecken Norwegens gehört.

■ In dem kleinen Fischerdorf sind mehrere **alte Häuser** aus der Mitte des 19. Jhs. erhalten, darunter eine Trankocherei, die unter Denkmalschutz steht. – Mehr als die Nachbardörfer steht Å im Zeichen des Tourismus. Nach Süden, zur Spitze der Lofoten, dort wo der berühmte Gezeitenstrom Moskenstraumen fließt, gibt es weder Fahrwege noch Wanderpfade. Der Blick aber reicht auf die Nachbarinseln Værøy und Røst.

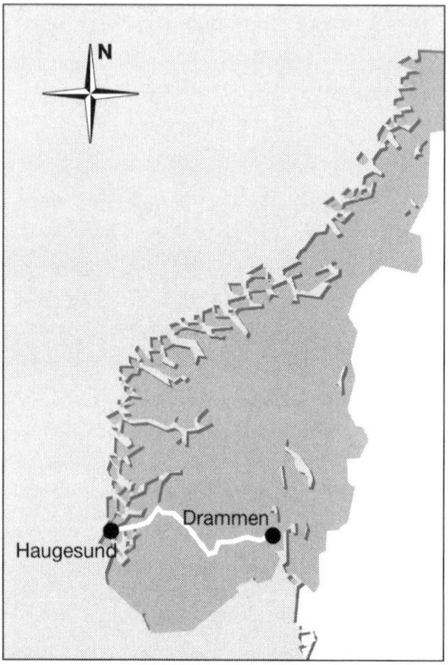

Str. 11:

Drammen – Haugesund

0 km	Drammen	417 km
44 km	Kongsberg	373 km
71 km	Notodden	346 km
134 km	Seljord	283 km
184 km	Åmot	233 km
224 km	Haukeligrend	193 km
278 km	Røldal	139 km
302 km	Jøsendal	115 km
358 km	Håland	59 km
417 km	Haugesund	0 km

Karten: Cappelen, Bl. 1 – Scanmaps, Bl. 3, 2

Die Str. 11 verbindet Drammen mit Haugesund, das an der westnorwegischen Küste zwischen Bergen und Stavanger liegt. Die sogenannte »Haukelistraße« ist in ihrem Gebirgsteil überdurchschnittlich gut ausgebaut. Durch kostspielige Tunnelanlagen sind die früher nur für fünf Monate geöffneten Pässe entschärft worden. Die Str. 11 ist heute ganzjährig befahrbar und als schnellste Verbindung zwischen dem Großraum Oslo und Westnorwegen sowohl aus wirtschaftlicher Sicht wie auch für Touristen besonders interessant.

Die Fahrt über die Str. 11 ist außerordentlich abwechslungsreich. Man fährt durch den waldreichen, gebirgigen Bezirk Telemark, kommt dann auf das Hochplateau der Hardangervidda, wo selbst im Hochsommer der Schnee nie ganz verschwindet. Es geht über hohe Gebirgspässe, durch bis zu 6 km lange Tunnel und über typisch westnorwegische Serpentinenstraßen. Am Åkrafjord bekommt man einen ersten, großartigen Eindruck von der Schönheit des norwegischen Fjordlandes. Haugesund, der Endpunkt der Str. 11, ist eine geschäftige Hafenstadt an der Nordsee.

DRAMMEN, der Ausgangspunkt der Str. 11, ist Norwegens sechstgrößte Stadt. Hier sind zahlreiche Industriebetriebe ansässig; der Export von Holz und Holzprodukten ist ein traditionelles wirtschaftliches Standbein. Eine detaillierte Beschreibung der Stadt, die zu beiden Ufern des Flusses Drammenselva liegt, finden Sie im Ortsteil.

Wer nun größere Strecken innerhalb Skandinaviens vor sich hat, muß in der Industriestadt Drammen keineswegs Station machen – von einer Ausnahme abgesehen.

■ Drammens größte Attraktion ist die in den Berg Bragernesåsen gesprengte spiralförmig verlaufende Straße **Spiralen**.

■ Drammen erreichen wir u.a. über die **E 18** (Ørje–Oslo–Stavanger, siehe dort) und die Str. 282, 285 und 289.

Die Str. 11 verläuft zunächst am dicht besiedelten Nordufer der Drammenselva entlang. Wir gelangen über Solbergelva zum Industrieort **Krokstadelva** (Gemeinde Nedre Eiker).

■ Die **Nedre Eiker Kirche** stammt aus dem Jahr 1860.

■ Am anderen Flußufer liegt das Zentrum der Gemeinde Nedre Eiker, **Mjøndalen**, mit fast 6.500 Einwohnern.

Wir fahren weiter zum Industrieort **Hokksund**.

■ Hier zweigt der nördliche Teil der Str. 35 ab, der nach **Bjørgo bei Fagernes** führt.

Str. 11 und Str. 35 verlaufen nun ein Stück gemeinsam Richtung Vestfossen.

■ An der Kreuzung Torespæren biegt die Str. 35 in südlicher Richtung (nach Tønsberg) ab. Sie führt bald durch das Zentrum von **Vestfossen** (Papierfabrik, holzverarbeitende Industrie). Südlich von Vestfossen liegt der Herrenhof Fosseholm aus der Mitte des 18. Jhs.

Die Str. 11 verläuft nun westlich des Fiskumvatnet nach **Darbu**. Der westliche Teil des Sees steht unter Naturschutz.

■ In der Nähe des Seeufers steht die mittelalterliche, dem Heiligen Olav geweihte **Kirche** von **Fiskum**. Die kleine Kirche ist im 13. Jh. aus Feldsteinen erbaut worden.

■ Östlich von Darbu/Fiskum bestehen Bademöglichkeiten im See **Eikeren**.

Wir erreichen nun bald die Grenze der alten Bergbaustadt **KONGSBERG**, die am Fluß Numedalslågen liegt. Ende Juni ist Kongsberg alljährlich Austragungsort eines international bekannten Jazzfestivals. Lesen Sie weiter im Ortsteil.

■ Von Kongsberg führt die Str. 40 in nördlicher Richtung nach **Geilo** ins Hallingdal.

Str. 11 und Str. 40 verlaufen nun einige Kilometer gemeinsam.

■ Die Str. 40 biegt jedoch bald nach Süden ab und endet nach knapp 100 km in **Larvik**.

Auf der Str. 11 kommen wir kurz darauf nach **Saggrenda**.

■ Versäumen Sie nicht einen Abstecher zu den alten Gruben des Kongsberger Silberbergwerks: **De gamle gruvene**. Dort hat man die Möglichkeit, mit einem Grubenzug 2,3 km weit ins Kongsbergfjell einzufahren. – Der schmale Fahrweg führt weiter durch das ehemalige Grubengebiet bis zur **Knutehytta** (720 m ü.d.M., Angeln, Wandern).

Die Str. 11 steigt nun an und führt durch eine schöne Waldlandschaft. Wir überqueren den Höhenzug Meheia (Touristenhütte, Wandermöglichkeiten) und passieren dann die Grenze zum Bezirk Telemark. Wenig später erreichen wir mit 445 m den bisher höchsten Punkt der Strecke.

Rund 30 km hinter Kongsberg gelangen wir ins Stadtgebiet von **Notodden**. Von der Fernstraße hat man einen guten Überblick über diese Industriestadt, die an der Mündung des Flusses Tinnelva in den See Heddalsvatn liegt. Notodden verdankt seine Existenz dem Fluß, dessen Wasserkraft Grundlage für viele Industriebetriebe wurde. Heute sind mehrere Fabriken des Konzerns »Norsk Hydro« die wichtigsten Arbeitgeber. Notodden-Zentrum ist – obwohl schön gelegen – nicht gerade eine Sommerfrische; dafür sorgen die Emissionen der Fabriken, die bei ungünstigen Wetterverhältnissen dicht über der Stadt liegen. Im übrigen Gemeindegebiet (insgesamt 12.250 Einwohner) findet man jedoch die typisch norwegische Natur (Wald, Gewässer, Hochgebirge) mit u.a. dem Urlaubsort Bolkesjø und dem Blefjell-Gebirge.

■ Die **Stadtkirche** von Notodden (1938) hat eine bemerkenswerte Altartafel – eine Arbeit Henrik Sørensens.

■ In Notodden zweigt die Str. 360 ab, die am **Heddalsvatn** entlang nach **Gvarv** führt.

Die Str. 11 verläuft mitten durch das Stadtzentrum von Notodden, u.a. vorbei am modernen Kulturhaus.

Links der Straße liegt bald der kleine Flughafen von Notodden (Segelflugzentrum).

Wir kommen dann nach **Heddal**.

■ Dort steht eine der bedeutendsten Sehenswürdigkeiten Norwegens: die **Heddal-Stabkirche**. Sie wurde im 13. Jh. errichtet und gilt als Meisterwerk der Stabkirchenarchitektur. Ungewöhnlich sind die vier Giebel im Mittelschiff sowie die der drei aufsteigenden Türmchen. Der Bischofsstuhl (12. Jh.) zeigt eine Szene aus der Sigurd-Saga (Mo–Fr 10–17 h, Sa 12.30–17 h). – in der Nachbarschaft steht das **Heimatmuseum** von **Heddal**, ein landschaftstypischer Bauernhof, zu dem auch die »Romberg-Stube« gehört.

Wenig später gelangen wir nach **Ørvella**.

■ Hier kann man auf die Str. 361 nach **Ormemyr** abbiegen. Über diese Straße erreicht man auch die hübsche Kirche von Gransherad (um 1850) und hat Anschluß an die neue Str. 37, die am Westufer des Sees Tinnsjø Richtung Rjukan führt. **Rjukan** liegt am Fuß des 1881 m hohen Gaustatoppen. Südnorwegens höchster Berg, von dem man bei Klarsicht einen phantastischen Ausblick hat, kann von der Straße Rjukan–Sauland aus über einen mittelschweren Pfad in gut zwei Stunden bestiegen werden.

Nach weiteren 4 km kommen wir nach **Sauland**, dem Zentrum der dünn besiedelten Land- und Forstwirtschaftsgemeinde Hjartdal (1.700 Einwohner).

■ Eine schöne Nebenstraße führt von Sauland über Tuddal und vorbei am Gaustatoppen nach **Rjukan** (siehe oben). Besonders der letzte Abschnitt – eine beeindruckende Serpentinenstraße mit herrlichem Blick auf Rjukan – ist ein Erlebnis.

Wir setzen unsere Fahrt durch die schöne Gemeinde Hjartdal fort. Hier befinden wir uns im Herzen der **Telemark**, einer der bekanntesten Landschaften Norwegens.

■ Von der Kreuzung Flateland bru führt eine Nebenstraße zur **Kirche** von **Hjartdal**, einer für Telemark typischen Bauernkirchen vom Anfang des 19. Jhs. – Auf dem nahegelegenen Hof Holm steht der aus dem Jahr 1741 stammende Vorratsspeicher **Risvoldloftet**.

Die Str. 11 steigt wieder an und erreicht 425 m Höhe.

■ Der Blick von **Nutheim** über das langgestreckte Gebirgstal **Flatdal** gehört zu den schönsten Aussichtsstellen dieser Route.

■ Der **Gasthof** von **Nutheim** ist im charakteristischen »Telemark-Stil« eingerichtet und verfügt über eine beachtliche Sammlung von Werken norwegischer Künstler.

■ Von Nutheim erreicht man über eine kleine Nebenstraße ein Netz von kleineren, teilweise privaten Hochlandstraßen, über die man u.a. nach **Rauland** und **Åmot** gelangen kann.

Wir kommen durch das **Flatdal**, das bereits zur Gemeinde Seljord gehört. Hier findet man mehrere alte Gehöfte und Gebäude, die teilweise unter Denkmalschutz stehen.

■ Die abseits der Straße gelegene **Kirche** von Flatdal stammt aus dem Jahr 1654 (später mehrfach umgebaut) und enthält Teile einer mittelalterlichen Stabkirche. Kruzifix und Altarbild entstanden ebenfalls im Mittelalter.

Nun folgt **Seljord** (1.550 Einwohner) am Westende des Seljordvatn, in dem laut hartnäckigen Gerüchten ein Verwandter des »Seeungeheuers« von Loch Ness leben soll.

■ Am ersten Juliwochenende findet alljährlich das **Seljordspel** statt, ein Volksfest mit Darbietungen in Tanz und (Laien-)Schauspiel. In der Woche davor treffen sich Ziehharmonikaspieler aus ganz Telemark in Seljord.

■ Die **Kirche** von Seljord ist in der zweiten Hälfte des 11. Jhs. auf Geheiß Olavs des Heiligen errichtet worden, so die Überlieferung. Die schöne Altartafel ist in Deutschland entstanden; die Wandmalereien aus dem 17. Jh. sind hingegen vom Telemark-Stil geprägt. In der Nähe der Kirche steht ein 570 kg schwerer **Stein**, den der »Starke Nils« aus Seljord im 19. Jh. mit eigener Kraft gehoben haben soll (es heißt, daß Nils mit Stutenmilch aufgezogen worden sei). – In der Gesamtschule von Seljord wird im Juli eine **Sommerausstellung** durchgeführt, in der u.a. lokale Kunsthandwerksprodukte zu sehen sind. Weitere Ausstellungen arrangiert der örtliche Kunstverein im Kunstsalon Borgen. – Im Ortsgebiet gibt es mehrere Hügelgräber aus der Eisenzeit.

■ Seljord ist Ausgangspunkt der Str. 36, die südostwärts nach **Porsgrunn** führt.

13 km hinter Seljord erreichen wir das Dorf **Brunkeberg** (Gemeinde Kviteseid).

■ Die **Kirche** von Brunkeberg ist eine hölzerne Kreuzkirche mit von Laienkünstlern ausgeführten Gewölbemalereien.

■ Von Brunkeberg gelangt man über die 185 km lange Str. 41 nach **Kristiansand** (Timenes).

Auf der Str. 11 durchqueren wir das **Morgedal**, bis wir zum gleichnamigen Ort, der als »Wiege des Skisports« bekannt ist, gelangen.

■ Vor dem **Skieventyr** (Skiabenteuer) in Morgedal macht eine kleine olympische Flamme darauf aufmerksam, daß die Fackeln für die Winterolympiaden von 1952 (Oslo), 1960 und 1994 hier im Tal entzündet wurde. Das Morgedal ist nämlich die Heimat von Sondre Norheim, dem »Vater des modernen Skisports«, der um 1850 die erste feste Fersenskibindung erfand. Zu besichtigen sind der Nachbau von Norheims Wohnhütte und die Skimacherwerkstatt sowie Ausstellungen über Polarexpeditionen, abgerundet von Filmen, in denen Skikünstler durch norwegische Schneelandschaften wedeln und springen. (Mitte Juni–Mitte August tägl. 9–19 h, sonst 10–16 h)

Wir fahren weiter gen Westen Richtung Høydalsmo.

■ Bevor wir den Ort erreichen, passieren wir die **Kirche** von **Høydalsmo** aus der Mitte des 18. Jhs.

Im Jahre 1866 hat der Skilaufpionier Sondre Norheim bei einem Skisprungwettbewerb in **Høydalsmo** zum ersten Mal seine berühmte Fersenbindung benutzt.

In Høydalsmo zweigt die Str. 45 ab, die nach **Rotemo** ins **Setesdal** führt.

Auf der Str. 11 gelangen wir weiter über Breiland (schöne Holzhäuser aus dem 18. Jh.) nach **Åmot** (Ytre Vinje), mit 3117 km² die größte Gemeinde der Telemark.

■ In Åmot zweigen in nördlicher Richtung die Str. 37 (über Rauland und Rjukan nach **Kongsberg**) und in südlicher Richtung die Str. 38 (nach **Kragerø**) ab.

Wir fahren weiter durch ein Gebiet, dessen Wirtschaftsstruktur durch landwirtschaftliche Kleinbetriebe geprägt ist. Nirgendwo sonst in der Telemark findet man so viele Beispiele der uralten Holzbauweise. Handarbeit und Kunsthandwerk haben eine reiche Tradition und werden unverändert gepflegt.

Über Særendsgrend und Bøgrend gelangen wir zur Ortschaft **Vinje**, in deren Nähe sich ein großes Wasserkraftwerk befindet.

■ Die **Dorfkirche** ist eine hölzerne Kreuzkirche aus dem Jahr 1796. Der Taufstein und die Bodenbretter (die übrigens auf der Unterseite bemalt sind) stammen aus einer mittelalterlichen Stabkirche. Das Altarbild sowie Teile der übrigen Dekoration sind vom berühmten Maler Henrik Sørensen gestaltet worden, die Symbole auf den Kirchenbänken sind eine Arbeit Dagfin Werenskiolds. Auf dem Friedhof ist der populäre Dichter **Tarjei Vesaas** (1897–1970) begraben. – Unweit der Kirche steht das Elternhaus des 1824 geborenen Volksdichters **A. O. Vinje** (Vinjestoga). Im benachbarten Gemeindehaus wird im Juli eine lokale Kunst- und Handwerksausstellung durchgeführt.

Hardangervidda

Die Hardangervidda ist Europas größte Hochebene. Sie umfaßt ein Gebiet von 7.500 km² in einer Höhe von 1.000–1.700 m. Die Vidda ist eine alte Rumpffläche, die vor rund 600 Millionen Jahren vom Meer «glattgehobelt« worden ist und mit einer dicken Ablagerungsschicht bedeckt wurde. Die Erdkräfte hoben den Bereich der Hardangervidda später an, und im Laufe der Zeit wurde die Sedimentationsdecke durch Erosion zum größten Teil abgetragen; Reste der alten Ablagerungen sind jedoch übrig geblieben und bilden heute die Grundlage für beste Weiden und üppigsten Pflanzenwuchs. Rund 35.000 Schafe, 2.000 Ziegen und 1.000 Stück Hornvieh weiden im Sommer auf der Vidda, und mehrere Almen (seter) sind noch in Betrieb. Durch den Rückgang der Weidewirtschaft konnten sich die freilebenden Rentierherden fast ungehindert ausdehnen. Zur Zeit leben hier rund 10.000 wilde Rentiere.

Die Hardangervidda ist ein beliebtes Wandergebiet. Zahlreiche, z.T. bewirtschaftete Hütten erschließen die Weite des Hochplateaus für den Touristen. Große Teile der nördlichen Hardangervidda stehen als Nationalpark unter besonderem Schutz.

Planungshilfen sind die Topographischen Karten (1 : 50.000) und die Übersichtskarte Hardangervidda (1 : 200.000).

Wir fahren nun durch das Smørkleppdal (über Smørklepp) und kommen dann ins **Grungedal**.

■ Im Dorf Rui (Grunge) ist der Hof **Uppstoga** als Museum eingerichtet.

Wenig später passieren wir die Kirche von **Grungedal**.

■ Die **Grungedal kyrkje** stammt aus dem Jahr 1856 und ist im Innenraum prächtig ausgeschmückt.

Als nächstes erreichen wir **Edland**, das für seine Ziegenmilchproduktion bekannt ist. Die Landschaft präsentiert sich nun merklich rauher.

Kurz darauf kommen wir nach **Haukeligrend**, das in 540 m Höhe am Rande des Haukelifjells liegt. Der Ort ist das »Eingangstor« zur bekannten Hochebene Hardangervidda.

■ In Haukeligrend endet die **Setesdalstraße** (Str. 39), die durch das gleichnamige Tal bis nach Kristiansund führt (siehe dort). – Über die Str. 362 gelangt man, am Nordufer des **Totak-Sees** entlang, nach Krossen/Rauland.

Die Str. 11 steigt steil an und führt über Hylland und Botn nach **Vågslid** (825 m, Angeln).

■ Vågslid ist ein günstiger Ausgangspunkt für Wanderungen zu allen Jahreszeiten (Topogr. Karte 1 : 50.000, Blätter 1414 I/IV).

Über die Touristenhütte Arbutun und vorbei am Haukelifjell-Skizentrum gelangen wir nach **Prestegården**, wo sich in 960 m Höhe die Einfahrt zum ersten Tunnel der Haukelistraße, dem 1.600 m langen Vågslid-Tunnel, befindet.

Kurz hinter dem Tunnel gelangen wir nach **Haukeliseter** (998 m ü.d.M.), mit einer traditionsreichen Touristenhütte.

■ Seit 1870 dient Haukeliseter als Ausgangspunkt für Fuß- und Skiwanderungen auf der Hardangervidda und zu den Gebirgsgebieten des **Setesdals** (Topogr. Karte 1 : 50.000, Blatt 1414 IV, Wanderkarte 1 : 200.000, Blatt Hardangervidda).

■ Ebenso bestehen gute **Angelmöglichkeiten**.

Die Str. 11 führt weiter über die karge Hochebene und folgt dem Nordostufer des Sees Ståvatnet. Wir überschreiten bald die Grenze zwischen dem ostnorwegischen Bezirk Telemark und dem westnorwegischen Hordaland.

■ Wenig später zweigt rechts (Midtfjellsvollen) die **alte Haukelistraße** ab, die man sich nicht entgehen lassen sollte. Statt durch den 5,7 km langen Dyrskar-Tunnel führt der ehemalige Verlauf der E 76, wie die Str. 11 bis 1992 hieß, über den 1.148 m hohen Dyrskar-Paß, der nur während der Sommermonate zu befahren ist. Selbst im Juli schmilzt hier der Schnee nicht vollständig.

Die alte Haukelistraße mündet bei Midtlæger, gleich westlich des großen Tunnels, wieder auf die Str. 11.

Die neue Haukelistraße verschwindet bald im **Haukeli-Tunnel**. Der fast 5.700 m lange Tunnel besteht aus zwei Teilen, die durch einen Betonschutz miteinander verbunden sind, um das Straßenstück zwischen den beiden Bergen von Schnee und Eis freizuhalten.

In Midtlæger, am Westende des Tunnels, befindet sich mit 1.058 m ü.d.M. auch der höchste Punkt der Str. 11.

Nach nur 3 km Fahrt durch die Hochgebirgslandschaft verschwindet die Str. 11 wiederum in einem Tunnel (Svandalsflona, 1.055 m).

Bald darauf beginnt der Abstieg nach Røldal. Die neue Straßenanlage verläuft u.a. durch den 0,8 km langen Austmannlia-Tunnel.

■ Die alte **Austmannlia-Serpentinenstraße**, die noch vom Ende des letzten Jahrhunderts stammt, führte bis in die 80er Jahre hinein in 7 Spitzkehren talabwärts. Diese beeindruckende historische Straßenanlage (Breite 3,5–5 m) kann im Sommer streckenweise weiterhin benutzt werden.

■ Bei Nyastøl zweigt rechts eine Nebenstraße ab, die durch das **Valldal** führt. Der Talsee wird durch einen 93 m hohen, mächtigen Damm aufgestaut und dient als Magazin für das Kraftwerk von Røldal. Zahlreiche Ziegenalmen sind durch den künstlichen See überflutet worden. Das Gebiet um Røldal war einst bedeutend für die Produktion von Ziegenkäse (geitost), einer norwegischen Spezialität.

Unten im Tal, am Nordende des Røldalsvatn, liegt der Ort **Røldal** (373 m ü.d.M.). Früher eine selbständige Gemeinde, gehört Røldal heute zur Großgemeinde Odda, deren Zentrum immerhin rund 50 km entfernt liegt.

■ Sehenswert ist die **Stabkirche** von Røldal aus dem 13. Jh. Der Innenraum wurde im 17. Jh. im Stil der Renaissance neu gestaltet. Altartafel und Kanzel sind Arbeiten des Renaissance-Künstlers C. Snekker. Gottfried Hendtzschel hat das Altargemälde »Das Begräbnis« geschaffen. Dem mittelalterlichen Kruzifix der Kirche wurden wunderwirkende Kräfte zugeschrieben. Selbst nach der Reformation blieb Røldal ein vielbesuchter Wallfahrtsort: So wurden hier geheime Messen für Kranke abgehalten. (Im Sommer tägl. 10–17 h) – In der Nähe der Kirche befindet sich ein **Gräberfeld** mit 34 gut erhaltenen Hügeln aus der Eisenzeit.

4 km hinter Røldal liegt **Breifonn/Horda** (Wintersportmöglichkeit).

■ Hier zweigt links die Str. 13 ab, die über Sand nach **Knapphus** führt (im zweiten Teil als Str. 46), wo sie wieder auf die Str. 11 trifft – bis Sand ein interessanter Kontrast zwischen Gebirge und landwirtschaftlich genutzten Tälern.

Die Str. 11 und 13 teilen sich fortan die Trasse. Nach 2 km folgt die Kreuzung **Hordalia**.

■ Man kann dort auf die Gebirgsstr. 520 Richtung **Sauda** abbiegen.

Die Str. 11 steigt nun wieder auf rund 800 m ü.d.M. an.

■ Touristen mit genügend Zeit sollten jedoch kurz hinter Hordalia die Hauptstraße verlassen und der **alten Streckenführung** über die Hordabrekkene folgen, einer alten Straße mit 16 Kehren, die noch aus dem letzten Jahrhundert stammt. Während der Fahrt hat man einen herrlichen Blick auf das Røldal und die umliegenden Berge. Oben auf dem **Røldalsfjell** wird mit 1.065 m der höchste Punkt der Straße erreicht (Blick auf den Folgefonn-Gletscher). Anschließend geht es abwärts durch die wilde, steinige **Seljestad-Schlucht**.

Die Str. 11 erreicht man wieder westlich des Seljestad-Tunnels. Die Strecke über das Røldalsfjell ist nur während der Sommermonate und mit Pkw zu befahren.

Die Str. 11 führt zunächst durch den 4.650 m langen **Røldals-Tunnel** (höchster Punkt 876 m ü.d.M.), der das Røldalsfjell durchquert und, wie eben beschrieben, die alte, nur im Sommer freigegebene Paßstraße ablöste.

Kurz darauf verschwindet die Str. 11 wieder unter Tage, diesmal in den

Seljestad-Tunnel, der allerdings »nur« 1.270 m lang ist.

Nun haben wir alle Tunnel der Haukelistraße durchfahren. Bei einer Straßenlänge von 74 km zwischen Haukeligrend und Seljestad beträgt der Tunnelanteil immerhin 14,3 km, also fast 20%.

■ Kurz hinter dem letzten Tunnel befindet sich ein **Gedenkstein** für den Haugesunder Schiffsreeder Ingvar Meling, der sich zeit seines Lebens für den Bau der Haukelistraße engagierte. Die Bedeutung dieser ganzjährig befahrbaren Verbindung mit Ostnorwegen war und ist für die Unternehmen im Bereich Haugesund, das im Schatten von Bergen und Stavanger steht, enorm.

Nach rund 6 km erreichen wir den Fremdenverkehrsort **Seljestad** (Wintersport, Angeln), in dessen Umgebung es mehrere hundert Ferienhütten gibt.

■ Ein Sessellift führt hier in eine Höhe von 840 m mit einer großartigen Aussicht über den **Folgefonn-Gletscher** im Westen.

Die Str. 11 führt weiter in nordwestlicher Richtung. Unterwegs haben wir einen schönen Blick auf das uns umgebende Skarsfjell.

Bald kommen wir zur Kreuzung **Jøsendal**.

■ Hier verläßt die **Str. 13** wieder unsere Route und führt über Odda nach Brimnes (Fähranleger). Die 78 km lange Route ist ganzjährig zu befahren. In Kinsarvik und Utne am Hardangerfjord besteht mit der Fähre nach Kvanndal Anschluß an die E 16 nach Bergen.

Hinter Jøsendal erreichen wir zunächst **Steinaberg bru**. Rechts zweigt die schmale und kurvenreiche frühere Trasse der Str. 11 nach Seljestad ab.

2 km hinter Steinaberg liegt die Låtefoss-Brücke. Der berühmte Wasserfall **Låtefossen** besteht aus zwei Armen und hat eine Fallhöhe von insgesamt 165 m. Auf der Weiterfahrt passieren wir noch andere, allerdings weniger spektakuläre Wasserfälle.

Oberhalb des Zentrums von Odda zweigt links die Straße nach **Buar** ab, dem Ausgangspunkt für Wanderungen zum Buar-Gletscher, einem Arm des Folgefonn-Gletschers (Wanderungen auf dem Gletscher sind nur mit Führer zu empfehlen!).

Die Str. 13 führt nun hinab nach **Odda**, einem ausgesprochenen Industrieort am Südende des hübschen Sørfjords. Vor dem Einzug der Industrie war Odda ein beliebter Fremdenverkehrsort. Zahlreiche Arbeitsplätze entstanden in einer Zinkhütte, einem Schmelzwerk und einem Aluminiumwerk, die einen bleibenden Eindruck über den Kontrast von häßlichen Industrieanlagen und malerischer Fjordlandschaft vermitteln.

In Odda müssen Sie sich entscheiden: Wer über den Hardangerfjord Richtung Bergen will, nimmt die Str. 550, am Westufer des Sørfjords, nach Utne. Von dort aus pendelt eine Autofähre nach Kvanndal, auf der anderen Seite des Hardangerfjords. Die Fähre steuert zwar auch Kinsarvik an, das an der Str. 13 liegt, jedoch nur wenige Male am Tag.

Die Str. 13 folgt von Odda aus dem Ostufer des Sørfjords und passiert Tyssedal (Industrie) und Lofthus (mittelalterliche Kirche, Komponistenhütte Edvard Griegs). Ende Mai geben Tausende von blühenden Obstbäumen an den Hängen des Sørfjords eine eindrucksvolle Kulisse ab.

59 km hinter Odda erreichen wir den Fährort Brimnes. Von dort setzt man mit der Fähre nach Bruravik über (über Str. 13 Anschluß an die E 16, siehe dort).

Information: Odda Reiselivslag, Tyssedalsveien 5, N-5751 Odda, Telefon 5364 1297.

Die Str. 11 biegt nun nach Südwesten ab und verläuft durch das Sørdal und die Schlucht Rullestadjuvet.

In **Fjæra** erreichen wir den ersten westnorwegischen Fjord, den engen, schroffen Åkrafjord. 25 km folgen wir dem Fjordufer. Die größtenteils in die steilen Felswände gesprengte, neue mautpflichtige Straße führt durch zahlreiche Tunnel und über mehrere Brücken.

■ Unterwegs passiert die Str. 11 den Wasserfall **Langfossen**, mit einer gesamten Fallhöhe von 612 m, die aber von der Straße aus nicht im ganzen zu überschauen ist.

Der höchste Punkt der Fjordstraße liegt bei 240 m ü.d.M.

■ Hier bietet sich eine schöne Aussicht auf den am anderen Fjordufer gelegenen Ort **Åkra**.

Über Tjelmeland kommen wir zur Kreuzung **Lauvareid**. Die Landschaft wird flacher und lieblicher.

■ Hier zweigt auf der linken Straßenseite eine Nebenstraße ab, die um den See Stordalsvatn herum nach **Flåte** führt (5 km). Dort befindet sich der **Bruteigstein** mit Felszeichnungen aus der Bronzezeit (vor allem Schiffs- und Tierdarstellungen).

Die Str. 11 bringt uns dann zur Kreuzung **Håland**, die 50 m hoch am Stordalsvatn liegt.

■ Hier beginnt die Str. 48, die über **Skånevik** und **Rosendal** nach **Bergen** und **Vadheim** führt.

9 km hinter Håland erreichen wir **Håfoss**.

■ Dort biegt rechts eine kurze Nebenstraße zur **Kirche** von **Grindheim** ab. Diese Holzkirche stammt aus dem Jahr 1728 und wurde 1853 umgebaut. Beachten Sie die Renaissance-Kanzel im Kircheninneren.

■ In Håfoss zweigt eine weiter Nebenstraße ab, die über Stødle nach Etne verläuft, wo sie die Str. 11 wieder erreicht. Diese Straße führt an der **Kirche** von **Stødle** vorbei. Die mittelalterliche Steinkirche ist im Laufe der Jahrhunderte unter der Verwendung von Holz mehrmals umgebaut worden. Die Kalkmalereien im alten Kirchenchor (der jetzigen Sakristei) stammen aus dem 15. Jh. Die Wandmalereien im Kirchenschiff entstanden Ende des 17. Jhs. Die Kanzel ist eine Arbeit im Barockstil.

Die Str. 11 trifft in **Etne** ein.

■ Sehenswert ist die **Ortskirche** aus dem Jahr 1675. Kanzel und Altartafel gehörten ursprünglich zu einer älteren Kirche. – In Etne befindet sich auch der alte Bauernhof **Sæbøtunet** mit mehreren originalgetreu eingerichteten alten Gebäuden, die einen für Westnorwegen typischen Innenhof bilden. (Im Sommer Mo–Sa 11–17 h, So 16–:19 h)

Nachdem wir eine kleine Paßhöhe überquert haben, kommen wir 12 km hinter Etne nach **Ølen**.

■ Sehenswert ist das Heimatmuseum **Nerheimtunet**, ein alter Bauernhof, dessen Architektur und Einrichtung typisch für die Landschaft Sunnhordland ist. (Mitte Juni–Mitte August Di, Do, So 15–18 h, Mi 10–13 h)

■ Von Ølen aus führt die Str. 514 nach **Sandeid** (Str. 46, 9 km).

Wir fahren weiter nach **Ølensvåg**.

■ In Ølensvåg zweigt rechts die Str. 543 nach **Utbjoa** ab (19 km), wo sich Gräber und Felszeichnungen aus der Bronzezeit sowie ein Mühlenmuseum befinden. – In Utbjoa bestehen Fährverbindungen nach Skjersholmane auf Stord und Halsnøy. – Von Utbjoa aus kehrt eine schmale, wenige befahrene Nebenstraße in südlicher Richtung zur Str. 11 zurück. Eine Alternative für Freunde von stillen Nebenwegen.

Die Str. 11 führt dann zur Kreuzung **Knapphus**.

■ Hier beginnt die **Str. 46**, die weiter im Osten am Fähranleger Ropeid endet (weiter nach Sauda über Str. 520 oder per Autofähre nach Sand zur Str. 13; beide führen nordwärts zur Str. 11).

Die nächste Station ist **Grinde**.

■ Bei Grinde befinden sich **Bautasteine** aus der Eisenzeit.

Wenig später liegt der Ort **Aksdal** vor uns.

■ In südlicher Richtung zweigt hier die neue **Str. 1** ab, die die Fahrt nach Stavanger erheblich beschleunigt hat (siehe dort). In Karstø, etwas abseits der Str. 1, befindet sich Norwegens größter Industriekomplex, der auf der Anlandung und der Weiterverarbeitung von Nordseegas basiert.

Über Førdesfjord fahren wir weiter Richtung Haugesund.

■ Bei Gåsavatn sollten Sie unbedingt rechts auf die Nebenstraße zum 226 m hohen **Steinsfjell** abbiegen. Von hier oben haben Sie einen hervorragenden Überblick über Haugesund und Umgebung.

Wir befinden uns nun bereits innerhalb der Stadtgrenzen von **HAUGESUND**, das im Ortsteil ausführlich vorgestellt wird. Die Str. 11 endet im Stadtzentrum.

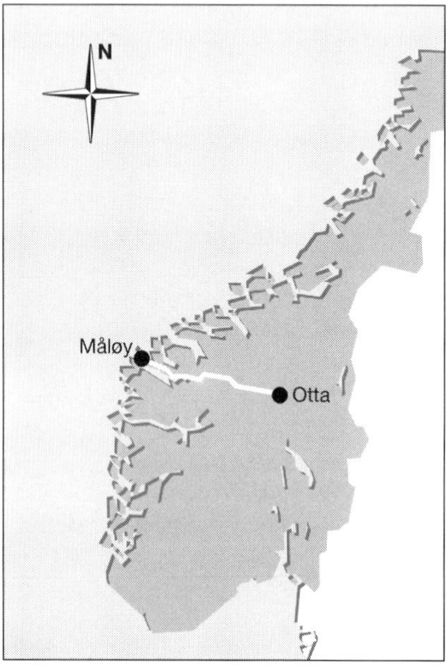

Str. 15:

Otta – Måløy

Die Str. 15 ist, verglichen mit den anderen Fjordlandstraßen, die in diesem Buch vorgestellt werden, eine eher langweilige Route, im südlichen Norwegen aber die schnellste Ost-West-Verbindung.

(0 km) **Otta** ist der wichtigste Verkehrsknotenpunkt im Gudbrandsdal. Hier zweigt unsere Strecke von der E 6 ab.

Am Fluß Otta entlang fahren wir über Lalm nach

(31 km) **Vågåmo** (umgebaute ehemalige Stabkirche, Ortsmuseum, Bauernmuseum Håkanstad). Lohnender Abstecher (gebührenpflichtige Straße) auf den 1.618 m hohen Berg Blåhø.

Über Garmo (Geburtshof von Knut Hamsun; im Sommer Besichtigung möglich) gelangen wir nach

(62 km) **Lom**, dem Zentrum in diesem Teil des Ottadals. Sehenswert: die Stabkirche (12. Jh.) und vor allem das Norsk Fjellmuseum (ein interessantes Erlebniszentrum über das norwegische Gebirge, mit Kulturlehrpfad und organisierten Gipfelwanderungen, auch für Nicht-Profis); ansonsten ein nicht sonderlich attraktives Dienstleistungszentrum mit einigen wenigen mittelalterlichen Gebäuden. In Lom zweigt die Str. 55 nach Sogndal ab (siehe dort).

Wir folgen weiter dem breiten Ottaelv und kommen durch ein sehr niederschlagsarmes Gebiet nach Skjåk (Kirche 18. Jh.), Bismo und Nordberg (Kirche von 1864, schöne Schnitzereien). Bald passieren wir den 81 m hohen Wasserfall Pollfossen, während die Straße weiter ansteigt. Nun beginnt der spannendste, wildeste Abschnitt dieser Route. Das

(121 km) **Grotli Hotel** liegt bereits in einer Höhe von 870 m. Hier kann man , statt der neuen Streckenführung der Str. 15 weiter zu folgen, auf die alte Paßstraße (jetzt Str. 258) abbiegen, die eine Höhe von 1.139 m erreicht und am Stryn Sommerskizentrum vorbeiführt (für Wohnwagengespanne nicht geeignet, Wintersperre von Oktober bis Mitte Juni).

die neue Str. 15 führt auf den folgenden 28 km durch insgesamt fast 11 km lange Tunnel (der längste: 4.506 m). Beim See

(134 km) **Langevatn** zweigt die Str. 63 ab, über die man nach Geiranger gelangt: innerhalb weniger Kilometer wird ein Höhenunterschied von über 1000 m überwunden. Unterwegs besteht eine großartige Aussicht auf den engen Geirangerfjord (Abstecher auf die 1.495 m hohe Dalsnibba).

Die Str. 15 führt durch zwei (insgesamt mehr als 8 km lange) Tunnel zügig bergab zum 25 m hoch gelegenen See Strynsvatn, dessen Ufer sie folgt. Dort steht auch das Jostedalsbreen Nasjonalparksenter, das interessante Ausstellungen über Geschichte, Geologie, Botanik, Zoologie und Umweltschutz umfaßt , tolle Filme mit Naturmotiven im Kinosaal zeigt und im Sommer Gletschertouren auch für Anfänger organisiert. In

(187 km) **Stryn** erreichen wir einen Ausläufer des Nordfjords. Hier kreuzen wir die Str. 60. Es empfiehlt sich ein Abstecher zu einer der Gletscherzungen in den Seitentälern, Kjenndalsbreen oder Briksdalsbreen.

Wir folgen dem nördlichen Fjordufer und fahren dann am Hornindalsvatn entlang, dem tiefsten Binnensee Europas (514 m). Bei

(234 km) **Nordfjordeid** erreichen wir wieder den Nordfjord. Hier kreuzt die Str. 1 unsere Strecke (siehe dort).

Am nördlichen Nordfjordufer entlang geht es über Naustdal nach

(266 km) **Maurstad**. Hier lohnt sich ein etwas längerer Abstecher (Str. 61, 620) zum Kap Kjerringa auf der Halbinsel Stadlandet, dem westlichsten Ausläufer des norwegischen Festlandes, auch als Vestkapp bekannt (grandioser Ausblick aufs Meer und die karge, eindrucksvolle Küstenlandschaft).

(286 km) **Måløy**, Endpunkt der Str. 15 und wichtiger Fischereihafen, erreichen wir über eine 1224 m lange und 42 m hohe Brücke. Versäumen Sie nicht die Ausflüge zu den Leuchtfeuern Hendanes fyr und Kråkenes fyr.

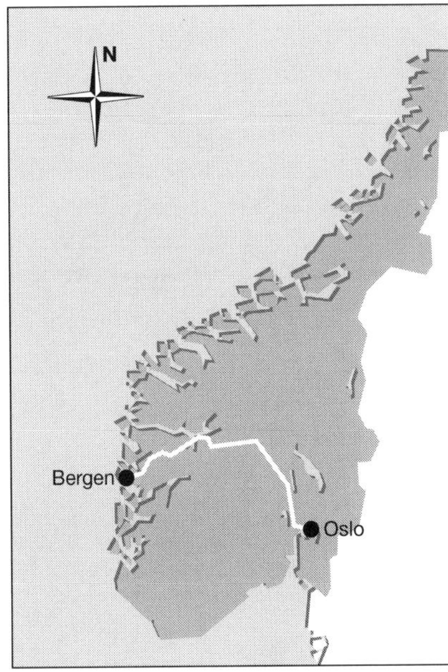

E 16:

Oslo – Bergen

0 km		Oslo		491 km
57 km		Hønefoss		434 km
186 km		Fagernes		305 km
333 km		Lærdal		158 km
347 km	↓	Revsnes	↑	144 km
		Fähre		
347 km		Gudvangen		144 km
373 km		Vinje		118 km
392 km		Voss		99 km
432 km		Dale		59 km
491 km		Bergen		0 km

Karten: Cappelen, Bl. 1, 2 – Scanmaps, Bl. 3–7

Die E 16 ist eine der beiden ganzjährig befahrbaren Verbindungen zwischen

Oslo und Bergen. Sie führt von Oslo aus zunächst durch das fruchtbare Ringerike, dann durch die Wälder des Begnadals ins seenreiche Valdres. Die Fahrt geht weiter über das Filefjell ins enge und wilde Lærdal bis zum Fähranleger Revsnes am Sognefjord. Von hier aus benutzt man die Fähre nach Gudvangen, das am Ende des romantischen Nærøyfjords liegt. Man gelangt dann durch eine sehr abwechslungsreiche Landschaft nach Voss. Früher verlief die Europastraße südwärts und über eine abenteuerliche Strecke am Hardangerfjord entlang. Heute wendet sie sich in Voss gleich nach Westen in Richtung Dale, wodurch sich die Fahrt um fast 70 km verkürzt.

Sandvika ist der Zentralort der Osloer Nachbargemeinde Bærum, die mit ihren knapp 95.000 Einwohnern fast so groß wie die Ölstadt Stavanger ist. Trotzdem ist Bærum keine Stadt im eigentlichen Sinne, sondern besteht aus mehreren Orten und Wohngebieten, die einen weitgehend eigenständigen Charakter besitzen.

■ Das **Rathaus** von Bærum (Sandvika) ist nach Plänen von Magnus und Anton Poulsson entstanden. In seinem Inneren befinden sich mehrere Kunstwerke. – Rund 7 km westlich von Sandvika steht die mittelalterliche steinerne **Tanum-Kirche** (12. Jh.). Neben den Fresken ist auch das kostbare Inventar (Statuen) sehenswert.

■ Wir erreichen Sandvika über die in Bærum als Autobahn ausgewiesene **E 18** (Oslo–Drammen–Stavanger, siehe dort).

Das erste Teilstück der E 16 ist sehr gut ausgebaut und führt zunächst durch ein für norwegische Verhältnisse dicht besiedeltes Gebiet. Mehrere Industriebetriebe und Auslieferungslager nutzen den Standortvorteil in der Nähe der Landeshauptstadt.

Die Straße steigt zügig an und erreicht bald **Sollihøgda**.

■ Hier erstreckt sich ein schönes Wander- und Wintersportgebiet, das Teil der großflächigen **Oslomarka** ist und von einem gut markierten Wegenetz durchzogen wird.

Wir befinden uns nun bereits im Bezirk Buskerud und erreichen bald mit 340 m den vorerst höchsten Punkt der Straße.

■ Man hat einen herrlichen Ausblick auf den **Tyrifjord**, Norwegens fünftgrößtem Binnensee. Im Hintergrund liegt das Norefjell.

■ An der Kreuzung Skaret zweigt die Str. 285 nach **Drammen** ab.

Hoch über dem Ostufer des Tyrifjords folgt ein Aussichtspunkt dem anderen. Eine Mautstation verlangt von den Benutzern einen Obolus für den folgenden Streckenabschnitt. Es geht, teils über Serpentinen, abwärts nach **Sundvollen** (Bademöglichkeit).

■ Von Sundvollen führt eine gebührenpflichtige Nebenstraße (4 km) zum Aussichtspunkt **Dronningens Utsikt** (»Aussicht der Königin«) bei Kleivstua. – Knapp eine halbe Stunde Fußweg von Kleivstua entfernt liegt **Kongens Utsikt** (»Aussicht des Königs«). Aus 487 m Höhe blickt man von dort in Richtung Norefjell und Gaustatoppen (Telemark).

Die E 16 überquert die Enge zwischen dem Tyrifjord und dem Nebenarm Steinsfjord. Unterhalb der heutigen Brücke befindet sich übrigens eine alte Straßenbrücke vom Anfang des 19. Jhs.

Die nächste Station ist der kleine Ort **Vik**, wo Sie eine Glasbläserwerkstatt besuchen können.

■ Eine Nebenstraße führt zur **Kirche** von **Bønsnes**, die am Südende der Halbinsel Hole steht. Diese mittelalterliche Kirche ist vermutlich im 11. Jh. unter dem Wikingerkönig Olav Kyrre erbaut worden. Zum wertvollen Inventar, das teilweise aus dem Mittelalter stammt, gehört u.a. eine Madonnen-Skulptur. – Wir befinden uns in Bønsnes übrigens auf historisch bedeutsamem Boden: Dort lebte im 11. Jh. der Großbauer Sigurd Syr (»das Schwein«), der Königin Åsa heiratete und Vater des 1066 in England gefallenen Königs Harald Hardråde (»der Strenge«) wurde.

Die E 16 führt durch fruchtbares, flaches Land und kommt bald am Hof Stein vorbei, mit ca. 90 ha Ackerland das größte Gut in Buskerud (Hauptgebäude von 1830, Ruinen der mittelalterlichen Olavskapelle).

Wir erreichen nun das Gebiet der Großgemeinde Ringerike. Der südliche Teil von Ringerike, in dem wir uns nun befinden, ist jedoch vornehmlich durch die Landwirtschaft (auch Obstbau) geprägt.

Bald gelangen wir nach **Norderhov**.

■ Abseits der Straße liegen dort die mittelalterliche **Norderhov-Kirche** und das **Ringerike-Museum**. Hier findet man u.a. historische Gegenstände aus der Umgebung, eine umfangreiche Fossiliensammlung und auch eine Ausstellung, die sich mit der Widerstandsbewegung der Norweger im 2. Weltkrieg befaßt.

Wir nähern uns Hønefoss, dem Zentrum von Ringerike. Die Umgehungsstraße, die westlich an Hønefoss vorbeiführt, entlastet den Verkehr in der City.

■ Touristen sollten aber durch die Stadt fahren und zumindest einen flüchtigen Eindruck mitnehmen.

In **Hønefoss** vereinigen sich die Flüsse Bægna und Randselv; mitten durch die Stadt fließt ein – längst gebändigter – Wasserfall, der grundlegend für die Existenz der Stadt war. Hønefoss wurde 1337 erstmals urkundlich erwähnt: im 17. Jh. gab es hier am Wasserfall bereits 23 Sägemühlen. 1852 erhielt der Ort die Marktrechte, 1857 die Stadtrechte. In der Folge entwickelte sich die Holzindustrie zum dominierenden Wirtschaftszweig.

Die Gemeinde Ringerike hat rund 27.500 Einwohner, in Hønefoss leben 13.500 Menschen. Die Stadt ist ein Verkehrsknotenpunkt mit guten Verbindungen zum Hallingdal, nach Valdres und nach Hadeland. Reizvoll ist auch die Umgebung mit allen für Ostnorwegen typischen Landschaftsformen.

Der Gutshof **Riddergården** gehörte 250 Jahre lang der Sägewerksbesitzer-Familie Ridder. Das Gebäude stammt aus der Zeit um 1720 und ist als Museum zugänglich.

In Hønefoss beginnt die **Str. 7**, die über Geilo, Eidfjord und Norheimsund nach Bergen führt (siehe dort).

Information: Ringerike Reiselivsforening, Storgate 4, N-3500 Hønefoss, Tel. 3212 3655.

Auf der E 16 fahren wir jetzt mit Zwischenstation Hensmoen nach **Hallingby** (Kirche von 1862). Wir folgen dem Verlauf des Ådalselv, der den langgestreckten, schmalen See Sperillen entwässert.

■ An der Kreuzung Ringmoen zweigt eine Nebenstraße ab, die am Westufer des Sperillen entlangführt (Sackgasse!). Über diese Straße erreicht man die **Kirche** von **Viker** (Ådalen), eine 1702 aus Holz erbaute, geteerte Langkirche (mittelalterliches Kruzifix über dem Chor). – Diese Strecke erschließt auch herrliche Wandergebiete.

Die Europastraße verläuft dagegen unverändert am Ostufer des rund 27 km langen Sperillen (Badestellen, Angeln).

Über Finsand und Buttingsrud gelangen wir zur Kreuzung **Bjonevika**.

■ Eine 15 km lange Nebenstraße führt von hier durch ein schönes Waldgebiet (vorbei an den beiden Seen Vestre und Østre Bjonevatn) nach **Bjoneroa** an den Randsfjord, Norwegens viertgrößten See und ein beliebtes Kanugewässer.

Am Nordende des Sperillen erreichen wir auf der E 16 die Ortschaft **Nes**, das Zentrum der früher selbständigen, waldreichen und dünn besiedelten Gemeine Ådal.

■ Die **Ortskirche** von Nes ist eine hübsche, achteckige Holzkirche aus dem Jahr 1860 mit einer auffallend großen Altarwand.

■ In Nes zweigt die **Str. 243** ab, die durch das Hedal führt und eine lohnende Alternative zur Hauptstraße darstellt.

Wir fahren ab Nes zunächst in westlicher Richtung und kommen in das von hohen Bergen umgebene Hedal. Nach 25 km erreichen wir die Ortschaft Hedalen.

Dort steht die **Hedalen Stabkirche** (nicht zu verwechseln mit der von Heddal/Notodden), eine der ältesten und schönsten in Norwegen. Sie wurde vermutlich nach 1200 erbaut und bestand ursprünglich aus einem viereckigen Langschiff mit Säulengang, einem schmalen, niedrigen Chor und der abschließenden Apsis. 1740 wurde die Stabkirche zu einer Kreuzkirche umgebaut. Das Portal ist mit heidnisch anmutenden geschnitzten Ornamenten (Drachenmotive) verziert; die Madonnenfigur ist eine der ältesten des Landes. Beachtenswert sind auch der mittelalterliche Reliquienschrein und die Prozessionsbahre. In der Sakristei wird übrigens das Fell eines riesenhaften Bären aufbewahrt, der vor dem Altar erschossen worden sein soll. (Ende Juni–Mitte August tägl. 11–16 h)

Von Hedalen kann man über eine teilweise gebührenpflichtige (unbefestigte, weitgehend schmale) Nebenstraße über Åsli und Trytesetrene nach Nesbyen ins Hallingdal gelangen. Man macht dabei Bekanntschaft mit einer schönen Wald- und Gebirgslandschaft (Angeln, Wandern). Doch Vorsicht: Der Weg ist kaum beschildert, und mehrere Kreuzungen erschweren die Orientierung.

Von Hedalen kann man über eine Nebenstraße (8 km) nach **Begndal** zur E 16 zurückkehren.

Die E 16 folgt dem Verlauf des Flusses Begna und führt über Sørum nach Begndal.

■ Hier stößt die Alternativstrecke über **Hedalen** wieder auf die Fernstraße.

In nordwestlicher Richtung durchfahren wir die dünn besiedelte Gemeinde **Sør-Aurdal**.

■ Ca. 3 km vor Bagn liegt links, abseits der Straße, das Heimatmuseum **Bagn Bygdesamling**. Dieses kleine Freilichtmuseum umfaßt 7 ältere Häuser und weit über 3.000 Gegenstände aus vergangenen Jahrhunderten.

Die E 16 führt dann nach **Bagn**, dem Zentrum von Sør-Aurdal. Bei Bagn fanden am 18. und 19. April 1940 heftige Kämpfe zwischen den deutschen Invasionstruppen und norwegischen Verbänden statt. In Bangsmoen erinnert ein Bautastein an die Geschehnisse.

■ Sehenswert ist die **Holzkirche** von Bagn aus dem Jahr 1753, mit einer schönen Einrichtung im Stil des farbenfrohen, bäuerlichen Barock.

■ Eine Nebenstraße führt – westlich parallel zur E 16 – ebenfalls nach Leira. Unterwegs werden Sie (nach 3 km) auf die **Stabkirche** von **Reinli** treffen. Die ältesten Teile dieser Kirche (Langschiff und Chor) stammen aus der Zeit 1050–1150. Um 1325 wurde die Kirche umgebaut und blieb seitdem in ihrer äußeren Gestalt weitgehend unverändert.

11 km hinter Bagn erreichen wir die Kreuzung **Bjørgo**.

■ Dort stößt die **Str. 33**, die am Südende des östlich gelegenen Mjøsa-Sees beginnt, auf unsere Strecke.

Wenig später gelangen wir nach **Aurdal**. Hier wohnte einige Zeit lang der norwegische Schriftsteller Knut Hamsun: Sein bekannter Roman »Victoria« entstand während seines hiesigen Aufenthalts.

■ Die **Ortskirche** von Aurdal stammt aus dem Jahr 1735 (schönes Inventar).

■ Nordöstlich der Ortschaft erstreckt sich das **Valdres Alpinsenter**.

Wir fahren weiter durch das breite Tal Valdres, ein altes agrares Kulturland mitten im Herzen von Südnorwegen.

Am Ostende des langgestreckten Binnensees Strondafjord erreichen wir **Leira**, das lokale Zentrum.

■ Von Leira führt die Str. 51 übers Gebirge nach **Gol** im Hallingdal.

Die E 16 folgt dem Verlauf des Strondafjordufers und bringt uns nach **Fagernes**, dem Zentrum des Valdres (2.600 Einwohner).

Der Ort hat vor allem durch den Tourismus an Bedeutung gewonnen. Dazu trägt auch der Charterflugplatz »Leirin« bei, der 8 km nordöstlich von Fagernes liegt. In der Ortsmitte gelangen Sie über einen Steg auf eine bewaldete Seeinsel, ein bezaubernder Platz vor allem in den sommerlichen Abendstunden.

■ Die bedeutendste Sehenswürdigkeit von Fagernes ist das große Freilichtmuseum **Valdres Folkemuseum**, wo von Juni bis August Handwerker in die alten Häuser und Werkstätten einziehen sowie Volkstänze aufgeführt werden.

■ In Fagernes zweigt die Str. 51 ab, die das schöne Hochgebirgsgebiet **Valdresflya** (Paßhöhe 1.390 m) überquert und, an Jotunheimen vorbei, nach Randen ins **Ottadal** führt.

Von Fagernes fahren wir zunächst weiter nach **Ulnes**.

■ Im Ort steht eine mittelalterliche **Steinkirche** (sehenswerte Rosenmalereien und geschnitzte Altartafel aus der Zeit um 1850).

■ Hier zweigt eine gebührenpflichtige Privatstraße, **Panoramaveien**, ins Hemsedal ab. Diese 48 km lange Strecke, die über Vaset Seter, Flyseter und Lykkja verläuft (Paßhöhe 950 m), erschließt herrliche Wander- und Angelgebiete (und ist ganzjährig zu befahren).

■ In Ulnes kann man auch auf die Straße abbiegen, die parallel zur E 16 am Westufer des Strondafjords bzw. Slidrefjords verläuft. Diese ruhige Strecke führt u.a. an der **Kirchenruine** von **Mo** vorbei (um 1200, Mitte des 18. Jhs. verfallen, in den Jahren nach 1870 teilweise restauriert).

Die E 16 begleitet das Ostufer des **Slidrefjords**.

■ Unterwegs können wir zur **Kirche** von **Røn** abbiegen. Das Inventar stammt teilweise aus einer älteren Kirche.

Wenig später passieren wir das Gehöft **Jarstad**.

■ Dort steht ein mittelalterliches **stabbur** (Vorratshaus) direkt an der Straße.

Die E 16 führt dann nach **Volden/Vestre Slidre**, dem Zentrum der Gemeine Slidre.

■ Sehenswert: der »**Slidre-Dom**«, eine der Jungfrau Maria geweihte, mittelalterliche Steinkirche aus der zweiten Hälfte des 12. Jhs. Beachtenswert sind die mittelalterlichen Malereien im Chor.

■ Sollten Sie an norwegischer Frühgeschichte interessiert sein, können wir Ihnen einen Abstecher zum höhergelegenen **Garberg-Gräberfeld** (Garbergfeltet) empfehlen. Hier befinden sich mehrere hundert Grabhügel aus dem 3.–5. Jh. Beachtung verdient der »Eingang-Stein« aus der Mitte des 4. Jhs., auf dem in Runen die Inschrift steht: »Ich, Godgest, schrieb diese Runen«. Dieser Runenstein ist wahrscheinlich der einzige in Norwegen, der an seiner ursprünglichen Stelle belassen wurde.

Wir fahren nun weiter noch **Lomen**.

■ Dort steht eine umgebaute **Stabkirche** aus der Mitte des 13.. Jhs.

Über Ryfoss (Wasserfall) gelangen wir nach **Kvismo**. Der Slidrefjord ist zu Ende.

■ Eine kurze Nebenstraße führt zur **Høre Stavkyrkje**, der Stabkirche von Høre. Diese Kirche stammt ursprünglich aus der zweiten Hälfte des 12. Jhs., wurde aber nach 1820 umgebaut.

Bei **Øylo** liegt die Brücke Hemsing bru, wo der nächste See, der Vangsmjøsa, beginnt.

■ Hier zweigt die steile und schmale Straße nach **Beitostølen** ab (Slettefjellvegen). Diese gebührenpflichtige Privatstraße erreicht eine Höhe von 1.300 m und bietet, bei entsprechendem Wetter, eine großartige Aussicht zurück in das Tal bis zu den südlichsten Ausläufern des Jotunheimen-Gebirges.

■ Man kann in Hemsing bru auch auf die Straße abbiegen, die parallel zur E 16 am Nordufer des Sees **Vangsmjøsa** nach Eidsbru führt. Unterwegs passieren Sie mehrere alte Wassermühlen.

Auf der E 16 gelangen wir nun nach **Grindaheim**, dem Zentrum der Gemeinde Vang.

■ Die **Ortskirche** von Grindaheim stammt aus dem Jahr 1839 und ersetzte eine mittelalterliche Stabkirche, die für 94 Taler an König Friedrich Wilhelm IV. verkauft worden war, der sie an der Schneekoppe in Schlesien (heute Polen) wiederaufbauen ließ. – Vor der neuen Kirche steht der **Vangstein**, ein Bild- und Runenstein aus dem 11. Jh.

■ Eine gebührenpflichtige Privatstraße führt von Grindaheim zum **Helin-Feld**, einem 35 km^2 großen geschützten Gebiet, für Botaniker das ideale Terrain. Der hier vorkommende Schiefer-Phylitt schafft besonders günstige Wachstumsbedingungen.

Am Ende des Vangsmjøsa-Sees kommen wir nach **Øye**.

■ Die **Stabkirche** von Øye stammt ursprünglich aus dem Jahr 1125. Sie ist aus über 150 verschiedenen Teilen rekonstruiert worden, die unter der jetzigen Ortskirche aus dem Jahr 1747 gefunden wurden (im Sommer 9–16 h).

Die Straße steigt nun hinter Øye, das ca. 470 m hoch liegt, kräftig an. An der Kreuzung **Tyinkrysset** haben wir 1.000 m Meereshöhe erreicht. In den letzten Jahren sind rund um die Kreuzung Hütten für die Wintersaison wie Pilze aus dem Boden geschossen.

■ Hier zweigt die im Winter gesperrte Str. 53 nach **Årdal** ab.

Von Tyinkrysset (Touristenzentrum Hugostua, Wintersport) verläuft die E 16 in südwestlicher Richtung, passiert das Hochgebirgshotel Nystuen und erreicht mit 1.013 m ihren höchsten Punkt. Im Westen erkennt man am Hang einen alten Postkutschenweg, der über das Filefjell führt und bei Maristuen wieder auf die E 16 trifft. Wer diese schöne Wanderung unternehmen möchte, sollte sich vorab um Busverbindungen wegen der Rückfahrt kümmern.

Bei **Kyrkjestølane**, mitten auf dem Filefjell, stand früher eine dem St. Thomas geweihte Stabkirche, die 1808 abgerissen wurde. Hier fand alljährlich am 2. Juli eine große Messe mit Markt und Tanzvergnügungen statt.

■ Mittlerweile ist eine neue **Kirche** errichtet worden, in der übrigens die Glocke der ersten Kirche Verwendung findet.

Kurz hinter Kyrkjestølane erreichen wir die Bezirksgrenze zwischen dem ostnorwegischen Oppland und dem westnorwegischen Sogn og Fjordane.

Die E 16 führt weiter über das Filefjell, das schon im Mittelalter ein wichtiger Gebirgsübergang zwischen Christiania, dem heutigen Oslo, und Bergen war. Die wöchentliche Postverbindung kam Mitte des 17. Jhs. zustande, und 1793 wurde dann der erste Fahrweg über das Gebirge eröffnet.

Auf der Weiterfahrt kommen wir am Gebirgshotel Maristuen vorbei, wo der alte Postkutschenweg endet bzw. beginnt, und gelangen bergab nach **Borlaug**.

In Borlaug erreichen wir das enge Lærdal, das bis hinab zum Sognefjord führt.

■ In Borlaug mündet die **Hemsedal-Straße** (Str. 52), die in Gol beginnt, in die E 16.

15 km hinter Borlaug gelangen wir nach **Borgund**.

■ Die besterhaltene **Stabkirche**, die von Borgund, stammt aus der Zeit um 1150. Mit ihren geschnitzten Drachenköpfen stellt sie ein typisches Beispiel für die Holzkirchen-Architektur des frühen Christentums in Norwegen. Die bizarren, geschnitzten Tierdarstellungen lassen deutlich den heidnischen Ursprung erkennen. Am Westeingang befindet sich eine Runeninschrift aus dem 12. Jh. Die Kanzel wurde gegen Ende des 16. Jhs. angefertigt, die Altartafel um 1620. (Mai und September tägl. 10–17 h, Juni–August 8–19 h). Kommen Sie früh, weil die Kirche tagsüber Station immens vieler Bustouristen ist)

Das Lærdal war, wie auch das Filefjell, schon in alter Zeit eine wichtige Verkehrsader – davon zeugen die historischen Straßenanlagen, die hier teilweise rekonstruiert worden sind.

■ Der 0,8 km lange **Vindhellaveg** ist eine Straßenanlage aus der Postkutschenzeit und 1843 fertiggestellt worden. Der Weg kann heute als Fußweg benutzt werden. Laufen Sie von Borgund hinunter nach Husum – oder eben umgekehrt. – Parallel zum Vindhellaveg verläuft der 2,3 km lange **Sverrestig**, der noch aus dem Mittelalter stammt. Die

Kombination beider Wege ist möglich, wofür man etwa eine Stunde benötigt.

Wir kommen auf unserer Weiterfahrt am traditionsreichen Husum Hotell vorbei und folgen dem berühmten Lachsfluß Lærdalselv auf unserer Fahrt in Richtung Sognefjord. Zu Füßen des Wasserfalls Sjurhaugfossen kann man, wenn man Glück hat, den Lach springen sehen.

Zunächst durchquert die E 16 eine schmale Schlucht, später ein breites Tal mit fruchtbaren Feldern.

Den Sognefjord erreichen wir in **Lærdalsøyri**.

■ In der Ortsmitte, abseits der E 16, befinden sich zahlreiche alte Gebäude im Bergenser Empire-Stil (**Hansegården**, das **Lindstrøm Hotell** u.a.)

■ Die neue Straße am nördlichen Fjordufer verbindet das Lærdal durch mehrere Tunnel mit dem **Årdal**. Hinter dem 6.582 m langen Fodnestunnel legt die Fähre nach Mannheller ab, die die Fahrzeit nach **Sogndal** und **Fjærland** über die Str. 5 wesentlich verkürzte. Die Fähre vom nahen E-16-Anleger Revsnes nach Kaupanger wurde dagegen eingestellt (siehe unten).

Wir folgen dem Fjordufer zunächst bis **Erdal**.

■ Dort zweigt die Str. 288 nach **Aurland** am Aurlandsfjord ab. Diese 45 km lange Straße, der **Aurlandsvei**, bietet im Zusammenhang mit der Fähre nach Gudvangen eine gute Alternative zur E 16, die über Revsnes nach Gudvangen führt, und gehört zu den eindrucksvollsten Touristenstraßen Norwegens. Sie ist teilweise sehr schmal und steil und führt in eine Höhe von 1.306 m, in der auch im Sommer der Schnee kaum schmilzt, von der Sie gleich mehrere eindrucksvolle Aussichten haben.

Der Aurlandsvei steigt gleich im ersten Abschnitt steil an und führt über Erdalsgrenda bergan durch das Hodnadal. Bei Skaolo hat man bei gutem Wetter eine herrliche Aussicht auf Jotunheimen und Jostedalsbreen.

In 1.306 m Höhe erreichen wir den höchsten Punkt der Straße. Wir bleiben eine ganze Weile in über 1.000 m Höhe und fahren dann abwärts ins malerische Almtal Kvammadalen. Von Bjørgo, einem beliebten Aussichtspunkt, haben wir einen phantastischen Ausblick auf das Aurlandsdal mit dem See Vassbygdvatn. Wenig später bietet sich uns eine atemberaubende Aussicht über die Siedlung Aurland und den Fjord.

Innerhalb kurzer Zeit führt uns die kurvenreiche Straße aus dem Hochgebirge hinunter zum Fjord, und wir erreichen die abgeschiedene Gemeinde **Aurland**. Von dort ist es nur noch ein kurzes Stück bis **Flåm**, Endstation der berühmten Flåmsbahn. Diese Bahnlinie ist ein Meisterwerk des Eisenbahnbaus. Nur 20 km lang, überwindet sie einen Höhenunterschied von 865 m, bevor sie in Myrdal auf die Hauptstrecke Oslo-Bergen trifft. Zwischen den 20 Tunneln unterwegs hält der Zug beim Wasserfall Kjosfossen sogar zum »Fototermin« an.

Von Flåm können Sie durch zwei kilometerlange Tunnel nach Gudvangen weiterfahren, wo Sie die Europastraße erreichen.

Die E 16 führt von Erdal noch 11 km am Lærdalsfjord entlang zum Fähranleger **Revsnes**. Von hier aus bestehen regelmäßige Fährverbindungen nach Gudvangen.

■ Wir benutzen im Zuge der E 16 die **Fähre** nach Gudvangen (5 x, 120 min). Diese Fjordreise gehört zu den schönsten Eindrücken auf unserer Fahrt;

besonders schön ist der letzte Teil der Fährstrecke durch den immer enger werdenden Nærøyfjord mit bis zu 1.200 m hohen, steilen Bergen.

Gudvangen, am Ende des Nærøyfjords, hat eine lange Tradition als kleiner Touristenort.

■ Sehenswert ist der **Wasserfall Kjelsfossen** (auch Brudsløret = Brautschleier genannt), besonders im Frühjahr zur Zeit der Schneeschmelze.

■ Eine kleine, wenig befahrene Nebenstraße führt von Gudvangen am westlichen Fjordufer entlang zur Kirche von **Bakka** (schöner Spazierweg).

■ In Gudvangen beginnt die **Str. 50**, die durch zwei Tunnel nach Flåm führt und, zusammen mit dem **Aurlandsvei**, eine fährenfreie, schnellere Alternative zur E 16 darstellt (siehe oben).

Die E 16 folgt nun dem Nærøydal in südwestlicher Richtung.

■ Bei der Brücke von Holten zweigt rechts eine schmale Nebenstraße ins naturschöne, wilde **Jordal** ab. Auf diesem Weg gelangt man in die Nähe des Gletschers Fresvikbreen.

Bald haben wir das innere Ende des schmalen Nærøydals erreicht. Im Winter erreicht die Sonne nicht den Talboden; so nahe stehen sich die das Tal begrenzenden Berge gegenüber.

■ Dort beginnt eine der berühmtesten und steilsten Straßenanlagen Norwegens: Die **Stalheimskleiva**, die in den 40er Jahren des letzten Jahrhunderts erbaut wurde. Dieser nur 1,5 km lange Streckenabschnitt hat nicht weniger als 13 aufeinanderfolgende Spitzkehren und eine Steigung von 20%. Die Stalheimskleiva ist – als letzte der alten Serpentinenstraßen – durch eine neue Tunnelstrecke abgelöst worden. Ganz Unentwegte haben jedoch im Sommer weiterhin die Möglichkeit, die alte Strecke, die zwei Wasserfälle säumen, zu benutzen (nur Pkw).

Die neue Strecke verläuft durch zwei, jeweils über 1 km lange Tunnel.

■ Versäumen Sie nicht den kurzen Abstecher zum traditionsreichen **Stalheim Hotell**, das auch über die alte Serpentinenstrecke erreicht werden kann. – Beim Hotel befindet sich ein privates **Freilichtmuseum** mit 20 Häusern aus dem Fjordland, moderne Museumsgebäude mit systematischen Sammlungen). – Von der Hotelterrasse hat man einen eindrucksvollen Blick in das enge **Nærøydal**.

Hinter Oppheim folgt die Siedlung **Vinje**.

■ Dort trifft die E 16 auf die Str. 13 Richtung **Vikafjell**.

Gemeinsam führen beide Straßen nach Voss.

■ In Tvinde – auf halber Strecke – hat man einen schönen Ausblick auf den Wasserfall **Tvindefossen**.

■ Man kann hier auch auf eine Nebenstraße abbiegen, die am Ostufer des Sees Lønavatnet entlang führt und in Skulestadmo wieder auf die E 16 trifft. – Man kommt dabei am **Freilichtmuseum Nesheimtunet** vorbei, das aus 13 Gebäuden besteht, von denen das älteste aus dem Jahr 1688 stammt.

VOSS ist das Zentrum des Gebiets zwischen Sogne- und Hardangerfjord. Die Gemeinde zählt rund 14.000 Einwohner, von denen 6.000 im Ortskern Vossevangen leben.

Als Wintersportstadt verfügt Voss über eine Vielzahl von Übernachtungsbetrieben, die auch im Sommer nicht ungenutzt bleiben, obwohl Voss weder über ein attraktives Ortsbild noch über ein ausnehmend schönes Hinterland verfügt, wie es in Westnorwegen andernorts anzutreffen ist. Voss profitiert vielmehr von seiner Lage als Verkehrsknotenpunkt. Lesen Sie weiter im Ortsteil.

Die E 16 begleitet den See Vangsvatnet, bevor sie in dem unscheinbaren Ort **Evanger** eintrifft.

■ Alternativroute: In Evanger können Sie die Europastraße vorübergehend verlassen und über die schönen Täler **Teigdalen**, **Eksingedalen** und **Vaksdalen** eine Rundfahrt einschieben. Die vorwiegend schmalen Straßen sind für Wohnmobile und Wohnwagen ungeeignet. Kurz vor Dale treffen Sie wieder auf die E 16.

Die E 16 führt nun auf einer spannenden Strecke durch zahlreiche Tunnel. Die Industriebetriebe in den Ortschaften Dale und Stanghelle deuten darauf hin, daß Bergen nicht mehr weit ist.

Die Europastraße ist auf ihrem letzten Abschnitt bis Bergen gut ausgebaut; mehrere Tunnel kürzen die Strecke ab.

Wir befinden uns schon in **Groß-Bergen** – die Stadt ist durch eine Gebietsreform 1972 erheblich erweitert worden.

Wir gelangen über die Industrieorte Indre Arna und Espeland zunächst nach **Nesttun**, das früher selbständig war und nun ein Bergenser Vorort ist.

■ In Nesttun stößt die Str. 1 (Stavanger–Kristiansund) auf unsere Strecke.

E 16 und Str. 1 erreichen gemeinsam bald das eigentliche Stadtgebiet von **BERGEN**. Bis mindestens 1997 müssen Sie im Zentrum von Bergen eine Maut entrichten, die für die Finanzierung von Umgehungsstraßen verwendet wird. Die zweitgrößte Stadt Norwegens wird im Ortsteil ausführlich beschrieben.

■ Von Bergen aus können wir die Fahrt über die **Str. 1** fortsetzen, die durch das gesamte norwegische Fjordland verläuft und Stavanger mit Kristiansund verbindet (siehe dort).

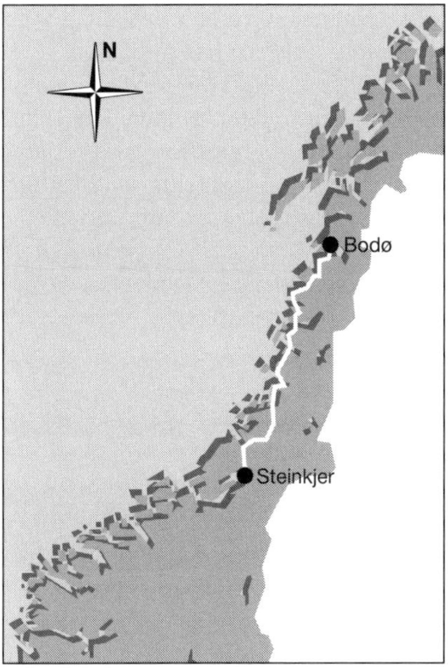

Str. 17:

Steinkjer – Bodø

Die Straße 17 beginnt in Steinkjer, nördlich von Trondheim, und führt durch den westlichen Teil des Bezirks Nord-Trøndelag sowie den äußeren Küstenstreifen von Nordland bis zur nordnorwegischen Küstenstadt Bodø.

Die Strecke führt in ihrer oberen Hälfte durch ein landschaftlich sehr reizvolles und abwechslungsreiches Gebiet und stellt somit eine lohnenswerte Alternative zur E 6 dar. Im Verlauf der rund 650 km langen Strecke müssen noch 6 Fähren benutzt werden. Die Anzahl der Fähren wird zielstrebig verringert, um die Fahrzeit zu verkürzen; für viele Autoreisende stellt eine Fährverbindung jedoch eine willkommene Abwechslung dar, um die Landschaft einmal aus einer ganz anderen Perspektive erleben zu können.

(0 km) **Steinkjer** ist die Hauptstadt des Bezirks Nord–Trøndelag. Hier beginnt unsere Reise in Richtung Norden. Die Fahrt geht mitten durch ein landschaftlich genutztes Gebiet. Über die Orte Namdalseid und Bangsund erreichen wir nach

(75 km) **Namsos**. Das Zentrum des Ortes liegt etwas abseits der Hauptstraße. Ein schöner Ausflug führt von hier aus über die Straße 767 bis zur Nordspitze der Insel Otterøya nach Aglen (herrliche Aussicht!).

Vorbei an der Ortschaft **Ranemsletta** (Kirche 13. Jh.) geht es durch eine waldreiche Landschaft vorbei an zwei Seen, bis wir schließlich

(125 km) **Høylandet** erreichen (Kirche mit altem Inventar). Hier besteht die Möglichkeit, über eine Nebenstraße auf die E 6 nach Gartland abzubiegen.

Vorbei am See Øyevatnet und an mehreren kleinen Wasserfällen gelangen wir zum schmalen Fjord Indre Folda, an dessen Südseite die Strecke nach Norden weiterführt. Bei Foldereid befindet sich die Kreuzung Nordlandskorsen (Abstecher Str. 770 zur Insel Vikna, zahllose vorgelagerte Inseln und Schären!), und die Straße 17 wendet sich nun direkt zur Küste.

Bei Kjelleidet bietet sich eine Tour zur gebirgigen Insel Leka an (Solsemhöhle mit Steinzeitmalereien, Schiffsgrabhügel, Heimatmuseum). Den Fähranleger erreichen wir bei

(223 km) **Holm** und setzen über nach Vendesund. Unterwegs hat man eine herrliche Aussicht auf das Meer.

Über die Ortschaften Vik und Berg gelangen wir nach

(253 km) **Bronnøysund**, einen Ort mit knapp 7.000 Einw., dessen Stadtgebiet sich auf einer flachen Landzunge erstreckt. Von hier sollte man den »Torghatten« besuchen, bekannt als »Berg mit dem Loch«, um den sich die Legenden ranken.

Kurze Zeit später erreichen wir in Horn den nächsten Fähranleger und setzen über den Velfjord nach Anndalsvåg.

Nur 17 km zwischen Fjord und Bergrücken sind es, bis wir bei

(285 km) **Forvik** ein weiteres Mal das »Vergnügen« haben, uns mit einer Autofähre nach Tjøtta übersetzen zu lassen. Bevor man über den Stokkefjord gelangt, sollte man von Forvik aus einen Abstecher ins 3 km entfernte Vistnesdalen unternehmen (Felszeichnungen aus der Eisenzeit).

Durch die allmählich abwechslungsreichere Küstenlandschaft gelangen wir bald nach

(305 km) **Alstahaug** (mittelalterliche Kirche mit Zwiebelturm, Steingrab aus der Bronzezeit) und weiter nach Belsvag (Abstecher zur Gebirgskette »Die sieben Schwestern«). Nördlich von

(339 km) **Sandnessjøen**, einem Verkehrsknotenpunkt mit knapp 5.000 Einwohnern, überquert die Str. 17 auf der Brücke Helgelandsbrua die Meerenge Leinesodden. Sehr lohnend: Bootsfahrten nach Lovund oder mit der Autofähre zur vorgelagerten Insel Dønna.

Hinter Sandnessjøen wird die Landschaft wilder, unzugänglicher, und die Siedlungsdichte nimmt deutlich ab. Die Str. 17 umrundet den Sjonafjord (Aussicht zum Meer), durchquert in einem Tunnel das Brenselfjell und erreicht den Schnellbootanleger Stokkvågen, wo sich eine weitere schöne Aussicht auf Meer und Schären eröffnet. Nördlich von Brattland nähern wir uns nun dem Polarkreis, den wir während der Fährüberfahrt zwischen Kilboghamn und Vågaholmen passieren.

Nach nur 15 weiteren Kilometern wartet eine mittlerweile nur noch zehnminütige Fährüberfahrt von Ågskaret nach Forøy auf uns, nachdem die landschaftlich sehr schöne Straße über Glomfjord nach

(535 km) **Ørnes** freigegeben worden ist, die in einem 7,6 km langen Tunnel einen Ausläufer des Gletschers Svartisen unterquert und zuvor einen Blick auf die Gletscherzunge Engabreen freigibt.

Durch eine typisch norwegische Küstenlandschaft mit mehreren kleinen Seen erreichen wir als nächste Station den Ort

(574 km) **Skaugvoll**. Dort lohnt ein Abstecher über die Straße 838 nach Sund (mittelalterliche Kirche).

Durch mehrere Tunnel folgt die Straße dann dem Verlauf des Holmsundfjords bis Kjøpstad. Dank der Brücke Kjellingstraumbrua bietet sich ab Kjøpstad die Möglichkeit eines Abstechers zur Insel Sandhornøya. Weiter geht es über Saura und Skålmoen bis zur Kreuzung Gillesvåg (von dort Str. 812 über den Fjordort Misvær bis Rognan an der E 6).

Das letzte Stück unserer Strecke kreuzt bei Straumen den Gezeitenstrom Saltstraumen, dessen Wassermassen Geschwindigkeiten von 10 Knoten erreichen und der als günstiges Angelgewässer gilt. Der Blick von der Brücke auf das kreiselnde Wasser ist beeindruckend. Bei **Løding** endet die Straße 17 und trifft auf die Straße 80 (Fauske–Bodø). Bis Bodø, der Hauptstadt des Bezirks Nordland, haben wir insgesamt 657 km zurückgelegt. Die nordnorwegische

Metropole finden Sie im Ortsteil ausführlich vorgestellt.

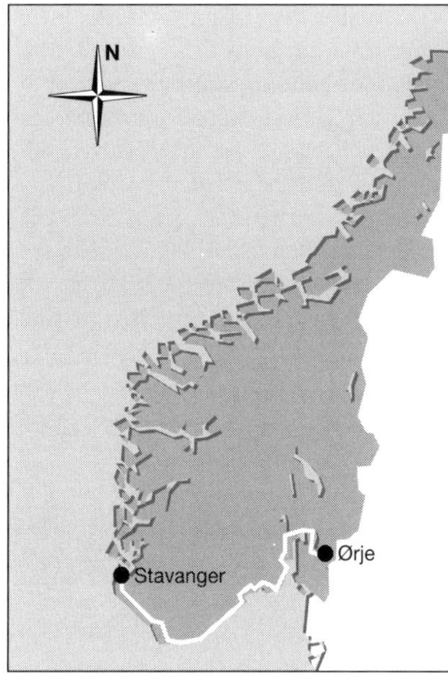

E 18:

Ørje – Stavanger

0 km		Ørje		674 km
94 km	↓	Oslo	↑	560 km
224 km		Larvik		450 km
421 km		Kristiansand		253 km
545 km		Flekkefjord		129 km
674 km		Stavanger		0 km

Karten: Cappelen, Bl. 1 Scanmaps, Bl. 3, 1

Die E 18 ist nach der E 6 die zweitlängste Straßenverbindung Südnorwegens. Sie beginnt in St. Petersburg und führt über Helsinki, Turku und Stockholm zum schwedisch-norwegischen Grenzort

Ørje. Von dort aus geht es zunächst nach Oslo und dann über Drammen, Larvik und Kristiansand zur »Ölstadt« Stavanger.

Der 671 km lange norwegische Streckenabschnitt ist sehr gut ausgebaut, teilweise sogar vor allem zwischen Oslo und Drammen als Autobahn. Unterwegs macht man nicht nur Bekanntschaft mit interessanten Städten wie Drammen, Larvik, Kragerø, Arendal, Kristiansand, Mandal und Flekkefjord, sondern erlebt auch das schöne Gebiet um den Oslofjord sowie die Küste des »Sørlandet«: Zahlreiche malerische Hafenorte (mit meist guten Bademöglichkeiten) erreicht man durch kurze Abstecher. Gerade diese vielfältigen Möglichkeiten machen den Reiz dieser vielbefahrenen Fernverbindung aus.

Die Fahrt beginnt in Ørje, das 6 km westlich der Staatsgrenze liegt. Ørje ist Hauptort der Grenzgemeinde Marker, die von den Seen Rødenessjøen und Øymarksjøen durchzogen wird. Sie sind Teil des »Halden-Wasserwegs«. Die norwegisch-schwedische Zollstation Ørje wird alljährlich von mehreren hunderttausend Autos passiert.

■ In Ørje befindet sich eine **Schleusenanlage** des 75 km langen »Halden-Wasserwegs«, des Haldenkanals. Mit drei Schleusenkammern wird hier ein Höhenunterschied von 10 m überwunden. Auch ein kleines Kanalmuseum mit Modellen von Dampfschiffen und Schleusen existiert mittlerweile. Rund 1 km südlich des Ortskerns (Øymarksjøen-Westuferstraße, dann Fußweg) liegt eine kleine, 1905 aufgegebene **Festungsanlage**.

Die E 18 folgt zunächst dem Westufer des **Rødenessjø** (Bademöglichkeit).

■ Bei Kallak zweigt eine Nebenstraße ab, über die man die **Kirche** von **Rødenes** erreichen kann (8 km). Diese ursprünglich mittelalterliche Steinkirche ist Anfang des 18.Jhs. umgebaut worden (sehenswertes Inventar).

Wir fahren weiter durch die von Land- und Forstwirtschaft geprägte Landschaft des Bezirks Østfold.

■ Kurz hinter **Lundeby** bestehen schöne Bademöglichkeiten an einem kleinen See (Ramstad Krysset Camping).

Über Hærland und Ramstad geht es dann weiter nach **Momarken**. Hier findet alljährlich im August ein landesweit beachtetes großes Volksfest statt, das regelmäßig etwa 100.000 Besucher anzieht.

■ In Momarken kreuzt die Str. 22, die 153 km lange Verbindung zwischen **Gjelleråsen**/Oslo und der norwegisch-schwedischen Grenze bei **Holtet**.

■ Gleich südlich von Momarken schließt sich **Mysen** an, der Hauptort der Gemeinde Eidsberg mit den entsprechenden Dienstleistungseinrichtungen und Ausbildungsstätten. Sehenswert das **Folkenborg Museum**, das mehrere historische Gebäude umfaßt.

Die E 18 führt nun über eine Anhöhe, die während der Eiszeit von einem mächtigen Fluß aufgeschüttet worden ist und aus Kies und Sand besteht.

■ Vom Aussichtspunkt **Monautsikten** hat man eine weite Aussicht über die flache Østfold-Landschaft.

Nach weiteren 10 km gelangen wir zum Industrieort **Askim**, der immerhin rund 12.750 Einwohner zählt. Wichtigster Betrieb ist das Gummiwerk »Viking«. In der Umgebung von Askim gibt es mehrere Kraftwerke, die das Gefälle der Glomma ausnutzen.

■ **Bygdemuseet**, das Freilichtmuseum von Askim, umfaßt mehrere Häusern aus dem Gemeindegebiet.

■ In Askim wird die E 18 von der Str. 115 (Rødsund/**Moss-Bjørkelangen**) gekreuzt.

Wenige Kilometer hinter Askim überqueren wir die Glomma. Sie ist Norwegens längster Fluß (611 km) und mündet bei Fredrikstad in den Oslofjord. Die **Fossum-Flußbrücke** war im April 1940 Gegenstand erbitterter Kämpfe zwischen den deutschen Invasoren und norwegischen Verbänden. Anschließend erreichen wir den Industrieort **Spydeberg**.

■ Ungefähr 2 km nördlich des Ortes (Hov) liegt das **Heimatmuseum** von **Spydeberg**. 3 km nordöstlich steht die **Kirche** von **Hovin**, ein um 1720 umgebautes, ursprünglich mittelalterliches Holzbauwerk.

Über Knappstad gelangen wir zur Kreuzung **Elvestad**.

■ Dort treffen wir auf die Str. 120 (**Moss Hurdal**). Über die Str. 120 kann man südwärts einen Abstecher zur **Kirche** von **Hobøl** (Mittelalter) unternehmen.

Wenig später passieren wir die Grenze zwischen den Bezirken Østfold und Akershus und befinden uns nach kurzer Zeit in **Ski** (11.000 Einwohner), ein Ort, der aufgrund seiner Nähe zur norwegischen Landeshauptstadt beträchtliche Einwohner-Zuwachsraten zu verzeichnen hat.

■ Bei Asper empfiehlt sich ein kurzer Abstecher zur **Kirche** von **Kråkstad** aus der Mitte des 12.Jhs. Ganz in der Nähe der Kirche erstreckt sich ein **Gräberfeld** aus der Eisenzeit.

Die E 18 führt zur Kreuzung **Vinterbro**.

■ Dort stoßen wir auf die **E 6** (siehe dort).

■ Bei Vinterbru liegt der Vergnügungspark **Tusenfryd**.

Die E 18 nähert sich nun dem erweiterten Stadtgebiet von Oslo.

■ Links biegt bald eine Nebenstraße ab, die am Fjordufer entlang führt und über die man u.a. das beliebte Strandbad **Ingierstrand** erreichen kann.

Mit knapp einer halben Million Einwohnern ist **OSLO** die viertgrößte Stadt Nordeuropas. Eine sehr ausführliche Beschreibung finden Sie im Ortsteil. Die E 18 hält sich in Ufernähe des Oslofjords, bevor sie die City der Landeshauptstadt in einem 2730 m langen Tunnel unterquert.

■ Bald kann man auch auf die Halbinsel **Bygdøy** abbiegen, die vor allem wegen ihrer **Museen** bekannt ist (Wikingerschiffe, Polarschiff »Fram«, »Kon-Tiki«, Norwegisches Volksmuseum, siehe Ortsteil).

■ Abseits der Hauptstraße liegt der Flughafen **Fornebu**. Außerdem kann man das bedeutende Kunstzentrum **Henie-Onstad Kunstsenter** (Høvikodden) durch einen kurzen Abstecher erreichen (siehe Ortsteil).

Auf dem Drammensveien verlassen wir das Stadtgebiet von Oslo, das jedoch nahtlos in die Gemeinde **Bærum** übergeht. Bærum hat immerhin fast 95.000 Einwohner und ist damit beinahe so groß wie Stavanger trotzdem ist es keine Stadt im eigentlichen Sinn. Das Verwaltungszentrum ist Sandvika, nicht weit hinter der Abzweigung nach Fornebu.

Die E 18 ist hier als Autobahn ausgebaut beachten Sie trotzdem, daß in

Norwegen niemals schneller als 90 km/h gefahren werden darf.

■ Bei **Sandvika** (Zentralort der Gemeinde Bærum) zweigt die **E 16** ab, die über Hønefoss und Fagernes zur westnorwegischen »Hauptstadt« Bergen führt (siehe dort).

Wir erreichen nun die Gemeinde **Asker**, die mit ihren rund 44.000 Einwohnern immerhin größer als eine so wichtige Stadt wie Bodø ist.

Anschließend geht es weiter in die Gemeinde **Lier**; dort beginnt auch der Bezirk Buskerud.

Zwischen Lier und Drammen ist in den 70er Jahren ein modernes Autobahnteilstück eröffnet worden, nachdem die alten Straßenverbindungen hoffnungslos überlastet waren. Zu dieser Anlage gehört auch die 1.940 m lange Brücke über den Fluß Drammenselva.

DRAMMEN ist Norwegens achtgrößte Stadt und zählt rund 52.500 Einwohner »überflügelt« wird sie nur von Oslo, Bergen, Trondheim, Stavanger und Kristiansand. Hier sind zahlreiche Industriebetriebe beheimatet, außerdem spielt der Export von Holz und Holzprodukten traditionell eine große Rolle. Eine ausführliche Beschreibung der Stadt finden Sie im Ortsteil.

■ Drammens größte Attraktion ist die in den Berg Bragernesåsen gesprengte Spiral-Straße **Spiralen**.

■ In Drammen beginnt die Str. 11, die durch die Telemark und über das **Haukelifjell** (Hardangervidda) nach **Haugesund** an der Westküste führt (siehe dort).

5 km südlich von Drammen passieren wir **Skoger** (Tuft).

■ Die Parallelstraße Skogerveien führt an mehreren 5.000–6.000 Jahre alten **Felszeichnungen** vorbei. (Skogerveien 8)

■ Über eine Nebenstraße gelangt man zur mittelalterlichen **Skoger gamle kirke**, die um 1200 in romanischem Stil errichtet wurde und dem Heiligen Olav geweiht ist (kostbarer Renaissance-Altaraufsatz aus dem Jahr 1631). Noch weiter westlich liegt die Schutzburg **Andorsrud** aus frühgeschichtlicher Zeit (Fußweg).

Wir folgen der E 18 über Galleberg nach **Sande**, dem Zentrum der gleichnamigen Gemeinde (ca. 7.000 Einwohner), die bereits zum Bezirk Vestfold gehört.

■ Sande besitzt eine hübsche **Steinkirche** (ursprünglich mittelalterlich), die nach einem verheerenden Brand 1783 neu aufgebaut wurde. Beachtenswert ist der barocke Innenraum.

Die E 18 führt dann am Oslofjord-Ausläufer Sandebukta entlang (Bademöglichkeit) nach **Holmestrand**. Diese malerisch am Oslofjord gelegene Stadt war früher ein berüchtigter Verkehrsengpaß im Zuge der stark befahrenen E 18 inzwischen sorgt ein 1,8 km langer Tunnel für Entlastung.

Holmestrand, das seit 1752 die Stadtrechte besitzt, ist mit der Seefahrt großgeworden. 1890 waren hier rund 50 Segelschiffe registriert der Übergang zu Motorschiffen, die größere Kapitalinvestitionen erforderten, bedeutete einen Stillstand in der Entwicklung der Stadt. Erst die Industrialisierung im 20.Jh. (Nordisk Aluminium A/S) brachte neuen wirtschaftlichen Schwung nach Holmestrand, das heute mit rund 9.300 Einwohnern die zweitgrößte Gemeinde des Bezirks Vestfold ist.

■ Die 1674 erbaute **Stadtkirche** (mit einem Y-förmigen Grundriß) zeichnet sich durch ihren schönen klassizistischen Innenraum aus. Das **Städtische Museum**, das im Patrizierhaus Holstgård untergebracht ist, zeigt neben stadtgeschichtlichen und seefahrtshistorischen Sammlungen u.a. auch Gemälde der Künstler Harriet Backer und Søren Onsager.

■ Über eine Nebenstraße gelangt man westlich nach **Botne** (4km) mit einer sehenswerten **Kirche** aus dem 16.Jh. Beachtenswert sind, neben dem wertvollen Inventar, die Fresken aus dem 15. und 17.Jh.

■ Information, Kulturkontoret, Tordenskjoldsgate 5, N3080 Holmestrand, Tel. 3305 1590.

Von Holmestrand fahren wir weiter nach **Kopstad**.

■ Dort zweigt die **Str. 310** ab, die über Horten und Borre verläuft und nordwestlich von Tønsberg die E 18 wieder erreicht. Die Gemeinde **Horten** hat zahlreiche Sehenswürdigkeiten: Seefestung »Karl Johansvern«, Marinemuseum, Fotomuseum »Preus«, Kirche von Borre, Nationalpark (mit dem größten Feld von Königsgräbern im Land).

Über die Str. 311 gelangt man dann nach **Åsgårdstrand**, einem hübschen Fjord- und Badeort. Dort verbrachte der norwegische Maler Edvard Munch einige Jahre. Sein Sommerhaus ist heute als Museum der Öffentlichkeit zugänglich.

17 km hinter Kopstad folgt die Abzweigung nach **Sem**.

■ Man kann hier auf die Str. 312 nach **Tønsberg** abbiegen (4km). Die Bezirkshauptstadt Tønsberg ist die älteste Stadt Norwegens. Bereits im 9.Jh. gegründet, war sie zunächst jahrhundertelang die wichtigste Handelsstadt des Landes. Durch den Verlust der norwegischen Selbständigkeit verlor sie später an Bedeutung. 1536 zerstörte ein verheerender Brand die Stadt. Erst durch die Handelsschiffahrt im 18. und 19.Jh. erfolgte ein neuer Aufschwung.

Viele verschiedene Industriebetriebe bilden die wichtigsten Erwerbszweige Tønsbergs. In der gleichnamigen Großgemeinde leben heute rund 33.000 Einwohner.

Sehenswert: Der Schloßberg **Slottsfjell** mit den Ruinen der mittelalterlichen Festung Tunsberghus (erbaut: 121763). Der **Dom** von 1858, **Minneparken** (der Gedenkpark) mit botanischem Garten und Kunstwerken von Gustav Per Vigeland. Im östlichen Stadtgebiet das **Bezirksmuseum** für **Vestfold** mit Freilichtabteilung. Die Ruinen der **St. Olavskirche**, eine große mittelalterliche Rundkirche.

Information: Tønsberg Turistkontor, Honnørbryggen, N3100 Tønsberg, Tel. 3331 0220.

Etwa 25 km südlich passiert die E 18 die nächste größere Stadt, **Sandefjord**.

■ Von der Kreuzung Haukerød gelangt man nach 3 km ins Stadtzentrum. Sandefjord ist mit rund 37.000 Einwohnern die größte Stadt Vestfolds.

Die am Meeresarm Sandefjord günstig gelegene Stadt verfügte bereits im 14.Jh. über einen kleinen Handelshafen, in dem vor allem Holz verschifft wurde. 1570 erhielt Sandefjord die Handelsprivilegien und 1850 auch die Stadtrechte. 1836 wurde hier Norwegens erstes Heilbad eröffnet. Sandefjord war dann jahrzehntelang, bis zum Jahr 1968, der bedeutendste norwegische Walfanghafen.

Sandefjord bietet eine abwechslungreiche Landschaft mit ca. 60 km Strandlinie und ausgedehnten Wald- und Freizeitgebieten.

Sehenswertes: Das **Walfangmuseum** beschäftigt sich mit dem für Sandefjord einst so wichtigen Wirtschaftszweig (u.a.: ein 20 m langes Blauwalmodell). Im **Seefahrtsmuseum** sind viele interessante Dokumente, Fotos usw. aus der Zeit der Segelschiffahrt ausgestellt. Das **Stadtmuseum** ist im **Patrizierhaus Pukkestadgård** untergebracht. Die **Sandar-Kirche** wurde Ende des 18.Jhs. eingeweiht (Innenraum im klassizistischen Stil). Im sog. »**Badepark**« steht das moderne Rathaus Sandefjords. Das **Walfänger-Monument** von Knut Steen steht in der Nähe des Yachthafens.

Information: Turistinformasjon, Torget, N3201 Sandefjord, Tel. 3346 0590.

Wir fahren weiter durch die dicht besiedelte Landschaft Vestfold westlich des Oslofjords. Vestfold gehörte zu den ersten Siedlungsgebieten Norwegens. Zahlreiche Gräber aus frühgeschichtlicher Zeit sowie 22 mittelalterliche Kirchen sind noch heute sichtbare Zeugen der Geschichte.

Auf der Bommestad-Brücke überqueren wir den 342 km langen Lågen, Norwegens drittlängsten Fluß.

■ Am westlichen Flußufer zweigt die Str. 40 ab, die über **Kongsberg** nach **Geilo** führt.

Die E 18 führt nördlich am Stadtgebiet von Larvik vorbei.

Larvik war bereits im späten Mittelalter ein wichtiger Verladehafen für Holz; damals gehörte es noch zur Handelsstadt Tønsberg. 1671 erhielt Larvik die Stadtrechte und war bis 1805 Residenz einer eigenen Grafschaft. 1880 wurde in der Stadt ein Heilbad eröffnet. Heute wird hier das Farris Mineralwasser abgefüllt. Daneben ist Larvik ein wichtiger Industriestandort (vor allem Holzverarbeitung). Von großer Bedeutung ist die Autofähren-Verbindung mit dem dänischen Hafen Frederikshavn.

■ Der 1674 erbaute **Herregård** diente als Residenz für Ulrik Frederik Gyldenløve, den dänischen Statthalter in Norwegen. Das **Stadtmuseum** ist in einem Gebäude aus dem Jahr 1733 untergebracht.– Das **Seefahrtsmuseum** ist in einem Zollhaus aus der Zeit um 1740 untergebracht; es befaßt sich mit der Epoche der Segelschiffahrt und dem Walfang. Thor Heyerdahl ist eine eigene Abteilung gewidmet. Die **Stadtkirche** wurde 1677 unter Ulrik Frederik Gyldenløve erbaut. Im reich dekorierten Innenraum findet man u.a. ein Gemälde von Lucas Cranach d.Ä. Die **Langestrandkirke** (1818). Ein Wahrzeichen Larviks ist der Naturpark **Bøkeskogen**, der größte Buchenwald Norwegens, der sich auf einer Eiszeitmoräne erstreckt. Hier findet man auch etwa 100 Gräber aus der Wikingerzeit. – In Stavern haben sich mehrere Künstler niedergelassen, deren Werke in zahlreichen Galerien ausgestellt sind.

Information: Larvik Turistkontor, Storgate 48, N3251 Larvik, Telefon 3313 0100.

In **Farriseidet**, an der Verbindung zwischen Farrissee und Larviksfjord, befindet sich eine unübersehbare Reinigungsanlage des Holzkonzerns Treschow-Fritzøe.

Rund 10 km westlich von Larvik erreichen wir den Bezirk Telemark. Der Hafenort **Langangen** liegt am Nordende des kleinen Langangsfjords liegt.

Die E 18 führt über zwei Brücken, die Ende der 70er Jahre die einst berühmt-berüchtigte »Korkenzieher«-Serpentinenstraße ersetzten. Die heutigen Bauarbeiten an diesem Streckenabschnitt werden durch eine Maut refinanziert.

■ An den Kreuzungen Slevolden und Nystrand kann man auf die Str. 36 abbiegen, die über **Porsgrunn** und **Skien** quer durch die Telemark nach Seljord führt.

Porsgrunn, zu beiden Seiten des Flusses Porsgrunnelva gelegen, gehörte schon zur großen Zeit der Segelschiffahrt zu den führenden Hafenstädten Norwegens, mit den entsprechenden Werften. Seit dem Ende des 19.Jhs. entwickelte sich Porsgrunn zu einem der größten Industriezonen: »Norsk Hydro«, deren Aluminiumfabrik im Kreuzfeuer der Umweltschützer steht, und »Porsgrunds Porselænsfabrik« besitzen hier Niederlassungen. Nach wie vor verfügt die Stadt über den drittgrößten Exporthafen Norwegens.

Im eigentlichen Stadtgebiet leben rund 12.000 Einwohner, in der Gesamtgemeinde (mit den Orten Eidanger und Brevik u.a.) sind es etwa 31.000 Einwohner.

Sehenswertes: Im Zollhaus, dem ältesten Gebäude in Porsgrunn (1661), ist das **Stadtmuseum** untergebracht, das mit vielen historischen Gegenständen einen Überblick über die Geschichte der Stadt gibt. Eine neue Abteilung widmet sich der Seefahrt. Die **Østre Porsgrunn kirke** ist eine Holzkirche aus dem Jahr 1760 mit schönem Rokoko-Inventar. **Porsgrunds Porselænsfabrik** ist die einzige Porzellanfabrik Norwegens (gegründet 1887). Im Ortsteil **Eidanger** steht eine **Kirche**, die im 12.Jh. aus Feldsteinen errichtet worden ist. Beachtenswert die mittelalterliche Malerei »Christi Himmelfahrt«.

Information: Porsgrunn Turistkontor, Østre Brygge, N3900 Porsgrunn, Tel. 3555 4327.

Auf der E 18 kommen wir über Heistad und an Norwegens größter Zementfabrik (Norcem) vorbei nach **Brevik**.

Das Stadtgebiet wird mittels einer modernen Straßenanlage zügig durchquert. Die neue Stadtbrücke über den Brevikstrom ist immerhin 677 m lang und 45 m hoch.

■ Ein kurzer Abstecher ins Zentrum der alten Hafenstadt Brevik ist sehr zu empfehlen. Teile der malerischen Holzhaus-Bebauung stammen aus dem 18. und 19.Jh.

Sehenswert: das **Stadtmuseum** im alten Rathaus.

Am Südufer des Brevikstrømmen erreichen wir **Stathelle**, einen alten Hafenort mit rund 3.000 Einwohnern.

■ Von der 677 m langen **Brevik-Brücke** hat man einen schönen Ausblick auf das Städtchen und den Sund.

■ Über die Str. 352 können wir einen Abstecher nach **Langesund** unternehmen. Das Städtchen mit malerischen Holzhäusern erlebte seine Blüte zur Zeit der Segelschiffahrt. An der wenig später folgenden Kreuzung Rugtveitmyra kann man auf die Str. 353 nach **Skien** abbiegen. Hierbei kommt man auch an der großen Raffinerie von Rafsnes vorbei.

Im Zuge der E 18 gelangen wir bald zur **Kirche** von **Bamble**, die der ganzen Gemeinde den Namen gegeben hat.

Nach rund 12 km erreichen wir die Kreuzung **Dørdal**.

■ Eine schöne Alternative bietet die Str. 363, über die man nach **Kragerø** gelangt. Kragerø ist der Verwaltungssitz einer Küstengemeinde mit etwa 11.000 Einwohnern. Die eigentliche Stadt Kragerø zeichnet sich durch ihre idyllische Lage an der schärenreichen Telemark-Küste aus. Enge und verwinkelte Gassen und malerisch in die Felsenkuppen gebaute Holzhäuser prägen auch heute noch das Stadtbild. Beim Hafen ist die

Atmosphäre vergangener Zeiten spürbar erhalten geblieben. Bekannte norwegische Künstler, darunter der aus Kragerø stammende Theodor Kittelsen (18571914), haben hier ihre Motive gefunden. Kragerø ist nicht nur eine lebhafte Seefahrts- und Fischereistadt, sondern auch eine beliebte Sommerfrische, die besonders bei Bootstouristen geschätzt ist.

Das 4 km außerhalb, schön am Herresfjord gelegene **Berg-Kragerø-Museum** beherbergt in seinem Neubau Sammlungen, die sich mit der Stadtgeschichte, der Seefahrt, dem historischen Natureishandel u.a. beschäftigen. Im Altbau, der um 1800 entstand, sind historische Wohnungseinrichtungen aus der Zeit von 1650 bis 1815 zu sehen. Auf der kleinen Insel Gunnarsholmen ist eine **Kanonenbatterie** aus den Jahren 180814 erhalten, mit der die 90 Inselbewohner während der Kriegsjahre englische Küstenschiffe vertrieben.

Ein schöner Aussichtspunkt ist der 145 m hohe **Storkollen**, der durch kurze Spazierwege erreicht werden kann.

Herrliche Bademöglichkeiten beim Berg-Museum und auf der Insel Øya.

Information: Kragerø Turistinformasjon, Jernbanetomta, N3771 Kragerø, Tel. 3518 2335.

Über die Str. 351 (Fähre Kragerø-Stabbestad) kehrt man zur E 18 zurück.

Nach weiteren 11 km gelangen wir zur Kreuzung Gjerdemyra.

Die E 18 entfernt sich weiter von der Küste und führt durch recht flaches Gebiet mit harmonischen Landschaftsformen.

■ An der Kreuzung Humlestad/Kil kann man links auf eine Nebenstraße zur **Kirche** von **Sannidal** abbiegen. Sie stammt aus dem Jahr 1771, hat aber teilweise mittelalterliches Inventar. In der Nähe befindet sich das **Heimatmuseum** von Sannidal.

Wir verlassen bald die Telemark und erreichen den Sørland-Bezirk Aust-Agder.

■ In Fiane lohnt ein kurzer Abstecher zum stillgelegten **Eisenwerk Eikeland** (Eikeland gl. jernverk), das, zusammen mit einigen Arbeiterwohnstätten, als industriegeschichtliches Denkmal der Nachwelt erhalten ist.

Die E 18 führt weiter nach **Søndeled** mit einer Dorfkirche aus dem Jahr 1786, die auf einer mittelalterlichen Steinkirche errichtet wurde.

Wir fahren u.a. durch den Tunnel Sørlandsporten (»Pforte zum Südland«) nach Akland und **Vinterkjær**.

■ Dort kreuzt die Str. 416, die Vegårshei mit Risør verbindet.

Vegårshei (Kreuzung Akland, 17 km) liegt an der Bahnlinie Oslo-Stavanger und besitzt eine hübsche Fachwerkkirche vom Anfang des 19.Jhs.

Risør ist eine hübsche Küstenstadt mit gut 7.000 Einwohnern. Mit ihren gut erhaltenen, hell gestrichenen Holzhäusern und ihrem lebhaften Hafen ist sie typisch für die malerischen Hafenorte an der Sørlandsküste. Die Holzausfuhr und die Segelschiffahrt haben Risør, das 1723 die Stadtrechte erhielt, groß gemacht. Wie für die meisten norwegischen Hafenstädte bedeutete das Ende der »Windjammer-Epoche« auch für Risør einen wirtschaftlichen Rückschlag. Heute sorgen allerdings einige Industriebetriebe für die nötigen Arbeitsplätze. In der Umgebung, die durch eine schöne Küstenlandschaft mit zahlreichen Inseln und Schären geprägt wird, bestehen herrliche Bade- und Bootssportmöglichkeiten.

Die größte Sehenswürdigkeit der Stadt ist die **Heiliggeist-Kirche** (Den Helligånd Kirke) aus der Mitte des 18.Jhs. mit einer beachtenswerten Barockeinrichtung. In der südlichen Innenstadt steht das **Kastell Tangen** aus den Kriegsjahren 1808–1814.

Vom Hafenrestaurant startet ein Ausflugsboot zum stillgelegten Leuchtturm Stangholmen fyr.

Gute Bademöglichkeiten bestehen vor allem auf der vorgelagerten Insel »**Skallet**« (Sand- und Klippenstrand; Bootsverbindungen).

Von Risør aus kann man über die Str. 416 und 411 zur E 18 zurückkehren, die man bei Tvedestrand wieder erreicht. Dabei kann man u.a. der **Kirche** von **Dypvåg** einen Besuch abstatten (mittelalterliche, im 18.Jh. umgebaute Steinkirche mit schönen Deckenmalereien).

Information: Risør Turistkontor, Strandgate, N4951 Risør, Tel. 3715 2270; außerhalb der Saison im Risør Hotel, Tangensgate 16.

Die E 18 führt dann am schönen Binnensee Songevatn vorbei zur Kreuzung **Amtmannsvingen**.

■ Dort besteht die Möglichkeit, einen kurzen Abstecher zur hübschen Küstenstadt **Tvedestrand** zu unternehmen.

Tvedestrand, die »Stadt am Fjord«, ist ein beliebter und vielbesuchter Touristenort am Ende des 10 km langen Oksenfjords. Das Schärengebiet von Tvedestrand gilt als eines der schönsten an der Sørlandsküste. Bekannt sind die vielen schönen Gärten und die weiß gestrichenen Holzhäuser. Es bestehen gute Bade- und Bootssportmöglichkeiten: Besonders beliebt sind Bootsausflüge durch den Schärengürtel mit der M/S Søgne.

Die bekannteste Sehenswürdigkeit der Stadt ist wohl **Strykejernet** (»das Bügeleisen«), Norwegens schmalstes Haus. Ein gutes Beispiel für südnorwegische Holzhausarchitektur ist das 1936 umgebaute **Rathaus**. Die **Stadtkirche** wurde 1861 errichtet.

Beliebte Badeplätze sind **Bertnes** (2 km östlich), **Furuholmen** (Tvedestrandsfjorden) und **Persøygaard** (Hagefjord-Kai).

Ein herrlicher Bootsausflug, den man sich nicht entgehen lassen sollte, führt zur (autofreien) Insel **Lyngør**.

Von Tvedestrand kann man, statt gleich zur Hauptstraße zurückzukehren, über die **Str. 410** an der Küste entlang nach Arendal weiterfahren. Zahlreiche Nebenstraßen erlauben Abstecher auf eigene Faust innerhalb dieser naturschönen Küstenlandschaft.

Information: Tvedestrand Turistkontor, Fritz Smithgate 1, N4900 Tvedestrand, Tel. 3716 1101.

3 km hinter Amtmannsvingen erreichen wir die Kreuzung **Fiane**.

■ Von dort führt der Weg nach Åmli, das an der Str. 415 liegt. Über diese Straße gelangt man,südwestlich von Nesgrenda, zum historischen Eisenwerk **Næs Jernverk**, dessen Wurzeln bis ins 17.Jh. zurückreichen.

Nach weiteren 2 km gelangen wir nach **Holt/Goderstad**.

■ Dort steht eine sehenswerte **Kirche**, deren Kern um 1100 (aus Stein) erbaut wurde. 1753 erweiterte man die Kirche durch einen Holzanbau. Schönes Inventar sowie Wand- und Deckenmalereien! Einige hundert Meter von der Kirche entfernt befindet sich die alte Feragen skole (Schule), deren Einrichtung in die frühesten Tage (1817) zurückreicht; sie fungiert als **Heimatmuseum**.

Auf unserer Fahrt Richtung Arendal passieren wir auf Höhe des Sees Molandsvatn die **Austre Molands Kirche** (1663).

Bald erreichen wir **ARENDAL**, die Hauptstadt des Bezirks Aust-Agder, die östlich der E 18 liegt. Lesen Sie weiter im Ortsteil.

Südwestlich von Arendal durchqueren wir **Bjorbekk**, Zentrum der Gemeinde Øyestad.

■ Wer dem beliebten Ferienort **Fevik** (Bademöglichkeit: Storesanden) einen Besuch abstatten will, sollte alternativ zur E 18 die Str. 420 wählen. Bademöglichkeit bei Moysand.

Auf der E 18 folgen Rykene und **Vik**.

■ Nordwestlich der Hauptstraße (bei der Schule) erstreckt sich ein größeres **Gräberfeld** aus der Bronze- und Eisenzeit. 1 km nördlich steht die **Fjære-Kirche**, die Mitte des 12.Jhs. auf Weisung von Olav Trygvasson erbaut wurde. Auf dem Friedhof befindet sich ein Monument, das dem Seemann Terje Vigen gewidmet ist.

Wir nähern uns dem Stadtgebiet von Grimstad, fahren jedoch auf der Umgehungsstraße am Stadtkern vorbei.

■ Ein Abstecher ins Zentrum ist zu empfehlen. **Grimstad** ist eine hübsche, typische Sørlandstadt. Bereits Ende des Mittelalters gab es hier einen Holzverladehafen, der noch im 17.Jh. Arendal unterstand. Die Segelschiffahrt des 18. und 19.Jh. brachte Wohlstand in die Stadt, was noch heute die schönen, weiß gestrichenen Holzhäuser belegen.

Schiffahrt und Lebensmittelindustrie, die Verarbeitung der Landwirtschaftsprodukte aus der Umgebung, bilden zwei wirtschaftliche Grundpfeiler für die Stadt, in der heute rund 4.000 Menschen leben. Zur Gesamtgemeinde zählt auch der Küstenort Fevik mit seinen herrlichen Sandstränden.

Das **Stadtmuseum** beherbergt die alte Apotheke, wo einst der Dramatiker Henrik Ibsen arbeitete (1844–1850). Ibsens Zimmer, authentisch eingerichtet, ist Teil des Museums. – In Dømmesmoen liegt die **staatliche Gärtnereischule**. Das Gelände ist voller Grabhügel und Bautasteine aus der Eisenzeit.

Auf unserer Weiterfahrt passieren wir bald den Reddalskanal, der den See Reddalsvatn mit dem Meer verbindet.

Rund 7 km hinter Grimstad passieren wir **Nørholm**.

■ Das Herrenhaus **Nørholm** ist 1918 vom norwegischen Schriftsteller **Knut Hamsun** erworben worden, der hier das Geld anlegte, das er mit dem Literatur-Nobelpreis erhalten hatte. Das Anwesen befindet sich in Privatbesitz und kann nicht besichtigt werden.

Nach weiteren 5 km erreicht die E 18 die Kreuzung **Omre**.

■ Von dort kann man einen Abstecher direkt ans Meer nach **Homborsund** unternehmen.

Die E 18 verläuft dann am Nordwestufer des Kaldvellfjords (Bademöglichkeit) nach **Lillesand**.

Wie nur wenige andere Städte Norwegens ist Lillesand von der Holzhausarchitektur vergangener Jahrhunderte geprägt. In schmalen, gewundenen Gassen stehen malerische, hell gestrichene Häuser, die während der Zeit der Segelschiffahrt errichtet wurden. Diese Epoche, in der die Holzausfuhr und der Schiffsbau wirtschaftlich dominierten, war die Blütezeit Lillesands. In der Stadt rentierten sich früher einmal sechs Werften.

Sehenswertes: **Henschiengården**, das Rathaus der Stadt, stammt ursprünglich aus dem Jahr 1734, wurde 1816 erweitert und nach einem Brand Ende der 1970er Jahre restauriert. Beim Rathaus steht der **Carl Knudsen-gården**, ein Patrizierhaus von 1830, das heute interessante stadt- und seefahrtsgeschichtliche Sammlungen beherbergt. 1,5 km nördlich des Zentrums steht die **Vestre Moland-Kirche**, eine mittelalterliche Steinkirche, die 1797 zur Kreuzkirche ausgebaut wurde. Altartafel und Kanzel sind aus dem 17.Jh.

Ausflugsboote nahmen Kurs auf den Schärengarten entlang der Küste.

Information: Lillesand Turistkontor, Sande Torv, N–3790 Lillesand, Tel. 3727 2377.

Wir befinden uns nun nahe der Küste, die durch verzweigte Buchten, vorgelagerte Inseln und Schären geprägt ist. Gerade dieser Küstenstreifen mit der geschützten Fahrrinne »**Blindleia**«, der schon vom hier geborenen norwegischen Dichter Gabriel Scott gepriesen wurde, ist ein attraktives Ferienziel für Tausende von norwegischen und ausländischen Touristen.

■ Bei Sangereid empfiehlt sich ein Abstecher zur Insel **Justøy** bis zum alten Hafenort **Brekkestø** (malerische Holzbebauung, unterwegs Aussicht, Bademöglichkeit).

Nach weiteren 8 km erreichen wir **Vestre Vallesverd**.

■ Hier zweigt die Str. 401 ab, über die man ebenfalls nach **Kristiansand** gelangt. Diese schmale Nebenstraße über **Høvåg** erlaubt abermals mehrere Abstecher bis in den äußeren Küstenbereich. Wer an der schönen Sørlandsküste Gefallen findet, sollte die Fahrt über die Str. 401 nicht versäumen.

Die Hauptstraße führt weiter landeinwärts in Richtung Kristiansand.

■ Unterwegs passiert man **Dyrepark**, den großen Tierpark der Stadt, der zu einem attraktiven Freizeitzentrum gestaltet worden ist (siehe Ortsteil).

Wenig später erreichen wir **Timenes**.

■ Dort zweigt die Str. 41 ab, die in die Telemark führt.

Wir nähern uns nun dem Stadtgebiet von **KRISTIANSAND**, dessen Zentrum wir über die 618 m lange und 32 m hohe Varodd-Brücke erreichen. Kristiansand besitzt einen wichtigen Fährhafen mit täglich mehrfachen Überfahrten zum dänischen Hirtshals. Mehr erfahren Sie im Ortsteil.

■ Kristiansand ist Ausgangspunkt der Str._39, die durch das **Setesdal** über Evje, Byglandsfjord und Valle nach Haukeligrend an den Rand der Hardangervidda führt.

Die E 18 verläuft nördlich der sog. »Quadratur« durch das Stadtgebiet von Kristiansand und verläßt die Stadt in westlicher Richtung. Im westlichen Ortsgebiet befindet sich das **Nickelwerk Falconbridge**, die größte Industrieanlage des Sørlands und wohl auch eines der größten Umweltprobleme.

■ Wer wiederum eine schmalere Küstenstraße der E 18 vorzieht, sollte an der Kreuzung Hanevik auf die **Str. 456** abbiegen. Sie mündet nach 19 km bei Søgne wieder auf die Hauptstraße (unterwegs Bademöglichkeit).

Die E 18 führt auf direktem Weg zum Ort **Søgne**, dessen Zentrum allerdings abseits der Hauptstraße liegt.

■ Das **Søgne bygdemuseum**, ein kleines Heimatmuseum, ist im Sommer sonn-

tags geöffnet (ab 1. Juli). Die **Zoologi udstilling** umfaßt 2500 Arten (ausgestopfter) Vögel. – Über einen kurzen Abstecher auf der Str. 456 erreicht man die Fachwerkkirche **Søgne gamle kirke** aus dem Jahr 1590 (schönes Inventar sowie Wand- und Deckenmalereien).
■ Von Høllen legen Boote nach **Ny Hellesund** ab, einem kleinen Inselort mit malerischen Holzhäusern, die unter Denkmalschutz stehen.

Wir fahren weiter in Richtung Westen und erreichen nach 10 km das Nordende des schmalen Trysfjords.

Nach weiteren 15 km gelangen wir nach **Mandal**, Norwegens südlichster Stadt. Sie entstand aus einer Handelsstation, die bereits im 15.Jh. gegründet wurde. Der Handel mit Lachs (Mandalslachs galt besonders im 17.Jh. als Delikatesse) und Eichenholz brachte Wohlstand in die Stadt. Mit dem Übergang von der Segel- zur Dampfschiffahrt Ende des 19.Jhs. verlor Mandal seine einstige Bedeutung. In diesem Jahrhundert siedelten sich jedoch mehrere Industriebetriebe an. Die Gesamtgemeinde zählt heute etwa 13.000 Einwohner.

Mandal, auch »Perle des Sørlands« genannt, ist eine malerische Stadt mit vielen weiß gestrichenen Holzhäusern und einer schönen Altstadt. Besonders attraktiv für Urlauber ist der 900 m lange Sandstrand Sjøsanden, nur wenige Kilometer von der Stadtmitte entfernt.
■ Im 1801 erbauten **Andorsengård**, dem größten Patrizierhaus der Stadt, ist das **Stadtmuseum** untergebracht. Hierzu gehören auch eine Kunstausstellung sowie ein Seefahrt- und Fischereimuseum. Der **Skrivergård** (Amtmannshaus) aus dem Jahr 1766 beherbergt heute das Rathaus. Die klassizistische **Stadtkirche,** eine der größten Holzkirchen Norwegens (1821), faßt immerhin 1.800 Plätze.
■ Von Mandal aus gelangt man über die **Str. 455** in das Hochland westlich des Setesdals.
■ Information: Mandal Turistkontor, Adolph Tidemandsgate 2, N4500 Mandal, Tel. 3826 0820.

Die E 18 führt dann weiter nach **Vigeland**. Hier verbrachte der berühmte norwegische Bildhauer Gustav Vigeland (Skulpturenpark in Oslo) seine Kindheit.
■ Östlich des Zentrums liegt die **Valle-Kirche** vom Ende des 18.Jhs.
■ Die Str. 460 erlaubt einen (unbedingt empfehlenswerten) 27 km langen Abstecher zum **Kap Lindesnes**, dem südlichsten Punkt des norwegischen Festlandes. Von dort aus sind es bis zum Nordkap immerhin 2.518 km Luftlinie. Der Leuchtturm von Lindesnes (1915 erbaut) kann während des Sommers besichtigt werden. In der Umgebung verteilen sich Ruinen deutscher Befestigungen aus dem 2. Weltkrieg. Auf der Fahrt nach Lindesnes kann man den Abstecher zum malerischen Fischereihafen **Lillehavn** einschieben; außerdem führt der Weg am Badestrand Njervesanden und an der mittelalterlichen Kirche **Spangereid** vorbei.

17 km hinter Vigeland folgt **Lyngdal**.
■ Dort kreuzt die Str. 43, die den Küstenort **Vestbygd/Lista** mit **Skeie** (Str. 42) verbindet. Auf dem südlichen Teil der Str. 43 kommen wir vorbei an der Kirche von Lyngdal zunächst nach Alleen, dem Zentrum der Gemeinde Lyngdal.

Die Str. 43 führt dann teilweise am Lyngdalsfjord entlang nach **Farsund**, das wir über eine hohe Brücke erreichen. Farsund ist wieder eine der hübschen, für das Sørland typischen Hafenstädte. Im Gegensatz zu den anderen Orten, die wir bisher auf unserer Küstenfahrt kennengelernt haben, liegt es ein wenig abseits der Hauptverkehrswege. Während Farsund früher eine ganz bedeutende Seefahrtsstadt war, ist inzwischen das große Aluminiumwerk Lista der größte Arbeitgeber der Region. Die **Stadtkirche** wurde Anfang dieses Jahrhunderts erbaut. Das **Stadtmuseum** (östlich der Brücke), ist als Seemannshaus eingerichtet worden. Zu den schönsten Häusern im Ortskern gehören das **Rathaus** »**Husan**« und das Lagerhaus Baches Bu, heute ein Kulturzentrum. Eine 7 km lange Nebenstraße führt zum Hafenort **Loshamn** (»Lotsenhafen«) mit idyllischer Holzhausbebauung (Bademöglichkeit).

Hinter Farsund erreichen wir auf der Str. 43 **Vanse**. Teile der **Kirche** von Vanse stammen aus dem Mittelalter (Umbau Mitte des 19.Jh.). Sehenswert: **Museum** für die Halbinsel Lista.

Die Str. 43 führt weiter über Vestbygd (Borhaug) und endet schließlich am **Leuchtfeuer Lista fyr** (seit 1836).

■ Alle Freunde schmaler, kurvenreicher Küstenstraßen kommen auf ihre Kosten, wenn sie statt der E 18 die **Str.464** benutzen (Abzweigung in Alleen von der Str. 43). Diese bis zu 25% steile und fast 150 Jahre alte Verbindung, beinahe ein verkehrshistorisches Denkmal, stößt nach 24 km auf die Str. 465, über die man nach Kvinesdal zur E 18 zurückkehren kann.

Die E 18 verläßt den Küstenstreifen und steigt dabei an. Mit 326 m ü.d.M. erreicht sie ihren bisher höchsten Punkt.

■ Man hat bald einen schönen Ausblick auf Kvinesdal und den **Fedafjord**. Vergessen Sie dabei aber nicht die Kurve.

Die E 18 führt weiter nach **Liknes**, dem Hauptort der Gemeinde Kvinesdal. Nordöstlich von Liknes befindet sich **Sarons dal**, das der in Norwegen relativ zahlenstarken Pfingstgemeinde gehört. Vor allem im Sommer versammeln sich hier manchmal Tausende von »Pfingstfreunden«, die in Sarons dal auch mehrere zentrale Einrichtungen unterhalten.

Am Nordufer des Fedafjords entlang führt die E 18 nach **Feda**, einem malerischen Hafenort an einer Bucht des gleichnamigen Fjords. Fotofreunde finden hier wieder typisch sørländische Motive mit gepflegten weißen Holzhäusern.

Die gut ausgebaute E 18 passiert nach weiteren 11 km **Flekkefjord**. Auch das Ortsbild dieser hübschen Kleinstadt ist von zahlreichen alten Holzhäusern geprägt. Schon im 17.Jh. befand sich hier ein kleiner Verladehafen, der zur Zeit der reichen Heringsfänge 1820/30 an Bedeutung gewann. Wichtig für den Ort war, wie für die meisten Sørlandshäfen, die Holzausfuhr; außerdem entstanden im 19.Jh. mehrere Gerbereien.

Die Großgemeinde Flekkefjord (mit Nes, Gyland, Bakke und Hidra) ist 606 km^2 groß und hat 8.700 Einwohner (davon leben 3.000 im Zentrum). Flekkefjord verzeichnet übrigens die höchste Durchschnittstemperatur aller norwegischen Städte.

■ Im Viertel **Hollenderbyen** findet man schmale Gassen mit gepflegten kleinen Holzhäusern und malerischen Bootsschuppen. Der Name des Stadtteils erinnert an die früher so bedeutende Holzausfuhr in die Niederlande. Das älteste Gebäude der Stadt ist ein Patrizierhaus aus dem Jahr 1724, am Ende der Holländerstadt. Hier ist heute das **Stadtmuse-**

um untergebracht (Kraftsgate 15), in dem die Lebens- und Wohnverhältnisse einer wohlhabenden Kaufmannsfamilie im 19. Jh. veranschaulicht werden. Die **Stadtkirche** ist eine achteckige Holzkirche aus dem Jahre 1833.

■ Einen Ausflug auf die malerische Insel **Andabeløya**, am Ausgang des Flekkefjords, sollte man sich nicht entgehen lassen. Die Insel ist autofrei und kann mit der Fähre ab Abelnes erreicht werden (verkehrt nur im Sommer).

■ Information: Flekkefjords Turistinformasjonskiosk, Brogate, N4400 Flekkefjord, Tel. 3832 4254.

Weiter geht es auf der E 18 in nördlicher Richtung. Über Loga und Sirnes (Abzweigung nach Sira) und durch mehrere Tunnel gelangen wir nach **Moi**, das am Nordende des Lundevatn bereits im westnorwegischen Bezirk Rogaland liegt. Der Ort hat ca. 1.750 Einwohner, die größtenteils in den hier ansässigen Industriebetrieben (Holz- und Lederverarbeitung) beschäftigt sind.

Die E 18 bringt uns weiter über Heskestad nach **Helleland**.

■ Dort kreuzt die Str. 42 (**Egersund Arendal**) unsere Strecke.

Die E 18 und die Str. 42 verlaufen nun ein Stück gemeinsam.

■ Bei Krossmoen biegt die Str. 42 nach Süden ab und erreicht nach 10 km den Küstenort **Egersund**, an der Mündung des Lundeelv gelegen und Zentrum der Großgemeinde Eigersund. Der geschützte Hafen wurde bereits im Mittelalter angelaufen; seine heutige Bedeutung erwarb er mit den reichen Heringsfängen im 19.Jh. Neben Fischfang und -verarbeitung spielen heute auch einige andere Industriebetriebe eine wichtige Rolle im Erwerbsleben der Stadt. Egersund ist mit dem dänischen Hanstholm durch eine Autofähre verbunden.

Die kleine Stadt mit ihrem lebhaften Hafen ist von malerischen Holzhäusern geprägt; heute leben hier etwa 12.000 Einwohner.

Die **Stadtkirche** wurde um 1620 errichtet und im 18. Jh. als Kreuzkirche umgebaut. Die Altartafel stammt aus dem Jahr 1607. Vor allem in der Strandgate findet man viele sehenswerte spätklassizistische **Holzhäuser**, die das Bild der Stadt bestimmen.

Information: Dalane & Sirdal Reiselivslag, Jernbaneveien, N4370 Egersund, Tel. 5149 0819.

Auf dem Paß Runaskaret erreicht die E 18 265 m ü.d.M., ehe sie in die tiefer gelegene Ebene von **Jæren** hinabführt. Jæren zählt zu den fruchtbarsten Landwirtschaftsgebieten Norwegens.

Die E 18 passiert dann die Kreuzung **Vaulekrossen**.

■ Dort biegt die Str. 45 ab, die das schöne Hochland von **Sirdal** erschließt.

Der nächste Abstecher empfiehlt sich bei Bråtsti.

■ In der Nähe liegt die Waldung **Rogaland Arboret**, in der rund 700 verschiedene Baumarten angepflanzt sind.

Die nächsten Orte sind Ålgård, am Ufer des Edlandsvatn, Figgjo und **Høyland**.

■ Die **Kirche** von **Høyland** ist eine der am besten bewahrten Empire-Kirchen Westnorwegens (1840 erbaut). Taufbecken, Altartafel und Schiffsmodell stammen aus dem Mittelalter.

Kurz hinter Høyland erreichen wir das Stadtgebiet von **Sandnes**, einem bedeutenden Industrieort mit 48.000 Einwohnern.

1860 erhielt Sandnes die Stadtrechte. Der größte Betrieb der Stadt ist die Firma »Jonas Øglænd«, die Fahrräder, Mopeds und Textilien herstellt. Wichtig für die Entwicklung war die Nähe zur fruchtbaren Landschaft Jæren, deren landwirtschaftliche Produkte hier verarbeitet werden. Am Gandsfjord bestehen zudem gute Hafenbedinungen.

■ Südlich des Stadtkerns, auf dem Gutshof Austrått, steht das **Sandnesmuseum**, in dem historische Ausstellungsgegenstände aus dem bäuerlichen Kultur- und Arbeitsbereich zu sehen sind.

■ **Sandnes Kunstforening** arrangiert wechselnde Ausstellungen zeitgenössischer norwegischer Kunst.

■ Außerdem findet man ausgezeichnete Erholungsmöglichkeiten, z.B. lange Sandstrände (**Jæren**) und Gebirgsgebiete, in der Umgebung.

■ In Sandnes vereinigt sich die E 18 mit der Str. 44, die ebenfalls, von **Flekkefjord** kommend, nach Stavanger führt. Hier zweigt auch die Str. 13 ab, über die man nach **Sauda** gelangt.

■ Information: Sandnes Turistinformation, Langgata 8, N4300 Sandnes, Tel. 5162 5240.

Zwischen Sandnes und Stavanger ist die E 18 mittlerweile als Autobahn ausgebaut und führt am Stadtkern Sandnes' vorbei.

STAVANGER, die viertgrößte Stadt Norwegens und Zentrum der norwegischen Ölindustrie, wird im Ortsteil ausführlich behandelt.

■ Von Stavanger aus kann man die Fahrt über die **Str. 1** fortsetzen, die durch ganz Westnorwegen bis nach Kristiansund führt (siehe dort).

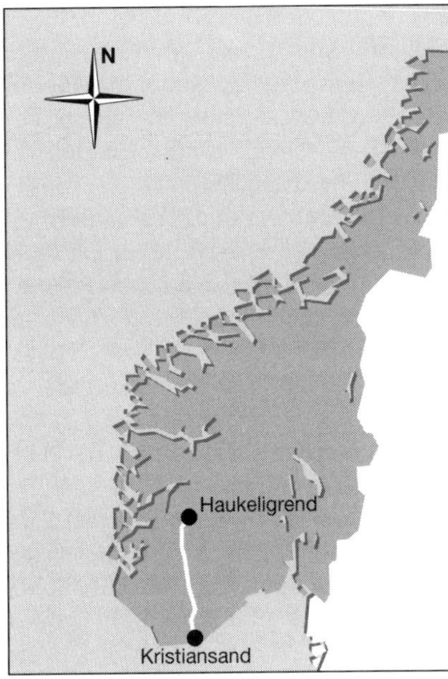

Str. 39:

Kristiansand – Haukeligrend

0 km	Kristiansand	238 km
61 km	Evje	177 km
152 km	Valle	86 km
238 km	Haukeligrend	0 km

Karten: Cappelen, Bl. 1 Scanmaps, Bl. 1, 2

Die Str. 39 führt von der Hafenstadt Kristiansand zum Gebirgsort Haukeligrend, der 238 km weiter nördlich am Rande der Hardangervidda-Hochebene liegt. Diese Strecke ist weitaus mehr als eine »Schnellverbindung« ins Gebirge, verläuft sie doch durch das traditionsreiche Setesdal. Dieser berühmte, von steilen Felswänden eingefaßte Talzug war lange Zeit ziemlich isoliert (die Durchgangsstraße nach Haukeligrend wurde erst 1938 eröffnet), so daß sich alte Bräuche und Traditionen bis in unsere Tage erhalten haben. Volksmusik und Kunsthandwerk stehen noch immer hoch im Kurs und tragen mit bei zum unverwechselbaren Charakter des Setesdals.

Wir beginnen unsere Fahrt in **KRISTIANSAND**, Norwegens fünftgrößter Stadt, mit insgesamt rund 68.000 Einwohnern (siehe Ortsteil). Kristiansand ist mit dem dänischen Hirtshals durch eine Autofähre verbunden.

■ Innerhalb Norwegens erreichen Sie Kristiansand zum Beispiel über die **E18** (ØrjeOsloStavanger, siehe dort).

Wir verlassen Kristiansand in nördlicher Richtung und erreichen zunächst **Mosby**.

■ Man kann hier auf die Str. 405 abbiegen, die nach **Vennesla** führt. Nördlich von Vennesla beginnt in Grovane ein 5 km langes Teilstück der 1896 eröffneten Setesdalbahn die heutzutage während des Sommers als Museumseisenbahn betrieben wird. Die Strecke zwischen Grovane und Beihølen wird mit einer historischen Dampflok und alten Personenwagen befahren (siehe Ortsteil Kristiansand).

Die Str. 39 führt weiter über **Homstean** ganz in der Nähe wurde 1929 der berühmte 4.000 Jahre alte Øvrebø-Ski gefunden, der nun im Osloer Skimuseum zu sehen ist.

Vorbei an einigen kleineren Seen gelangen wir nach **Hægeland**.

■ Der Ort hat eine hübsche achteckige **Kirche** aus dem Jahre 1830.

Wir kommen am verzweigten See Kilefjorden vorbei und folgen dem Fluß Otra, der uns durch das ganze Setesdal begleiten wird und als gutes Lachsgewässer gilt. Unterwegs passieren wir die Grenze zwischen den Sørlandbezirken Vest- und Aust-Agder.

■ Auf der Höhe des Sees Breiflå zweigt links der Westteil der Str. 42 ab, der nach **Egersund** führt.

Die Str. 39 und 42 verlaufen nun gemeinsam nach **Hornnes**.

■ Das Mineralienmuseum wurde in das Gebirge gesprengt. Mineralienfreunde werden angesichts der Ausstellung die Zeit vergessen. – Auch Hornnes besitzt eine schöne achteckige **Holzkirche** aus dem 19.Jh.

Mineralien

Evje und das benachbarte Iveland sind ein bei Geologen und Mineralogen äußerst beliebtes Gebiet und ziehen auch Mineraliensammler aus aller Welt an. Der Mineralsti verbindet vier stillgelegte Gruben. Wer darauf selbst auf Suche gehen will, wende sich an das Touristenbüro in Evje oder an das Mineralienmuseum. Bequemer ist es allerdings, die begehrten Stücke in den Läden von Evje oder im Museumsshop zu kaufen. Beachten Sie aber bitte stets die Ausfuhrbedingungen!

Wir erreichen als nächstes Evje, Dienstleistungs- und Versorgungszentrum für das südliche Setesdal. Zahlreiche kleinere Industriebetriebe haben die einst bedeutenden Nickelgruben abgelöst.

■ Sehenswert ist das **Heimatmuseum** für Evje/Hornnes (Fennefoss) mit einigen alten Häusern und interessantem Inventar.

■ In Evje biegt die Str. 42 nach Osten ab und führt weiter nach **Arendal**.

Auf der Str. 39 kommen wir nach **Byglandsfjord**, das am Südende des langgestreckten Sees Byglandsfjord liegt. Der 35 km lange und 40 km^2 große See ist durch einen südlicher gelegenen Damm aufgestaut worden. Seine Oberflächenhöhe schwankt je nach Wasserbedarf zwischen 198 und 203 ü.d.M. In Byglandsfjord endete die 1962 stillgelegte Setesdalbahn.

■ In Byglandsfjord legt von Anfang Juni bis Ende August ein **Ausflugsboot** ab, das über den See schippert. Die ehemalige Dampfschiffahrtslinie wurde in den 1950er Jahren, nach dem Bau der durchgehenden Uferstraße, eingestellt.

■ Es besteht nun die Möglichkeit, die Fahrt am **Westufer** des Byglandsfjords fortzusetzen. Diese Straße, die über Frøyrak führt, ist recht schmal, kurvenreich und teilweise nicht asphaltiert. Unterwegs kommt man oft nahe am Wasser vorbei (Bademöglichkeiten). Eine lohnende Alternative für alle Freunde wenig befahrener Nebenstraßen.

Die Str. 39 folgt nun dem Ostufer des schmalen Byglandsfjords ein besonders schöner Streckenabschnitt. Im See bestehen gute Angelmöglichkeiten; man kann auch baden und Bootssport betreiben.

Nach 5 km erreichen wir **Grendi** (mit einem Sanatorium für geistig Behinderte).

■ Die **Kirche** von Grendi, ein achteckiges Bauwerk, ist im Jahre 1827 eingeweiht worden. Auf dem Friedhof stehen ein Runenstein sowie ein Denkmal für den Volkskundler Johannes Skar (1837–1914). Etwa 300 Meter südlich der Kirche steht eine etwa 900 Jahre alte Eiche.

Wir fahren weiter am Byglandsfjordufer entlang und kommen durch Langerak. Wenige Kilometer später durchfahren wir einen 600 Meter langen Tunnel, der durch das Fånefjell führt, das stets ein »Verkehrshindernis« für den Landtransport längs des Sees darstellte.

■ Ein markierter **Wanderpfad** führt auf den alten Kutschenwegen über das Fånefjell.

Über Lauvdal erreichen wir schließlich **Bygland**.

■ Einen Besuch wert ist das Heimatmuseum **Bygland bygdetun** mit einigen mehrere Jahrhunderte alten Häusern. Die **Ortskirche** stammt aus dem Jahre 1838.

4 km nördlich von Bygland erreichen wir die Kreuzung **Ellingstjønn**. Die Str. 39 wechselt an das Westufer.

■ Hier kann man auf die Nebenstraße abbiegen, die am Ostufer des Sees entlang führt. Man kommt dabei über Sandnes (Sehenswert: achteckige Kirche aus dem Jahre 1844) und **Åraksbø**, ein Dorf, das heutzutage ein wenig abseits der Hauptverkehrswege liegt. Sehenswert ist dort der mittelalterliche Speicher Haugeburet. Bei Ose kannman zur Str. 39 zurückkehren.

Die Hauptstraße überquert den Storstraumen, die Enge zwischen den beiden Teilen des Byglandsfjords. Hier befindet sich eine alte Schleusenanlage aus dem Jahre 1869. Bis 1957 verkehrte ein Dampfer auf dem Byglandsfjord.

Nun folgt die Str. 39 dem Westufer des Sees und führt u.a. über Frøysnes.

■ Wenig später passieren wir den schönen **Wasserfall Reiårsfossen**, der den steilen Berghang hinabstürzt.

Wir fahren weiter über Ose (schöne alte Holzgebäude) und Granheim und erreichen dann das Gebiet der Gemeinde Valle. Diese dünn besiedelte Landgemeinde gehört zu den ursprünglichsten Teilen des Setesdals. Herauszuheben ist die hier gepflegte Silberschmiedekunst Kunsthandwerk und Handarbeit stehen überhaupt hoch im Kurs und sind eine wichtige Einnahmequelle in diesem strukturschwachen Gebiet.

Am Ostufer der Otra entlang kommen wir über Helle (Silberschmiede) nach **Rysstad**, dem kleinen Zentrum dieses Talabschnitts.

■ Die achteckige **Ortskirche** Hylestad kyrkje stammt aus dem Jahre 1839. Bemerkenswert sind die zahlreichen **alten Holzgebäude** (u.a. bei der Kirche), die teilweise noch aus dem Spätmittelalter stammen. Auch in Rysstad gibt es eine Silberschmiede mit Direktverkauf.

Bald darauf erreichen wir **Nomeland**.

■ Hier zweigt die **Str. 45** nach Stavanger. Der Abstecher ins Gebirge lohnt allemal (schöne Aussicht auf das Setesdal und die umliegenden Gebirgsgebiete).

Wir passieren dann das **Kraftwerk von Brokke**, das in den Felsen gesprengt ist.

■ Besuchen Sie die **Silberschmiede Sylvartun**, die in einem über 300 Jahre alten Holzhaus untergebracht ist (Werkstatt mit Ausstellungs- und Verkaufsraum). Silberne Broschen und Nadeln aus dem Setesdal sind ein sehr schönes Reiseandenken, das hier preiswerter als in den Geschäften außerhalb des Herstellungsgebiets zu erstehen ist.

Kurz vor Valle erreichen wir Hallands bru.

■ Der Wasserfall **Hallandsfossen** rauscht 14 m abwärts. Beeindruckend die Strudeltöpfe, deren glatte Oberflächen die Kraft des Wassers dokumentieren.

Die Str. 39 führt uns weiter talaufwärts nach **Valle**. Auch hier findet man wieder zahlreiche jahrhundertealte Holzhäuser. Die sanften Berghänge geben ein schönes Panorama ab.

■ Die **Kirche** von Valle ist 1844 erbaut worden. Eine ganz besondere Sehenswürdigkeit ist die **Setesdal Husflidsentral**, in der Kunsthandwerks- und Handarbeitsprodukte aus dem Setesdal verkauft werden eine beeindruckende Dokumentation der Kunstfertigkeit der Talbewohner. 2 km südlich des Ortszentrums (4 km abseits del Hauptstraße) steht der 200 Jahre alte Hof **Tveitetunet**, dessen Dächer wie bei allen traditionellen Gebäuden des Setesdals mit Gras bewachsen sind. Das älteste Hofgebäude trägt die Jahreszahl 1570. Die Hofanlage gehörte einst dem Bauernpolitiker Ole Knudsen Tvedten, einer der Väter der norwegischen Verfassung. Tveitetunet ist als Museum der Öffentlichkeit zugänglich.

Die Str. 39 verläuft nun am Ostufer des Talflusses Otra. Wir kommen über Homme zur Kreuzung **Rotemo**.

■ Dort zweigt der östliche Abschnitt der **Str. 45** ab, die übers Gebirge nach Dale und Høydalsmo führt.

Wir fahren weiter nach **Flateland**.

■ Versäumen Sie nicht den kurzen Abstecher zum Hof **Rygnestad**, der als »Setesdalsmuseum« ein eindrucksvolles Bild von den Lebensbedingungen vergangener Jahrhunderte vermittelt. Besonders bemerkenswert ist der Speicher Rygnestadloftet, der vom Ende des 16. Jhs. stammt.

Bald gelangen wir in das Gebiet der Landgemeinde Bykle: Sie ist die größte (1.550 km^2), am dünnsten besiedelte (nur rund 800 Einw.) und nördlichste Setesdal-Gemeinde.

■ Unterwegs führt ein kurzer Abstecher **Byklestigen**. Dieser Pfad war bis in die 1870er Jahre Teil des Hauptverkehrsweges durch das Setesdal. Er ist inzwischen als verkehrshistorisches Denkmal restauriert und kann begangen werden.

Die Setesdal-Tracht

Die traditionelle Tracht der Bewohner des Setesdals (»Setesdalsbunaden«) gehört zu den schönsten in Norwegen. Die Frauentracht ist knielang und besteht aus einem weißen Unterrock und einem schwarzen Überrock an Werktagen wurde früher nur der Unterrock getragen. Zur Brauttracht gehört zusätzlich ein weiter, roter Rock, außerdem trägt die Braut eine Art Krone (»lad«) auf dem Kopf. Der »bunad« wird durch schöne Säume und Bänder verziert, deren Farbgebung ebenfalls charakteristisch für das Setesdal ist. Die Tracht der Männer ist vor allem wegen ihres schwarzen Leder-Hinterteils bekannt.

Wir fahren weiter talaufwärts zum hochgelegenen Kirchdorf **Bykle**, das seinen ursprünglichen Charakter weitgehend erhalten hat.

■ Die Kirche von Bykle, eine der kleinsten in Norwegen, stammt noch aus dem 13.Jh., die Rosenmalereien im Innenraum entstanden um 1830. Nördlich der Kirche befindet sich das Heimatmuseum **Huldreheimen** mit mehreren, bis zu 400 Jahre alten Gebäuden aus dem oberen Talbereich.

■ Bykle ist ein guter Ausgangspunkt für **Wanderungen** in den schönen Gebirgsgebieten zu beiden Seiten des Tales.

■ In den zahlreichen Gebirgsseen bestehen ausgezeichnete **Angelmöglichkeiten**.

Das Tal wird nun zunehmend weiter und nimmt Hochgebirgscharakter an. In diesem Gebiet gibt es große Rentierbestände. Wir fahren bergan, die Berge links und rechts der Straße erreichen Höhen von 1.2001.400 m.

30 km hinter Bykle erreichen wir **Hovden**, ein Touristenzentrum in schöner Hochgebirgslage.

■ Hovden ist vor allem als **Wintersportzentrum** bekannt, ist aber auch ein hervorragender Ausgangspunkt für Gebirgswanderungen und Angeltouren in der seenreichen Umgebung. Sessellifte führen in eine Höhe von 1.250 m. Neben dem architektonisch bemerkenswerten Hochgebirgshotel gibt es weitere Übernachtungsmöglichkeiten in verschiedenen Kategorien (mehrere Slalompisten, 120 km präparierte Loipen).

Die Str. 39 steigt weiter an zum 897 m hoch gelegenen See Breivatn. Sie kreuzt dann die Grenze zwischen den Bezirken Aust-Agder und Telemark und erreicht beim Sessvatn mit 917 m ihren höchsten Punkt.

Wir kommen dann am Langeidvatn vorbei und fahren abwärts z.T. in Serpentinen nach **Haukeligrend**, das in 540 m Höhe liegt. Der Ort ist das »Eingangstor« zur Gebirgswelt der Hardangervidda und Endpunkt unserer Setesdalstraße.

■ Wir haben hier Anschluß an die **Str. 11** (siehe dort), die, von Drammen kommend, über das Haukelifjell zur Westküstenstadt Haugesund führt. Über die Str. 362 gelangt man, größtenteils am Nordufer des Totak-Sees entlang, nach Krossen/Rauland (Str. 37).

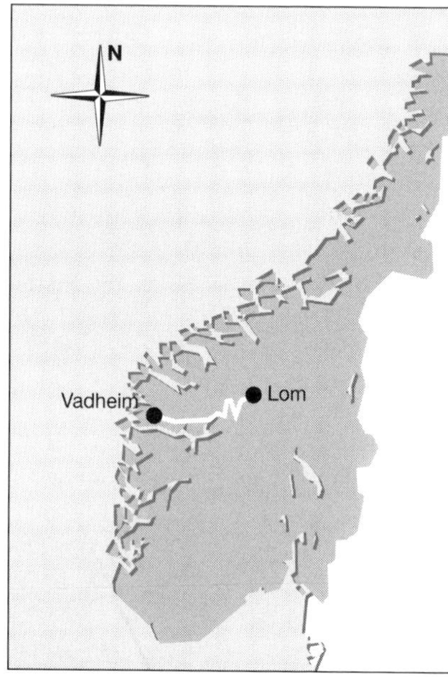

Str. 55:

Vadheim – Lom

Die Strecke beginnt auf Meereshöhe in Vadheim, führt eine Weile am tiefen Sognefjord entlang, erreicht nach raschem Aufstieg im Gebiet von Jotunheimen eine Paßhöhe von 1440 m und folgt schließlich dem Bøverdal talabwärts nach Lom. Die Str. 55 kann in ihrem Gebirgsabschnitt nur von Ende Mai bis Ende Oktober befahren werden.

Unsere Fahrt beginnt in

(0 km) **Vadheim**, einem Verkehrsknotenpunkt am Nordufer des vorderen Sognefjords, der auch an der Küstenstraße 1 liegt (siehe dort). Die Fahrt geht am Ufer entlang nach

(24 km) **Høyanger**, ein unscheinbarer Industrieort, aber Ausgangspunkt für Fahrten und Wanderungen in das umliegende Gebirge (auch Skilift).

Hinter Høyanger durchquert die Str. 55 den 7,5 km langen Høyanger-Tunnel und verläuft, wieder direkt am Fjordufer, nach

(68 km) **Balestrand**, ein traditionsreicher Ferienort. In Kvikne's Hotell, um die Jahrhundertwende im verschnörkelten Schweizer Stil erbaut, stieg bereits Kaiser Wilhelm II. ab. Der Norwegen-Liebhaber schenkte dem Städtchen am Sognefjord 1913 die Bele-Statue, die ein Motiv aus der Fridtjov-Saga darstellt. Darüberhinaus finden sich in Balestrand zahlreiche Galerien.

Wer auf der Str. 55 weiter ostwärts will, nimmt die Autofähre nach Hella, von wo aus die Straße unverändert das Sognefjordufer begleitet. Hinter

(92 km) **Hermansverk** überquert eine 5 km lange Hochspannungsleitung in luftiger Höhe den Fjord.

Die Str. 55 knickt nach Nordosten ab und erreicht

(113 km) **Sogndal**, einen lebhaften Fjordort im Bezirk Sogn og Fjordane. Am Westufer des Sogndalsfjords entlang geht es über Årøy in Richtung Nordosten. Nach 15 km bietet sich ein Abstecher nach Solvorn an: Von dort gelangt man mit dem Boot zur Urnes Stabkirche, will man nicht den gesamten Lusterfjord umfahren, um diese wohl berühmteste, älteste Stabkirche Norwegens zu besuchen.

Vorbei an Hafslo (Abstecher zum See Veitastrondsvatnet, gute Wandermöglichkeiten) erreichen wir

(141 km) **Gaupne**, den Hauptort der Gemeinde Luster. Hier ist unbedingt ein Ausflug durch das wilde und ursprüngliche Jostedal bis zum Gletscher Jostedalsbreen (größter Festlandgletscher Europas) zu empfehlen. Die Gletscherzunge Nigardsbreen ist bequem zu erreichen.

Am Lustrafjord entlang fährt man nun über Dale (sehenswerte Kirche) nach

(167 km) **Skjolden**, das schon rund 180 km vom offenen Meer entfernt am inneren Ende des Lustrafjords liegt. Abstecher: Fußwanderung ins schöne Mørkridsdal oder per Auto am Ostufer des Fjords entlang bis zur Urnes Stabkirche.

Die Straße 55 steigt nun weiter an, passiert die Wintersperre und erreicht innerhalb weniger Kilometer bei Turtagrø eine Höhe von 900 m (gebührenpflichtige Privatstraße nach Årdal). Immer noch bergan geht es bis zur

(204 km) **Sognefjell Turisthytte**. Hier wird mit 1440 m ü.d.M. der höchste Punkt der Strecke erreicht. Östlich der Straße erstreckt sich **Jotunheimen**, das höchste Gebirge Norwegens . Der gleichnamige Nationalpark ist ein Dorado für Wanderbegeisterte und Bergsteiger und besitzt mit knapp 2.500 m die höchsten Gipfel des Landes.

Die Straße bewegt sich nun langsam wieder bergab, und über Krossbu gelangen wir zur

(220 km) **Kreuzung Leirvassbudelet**. Eine gebührenpflichtige Straße führt von dort zur Gebirgshütte von Leirvassbu (gute Wandermöglichkeiten, u.a. nach Spiterstulen). Weiter talabwärts folgen wir der Straße über Elveseter bis nach

(231 km) **Galdesand** im Bøverdal. Hier zweigt eine gebührenpflichtige, steile und kurvenreiche Nebenstraße zur Gebirgshütte Juvasshytta ab (Sommerskilauf).

Über Røisheim (Privatstraße nach Spiterstulen) nähert sich die Strecke nun dem Ende, bei

(250 km) erreichen wir **Lom**. Sehenswert sind hier vor allem das Gebirgsmuseum Norsk Fjellmuseum und die mittelalterliche Stabkirche.

In Lom besteht Anschluß an die Straße 15 (Otta Måløy, siehe dort).

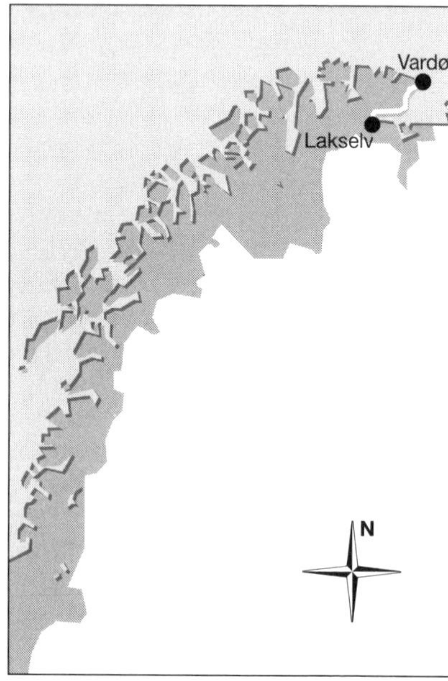

Str. 98:

Lakselv – Vardø

Die Str. 98 verbindet den Fjordort Lakselv mit der Eismeerstadt Vardø. Besonders reizvoll ist der letzte Abschnitt (»Eismeerstraße«), der an der Küste entlang bis zur östlichsten Stadt Norwegens verläuft.

(0 km) **Lakselv**, Ausgangspunkt unserer Strecke, erreichen wir über die E 6.

Wir folgen dem Ostufer des breiten Porsangerfjords bis

(42 km) **Børselv**, einem kleinen Ort mit überwiegend finnischsprachiger Bevölkerung (Abstecher über eine wenig befahrene Nebenstraße zum einsam gelegenen Ort Veidnes am Laksefjord).

Die Str. 98 führt weiter zum Børselvfjell und verläuft durch eine eintönige, weite Landschaft. Sie erreicht später die Ausläufer des Laksefjords. An der

(123 km) **Kreuzung Ifjord** erlaubt die Str. 888 einen Abstecher in den Norden der Halbinsel Nordkyn mit den Orten Kjøllefjord und Mehamn (Fischerei). Sie endet im kleinen Fischerort Gamvik, der in felsiger. vegetationsarmer Umgebung direkt am Eismeer liegt. Unterwegs ergeben sich mehrere Aussichtspunkte auf den Hochlandabschnitten.

Wir überqueren dann das Isfjordfjell, mit 370 m der höchste Punkt der Str. 98, und erreichen das Südende des verzweigten Tanafjords. Die Str. 98 führt über Rustefjelbma (Tana kirke) und folgt dem Westufer des Flusses Tana nach

(210 km) **Tana bru**. Hier stoßen wir wieder auf die E 6, die nun ein Stück gemeinsam mit unserer Strecke verläuft.

Wir überqueren den breiten den norwegisch-finnischen Grenzfluß Tanaelv auf einer Hängebrücke.

Hinter Skipagurra (Abstecher über die Str. 895 zur finnischen Grenze, 18 km) führt die Str. 98 auf das Seidafjell und erreicht in

(228 km) **Varangerbotn** das Westende des trichterförmigen Varangerfjords. Die E 6 führt von hier weiter nach Kirkenes (Beschreibung siehe Ortsteil).

Kurz hinter Varangerbotn kommen wir durch Nyborg und vorbei an Nesseby (Grabstein aus der Eisenzeit)

Bei Mortensnes sind mehrere hundert Überreste von Fundamenten aus frühgeschichtlicher Zeit erhalten, die über einen Pfad abgelaufen werden können.

(260 km) **Vestre Jakobselv** ist ein Fischerort (750 Einwohner) mit überwiegend finnischstämmiger Bevölkerung.

An der Küste entlang fahren wir weiter nach

(277 km) **Vadsø**, dem Verwaltungszentrum des Bezirks Finnmark.

Östlich von Vadsø durchqueren wir einige kleinere Fischerorte. Hinter Golnes zweigt eine Nebenstraße nach Ekkerøy ab, einer idyllischen Fischereisiedlung (Gräber aus der Wikingerzeit). Über Krampenes (Lachsfischfang, Rentierschlachtplatz) gelangen wir nach

(310 km) **Skallelv**, das im 19.Jh. von finnischen Einwanderern besiedelt wurde.

Die Str. 98 führt unverändert durch die karge arktische Landschaft an Komagvær vorbei (Lachsfluß Komagelv) nach

(339 km) **Kiberg**, einem Fischerdorf mit rund 500 Einwohnern. Auf der Landspitze Kibergnes (östlichster Punkt Norwegens) findet man Reste von deutschen Kanonenstellungen.

Die Str. 98 erreicht eine Höhe von 127 m (Radiostation, herrliche Aussicht!) und verläuft bergab nach Svartnes (Nebenstraße zum verlassenen Fischerdorf Hamningberg mit malerischen alten Holzhäusern).

Durch den 2,9 km langen sog. »Eismeertunnel«, der bis zu 88 m tief unter der Meeresoberfläche verläuft, gelangen wir schließlich nach

(352 km) **Vardø**, das auf einer Insel an der Ostküste der Finnmark liegt, gleichzeitig die östlichste Stadt Norwegens und die älteste im Norden des Landes ist.

Bereits 1307 wurden hier eine Kirche und eme Festung als Bollwerke gegen den mächtigen Nachbarn Rußland errichtet. In der klimatisch harten, arktischen Region entstand ein Fischerdorf, das 1798 die Stadtrechte erhielt.

Im Zweiten Weltkrieg wurde Vardø von deutschen Bomberverbänden weitgehend zerstört.

In der Stadt mit der niedrigsten Durchschnittstemperatur und den meisten Sturmtagen Norwegens leben heute rund 3.000 Menschen wie seit jeher vom Fisch: Fischfang und -verarbeitende Industrie bilden die wirtschaftliche Grundlage; in der staatlichen Fachschule für Fischindustrie werden Schüler aus vielen Ländern ausgebildet.

Zwischen dem 16. Mai und dem 29. Juli scheint die Mitternachtssonne.

Anhang:

Mit dem Wohnnmobil zum Nordkap

von Karin Adams

Tips für Reisende mit dem Wohnmobil

Ver- und Entsorgung

Ich will Ihnen Ihre Illusionen nicht rauben, aber wenn Sie glauben, mit dem (leihweisen) Besitz eines Wohnmobils alle Ihre Urlaubssorgen gelöst zu haben, könnten Sie verkehrt liegen. Sie sind zwar relativ unabhängig und können theoretisch unbeschwert in freier Wildbahn übernachten, haben aber in größeren Städten nicht selten Schwierigkeiten, einen günstigen Parkplatz zu finden. Außerdem kommen Sie während Ihres Urlaubs inden zweifelhaften Genuß, hin und wie-der recht zeitraubende, stinklangweilige Tätigkeiten wie Trinkwasser-Einnehmen, Abwasser-Entsorgen, Toilette-Entleeren und -Reinigen, Putzen, Kochen und Abwaschen unter doch etwas erschwerten Bedingungen verrichten zu müssen. Auch bereitet der Kühlschrank oder Ihre Gasversorgung hin- und wieder Probleme.

■ Also, der Reihe nach. Je nachdem, was für einen **Kühlschrank** Sie an Bord haben, gehen Sie vorsichtshalber einmal davon aus, daß das gute Stück zumindest zeitweise nicht richtig funktioniert. Gasbetriebene Kühlschränke verringern mit zunehmender Schräglage des Fahrzeugs ihre Kühlleistung, z.T. nicht unerheblich, habe ich mir sagen lassen. Und nicht jeder Stellplatz garantiert, daß man völlig waagerecht steht.

Unser Kühlschrank funktioniert nur über eine 12-Volt- bzw. 220-Volt-Steckdose. In der Regel finden sich 220-Volt-Anschlüsse auf den Campingplätzen, jedoch ist die Wahl des Stellplatzes dann vielfach auf für Stromanschluß vorgesehene beschränkt, und die sind oft nicht die schönsten.

Wenn man den Kühlschrank über die 12-Volt-Autosteckdose betreibt, ist darauf zu achten, den Stecker bei längeren Pausen herauszuziehen. Vergißt man das und läßt man den Stecker z.B. über Nacht drin, ist die Batterie schnell leer. Auch wenn es sich hierbei um die Zweitbatterie handelt und man das Fahrzeug trotzdem noch starten kann, ist es gar nicht witzig, da nun auch der Wasserhahn, und was womöglich sonst noch angeschlossen ist, nicht mehr funktioniert.

■ Damit wären wir beim Thema **Wasser.** Im allgemeinen wird angeraten, den Trinkwasservorrat mit mindestens 15 l pro Tag und Person zu veranschlagen. Unser Trink- und Abwassertank faßt aber nur jeweils 25 l. Da es nervt, ständig Wasser nachfüllen zu müssen, sind wir dazu übergegangen, den Wasserverbrauch auf ein absolutes Minimum zu reduzieren.

Zum Zähneputzen wird Wasser in einen Becher gefüllt und nicht direkt aus dem Hahn benutzt. Zum Abwaschen von Geschirr füllen wir eine kleine Plastikschüssel, die wesentlich weniger Wasser benötigt als unsere Spüle. Es hilft auch, das schmutzige Geschirr vorher mit Küchen- oder Klopapier abzuwischen. Eine andere Möglichkeit ist, von vornherein Partyteller zu verwenden. Ich weiß, jetzt meckern wieder alle Ökofreaks, aber wir reden hier nicht von zu Hause, sondern vom Abwasch in der Wildnis unter erschwerten Bedingungen. Notfalls benutzen Sie den Pappteller zweimal, wenn nur ein paar Krümmel drauf waren.

Da unser Fahrzeug keine Dusche hat, müssen wir auf Campingplätzen duschen. Wer jedoch die Möglichkeit hat, im Fahrzeug zu duschen, braucht natürlich etwas mehr Wasser. Wasser zu finden ist in Skandinavien selten ein Problem. Im Notfall schöpfen Sie einfach ein Eimerchen voll kristallklares Wasser aus einem Gebirgsbach. Bequemer ist es natürlich woanders. Falls Sie nicht schon an einer Raststätte (per Kanister oder Schlauch/Trichter-Provisorium) nachgefüllt haben, fragen Sie einfach an einer Tankstelle oder füllen Sie Ihren Tank auf einem Campingplatz auf. Das gleiche (mit Ausnahme des Gebirgsbaches) gilt für die Entsorgung von Abwasser und Toiletteninhalt. Viele Tankstellen und Campingplätze halten hierfür spezielle Einrichtungen bereit.

Die Qualität des Trinkwassers aus den Wasserhähnen ist in Norwegen (bzw. Skandinavien) eigentlich immer gut. Dennoch haben wir es zur Regel gemacht, das Wasser in unserem Tank mit »Micropur« zu behandeln. »Micropur«, zu kaufen im Campinghandel oder bei Expeditionsausrüstern, desinfiziert das Wasser und mach es länger haltbar.

■ Noch ein Wort zur **Standheizung.** An manchem Ort bereuten wir, keine zu haben.

Wenn Sie eine **Gasheizung** haben, sollten Sie sich jedoch erkundigen, wieviel Energie diese verbraucht, und dann eine Hochrechnung anstellen, für wie lange Ihr Gasvorrat ausreicht – Gasverbrauch von Kühlschrank und Gaskocher dabei berücksichtigen. Denn in Norwegen können Sie nicht auf Nachschub an Gasflaschen hoffen. Auch der Umtausch scheidet aus, da die Anschlüsse verschieden sind. Und auch mit dem Nachfüllen Ihrer Flasche sieht es düster aus, denn da müßten Sie sich zufällig gerade in Oslo, Trondheim oder Bergen aufhalten.

Für alle Fälle ist es sinnvoll, einen kleinen Campinggas-Kocher mitzuführen, damit Sie im Notfall wenigstens warme Getränke und Speisen zubereiten können. Wir kochen ausschließlich mit so einem Kocher, und die kleinen blauen Ersatzkartuschen sind in den meisten Sportgeschäften erhältlich.

Streckenübersicht

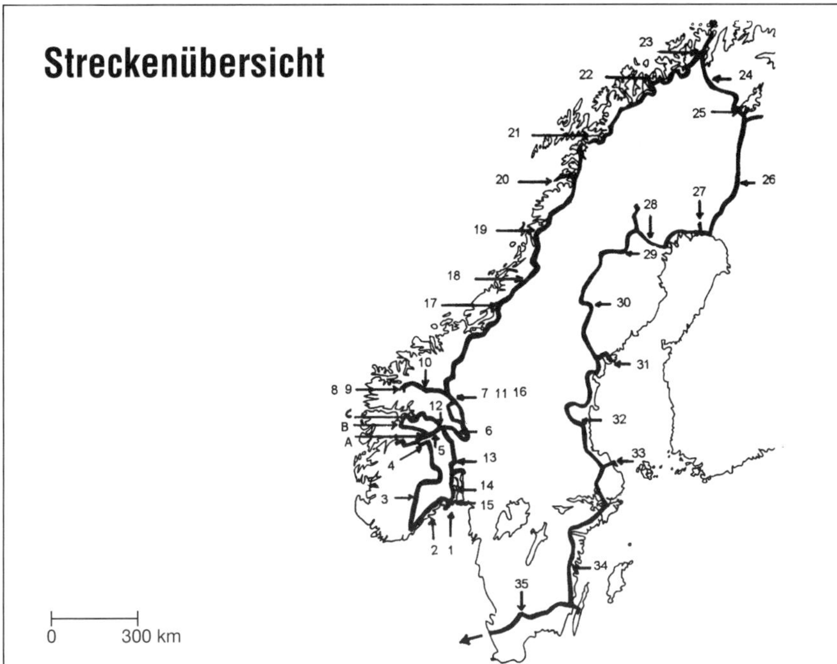

Strecke 1:

Larvik – Støa bei Kragerø (rund 65 km)

Wir nehmen den Fährhafen Larvik als Ausgangpunkt für unsere Reise. Aber auch wenn Sie z. B. über Moss, Oslo oder Kristiansand anreisen, treffen Sie wahrscheinlich früher oder später auf einige hier beschriebene Strecken.

Egal an welchem Hafen Sie ankommen, rechnen Sie damit, gleich wenn Sie vom Schiff fahren, bei der norwegischen Polizei einen Alkoholtest machen zu müssen. Jeder Autofahrer, der von unserem Schiff rollte, mußte ins Röhrchen blasen.

Wie weit Sie allerdings nach der Ankunft in Larvik noch fahren wollen, hängt sicherlich von Ihrer Ankunftzeit ab und nicht zuletzt davon, wieviel Zeit Sie insgesamt mitbringen und was Sie sich so alles für Ihren Urlaub vorgenommen haben.

Sie können natürlich gleich in **Larvik** mit der Besichtigung beginnen. Die 8.300 Einwohner zählende Stadt hat so einiges zu bieten.

■ Im **Kunstverein** sind Werke internationaler und norwegischer Künstler ausgestellt. – In dem Herrenhaus **Herregården** finden sich viele Kunstgegenstände des Stadtgründers Graf *U.F. Gyldenlove,* dem nach Norwegen verwiesenen unehelichen Sohn des Königs *Frederiks VI.* von Dänemark und Norwegen. – Die **Kirche** stammt aus dem Jahre 1740.

■ Der **Bødkerberg** in der Stadtmitte bietet eine schöne Aussicht, und in seiner Nähe gibt es eine **Mineralwasserquelle**, die um die 60 Millionen Liter pro Jahr liefert (»Farris«-Mineralwasser).

■ Auf der Halbinsel **Tollerodden** steht eine **Kirche**, die 1677 zur Hochzeit des Stadtgründers erbaut wurde; der Turm wurde allerdings erst 1763 fertiggestellt. – Neben der Kirche steht ein altes **Hospital**. – Auch das **Seefahrtsmuseum** mit idyllischem Park liegt hier auf Tollerodden.

Auf der Halbinsel lebte auch *Colin Archer*, der fuür den Bau des Polarschiffes »Fram« für Nansens Polarexpedition bekannt ist.

* Wollen Sie nicht mehr weit fahren, so finden Sie nur ca. 10 km von der Fähre bzw. Larvik-Zentrum entfernt an der E 18 Richtung Kristiansand einen sehr hübsch gelegenen Rastplatz. Er liegt direkt an einem kleinen See in bewaldeter Umgebung. Es gibt dort jede Menge Picknickbänke, ein Telefon, WCs und einen Trinkwasserhahn mit Drucktaste. Kanister, bzw. Schlauch und Trichter sind mitzubringen, wenn Sie Ihren Wassertank auffüllen wollen. Auch wenn es nicht im Sinne der norwegischen Spielregeln ist, wonach das Übernachten auf Rastplätzen an Hauptstraßen generell nicht gestattet ist, finden sich hier meist auch noch andere Wohnmobile zur Übernachtung ein. Der einzige Nachteil dieses Platzes ist, daß er relativ dicht an der stark befahrenen E 18 liegt. Nachts jedoch es immerhin ein bißchen ruhiger.

* Wer es aber viel ruhiger haben möchte, und vielleicht auch noch ein paar Stunden am Meer verbringen will, für den ist **Mølen** als Stellplatz besser geeignet. Folgen Sie in Larvik der Ausschilderung Richtung Stavern (Straße 302), oder, wenn Sie auf kürzestem Wege dorthin kommen wollen, nehmen Sie die Straße 301 Richtung Helgeroa (von Larvik-Zentrum kommend noch an der Abzweigung der Straße 302 vorbei, weiter in Richtung E 18 / Kristiansand fahren).

Stavern selbst ist auch einen kleinen Spaziergang wert. Parken ist in dem kleinen Ort kein Problem, und Sie können bei der

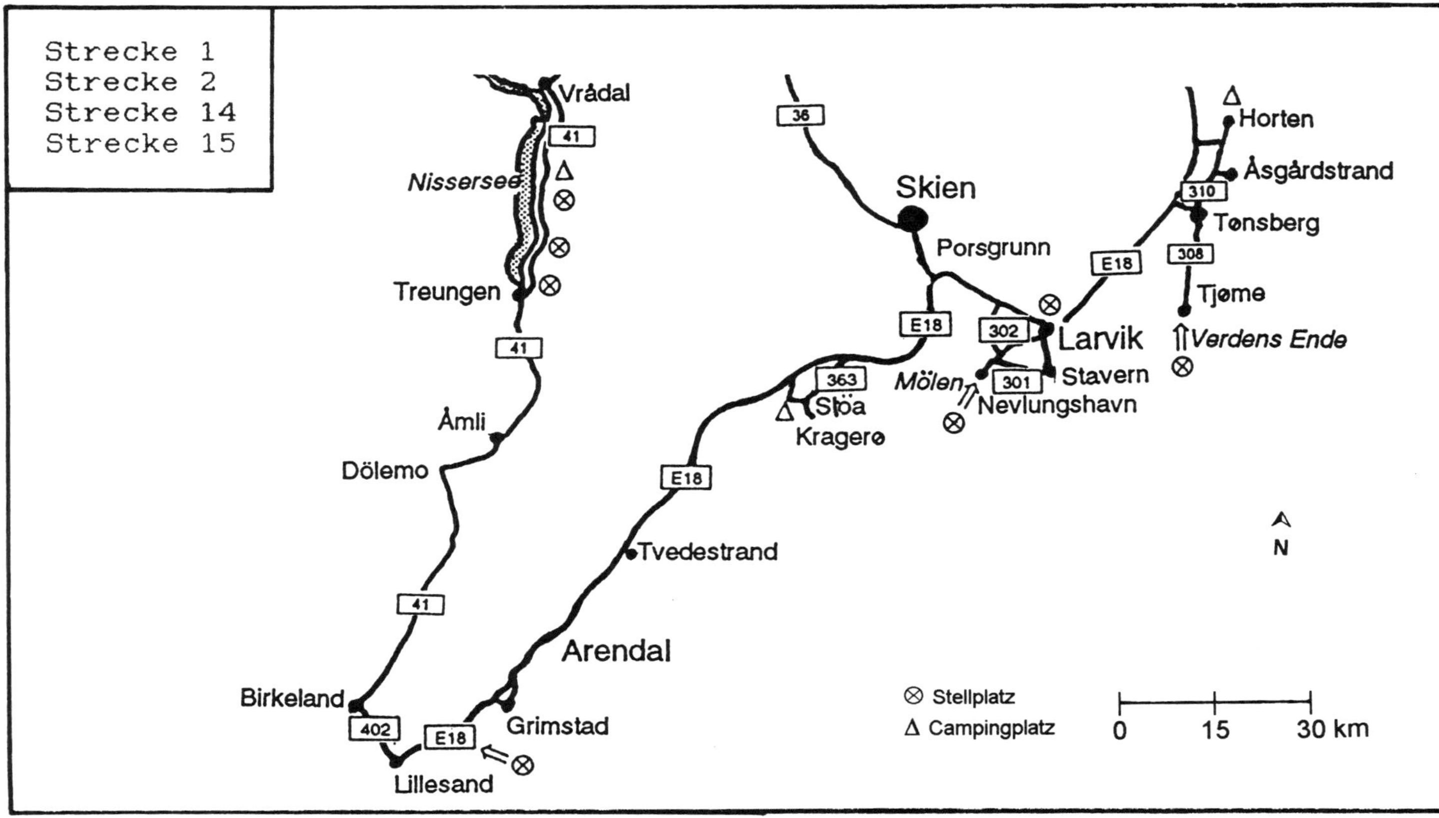
Strecke 1
Strecke 2
Strecke 14
Strecke 15
Vrådal
41
Nissersee
Treungen
Åmli
Dölemo
Birkeland
402
Lillesand
E18
Grimstad
Arendal
Tvedestrand
Kragerø
Stöa
363
36
Skien
Porsgrunn
302
301
Larvik
Stavern
Mölen
Nevlungshavn
Horten
Åsgårdstrand
310
Tønsberg
308
Tjøme
Verdens Ende
N
Stellplatz
Campingplatz
0
15
30 km

Gelegenheit auch gleich im Supermarkt einkaufen. Steht Ihr Sinn noch nicht nach Selbstverpflegung, so bietet Ihnen Stavern zudem verschiedene Restaurants, was für die von uns besuchten norwegischen Orte keine Selbstverständlichkeit ist. Die Preise jedoch entsprechen natürlich norwegischem Niveau.

An der Strecke von Stavern nach Nevlungshavn gibt es ab Mitte Juni viele Stände am Straßenrand, die »Jordbaer« (Erdbeeren) verkaufen. Noch mehr Erdbeerverkäufer finden Sie, wenn Sie den südlichen Schlenker über Anvik fahren. Bei der Gelegenheit dürfen Sie sich einmal ziemlich volle Campingplätze ansehen (viele Dauercamper).

■ Haben Sie Lust, baden zu gehen? Kurz bevor Sie nach Nevlungshavn hineinkommen, können Sie links Richtung »Kuststi« abbiegen. Sie können an der kleinen Bucht direkt am **Strand** parken. Das Wasser ist relativ flach, und Sie müssen ziemlich weit hinausgehen, um richtig schwimmen zu können. Aber vielleicht reicht Ihnen einfach eine kleine Abkühlung. Uns war es zu kalt zum Baden (Mitte Juni), aber den anwesenden norwegischen Kindern bereitete das kühle Naß viel Freude.

* Hier am Strand gibt es auch Picknickbänke, und man kann bei seiner Mahlzeit den Blick auf Nevlungshavn genießen.

Auf der Fahrt ins Zentrum des kleinen Fischerortes Nevlungshavn zwingen Schwellen in der Fahrbahn, langsam zu fahren, denn teilweise schlängelt sich die enge Straße dicht um die weißen Häuser herum, und man kann beim besten Willen nicht sehen, ob Gegenverkehr kommt. Unten am Hafen gibt es dann einen Parkplatz, auf dem man auch wieder wenden kann.

Nevlungshavn ist recht niedlich und einen kurzen Besuch wert. Eigentlich wollten wir gar keinen Abstecher dorthin machen, sondern hatten das kleine Hinweisschild nach Mølen am Ortseingang (gleich hinter dem Busdepot) glatt übersehen.

Von dieser Abzweigung aus sind es noch einmal knapp 2 km auf ziemlich schlechter Wegstrecke. In **Mølen** gibt es ausreichend Parkmöglichkeiten.

* Suchen Sie sich einen hübschen Winkel zum Übernachten aus. Toiletten sind hier auch vorhanden, allerdings Marke »großes Plumpsklo«, wie sie uns auf unserer Reise noch häufiger begegnen werden. Immerhin, besser als gar nichts.

■ Ferner finden Sie in Mølen gibt es eine Reihe von markierten **Wanderwegen** vor. Näheres erfährt man von der großen Informationstafel am Parkplatz.

■ Der **Strand** in Mølen besteht aus großen, fast kugelrund gewaschenen Steinen. Besser zum Sonnenbaden eignen sich da schon die von den Eiszeitgletschern glattgeschliffenen Felsbuckel.

Zurück zu unserer Tour: Wir erreichen Larvik am Abend. Den oben erwähnten Rastplatz an der E 18 nutzen wir nur zum Abendessen, da wir noch ein Stückchen weiter wollen. (Unser Plan war, an diesem Abend noch bis nach Tveitstrand zu kommen, um dann am Tag darauf möglichst viel Zeit in Grimstad zu haben. Ich hatte mich jedoch um eineinhalb Stunden mit der Überfahrt verkalkuliert, so daß wir jetzt unseren Plan ändern und alternativ Kragerø ansteuern.)

Wir verlassen die E 18 in Richtung Kragerø auf der Straße 38, die schon 1,5 km vor der Abzweigung angezeigt wird.

** Etwa 3 km von der Abzweigung entfernt entdecken wir den kleinen **Campingplatz »Støa«** bei Sannidal. Der Wiesenplatz im Landesinneren ist relativ leer, wahrscheinlich, da sich die meisten auf den Campingplätzen am Meer drängeln.

»Støa« liegt, landschaftlich reizvoll, direkt an einem See. Die Bahntrasse zwischen See und Campingplatz ist stillgelegt. Am See gibt es einen **Grillplatz**, und es stehen mehrere **Ruderboote** zur Verfügung. **Schwimmen** kann man hier auch. Bereits Anfang Juni scheint das Wasser hier nicht allzu kalt.

Die sanitären Anlagen sind von bescheidener Qualität, aber zumindest ist alles da: WC, Dusche, Waschbecken, Babywickelraum, Waschmaschine und Außenwasserhahn. Des weiteren gibt es einen kleinen Kinderspielplatz, ein Telefon (war kaputt) und ein kleines Geschäft, das nur bei Bedarf geöffnet ist.

Man meldet sich in dem weißen Haus neben dem Campingplatz. Man klingle bei der blauen Tür ganz links, und wenn das nichts hilft, schaut man hinten im Garten nach. Die Übernachtung kostete bei unserem letzten Besuch für ein Fahrzeug und zwei Personen nur NOK 60.

* Wer keine Lust hat, auf einen Campingplatz zu gehen, kann auch am Rande der Straße 38, die durch bewaldetes Gebiet führt, übernachten: etwa halbe Strecke von der Kreuzung E 18/Straße 38 zum Campingplatz, Richtung Støa, dann auf der linken Seite.

Strecke 2:

Støa – Grimstad – Nisser-See (rund 245 km)

Am Tag darauf fahren wir weiter Richtung Grimstad.

* Entlang der E 18 gibt es immer wieder Rastplätze mit WC, Mülleimern, Picknickbänken und auch Telefon, teilweise charmant gelegen. Wer lieber etwas versteckter von der Hauptstraße stehen möchte, um dort zu übernachten, findet vielleicht einen Stellplatz in einer Ausbuchtung wie z.B. gleich links hinter dem Schild »Aust Agder« – allerdings ohne sanitäre Einrichtungen. Plätze dieser Art finden sich immer wieder mal entlang der Straße.

Wir kommen Grimstad näher und verlassen die E 18 auf der Straße 420 (ausgeschildert). **Grimstad** ist eine idyllische, kleine Stadt mit engen Gassen. Es gibt ausreichend Parkmöglichkeiten. Bleiben Sie entweder oben bei der Kirche, angeblich die größte Holzkirche Norwegens, oder parken Sie unten am Hafen. Das Geschäftszentrum befindet sich ebenfalls unten am Hafen, hinter der Shell-Tankstelle. Das Fremdenverkehrsamt liegt links der Tankstelle (Hafen im Rücken). Selbst wenn Sie kein »Museums-Mensch« sind, lohnt sich der Spaziergang durch die reizvolle Stadt.

■ Kein Wunder, daß der Ort Schriftsteller wie *Knut Hamsun* oder *Henrik Ibsen* anzog. Ibsen machte hier einst eine Apothekerlehre. Die Apotheke ist u.a. noch heute im **Stadtmuseum**, das auch über eine Seefahrtabteilung verfügt, zu sehen. – Im **Matrosenhaus** kann man sich eine Sammlung historischer Fotos anschauen, u.a. Bilder des Fotografen *Fløystad,* der um 1840 in Grimstad Aufnahmen machte.

■ Im August wird zu Ehren des Schriftstellers das Ibsen-Festival **Ibseniana** abgehalten.

■ Das **Panorama** von Grimstad fotografiert man am besten von der anderen Hafenseite aus. Auch dort ist das Parken kein Problem. Zu Fuß ist es aber auch nicht weit.

Wir fahren weiter auf der E 18 Richtung Lillesand.

* Entlang dieses Streckenabschnitts entdecken wir eine ganze Reihe von Stellplatzmöglichkeiten, einige davon sogar direkt am Wasser mit Badegelegenheit.

In **Lillesand** biegen wir ab auf die Straße 402 Richtung Birkeland. Die Straße führt durch bewirtschaftetes und bewaldetes Gebiet, bietet aber keine Rastgeschweige denn Stellplätze, die sich zum Übernachten eignen.

In **Birkeland** treffen wir auf Straße 41, die wir jetzt in nördlicher Richtung befahren (Richtung Åmli). Die Straße führt durch ein landschaftlich ansprechendes, weil bewaldetes, von Flüssen und Seen durchsetztes Gebiet. Es ist meist bewaldet, und hier und da zeigt sich ein Fluß oder ein See.

* Falls Sie in dieser Gegend einen Übernachtungsplatz suchen, finden Sie einen recht hübsch gelegenen Platz, von Süden kommend, links hinter dem Schild »Åmli Kommune«: etwa 44 km von Birkeland, ca. 7 km von Svenes, Straßenkreuzung 41/42. Der Stellplatz liegt direkt an einem See und scheint auch bei norwegischen Wohnwagen- besitzern beliebt zu sein.

* Ca. 4 km weiter finden wir einen kleinen Rastplatz (Picknickbank, Mülleimer), wieder direkt an einem See. Hier ist eigentlich nur Platz für ein Fahrzeug. Man sollte darauf achten, so zu stehen, daß zur Not ein zweites Fahrzeug rein und raus fahren kann.

* Bei Sanda, nördlich von Åmli (ca. 22 km von dem oben erwähnten Schild »Åmli Kommune«), kommen wir an einem weiteren attraktiven Stellplatz vorbei, den schon einige Norweger mit ihren Wohnwagen eingenommen haben. Man kommt über eine Brücke; rechts ist eine Abzweigung nach »Fiskvatn«. Der Stellplatz liegt auf der linken Seite, darunter rauscht ein Fluß.

* Noch 4 km weiter in nördliche Fahrtrichtung entdecken wir, an einer Abzweigung von der Straße 41 nach links zu der Straße, die auf der anderen Seite des Flusses Nidelva parallel zur Straße 41 verläuft, einen weiteren guten Stellplatz, zwischen Sanda und Oy. Man hat die Wahl, ob man sich auf die Waldlichtung rechts der Straße 41 hinstellt, kurz bevor man zu der eben erwähnten Abzweigung mit der Brücke kommt, oder besser noch links im Schatten der Bäume direkt bei der Abzweigung parkt. Unterhalb der Brücke befindet sich eine Stromschnelle. Wir klettern die Böschung zum Fluß hinunter. Im Brückenbereich ist die Strömung des Wassers selbst am Ufer reißend. Also Vorsicht, insbesondere wenn Kinder dabei sind. Nur wenige Meter weiter flußabwärts ist das Wasser nicht so turbulent, und auch da laden die glatten Felsen zum Sonnenbaden ein.

* Noch einmal 11 km von hier entdecken wir auf der linken Seite eine weitere Stellplatzmöglichkeit, auch direkt am Fluß, aber schon wieder von anderen Campern besetzt.

Wir passieren **Haugsjåsund.** Etwa 3 km hinter dem Ort, kurz vor **Tjønnefoss** überqueren wir eine Flußbrücke.

■ Rechts hinter der Brücke entdecken wir eine **Badestelle**. Hier zu baden ist aber wohl nur bei Niedrigwasser möglich. Das Flußbett selbst sieht so aus, als sei es zumindest im Frühjahr in der Lage, Unmengen von Wasser zu führen. Wenn Ihnen also nach Baden zumute ist, erkundigen Sie sich lieber erst einmal bei den Einheimischen.

Wir fahren noch ca. 15 km weiter zu unserem Übernachtungsplatz. Links von uns liegt der **Nisser-See**.
* Hier gibt es eine ganze Reihe idealer Stellplatzgelegenheiten direkt am See, z.B. in einer kleinen Bucht. Leider sind diese tollen Plätze schon besetzt. Wir finden nichts direkt am See und nutzen schließlich einen der großen in den Hang planierten Plätze rechts oberhalb der Straße. Der Vorteil ist, daß man etwas abseits der Straße steht, obwohl das Verkehrsaufkommen hier sowieso relativ gering ist. Der Abstieg zum See, in dem man durchaus baden kann, ist von hier aus etwas mühsam, da man einige Meter durchs Dickicht steigen muß, ist aber nicht unmöglich.

Strecke 3:

Nissedal – Kviteseid – Seljord – Heddal – Rukkedal (rund 280 km)

Am folgenden Morgen setzen wir unsere Fashrt Richtung Norden fort.
** Wir passieren einige **Campingplätze** am **Nisser- See:** »Nissedal Camping«, direkt am See, ist nicht zu voll, anders aber »Camping Sandervin«.
* Ca. 7 km nördlich von unserem Übernachtungsplatz entdecken wir noch eine andere Stellplatzmöglichkeit, auf der linken Seite oberhalb des Sees.

Wir passieren **Vrådal** und werden plötzlich mit einer (nicht allzu dramatischen) Serpentinenabfahrt konfrontiert (11 % Gefälle). Oben kann man anhalten und die Aussicht genießen. Der Hang ist bewaldet, wodurch er bei der Abfahrt nicht zu steil erscheint und auch Nicht-Schwindelfreie keine Probleme haben dürften. Außerdem ist die Straße relativ breit.

Unten angekommen empfehle ich, den Schildern mit dem Symbol »Sehenswürdigkeit« zu folgen.
■ Das Freilichtmuseum **Kviteseid Bygdetun** zeigt alte Bauern- und Vorratshäuser, die reichlich mit wunderhübschem Schnitzwerk verziert sind. Diese kunstvollen Holzverzierungen sind typisch für diese Gegend.

Gleich nebenan steht eine kleine Steinkirche, umgeben von einem romantischen Friedhof. Wir sind die einzigen Besucher, und die friedliche Atmosphäre, die Sommerhitze und die bis auf das Vogelgezwitscher absolute Stille, wirken umwerfend. Natürlich hat der Friedhof einen Wasserhahn, aber Wasser ist in Norwegen ja keine Mangelware. Man sollte deshalb darauf verzichten, unangenehm aufzufallen und ausgerechnet hier die Kanister zu füllen. Schließlich kann man seinen Wasservorrat woanders bequemer aufstocken.

■ Haben Sie sich an den Schnitzereien noch nicht sattgesehen? Dann sollten Sie sich die alte **Kirche** von **Kviteseid** anschauen. Die Abfahrt zum Zentrum von Kviteseid ist an der Straße 41 ausgeschildert.

Schließlich gelangen wir nach **Seljord**, ein von merkwürdigen Geschichten umwobener Ort. Zum einen soll hier im See ein **Seeungeheuer** leben, ein mit Nessie verwandtes Tier. Es hielt sich aber bei unserem Besuch ziemlich gut versteckt.

■ Eine tatsächliche Attraktion ist die kleine **Steinkirche**, die aus der zweiten Hälfte des 12. Jahrhunderts stammt. Der Sage nach ist sie von einem Kobold, also einem Trollwesen, erbaut worden. Sobald der Turm stand, soll er sich von ihm hinunter gestürzt haben. Seitdem wächst an dieser Stelle kein Gras mehr. Und tatsächlich gibt es dort ein nacktes Fleckchen Erde. Das regt natürlich die Phantasie an. V.ielleicht hat es gar nichts mit dem Troll zu tun, vielleicht ist es die Fremdenführerin. Die hatte sich nämlich draußen in die Sonne gesetzt, als sie auf Kunden wartete. Wenn die das das ganze Jahr über so macht, ist es nicht verwunderlich, daß am Ende der Saison an dieser Stelle nicht mehr viel Gras wächst... – Seljord hat aber noch einen starken Typen zu bieten, nämlich **den starken Nils**. Der soll im 18. Jahrhundert einen 570 kg schweren Stein gehoben haben. Der Felsbrocken ist gleich in der Nähe der Kirche zu bewundern. Mal abgesehen von dem Gewicht, muß auch die Form des Steins etwas unhandlich gewesen sein.

Von Seljord aus geht es weiter durch das extrem flache **Flatdal**. Wegen der Überschwemmungsgefahr in weiten Teilen dieses Tals stehen die Höfe für norwegische Verhältnisse relativ eng beieinander.

Wie flach die Talsohle wirklich ist, läßt sich am besten von **Nutheim** aus sehen. Hier steht auch ein berühmtes Gasthaus, dessen Wände mit Gemälden von norwegischen Malern dekoriert sind.

31 km weiter entdecken wir kurz (ca. 2 km) hinter **Sauland** einen bei Norwegern sehr beliebten Ort.

■ Dort steht ein Gasthaus (Kro) in der Nähe eines Kataraktes, der bei geringer Wasserführung als **Badestelle** benutzt wird. Die glatten Felsen fungieren mit oder ohne Plastikboot bzw. Luftmatratze als Wasserrutsche. An einem heißen Tag ist es eine wunderbare Erfrischung. In dem Gasthaus gibt es auch einen Kiosk, der Snacks, kalte Getränke und Eis verkauft; saubere WCs sind ebenfalls vorhanden.

Wir halten uns hier eine Weile auf und beschließen dann, uns noch die größte Stabkirche Norwegens in Heddal anzuschauen, um anschließend zu einem uns von einer anderen Reise bereits bekannten Stellplatz im Rukkedal zu fahren.

■ Die **Stabkirche** von **Heddal** gilt als eine der schönsten Norwegens. Das ineinander verschachtelte Bauwerk stammt aus dem 13. Jahrhundert, wurde aber inzwischen mehrmals restauriert. Wie schon bei Kviteseid beschrieben, zieren auch hier wunderschöne Schnitzereien die vier Portale. Typisch für Stabkirchen ist die kleine, vom Kirchdach geschützte Promenade um das Kirchgebäude herum. Hier traf man sich nach dem Kirchgang zum Austausch von Neuigkeiten. Wie woanders auch, hatte der sonntägliche Kirchenbesuch also nicht allein eine religiöse, sondern auch eine soziale Funktion in der landwirtschaftlich geprägten Gemeinde.

Strecke 3

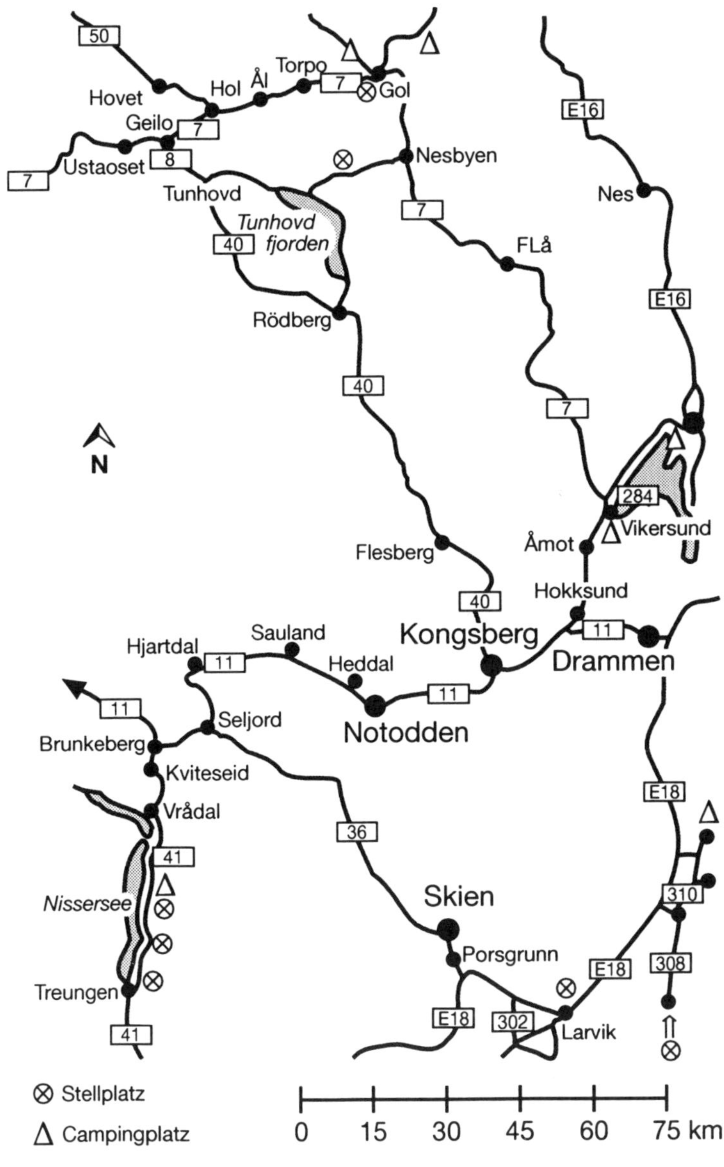
50
Hovet
Hol
Ål
Torpo
7
Gol
Geilo
7
Ustaoset
8
7
Tunhovd
Nesbyen
Tunhovd fjorden
40
7
FLå
Nes
E16
E16
Rödberg
40
7
N
284
Vikersund
Åmot
Flesberg
40
Hokksund
Kongsberg
11
Drammen
Hjartdal
Sauland
11
Heddal
11
Notodden
11
Seljord
Brunkeberg
Kviteseid
Vrådal
41
36
E18
Nissersee
Skien
310
Porsgrunn
E18
308
Treungen
E18
302
Larvik
41
Stellplatz
Campingplatz
0
15
30
45
60
75 km

Das Rukkedal, wo sich unser Übernachtungsplatz befindet, ist zwar noch relativ weit entfernt, aber wenn man weiß, wo man nächtigen kann, ist das nicht weiter problematisch. Außerdem überbrücken wir während der Fahrt einen Gewitterschauer.

Vorher aber machen wir noch in **Kongsberg** Station. Die Stadt selbst macht auf uns einen recht industriellen Eindruck und wirkt wenig romantisch.

■ In Kongsberg sind die teils über 1000 m tief liegenden **Silbergruben** zu besichtigen, die der Stadt im 17. und 18. Jahrundert zu ihrem Aufstieg verhalfen. – In der ehemaligen Schmelzhütte ist heute ein **Silberschmiedemuseum** untergebracht.

In Kongsberg biegen wir auf die Straße 40 Richtung Geilo ab. Die Straße führt meist durch bewaldetes Gebiet. Gemäß unserer ursprünglichen Reiseplanung hatten wir uns vorgenommen, über Hokksund, Åmot, Krøderen, Nesbyen (Hallingdal) zu fahren, eine landschaftlich reizvolle Strecke auf guten Straßen, die uns von einer früheren Reise her bekannt ist. Da es aber so wahnsinnig goß, entschieden wir uns für die kürzere Strecke. Bis Rødberg ist die Straße 40 auch unproblematisch zu fahren. Doch dann zweigen wir in **Rødberg** Richtung Tunhovd ab.

Gleich hinter Rødberg windet sich die enge Straße in einigen Serpentinen hinauf aufs Fjell. Oben führt die Straße entlang dem See **Tunhovdfjord**. Schließlich gelangen wir an die Abzweigung Tunhovd/Nesbyen und fahren Richung Nesbyen weiter.

* Wir kommen an mehreren Hütten vorbei. Nach ca. 5 km passieren wir eine Telefonzelle auf der rechten Seite. Von hier sind es noch einmal ca. 5 km zu unserem Übernachtungsplatz: Wir überqueren den kleinen Fluß auf einer Brücke. Der Fluß verläuft jetzt links parallel zur Straße. Nun ist es nicht mehr weit. Der Stellplatz liegt auch auf der linken Seite, direkt an der Straße, die aber generell nur wenig und nach 23:00 Uhr so gut wie gar nicht mehr befahren wird. Der Fluß ist in Sichtweite vom Stellplatz, vielleicht 25 m entfernt.

Leider haben andere Besucher den Platz etwas mit Müll verschandelt, aber das ist schnell behoben. Im Nu ist die Romantik des Ortes wiederhergestellt.

Das klare Wasser plätschert leise. Am Abend kann man zusehen, wie die Fische aus dem Wasser springen und nach Insekten schnappen, und man kann den kleinen Pfad entlang des Flusses auskundschaften. Schauen Sie sich auch einmal das berühmte weiße Moos an, das im Wald auf der anderen Straßenseite wächst. Aus der Ferne sieht es aus, als läge noch Schnee im Wald.

In Heddal steht die größte Stabkirche (oben); Flußbaden bei Sauland (unten) ▶

Strecke 4:

Rukkedal – Tunhovd – Geilo – Hardangervidda – Vøringfoss – Geilo – Fossheim bei Gol (rund 250 km)

Es fällt uns schwer, diesen schönen Ort inmitten der Wildnis des Rukkedals wieder zu verlassen, aber wir wollen ja schließlich noch mehr zu sehen bekommen. Daß wir die kommende Nacht kilometermäßig gar nicht weit von hier entfernt verbringen werden, wissen wir zu diesem Zeitpunkt noch nicht.

Wir fahren zunächst zur Straße 40 zurück, diesmal über **Tunhovd**. Die Straße führt durch bewaldetes Gebiet, und es herrscht so gut wie kein Verkehr.

Bei **Bruvoll** erreichen wir die Hauptstraße, aber auch die restlichen 15 km bis Geilo haben wir die Straße meistens für uns. Nicht weit von Geilo machen wir noch einmal Fotopause. Wir müssen insgesamt etwas an Höhe gewonnen haben, denn als wir aussteigen, merken wir, um wieviel kühler es an dieser Stelle oben auf dem Fjell doch ist. An einigen Stellen sind auch Barrieren aufgestellt, die die Straße während des langen Winters vor Schneeverwehungen schützen.

In der Ferne sehen wir den kleinen Wintersportort **Geilo** im Tal liegen. Wir fahren auf der gut ausgebauten Straße hinunter. Mir knackt es dabei in den Ohren.

Wir fahren direkt hinein ins Zentrum von Geilo. Es gibt ausreichend Parkplätze. Wir stellen uns in die Nähe der Post, die übrigens auch recht attraktive Postkarten zu zivilen Preisen verkauft.

■ Hier in Geilo gibt es alle möglichen **Geschäfte**, u.a. ein kleines Kaufhaus. Die Sportgeschäfte führen eine ganze Reihe von Campingartikeln; Sie können hier sogar die großen blauen Campinggaz-Flaschen umtauschen, was nicht relativ selten ist in Norwegen.

Inzwischen hat uns die Sonne wieder gut aufgewärmt. Um die Mittagszeit herum verlassen wir Geilo wieder, diesmal auf der Straße 7 Richtung Westen. Wir wollen den Wasserfall Vøringfoss kennenlernen, dessen Wassermassen im freien Fall imposante 182 m in die Tiefe stürzen. Wir haben diesen Besuch als Abstecher von unserer eigentlichen Route geplant und werden später noch einmal durch Geilo kommen (Abstecher von Geilo zum Vøringfoss: ca. 75 km pro Strecke).

Kurz hinter Geilo halten wir noch einmal an und machen uns ein paar Sandwiches mit frisch gebratenem Speck. Die Luft ist einmalig frisch und klar. Die Sonne läßt die etwas verschmutzten Schneeflecken an den Hängen reflektieren. Die Stille wird nur ab und zu von einigen vorbeifahrenden Fahrzeugen unterbrochen.

Bald werfen auch wir unseren Motor wieder an. Nur wenige Kilometer weiter kommen wir an Informationstafeln vorbei, die Auskunft darüber geben, ob und wieweit die Straße bereits befahrbar ist: Die Straße 7 ist geöffnet. Sehr bald gewinnen wir an Höhe, aber ohne steile Serpentinen fahren zu müssen. Zunächst sieht alles noch recht »normal« aus auf der Straße 7, die mitten durch die 7.500 km–große Hochebene **Hardangervidda** verläuft, von der ungefähr die Hälfte heute als Nationalpark ausgewiesen ist. Hier und da kommen wir direkt an einem Schneeflecken vorbei, der bislang noch nicht getaut ist. Wir halten an. Im Nu habe ich einen Schneeball in der Hand. Er tut aber meinen Fingern weh, denn er besteht aus groben, teilweise scharfkantigen Eiskörnern. Aber immerhin, das obligatori-

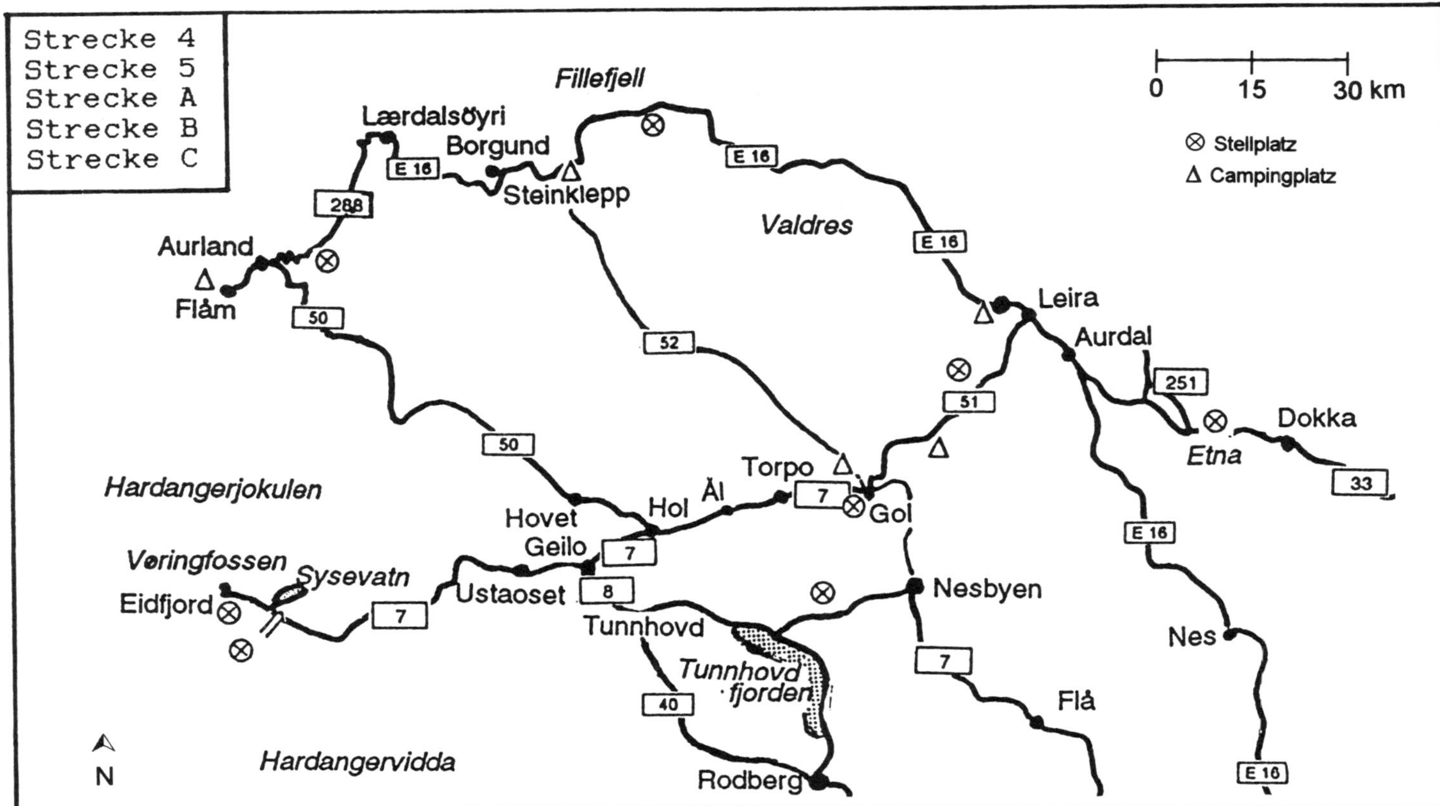

Strecke 4
Strecke 5
Strecke A
Strecke B
Strecke C
0
15
30 km
Stellplatz
Campingplatz
Fillefjell
Lærdalsöyri
Borgund
Steinklepp
E 16
288
Aurland
Flåm
50
52
Valdres
E 16
Leira
Aurdal
251
51
Etna
Dokka
33
Hardangerjokulen
Torpo
Ål
Hol
Hovet
Geilo
7
Gol
Vøringfossen
Sysevatn
Eidfjord
Ustaoset
8
Tunnhovd
Tunnhovd fjorden
40
Nesbyen
Nes
Flå
N
Hardangervidda
Rodberg

sche Foto von der »Schneeballschlacht im T-Shirt« ist gemacht.

Weiter gehts. Wir steigen weiter, und bald dominieren die Schneefelder, bis die Landschaft dann irgendwann total weiß ist. Es ist Juni, und die Seen oben auf dem Fjell fangen gerade erst an, sich ihrer Eisschicht zu entledigen. Dicke Eisschollen treiben auf ihnen. Soweit das Auge reicht, nur Eis und Schnee. Hier und da entdecken wir eine eingeschneite Hütte. An einigen Kurven wird die Straße noch von zwei bis drei Meter hohen Schneewänden flankiert, gerade geschnitten von der Schneefräse. Ich bereue, meine Sonnenbrille nicht eingepackt zu haben, denn das grelle Licht blendet die Augen.

* Immer wieder gibt es Parkplätze, wo man anhalten und die kahle, frostige Pracht bewundern kann.

Schließlich ist der höchste Punkt überwunden, und es geht allmählich wieder bergab, auch diesmal ohne Serpentinen. Die mehr oder weniger schneefreie Erde hat uns jetzt wieder, dafür teffen wir auf rauschende, mit Schmelzwasser reich gefüllte Bäche. – Bevor wir zu dem Vøringfoss gelangen, wollen wir noch den Stausee **Sysevatn** auskundschaften (ca. 65 km hinter Geilo). Das Wasser, das heute gestaut und zu einem E-Werk gepumpt wird, floß früher ebenfalls zum Vøringfoss. Denken Sie mal daran, wenn Sie später den Wasserfall bestaunen.

Der Sysevatn ist ausgeschildert. Wenn Sie die große, graue Staumauer sehen, die sich eigentlich recht harmonisch in die Landschaft einfügt, führt eine kleine Stichstraße rechts ab von der Hauptstraße nach oben zum Staudamm. Die Straße führt schnurstraks und ohne Serpentinen hinauf. Unser Bulli arbeitet hart im zweiten Gang. So auf halber Strecke kommt mir schon mal der Gedanke, daß es überhaupt nicht witzig wäre, hier jetzt rückwärts nach unten zu rollen. Doch schließlich schaffen wir es bis zu dem großen Parkplatz, auf dem sogar ein richtig großes Wohnmobil steht.

* Der Ausblick von hier oben ist super. Man kann diesen Platz sicherlich auch gut zum Übernachten wählen. Jedoch sollte man bedenken, daß es hier nachts ziemlich kalt wird, und außer den Ausblick zu genießen kann man nicht allzuviel unternehmen. Wer aber Standheizung hat und spät anreist, vielleicht nur noch das Abendessen zubereitet und sich dann gleich in den Schlafsack murmelt, ist unter Umständen mit diesem Stellplatz nicht schlecht beraten.

Die Abfahrt zurück zur Hauptstraße ist imposant. Das ganze Tal liegt vor uns.

Jetzt sind es noch ca. 10 km bis zum grandiosen **Vøringfoss.** Kurz vorher jedoch, bei der Abzweigung nach Liset, läßt sich der rauschende Fluß noch einmal aus nächster Nähe bewundern. Die Gewalt des Wassers ist faszinierend und beängstigend zugleich. Wer da hineinfällt, hat wohl keine Chance.

■ Nur ca. 200 m von hier ist die Abzweigung zum **Fossli Hotel** ausgeschildert. Dort gibt es einen großen Parkplatz. Das Hotel selbst bietet relativ preisgünstige Touristenmenüs, saubere WCs und einen Souvenirshop. Wir sind gekommen, um von hier die **Aussicht auf den gigantischen Wasserfall und ins Måbødal** zu werfen. Es ist nicht weit vom Parkplatz zum ausgeschilderten Aussichtspunkt.

Der schmale, ausgetretene Pfad bringt uns zu einer kleinen Stelle mit Geländer, von der wir einen einmaligen Ausblick haben. Aber Vorsicht ist auch hier angebracht, denn nur wenige Meter neben diesem Aussichtspunkt kann man den Blick auch ohne Geländer genießen.

Sicherlich kann man da, an der Kante ohne Geländer, noch ein Stück weiter kraxeln und erhält möglicherweise eine noch etwas andere Perspektive auf den Wasserfall. Wir jedoch begnügen uns mit dem Ausblick bei dem Geländer ... und der ist faszinierend genug! Vor uns fällt das Wasser von links und rechts in das tiefe Tal. Unten, wo es aufschlägt, ist alles neblig weiß von den Wassertröpfchen in der Luft. In der Ferne fließt das Wasser durch das steilwandige Måbødal ab. Wie kleine Insekten erscheinen die Autos in der Ferne, die auf der serpentinen- und tunnelreichen Straße den Höhenunterschied vom Måbødal hinauf bezwingen. Auch große Busse sind dabei, aber von hier oben wirken sie alle wie Spielzeug.

Kurz bevor die abwärts fahrenden Autos, von uns aus gesehen, in den ersten Tunnel krabbeln, entdecken wir noch einen anderen großen Parkplatz. Wir fahren hinunter zur Straße 7 und dann noch ein Stückchen bis zu diesem Parkplatz. Von hier aus hat man eine ganz andere Perspektive auf den gigantischen Wasserfall, aber sie ist nicht so großzügig: Gleich hinter dem Parkplatz, der übrigens auch mit einem Souvenirgeschäft ausgestattet ist, kann man über die Felsbuckel gehen und versuchen, sich Einblick zu verschaffen. Viele Touristen begeben sich in halsbrecherische Positionen, jenseits der ungenügenden Sicherungen. Kein Foto der Welt ist das wert.

■ Der bessere Weg, der gleichzeitig auch den wohl imposantesten **Blick auf den Wasserfall** ermöglicht, führt Richtung Straßentunnel. Der Verkehr benutzt heute eine neue, gut ausgebaute, relativ breite Straße. Sie verläuft parallel zu der schmalen, alten Straße, die sich direkt an der Felskante befindet. Diese alte Straße ist heute Fuß- und Radweg, wobei die steile Kante mit einem stabilen Geländer ausgerüstet wurde.

Kurz bevor es in den Tunnel geht, hat man den besten Blick auf den Wasserfall. Ein großer Regenbogen rundet den imposanten Anblick für uns ab. Wie das wohl erst getost und gebraust haben mußte, als das Wasser, das jetzt im Sysevatn abgefangen wird, noch Bestandteil des Wasserfalls war!

■ Wenn Sie sich jetzt einen Moment von dem Wasserfall losreißen können, gehen Sie doch ruhig einmal in den alten **Straßentunnel** hinein. Tunnel dieser Art, kilometerlang und durchaus in Gebrauch, können Sie auf unserer Alternativroute über Aurland, Borgund und Steinklepp erleben.

Übrigens, bei dem Souvenirgeschäft auf dem Parkplatz stehen diverse Informationstafeln, die Auskunft über so allerlei Wissenswertes geben, z.B. über Almwirtschaft oder Eisenerzeugung in diesem Gebiet. Sicherlich haben Sie sich beim Durchqueren der Hardangervidda manchmal gefragt, warum der Schnee bzw. der Boden an einigen Stellen so rostig gefärbt ist. Sollte es Ihnen entgangen sein, haben Sie jetzt auf der Rückfahrt Gelegenheit, diese Stellen zu entdecken.

Wollen Sie mehr Wissenswertes über die Landschaft erfahren, so soll es unten im Måbødal einen **Naturlehrpfad** geben. Dazu brauchen Sie aber mehr Zeit, als wir diesmal haben.

Eigentlich haben wir diesen Abstecher von Geilo nur eingelegt, um den Wasserfall zu sehen. Geplant war, auf der Hinfahrt bereits einen geeigneten Übernachtungsplatz zu erspähen. Ohne Standheizung kann man das aber vergessen. Also beschließen wir, erst mal wieder nach Geilo zurückzufahren und dort in der Nähe etwas zu finden.

Ist es nicht langweilig, zweimal am Tag dieselbe Strecke zu fahren? Das haben wir uns auch gefragt, doch die Antwort muß hier einfach verneint werden. Jetzt haben wir die Sonne vorwiegend im Rücken und erleben die skurrile Schnee- und Eislandschaft der Hardangervidda in sanfter Spätnachmittagsbeleuchtung. Und bei umgekehrter Fahrtrichtung gibt es jede Menge neu zu entdecken. Immer wieder halten wir an, machen Fotos und genießen diese ungewöhnliche Landschaft ein zweites Mal.

Schließlich gelangen wir wieder in tiefere Gefilde. Der »Winter« ist vorbei. Wir passieren **Geilo** und fangen an, nach einem geeigneten Übernachtungsplatz Ausschau zu halten. Wir folgen dem Fluß **Utaelva**. Bis **Hol** ist kein geeigneter Platz zu finden. Weiter geht es entlang des Sees **Strandefjord**. Aber überall ist bewirtschaftetes Gebiet. Die stark befahrene Straße bietet kaum eine Gelegenheit anzuhalten.

Wir kommen nach **Ål**, studieren den Campingführer, halten aber immer noch Ausschau nach einem geeigneten freien Stellplatz. Wir erreichen **Torpo**. Nichts. ** Schließlich gelangen wir zu dem **Campingplatz »Fossheim«**, ca. 5 km vor Gol. Wir entscheiden uns, die Nacht hier zu verbringen. Der Platz ist zwar recht teuer – zuletzt kostete es NOK 120 –, dafür sind die sanitären Einrichtungen sauber und ausreichend vorhanden und Sauna sowie heiße Duschen inbegriffen. Die junge Platzleiterin und Ihre Angestellten zeigen sich außerordentlich freundlich und hilfsbereit.

Der Platz liegt geradezu charmant: etwas abseits von der Straße, weitläufig und direkt am Fluß **Hallingdalselva**. Und obwohl der Platz relativ gut besucht ist, haben wir jede Menge Platz um unseren Bus herum. * Wir bereuen die Nacht auf dem Campingplatz nicht, auch wenn wir am nächsten Morgen auf unserer Fahrt nach Gol nur ca. 3 km vom Campingplatz entfernt einen möglichen Stellplatz erspähen, ebenso direkt am Fluß gelegen.

Strecke 5:

Gol – Leira – Etna (rund 90 km)

Der Wintersportort **Gol** bietet gute Einkaufsmöglichkeiten. Die Preise liegen allgemein etwas unter dem Niveau von Geilo.

■ Kulturhungrige können die **Stabkirche** besuchen.

■ Wollen Sie sich lieber im Wasser austoben, so bietet das Hallenbad **Tropicana** dazu Gelegenheit.

Wir nehmen Straße 51 Richtung Fagernes. Gleich hinter Gol gewinnt die Straße an Höhe. Lange Abschnitte geht es an dem bewaldeten Hang über eine sechsprozentige Steigung bergauf, dann kommt mal wieder eine Kurve, und es geht in entgegengesetzter Richtung weiter nach oben. Dabei schlängelt die Straße etwas. Das ist ja alles o.k., wenn man nicht gerade einen Traktor vor sich hat. Wir haben einen vor uns, aber keine Chance, ihn zu überholen, da jedesmal, wenn die Straße dazu Gelegenheit bietet, Gegenverkehr kommt. Denken Sie mal an uns, wenn Sie hier entlang fahren sollten.

** Oben auf dem Bergrücken gibt es auch einige **Campingplätze**. Auf uns wirken die relativ vollen Plätze trostlos und deprimierend.

* Einladender scheint dagegen ein recht attraktiver Picknickplatz in der Nähe des Sanderstølen-Hotels. Der Platz liegt, von Gol kommend, auf der linken Seite, ist aber nur für den Verkehr aus Norden kommend als Rastplatz ausgeschildert. Wir fahren zunächst vorbei und entdecken ihn nach dem Motto »Da war doch was«. Beim Sanderstølen-Hotel kann man aber wenden.

Der Rastplatz liegt abseits der Straße und ist mit Tischen und Bänken ausgestattet.

■ Vor hier aus sind auch **Wanderungen** in die weite Landschaft möglich.

* Suchen Sie nach einem Rastplatz mit Toilette, einem kleinen Geschäft, einer Post und Telefon, so werden Sie nur wenige Kilometer von Sanderstølen Richtung Fagernes fündig. Einen Fluß zum Bestaunen gibt es dort auch.

Kurz vor Leira führt die Straße wieder in tiefere Gefilde. Was auf unserer Landkarte ganz gerade aussieht, birgt in Wirklichkeit wieder ein paar Kurven mit Gefälle in sich, aber nicht so, daß einem angst und bange werden muß. In **Leira** treffen wir auf die E 16.

** Übrigens, es gibt hier einen kleinen, nicht so überfüllten, beschaulich gelegenen Campingplatz, direkt am See. Sie erreichen **Strandheim Hyttetun Camping**, wenn Sie, von Gol kommend, links von der Straße 51 abbiegen, bevor Sie über die Brücke in den Ort selbst hineinfahren.

Solche Adressen sind immer gut zu wissen, denn entlang der E 16, die meist durch bewirtschaftetes Gebiet führt, ist es nicht leicht, einen guten freien Stellplatz zu finden.

Wenn Sie jetzt nicht weiter nach Norden wollen, können Sie unter »Strecke 12« weiterlesen, die Sie allmählich wieder an die norwegische Südküste zurückführt.

Auch treffen wir in Leira wieder mit unserer Alternativroute über Geilo, Aurland, Lærdal, Borgund, Steinklepp und das Filleiell zusammen.

Wollen Sie jedoch weiter nach Süd(westen), dann folgen Sie uns auf der E 16 Richtung Aurdal und biegen auf Straße 35 Richtung Dokka ab.

Die Straße umrundet bei **Tonåsen** ein Tal U-förmig, bleibt dabei aber oben auf dem bewaldeten Hang.

◀ *„Frühsommer“ auf der Hardangervidda*

* Kurz hinter der Abzweigung der Straße 251 nach Bruflat kommen wir dann zu einer bei uns sehr beliebten Übernachtungsmöglichkeit direkt am Fluß **Etna**.

Zwei Stellplätze stehen zur Auswahl. Beide liegen zwar direkt an der Straße, wobei der erste Platz einem Syncro-Bulli unter Umständen erlaubt, sich rückwärts weiter unten am Fluß zu verstecken. Wenn Sie das tun, checken Sie besser noch einmal, wieviel Spielraum Sie unter dem Fahrzeug haben. Unser Bus liegt zu tief, um ihn darunter zu bekommen. Überprüfen Sie sicherheitshalber auch den Spielraum unter Ihrem Fahrzeug, wenn Sie den oberen Stellplatz in Fahrtrichtung verlassen wollen und die kleine Böschung hinauffahren. Wir haben dabei nur vielleicht 5 cm Luft unter dem Fahrzeug. Naja, notfalls fahren Sie rückwärts auf die Straße zurück, oder, wenn Sie lieber in Fahrtrichtung stehen möchten, parken Sie hier besser gleich rückwärts ein.

Was das Tolle an diesem Platz ist? Einen touristischen Höhepunkt gibt es hier sicher nicht, aber Sie werden wohl mal wieder ein Stückchen Fluß für sich alleine haben. Ist es warm genug, können die Kinder in den ruhigen Flußteilen planschen. Sie können sich auf den flachen Felsen sonnen. Wollen Sie lieber auf eine kleine Entdeckungstour gehen, können Sie zur kleinen Flußinsel hinüber waten oder zumindest versuchen, trockenen Fußes von Stein zu Stein hinüber zu hopsen. Es ist einfach schön hier, finden wir.

* Benötigen Sie Wasser oder brauchen Sie eine Toilette? Ungefähr 2 km weiter in Richtung Dokka gibt es einen Rastplatz, und zwar mit Mülleimer, Tischen und Bänken. Der Fluß ist wieder ganz in der Nähe, läßt sich von einer Brücke aus bewundern.

Im folgenden Kapitel habe ich unsere Alternativroute von Geilo bis hierher beschrieben. Die »reguläre« Tour geht weiter unter »Strecke 6«.

Alternativroute, Strecke A:

Geilo – Hol – Aurland – Flåm (rund 180 km)

Diese Strecke führt uns erstmals in das norwegische Fjordland. Die Entstehung der Fjorde hat wieder einmal mit der Eiszeit zu tun. Die eiszeitlichen Gletscher kerbten tiefe Täler ins Gebirge ein. Als die gigantischen Eismassen zum Ende der Eiszeit abschmolzen, hob sich sich allmählich der Meerespiegel und die ausgekerbten Täler füllten sich mit Meereswasser und »ertranken«. Ein Fjord ist also ein Meeresarm, der tief ins Landesinnere vordringt. Der Sognefjord reicht bis zu 200 km tief ins Land hinein. Da sich ein Fjord also immer auf Meereshöhe befindet, ist es nicht wunderlich, daß sich der Höhenunterschied hier in einer derart krassen Form zeigt, eben gar nicht zu vergleichen mit Flüssen im Landesinneren, selbst wenn sie sich in eine Schlucht gegraben haben.

Von Geilo aus fahren wir in östlicher Richtung und biegen in Hol von Straße 7 auf Straße 50 ab. Sie führt uns zunächst über eine sogar im Juli noch größtenteils schneebedeckte Hochebene. Die Seen entlang der Straße bieten immer wieder Gelegenheit, Fotos von treibenden Eisschollen zu machen.

Schließlich erreichen wir den ersten von vielen schmalen Tunneln. Es sind Tunnel vom alten Stil: ohne Licht, einfach nur unendlich erscheinende Löcher durch den Berg. Wasser tropft von der Decke herab. Es geht bergab, und an Kurven mangelt es auch nicht.

Steile Serpentinen bringen uns schließlich auf der schmalen Straße hinunter in das Tal nach Aurland, das am Aurlandsfjord liegt, einem Seitenarm des Sognefjords. Die Talfahrt über die engen Serpentinen lindert ein wenig den Genuß des eigentlich phantastischen Fjordblicks. Diese Strecke ist auf der vom Fremdenverkehrsbüro herausgegebenen Karte »Wohnwagen-Urlaub in Norwegen« für Gespanne als ungeeignet ausgewiesen. Von jetzt an werden wir diesen Hinweis auch für uns zu würdigen wissen. Auf halber Strecke wenden ist nicht drin. Wer also die Nase in den Tunnel gesteckt hat, ist dabei bis **Aurland.**

■ Der kleine Ort Aurland selbst ist bezaubernd. Hübsche **Holzhäuser** prägen das Zentrum. In den Gärten stehen Obstbäume. – Die niedlichen **Kirchen** des Ortes können bis 19:00 Uhr besichtigt werden. – Werktags zwischen 08:00 und 16:30 Uhr kann man die **Schuhfabrik** besuchen, in der die berühmten Aurlandschuhe hergestellt werden. Leider kommen wir zu spät und konnten nur unsere Nasen an den Fensterscheiben plattdrücken. Angeblich kann man die Schuhe hier auch zum Fabrikpreis erwerben.

Die Geschäfte in Aurland bieten alles für den täglichen Bedarf. Darüber hinaus gibt es kleine Boutiquen, die z.B. wunderschöne, handgestrickte Norwegerpullover und andere Souvenirs verkaufen (z.T. sogar bis recht spät geöffnet). Bank und Post sind auch vorhanden.

* Wer nicht auf dem Campingplatz stehen möchte, liebäugelt vielleicht mit dem Parkplatz in der Ortsmitte, gegenüber der Kirche. Dieses ist jedoch auch der abendliche Treffpunkt der Jugendlichen, wo sie stolz ihre Mopeds oder Autos vorführen.

Ruhiger gelegen ist da der Parkplatz einer kleinen, neu errichteten Shopping-Meile beim Yachthafen, nur wenig außerhalb des Zentrums. Fahren Sie Richtung Flåm, gleich rechts hinter der Brücke bei den Bootsstegen. Von dort sind es nur ein paar Minuten zu Fuß ins Zentrum. Wir finden keinen der Plätze ideal und fahren deshalb weiter zum Campingplatz in Flåm.

Flåm ist ein kleines Nest am Ende des Aurlandsfjords, von kilometerhohen Bergen eingefaßt – eine bezaubernde Lage, allerdings, von Aurland aus, nur über eine teils schmale Zufahrtstraße aus zu erreichen. Die Straße folgt dem Fjordufer.

■ Man kann sich auch mit der **Fjordfähre** als einfacher Passagier nach Flåm bringen lassen. Häufig verkehrt das Schiff aber nicht, und es nimmt wegen des flachen Fjords auch keine Autos mit. Erkundigen Sie sich im voraus, ob und wie Sie am selben Tag zu Ihrem Ausgangspunkt zurückgelangen können.

■ Von Flåm aus wird eine dreistündige **Mini-Kreuzfahrt** durch den Nærøy- und den Aurlandsfjord angeboten (Abfahrt 13:30 Uhr, Preise zuletzt: NOK 110/55). Man kann während der Fahrt Getränke und kleine Snacks zu sich nehmen, aber auch nur aufregende Fotos schießen.

■ Wer noch nicht genug von all den Höhen und Tiefen hat, kann von Flåm aus für NOK 100/50 einen Ausflug mit der berühmten **Flåmbahn** nach Myrdal und zurück machen. Es gibt bis zu acht Abfahrten pro Tag, je nach Wochentag. Der Zug braucht ca. eine Dreiviertelstunde für die nur 20 km lange Strecke. Das ist zwar recht langsam, aber es gilt, einen Höhenunterschied von 865 m zu überwinden. Deshalb ist der Zug mit fünf voneinander unabhängigen Bremsen ausgestattet. An besonders schönen Stellen hält er übrigens an. Diesmal beschließen wir, auf die Bahnfahrt zu verzichten und die steilen Felswände mit ihren herabstürzenden Wasserfällen lieber aus der Froschperspektive zu betrachten.

** Der **Campingplatz** ist ausgeschildert und liegt direkt unterhalb einer steilen Felswand in der Nähe eines Flusses. Das Wiesengelände ist terrassiert. Ein Teil ist mit Obstbäumen bestanden; dort ist der Boden allerdings etwas uneben. Wir schafften es aber dennoch, den Bulli so zwischen den Bäumen im Obstgarten einzuparken, daß er einigermaßen waagerecht stand. Mit größeren Fahrzeugen dürfte dieses nicht möglich sein, aber der Campingplatz verfügt auch über entsprechende Wohnmobil-Stellplätze. Man kann hier auch Wäsche waschen und Chemietoiletten entsorgen.

Alternativroute, Strecke B:

Flåm – Aurland – Lærdal – Borgund – Steinklepp (rund 150 km)

Am kommenden Tag zwingt uns die Straße 288 Richtung Lærdal zu einem dramatischen Aufstieg kurz hinter Aurland. Wir werden, ob wir wollen oder nicht, mit der grandiosen Aussicht auf den steilwandigen, tief unter uns liegenden Fjord konfrontiert. Die geflickte Straße ist stellenweise sehr eng, und die Hangseite wird, wenn überhaupt, nur durch eine ca. 30 cm hohe, alte, ziemlich brüchige Mauer flankiert. Ab und zu nimmt man diese im Außenspiegel wahr, wenn man überprüft, wieviel Spielraum man noch zur Kante hin hat, um Gegen-verkehr vorbeizulassen. In den unteren Bereichen, wo die Sicht nach unten noch etwas durch Bäume und Sträucher gemildert wird, erscheint uns die Straße noch gar nicht so gefährlich. Aber je höher die Straße sich schraubt, desto unsympathischer erscheint uns der Abgrund vom Auto aus.

Es gibt hier keine Parkbucht, und anhalten zum Fotografieren würde eine zu große Gefahr für den Verkehr bedeuten. Langsam, aber stetig kriecht unser Bus hinauf (Steigung bis zu 10 %), Haarnadelkurve um Haarnadelkurve. Nachdem zwei Drittel auf dem Weg zur Paßhöhe erreicht sind, führt die Straße weg vom Fjord ins Landesinnere.

Wir befinden uns jetzt jenseits der Baumgrenze und fahren durch die typisch braun-olivgrüne Fjellandschaft. Schafe weiden in der Nähe von einsam gelegenen Hütten.

* Die Straße macht eine Rechtsbiegung. Hier liegt ein großer, ebener Platz. Theoretisch wäre dies kein schlechter Übernachtungsplatz; lediglich die niedrigen Temperaturen hier oben könnten einen Strich durch die Rechnung machen. Wir halten uns nicht lange draußen auf, denn es ist zu kalt. Wir haben zwar kein Thermometer dabei, aber es dürften nur wenige Grade über Null sein.

Wir beobachten die Autos, die die noch vor uns liegenden Serpentinen hinauffahren. Irgendwann verschwinden die Fahrzeuge oben aus dem Blickfeld. Ob diese Straße noch mehr ungeliebte Überraschungen birgt, wissen wir nicht, denn die derzeit von uns benutzte Straßenkarte hat auch die höllischen Serpentinenfahrten bei Aurland verschwiegen. In unserem Europaatlas ist diese Straße überhaupt nicht verzeichnet. Mein Rat an Sie: Besorgen Sie sich bloß eine anständige Karte, wenn Sie Überraschungen dieser Art vorbeugen wollen.

Es bleibt uns nur die Flucht nach vorne. Oben angekommen, überqueren wir eine schneebedeckte Hochebene. Wir befinden uns jetzt in ca. 1300 m Höhe. Wir fahren abschnittsweise durch eine nur einspurige Schneeschneise. Die Schneewände links und rechts der schmalen Straße türmen sich selbst im Juli noch über 2,5 m Höhe.

Zum Glück begegnet uns gerade mal keiner der Kleinbusse, die hier im Linienverkehr durchhetzen. Hier und da aber gibt es Gelegenheiten zum Anhalten. Meist kann man Gebirgsseen bewundern, deren Eisdecke erst gerade aufzubrechen beginnt. Eisschollen treiben auf dem Wasser. Nach Auskunft eines Norwegers soll es hier oben auch Rentiere geben; wir bekommen jedoch keine zu Gesicht.

Der Abstieg zum Fjord auf der anderen Seite ist nicht so dramatisch wie die Auffahrt bei Aurland, dennoch sollte man auch hier nicht übermütig werden und weiterhin vorsichtig fahren. Unten angekommen, biegen wir in die E 16 Richtung Lærdal ein. Die Straße verläuft entlang des **Lærdalsfjords**, ein weiterer Arm des Sognefjords, und mit etwas Glück liegt hier gerade eines der großen Kreuzfahrtschiffe vor Anker. Es wirkt schon imposant, so einen »Ozeandampfer« mitten im Gebirge zu sehen.

■ Stichwort Schiff: Sollten Ihre Mitfahrer nach den Serpentinen bei Aurland nichts mehr von steilen, gewundenen Straßen wissen wollen, oder sei es einfach aus Spaß, so kann man auch per **Fjordfähre** von Aurland nach Lærdal gelangen. Auch hier fehlt es nicht an Aufregung, denn mitten auf dem Fjord trifft man auf eine zweite Fähre, auf die man umsteigen muß.

Lærdal selbst ist ein kleiner Ort mit ca. 2.000 Einwohnern. Der große Parkplatz im Zentrum ermöglicht leichtes Parken.

■ Außer einer Reihe bildschöner kleiner Holzhäuser in der **Altstadt**, die unter Denkmalschutz stehen, gibt es wieder Geschäfte, die alles für den täglichen Bedarf bieten; auch eine Apotheke ist vorhanden.

Von Lærdal aus geht es entlang der E 16 Richtung Borgund. Dank seines milden Klimas ist in dem Tal der Gemüseanbau groß geschrieben.

■ Die Straße führt entlang des Lachsflusses **Lærdalselva**, der eine teilweise enge Schlucht durchfließt.

Nach den schmalen Straßen von und nach Aurland ist die E 16 eine wahre Wonne.

■ Bald erreichen wir **Borgund**, das für seine **Stabkirche** berühmt ist. Wir sind zwar keine Besichtigungsfanatiker, aber diese große, bildschöne Kirche aus dem Jahre 1150 lassen wir uns nicht entgehen. Die reich mit Schnitzwerk versehene Kirche gilt als die besterhaltene ihrer Art. Obwohl man Eintritt zahlen muß, darf man auf dem Kirchengelände und in der Kirche keine Fotos machen. So etwas ärgert mich einfach. Man kann zwar vom Parkplatz aus Bilder machen, aber man hat zumindest am Nachmittag denkbar schlechte Lichtverhältnisse, da man gegen das Licht fotografiert. Übrigens, auf dem Kirchengelände gibt es öffentliche Toiletten, aber was für welche! Oder sind sie etwa auch Bestandteil des Museums?

* Wenn man cool genug ist, kann man sicherlich hier auf dem Parkplatz bei der Kirche nächtigen. Vielleicht verbindet man es mit einer morgendlichen Besichtigung und kann die Lichtverhältnisse zum Fotografieren vom Parkplatz aus nutzen.

Wir besuchen die Kirche jedoch am Spätnachmittag und fahren anschließend noch ein Stückchen weiter. Hier und da gibt es kleine, meist unbefestigte Seitenstraßen, wo man einen Stellplatz für die Nacht vermuten könnte. Es stellt sich dann jedoch meistens heraus, daß es Zufahrtswege zu Privathäusern oder Bauernhöfen sind. Man sollte die Wege besser nicht blockieren, da die Landwirte dort mit ihren Maschinen vorbei müssen.

** Schließlich kommen wir an dem kleinen **Campingplatz** von **Steinklepp** vorbei. Die ebene Wiese an der E 16 ist nicht zu verfehlen. Die schönsten Stellplätze befinden sich am hinteren Ende, weg von der Straße, direkt am Fluß. Die sanitären Einrichtungen sind verhältnismäßig einfach, aber sauber. Auch zur Hauptferienzeit ist der Platz nicht überfüllt.

■ Wir unternehmen noch einen kleinen **Spaziergang** zur anderen Flußseite, während andere Camper ihr **Angelglück** versuchen.

Alternativroute, Strecke C:

Steinklepp – Fillefjell – Fagernes – Etna (rund 160 km)

Nach einem ausgiebigen Frühstück auf dem Flußschotter in der warmen Morgensonne geht es vom von Steinklepp aus weiter auf der E16 Richtung Fagernes. Ungefähr 8 km hinter der Abzweigung nach Gol gelangen wir zu einer Ansammlung von Hütten.

* Etwas abseits der Straße liegt ein großer Parkplatz, der sich auch zum Übernachten anbietet. Jedoch weist die karge Landschaft darauf hin, daß es hier wohl meistens recht kalt ist.

■ Jenseits der Straße startet ein **Wanderpfad**, der auf einen Hügel hinaufführt, von wo aus man eine schöne Aussicht hat. Wieder einmal machen wir die Erfahrung, daß die Entfernungen, von unten aus betrachtet, kürzer wirken, als sie es in Wirklichkeit nachher sind.

Nur ein paar Kilometer weiter auf der E16 überqueren wir dann bald das **Fillefjell**. Kein Baum, kein Strauch, nur niedriges Gestrüpp, Flechten und Moose. Um die Straße im Winter von Schneeverwehungen zu schützen, sind an den Seiten überall Schutzvorrichtungen aufgestellt.

Auf der rechten Seite entdecken wir in der Ferne eine Ziegenfarm. »Geitost« (Ziegenkäse) steht auf einem großen Schild. Wir parken rechts neben der Straße auf der Zufahrt zum Hof. Zunächst zeigen sich nur ein paar Ziegen in der Nähe des Bauernhofs, doch plötzlich kommen Hunderte auf uns zugerannt. Im Nu sind wir von den Ziegen umzingelt. Die Herde blockiert die ganze Straße, so daß inzwischen auch andere Autofahrer anhalten müssen und sich nur langsam durch die Masse der Ziegen hindurch tasten können. Bald aber merkt die Herde, daß es bei uns nichts abzustauben gibt, und verzieht sich wieder.

Diese Fjellandschaft erstreckt sich noch über ein paar Kilometer; dann schließlich gelangen wir an einen See, den **Vangsmjøsa**.

* Einen Rastplatz mit Plumpsklo, Tischen und Bänken gibt es hier auch.

Weiter geht die Fahrt entlang der E 16. Kurz hinter **Fagernes** treffen wir auf die Route, die unter »Strecke 5« beschrieben ist.

* Übernachtet wird am Fluß **Etna**.

Strecke 6:

Etna – Dokka – Gjøvik – Lillehammer – Sjoa (rund 205 km)

Vom Rastplatz am Etna sind es noch ca. 14 km bis nach **Dokka**.

■ Dieser kleine Ort bietet gute und relativ preiswerte Möglichkeiten zum **Einkaufen.**

Wir fahren weiter auf der Straße 33 **Richtung Gjøvik**.

* Nach ca. 23 km entdecken wir eine Waldlichtung, die zur Not auch als Übernachtungsstellplatz in Frage kommt.

* Ca. 29 km hinter Dokka kommen wir zu einem Rastplatz. Hier können Sie sich auch auf einer großen Tafel über Gjøvik informieren.

* Eine weitere Übernachtungsmöglichkeit finden Sie kurz hinter diesem Rastplatz einen von Wald umgebenen, U-förmigen Seitenarm der Straße. Wir beobachten am hellichten Tage einen Dachs.

Die Erhebungen um uns herum erreichen um die 500–600 m, nichts im Vergleich zu dem geologisch jüngeren Gebirge weiter westlich. Die meist landwirtschaftlich genutzte Landschaft wirkt friedlich. Rote Bauernhöfe heben sich gut von den grünen Wiesen ab. Wenn Sie ein Teleobjektiv dabei haben, könnte Ihnen hier so manches ausdrucksvolles Foto von einem der in der Ferne liegenden Höfe gelingen.

Das Zentrum von **Gjøvik** (16.000 Einwohner) kann man umfahren. Es ist ausgeschildert und sicherlich weniger nervenaufreibend, als im Stop-and-Go-Verkehr Schaufensterbummel zu machen. Sollten Sie jedoch irgend etwas für Ihre Weiterreise benötigen, so finden Sie es in der Innenstadt von Gjøvik bestimmt. Hier scheint es alles zu geben.

Wir wollen jetzt ein paar Kilometer gewinnen. Auf der Straße 4 geht es zügig voran, anders wie wir es bisher von norwegischen Straßen gewohnt sind. Wir können kaum glauben, wieviele Kilometer wir in so kurzer Zeit »fressen«. Bald treffen wir zum ersten Mal auf die E6, die uns später noch bis fast zum Nordkap begleiten wird. Die E6 ist hier breit und sehr gut ausgebaut. Das muß sich allerdings auch herumgesprochen haben, denn jeder scheint sie zu benutzen.

Inzwischen ist es um die Mittagszeit, und es ist sehr heiß. Wir wollen versuchen, eine Pause am See **Mjøsa** zu machen, müssen jedoch bei jedem Versuch feststellen, daß die Ufer fest in privater Hand sind.

■ Wer ganz wild aufs **Baden** ist, sollte es bei einem der Campingplätze versuchen.

■ Nicht zu verachten sind die schmackhaften **Erdbeeren**, die im Sommer häufig auf den hiesigen Park- und Rastplätzen angeboten werden.

Weiter geht es, an **Lillehammer** vorbei, auch wenn es in der 23.000 Einwohner zählenden Winter-Olympiastadt so einiges zu sehen geben soll.

■ Haben Sie sich bisher noch keines der vielzähligen Bauernmuseen angeschaut, so haben Sie hier die Gelegenheit, ein besonders schönes zu besuchen. Selbst Hausrat aus der betreffenden Zeit ist im Freilichtmuseum **Maihaugen** zu bewundern. – Und Kunstliebhaber sollen in Lillehammer ebenfalls nicht zu kurz kommen.

■ Wer unbedingt will, genug Zeit hat und auf dem Rückweg eine andere Strecke fährt (z.B. über Schweden), kann von hier aus einen Abstecher in die **Hölle** machen. Man kann sich das meiner Meinung nach aber auch ebensogut schenken. Mehr dazu ist unter »Strecke 11« zu lesen.

Wir fahren jetzt erstmal weiter nach Norden. Kurz hinter **Fåberg** gibt es für groß und klein allerlei zu gucken.

■ Zunächst fasziniert das Kraftwerk **Hunderfossen**. Man kann sich damit begnügen, nur die Wassermassen zu bestaunen, oder aber das Werk besichtigen gehen. Auskunft erhalten Sie an bei dem E-Werk selbst.

■ Der nächste Halt ergibt sich beim **Hunderfossen Familienpark**, jenseits der Brücke, parallel zur E 6 auf der anderen Uferseite. Es erwartet Sie ein überdimensionaler Troll. Man kann ihn übrigens auch von der E 6 aus sehen.

■ Nur ca. 3 km von Hunderfossen entfernt liegt auf der rechten Seite der E 6 **Lilleputhammer**, eine Miniaturstadt, die man besichtigen kann.

* Sollten Sie in in dieser Gegend einen Übernachtungsplatz suchen, so sieht es an der E6 selbst relativ schlecht aus. Die Rastplätze sind nicht gerade schön, dafür aber vom Verkehrslärm gebeutelt.

Es ist daher ratsam, die E 6 zu verlassen und sich einen geeigneten Platz etwas weiter abseits zu suchen.

Wir fahren an **Ringebu** vorbei. Ca. 6 km hinter der Abzweigung der Straße 220 kommen wir an einigen **Grabhügeln** vorbei (bei Hundrop).

Falls Sie Ihre Vorräte aufstocken möchten, bietet **Vinstra** verschiedene Geschäfte.

** Zum Übernachten entscheiden wir uns für den **Campingplatz »Sjoa«** (an der E 6 ausgeschildert, von Süden kommend links ab; unterhalb der Brücke direkt am Fluß gelegen). Im Juni ist der Platz noch so gut wie leer, im Hochsommer haben wir ihn schon relativ gut besucht erlebt, aber dennoch immer noch ausreichend Platz um uns herum gehabt. Die sanitären Einrichtungen sind etwas altmodisch, aber sauber, nur bei voller Platzbelegung wohl etwas knapp bemessen. Dennoch macht die reizvolle Flußlage des Platzes alles wieder wett.

Wir unternehmen noch einen Ausflug in das »Zentrum« von **Sjoa**. Wie so häufig bei norwegischen Kleinstorten, scheint es nur aus einer Bahnstation und einem Geschäft (oben an der Hauptstraße) zu bestehen.

Der Weg zwischen Laden und Campingplatz führt durch ein eigentümliches Stückchen Wald: Überall liegen riesige, übermannsgroße, gerundete und teils bewachsene Felsbrocken herum. Es wirkt irgendwie wie ein Märchenwald. Wo haben sich bloß die Trolle versteckt?

Und wo leben die Einwohner von Sjoa? Nun, einige haben ihre Häuschen auf dem Hügel gegenüber vom Campingplatz plaziert. Überqueren Sie die Brücke, halten sich links und gehen dann rechts den Hügel hinauf. Es gibt hier eigentlich nichts Aufregendes zu sehen, aber es ist dennoch ein netter, kleiner Spaziergang. Vergessen Sie aber das Mückenmittel nicht.

■ Wer hier in Sjoa gerne einen Tag lang Fahrpause einlegen möchte und etwas Lust auf Abenteuerliches hat, der kann sich z.B. mit »Norwegian Wildlife & Rafting A/S« in Heidal, ca. 17 km von Sjoa entfernt, in Verbindung zu setzen (Tel. 6123 8727). Das Rafting Center bietet die verschiedensten **Wildwassertouren** – von Kurzausflügen, auch für Familien geeignet, bis zu kompletten Übernachtungstouren. Alternativ erkundigen Sie sich bei »Sjoa Rafting« in Vågåmo, Telefon 6123 8750.

Auch auf dem Campingplatz erhalten Sie Informationen über Wildwassertouren. Der Fluß Sjoa gilt als eine der ersten Adressen für Wildwasserfahrten in Norwegen. Allerdings mußten wir vom Campingplatz aus auch beobachten, wie ein Wildwasserfahrer über Bord ging und sei-

Der Bahnhof von Sjoa ►

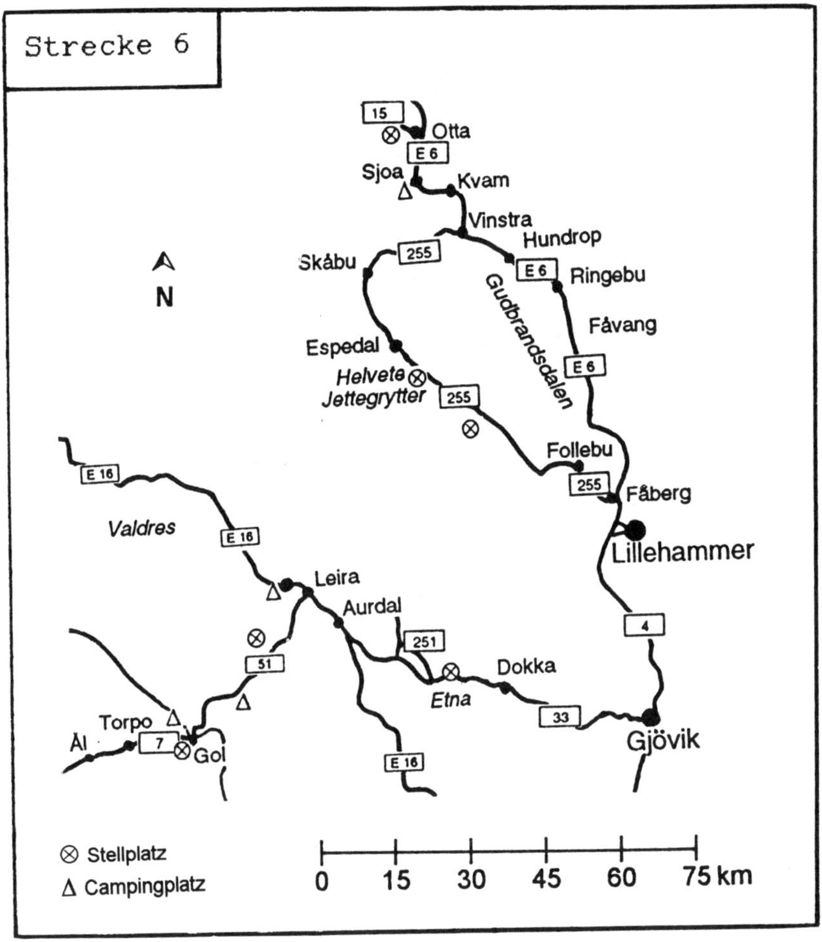
Strecke 6
15
Otta
E 6
Sjoa
Kvam
Vinstra
Hundrop
255
Skåbu
E 6
Ringebu
N
Gudbrandsdalen
Fåvang
Espedal
E 6
Helvete
Jettegrytter
255
E 16
Follebu
255
Fåberg
Valdres
E 16
Lillehammer
Leira
Aurdal
4
251
51
Dokka
Etna
Torpo
33
Ål
7
Gol
Gjövik
E 16
Stellplatz
Campingplatz
0 15 30 45 60 75 km

SJOA

ne Begleiter größte Schwierigkeiten hatten, ihm zu helfen.

Wir haben einmal an so einer Fahrt in Schweden teilgenommen. Es hat wahnsinnig viel Spaß gemacht, aber man braucht anschließend trockene Klamotten, denn trotz der vom Veranstalter gestellten Schutzkleidung wird man bis auf die Knochen naß.

Wenn Sie jetzt ohne Abstecher weiter Richtung Norden fahren wollen, sollten Sie unter »Strecke 16« weiterlesen.

Strecke 7:

Sjoa – Otta – Randen – Lom – Loen (ca. 220 km)

Am nächsten Tag fahren wir zunächst nach **Otta**. Hier gibt es nicht nur Lebensmittelgeschäfte, sondern auch ausreichend Gelegenheit, sich mit Souvenirs einzudecken. Wer sich einmal wieder über das Weltgeschehen informieren will, kann das hier auch mit Hilfe der internationalen Presse tun. Und die Touristeninformation im Bahnhofsgebäude hält reichhaltiges Informationsmaterial für Sie bereit.

Wollen Sie jetzt ohne weitere Abstecher zum Nordkap fahren, dann folgen Sie der E 6 (vgl. »Strecke 16«). Möchten Sie aber Gletscher und Fjorde bewundern, dann folgen Sie uns auf unserem Abstecher nach Westen auf Straße 15.

* Nur ca. 4 km außerhalb des Zentrums von Otta entdecken wir einen Platz, der sich auch zum Übernachten anbietet. Oben an der Straße ist eine Bushaltestelle. Fahren Sie links ab zum Fluß. Etwas unterhalb der Straße ist eine Betonplattform, auf der Sie sogar waagerecht stehen können. Auch an dieser Stelle gibt es jede Menge fallende Wassermassen zu bestaunen.

Wir fahren aber weiter und passieren **Lalm**.

* Rechts und links der Straße ergeben sich weitere Möglichkeiten, einen Stellplatz zu finden.

In **Vågåmo** folgen wir dem Hinweis zu einer Sehenswürdigkeit und lassen uns so dazu verleiten, einen kleinen Berg hinauf zu fahren. Wir kommen dabei an einer imposanten Felsformation vorbei, die aus einer norwegischen Sage bekannt sein soll.

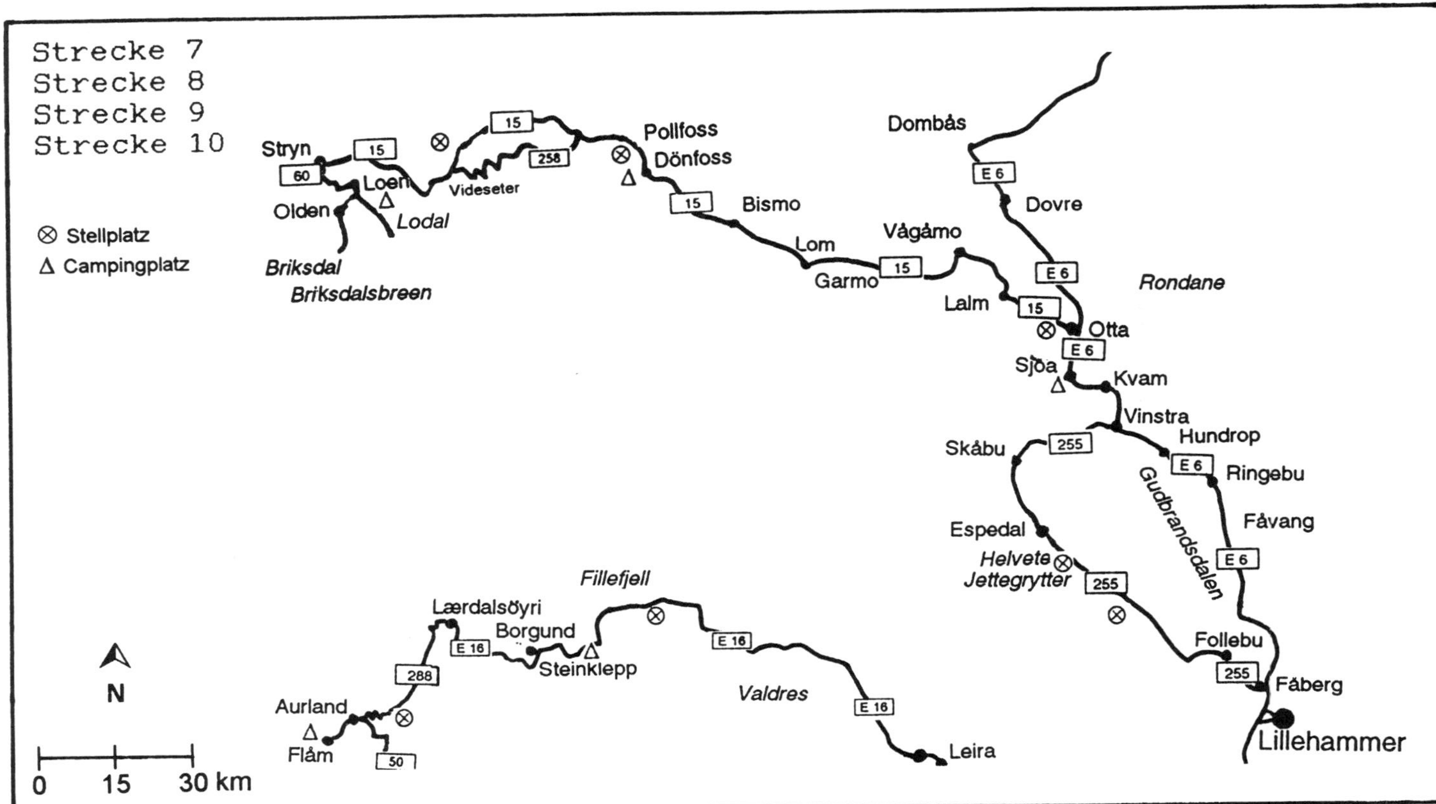
Strecke 7
Strecke 8
Strecke 9
Strecke 10
⊗ Stellplatz
Δ Campingplatz
N
0
15
30 km
Stryn
60
15
Loen
Olden
Lodal
Briksdal
Briksdalsbreen
Videseter
258
Pollfoss
Dönfoss
Bismo
Lom
Garmo
Vågåmo
Lalm
Dombås
E 6
Dovre
Rondane
Otta
Sjoa
Kvam
Vinstra
Hundrop
Ringebu
Fåvang
Gudbrandsdalen
Skåbu
255
Espedal
Helvete
Jettegrytter
Follebu
Fåberg
Lillehammer
Fillefjell
Lærdalsöyri
Borgund
Steinklepp
E 16
Valdres
Leira
288
Aurland
Flåm
50

■ Oben erwartet uns eine tolle **Aussicht** und ein Foto von Vågåmo aus der Vogelperspektive.

Die Straße 15 folgt dem Ufer des Sees Vågåvatn, an dem auch der kleine Ort **Garmo** liegt.

■ In Garmo wurde der norwegische Schriftsteller und Literaturnobelpreisträger **Knut Hamsun** 1859 geboren, bekannt u.a. für seinen Roman »Pan«. Vor dem kleinen Bauernhof steht ein **Gedenkstein**. Eigentlich hatten wir dort ein kleines Museum erwartet, aber stattdessen treffen wir einen Hof an, auf dem noch richtig gearbeitet wird. Auch der Hofhund scheint nicht an Besucher gewohnt zu sein und reagiert unfreundlich.

Wenige Kilometer weiter liegt **Lom**. Der kleine hübsche Ort wird zur Zeit mächtig für den Tourismus herausgeputzt.

■ Die **Stabkirche** aus dem 12. Jahrhundert (es gibt auch Auffassungen, wonach sie schon älter ist) zieht schon jetzt jede Menge Besucher an. – Das **Mineralienmuseum** zeigt (Edel-) Steine aus der ganzen Welt. – Das **Fjellmuseum**, das in der Touristeninformation mit einem ausgestopften Luchs für sich wirbt, befindet sich noch im Bau, dürfte aber mit dem Erscheinen dieses Buches fertiggestellt sein. – Des weiteren kann man sich ein **Dorfmuseum** mit 25 Gebäuden anschauen.

■ Auch ist Lom ein guter Ausgangspunkt für **Wanderungen**, z.B. zum Aussichtspunkt auf den Berg **Lomsegga**. Informationen dazu gibt es in der Touristeninformation.

Weiter geht's, durch Bismo, ins Ottadal. Ca. 28 km vom Lom entfernt, erreichen wir den **Dønfoss**. Diese Stromschnelle ist touristisch voll erschlossen.

** Den Rastplatz kann man kostenlos zum Picknicken benutzen, aber das Übernachten ist hier ausdrücklich untersagt, denn dafür hat man einen speziellen Platz eingerichtet, für den man zuletzt NOK 75 (+ NOK 20 für Strom) löhnen mußte. Wir nutzten diesen Platz auf unserer Rückfahrt nach Otta. Man bekommt einen Schlüssel für die ultramodernen, pieksauberen, beheizten Sanitäranlagen im rustikalen Stil ausgehändigt.

■ Wenn es Ihnen hier zu heiß sein sollte, können Sie sich in einem ansprechend gestalteten, der Flußlandschaft angepaßten **Swimmingpool** Abkühlung verschaffen. Das kostet aber Extra-Eintritt.

Wer in dieser Gegend etwas zum kostenlosen Übernachten sucht, ist besser in der Nähe des Wasserfalls **Pollfoss** aufgehoben, ca. 13 km weiter westlich.

■ Am Wasserfall steht ein Hotel, auf dessen Parkplatz Samen – Angehörige des eigentlich in Lappland lebenden nomadischen Volksstammes – tagsüber ihre typischen **Souvenirs** wie Rentierfelle, Geweihe, Silberschmuck usw. verkaufen. Hinter dem Hotel führt eine Straße in ein bewaldetes Gebiet, in dem man auch wandern bzw. spazieren gehen kann.

* Folgen Sie jetzt aber der Hauptstraße noch ein paar hundert Meter weiter gen Westen, werden Sie auf der linken Seite, der Flußseite, Parkmöglichkeiten finden, die sich ebenfalls gut zum Übernachten eignen.

* Der wohl beste Stellplatz liegt ca. 2 km westlich von Pollfoss. Links von der Hauptstraße zweigt ein kleiner Weg Richtung Fluß ab. Man steht hier etwas versteckt und weiter entfernt von der Straße, dafür aber direkt am Ufer des Flusses.

Sollten Sie nicht mehr viel weiter fahren wollen, so empfehle ich, daß Sie die Nacht in der Gegend von Dønfoss oder Pollfoss verbringen. Fahren Sie nämlich weiter Richtung Westen, steigt die Straße wieder

Das Gebirgstal bei Videseter (oben); der einsam gelegene See Langevatn (unten) ►

an, und im Nu befinden Sie sich auf dem schneebedeckten Fjell, wo zumindest im Juni die Seen größtenteils noch zugefroren sind. Es gibt da zwar hin und wieder Plätze, wo man stehen könnte, aber es dürfte eine recht kalte Nacht werden.

Weiter westlich kann man sich entscheiden, entweder auf der Straße 15 zu bleiben, die den wildesten Teil des Gebirges mit Hilfe von drei modernen Tunneln (4,5 km, 3,7 km und 2,5 km) bewältigt, oder ob man die alte Straße 258 nimmt, die über das **Strynefjell** (Sommerski-Zentrum) führt. Wer sich für letzteres entscheidet, sollte aber wissen, daß die Straße für Gespanne nicht geeignet ist. Sogar nach Aussagen von Einheimischen ist die Straße 258, insbesondere der Abstieg bei **Videseter**, von längeren Fahrzeugen kaum zu bewältigen. Deshalb haben wir diese Straße nicht ausprobiert.

Die Straße 15 ist aber auch nicht gerade als abwechslungsarm zu bezeichnen. Wie bereits gesagt, man durchquert drei Tunnel.

* Eine schöne Parkmöglichkeit in bildhübscher Almlandschaft (durchaus zum Übernachten geeignet) findet sich direkt nach dem Verlassen des zweiten Tunnels.

* Ein Stückchen weiter, unten im Tal, noch vor der Einfahrt in den dritten Tunnel bietet sich noch einmal ein Stellplatz direkt am Fluß an.

* Auch direkt nach dem dritten Tunnel kann man auf der rechten Seite parken. Da hier aber wohl fast jeder hält, um die grandiose Aussicht zu genießen, könnte es hier vielleicht etwas zu unruhig sein, um zu übernachten.

Egal, ob Sie hier nur kurz anhalten oder etwas länger verweilen, Sie können schon einmal die Serpentinenabfahrt in Augenschein nehmen. Sie werden sehen, daß die Straße breit genug ist und daß es zwischendurch immer wieder Möglichkeiten zum Anhalten und Pausieren gibt. Außerdem ist der Hang mit Büschen und Bäumchen bestanden, so daß die wirkliche Höhe des Abgrundes am Straßenrand nie so kraß erscheint.

Unten folgt die Straße dem Fluß. Plötzlich ist es wieder unheimlich heiß. Kaum zu glauben, daß vor nur einer Stunde noch eine andere Jahreszeit zu herrschen schien.

Der kleine Ort **Hjelle** ist sicherlich einige Fotos wert. Das Wasser des Sees schimmert türkis bzw. gletschergrün.

Wir durchfahren das Touristenzentrum Stryn. Ich bin etwas enttäuscht von dem Ort. Sicherlich, es gibt hier alle möglichen Geschäfte und auch Restaurants, aber irgendwie habe ich es mir auch als typischen Wintersportort im Sommer romantischer vorgestellt.

In Stryn biegen wir ab auf die Straße 60 und fahren weiter bis nach **Loen**, wo wir auf den Fjord treffen. Gegenüber vom Hotel Alexandra, an der Hauptstraße auf der linken Seite gelegen, nehmen wir Platz auf den Picknickbänken und bereiten unser Abendbrot. Hier gibt es übrigens auch einen Wasserhahn. Für Unterhaltung ist gesorgt. Eine tapfere Norwegerin geht vom Holzsteg aus im Fjord schwimmen! Ein Wasserflugzeug landet, entläßt seine Passagiere und startet wieder.

** Die Campingplätze, die man von hier aus in der Ferne sehen kann, sagen uns überhaupt nicht zu. Sie sind überfüllt und liegen auch nicht gerade reizvoll.

Also konsultieren wir unseren Campingführer. Unweit von hier verspricht »Camping Sande« einen hübsch gelegenen Platz, direkt am See mit Blick auf einen Gletscher. Um ihn zu erreichen, biegt man gegenüber vom Rastplatz, also von der Hauptstraße gleich links hinter dem Hotel Alexandra ins Lodal ab.

Die Straße wird teilweise recht schmal. Nach ca. 1,5 km passieren wir einen anderen Campingplatz, »Camping Tjugen«, haben uns aber jetzt auf »Sande« fixiert. Nach gut 4,5 km haben wir den Campingplatz erreicht, sind aber bitter enttäuscht. Der Platz ist zwar bildschön gelegen, aber so voll, daß wir uns da nicht wohl fühlen würden. Wir fahren zurück. Daß wir uns nicht gleich beim ersten Vorbeifahren für »Tjugen« entschieden haben, erscheint uns jetzt unverständlich.

Der Eingang zum **Campingplatz Tjugen** liegt unübersehbar direkt an der Straße. Der Platz selbst jedoch liegt etwas weiter oberhalb der Straße auf der Flußterasse. Außer uns war derzeit nur noch ein anderer Bulli da, und ein paar Leute übernachteten in den zum Platz gehörenden Hütten. Der Ausblick von dem Gelände ist einfach grandios. In der Ferne präsentiert sich ein Gletscherarm in voller Schönheit, und die Berge Richtung Loen wirken »japanisch«. Wir nennen den einen großen Berg »Fujijama«, da er genauso aussieht, wie wir uns den japanischen Vulkan vorstellen. Unterhalb des Campingplatzes rauscht ein gletschergrüner Fluß. Die klare Luft riecht nach frisch geschnittenem Heu.

Die sanitären Einrichtungen sind pieksauber, wenn auch nicht im Überfluß vorhanden. Bei der schwachen Belegung des Platzes sind sie aber mehr als ausreichend. Mann kann die Chemietoiletten entsorgen und frisches Wasser einnehmen; man kann auch kochen und sogar fernsehen. Und das alles für zuletzt nur NOK 80 für einen Bulli und zwei Erwachsene. Der Bauer, der diesen Campingplatz leitet, spricht sehr gut Englisch und gibt gerne Auskunft.

■ Der Campingplatz ist zudem ein hervorragender Ausgangspunkt für **Tagestouren**. Schon bei unserem abendlichen Spaziergang entdeckten wir so allerlei, was man hier unternehmen kann. Ohne eine große Anstrengung auf sich nehmen zu müssen, kann man einen Hang mit Wasserfall erklimmen. Unweit des Campingplatzes (Richtung Sande) finden sich an der Straße einige Parkplätze mit Informationstafeln zum **Skålatårnet**. Wanderer, die die Nacht oben auf dem Berg in der Hütte Skålatårnet verbringen wollen, können hier ihren Wagen solange abstellen. Der Wanderweg zum Skålatårnet ist ausgeschildert. Wir folgen dem Weg ein Stückchen hinauf bis zum Wasserfall (mit »Foss« bzw. »Fossen« ausgewiesen).

Auf dem Campingplatz kann man sich auch über eine Bergrutsch-Katastrophe im Lodal informieren, die einst vielen Menschen das Leben kostete. Doch dazu später mehr, denn für den kommenden Tag haben wir erst einmal den Gletscher **Briksdalsbreen** auf unserem Programm (vom Campingplatz aus ungefähr 35 km). Übrigens, wer an **geführten Gletscherwanderungen** teilnehmen möchte, kann hierzu auch Infomationen auf dem Campingplatz Tjugen erhalten.

Strecke 8:

Loen – Olden – Briksdal – Loen (rund 70 km)

Um vom Campingplatz »Tjugen« bei Loen zum Gletscher Briksdalsbreen zu gelangen, fahren wir erstmal wieder zur Straße 60 zurück und biegen **Richtung Olden** ab. Es geht am Fjord entlang.

* Unterwegs hat man die Möglichkeit, an einigen Parkplätzen anzuhalten. Die Toiletten, sofern vorhanden, befanden sich zuletzt jedoch in einem Zustand, auf den ich nicht näher eingehen möchte. Leuten mit empfindlicher Nase sei geraten, ein mögliches Picknick besser zu vergessen.

In **Olden** ist der Gletscher Briksdalsbreen ausgeschildert. Die Straße wird etwas schmaler, ist aber gut zu befahren.

■ Die ca. 17 km lange Strecke durch das **Briksdal** säumen zahlreiche Fotomotive. Dieses Gebiet ist eines der norwegischen Honig-Zentren: Mit etwas Glück, können Sie Imker bei der Arbeit beobachten.

Hinter **Sunde**, auf ungefähr halber Strecke zwischen Straße 60 und dem Gasthaus und Souvenirgeschäft Briksdal Fjellstove, dem Ausgangspunkt der Wanderung zum Gletscher, bietet ein Rastplatz einen wunderschönen Anblick auf einen Gletscherarm, aber um an den nahen See zu gelangen, muß man schon über die Leitplanke hinweg die Böschung hinunterklettern.

* Fast noch schöner und auch etwas einsamer ist ein kleiner Rastplatz tiefer im Brisksdal gelegen (ca. 14 km von der Abzweigung der Straße 60, bzw. ca. 3 km vom Parkplatz der Gletscher-Fjellstove entfernt). Hier ist eigentlich nur Platz für ein größeres Wohnmobil, vielleicht auch zwei kleinere. Ein attraktiver Fluß macht die ohnehin romantische Lage perfekt.

Kurz bevor man den Parkplatz bei der Fjellstove erreicht, wird es noch einmal eng. Hier muß man damit rechnen, wenn sich zwei größere Fahrzeuge treffen, daß eines von beiden ein Stückchen rückwärts rangieren muß. Aber auch das läßt sich einrichten.

Auf dem großen Parkplatz der **Fjellstove** lassen sich auch größere Fahrzeuge bequem abstellen, jedoch ist das Übernachten ausdrücklich verboten.

■ Vor hier aus beginnt der Aufstieg zum **Gletscher**. In der Fjellstove sagte man uns, die Wanderung zu Fuß würde, je nach Kondition, zwischen 30 und 50 Minuten dauern. Wir waren eher eine gute Stunde unterwegs. Aber jede Minute davon hat sich gelohnt. Und nicht den Fotoapparat vergessen! Das wäre schade. Unterwegs kommen wir an dem schönen Wasserfall **Briksdalfoss** vorbei. Daß wir dabei ein wenig naß werden, nehmen wir gerne auf uns.

■ Haben Sie keine Lust, zu Fuß zu gehen, können Sie sich auch für zuletzt NOK 170 pro Person eine **Pferdekutsche** mieten und sich zumindest, sagen wir mal, drei Viertel des Weges hinauf- und hinuterkutschieren lassen. Der Rest des Weges bis direkt an den Gletschersee ist nur zu Fuß zurückzulegen.

Wie entsteht eigentlich ein Gletscher? Nun, in geschützten Lagen sammelt sich im Winter mehr Schnee, als im Sommer überhaupt abschmelzen kann. Dieses ist das sogenannte Nährgebiet des Gletschers. Die Oberfläche verfirnt, d.h. unter unter Einwirkung der Sonnenstrahlen und nächtlicher Fröste wandeln sich die Schneekristalle in Eiskristalle um. Jeden Winter kommt neuer Schnee hinzu. Unter dem Gewicht wird der Firn weiter zusammengepreßt, und es entsteht schließlich dieses opake, türkisfarbene Gletschereis. Druck erzeugt bekanntlich Wärme,

An der Gletscherzunge Briksdalsbreen ▶

und so kommt es, daß sich einige Eiskristalle auf der Gletschersohle kurzzeitig in Wasser verwandeln, bevor sie wieder zu Eis gefrieren. Auf diesem hauchdünnen Wasserfilm rutscht der Gletscher langsam talwärts bis zu dem Punkt, wo die Sonne Kraft genug hat, mehr Eis abzuschmelzen, als sich ansammeln kann. Dieser Teil des Gletschers wird auch als Zehrgebiet bezeichnet.

Im Zehrgebiet des Briksdals-Gletschers angekommen, können Sie dann das türkisfarbene Eis aus nächster Nähe erleben. Aber bitte seien Sie vorsichtig und nehmen Sie die Warnschilder ernst, denn mit Gletschern ist nicht zu spaßen. Man sollte niemals einen Gletscher ohne kundige Führung betreten. Auch sollte man sich nicht zu nahe an das untere Ende heranwagen, denn der Gletscher ist in Bewegung, auch wenn dies mit dem bloßen Auge nicht so ohne weiteres erkennbar ist. Ab und zu bricht an der Stirnseite ein Brocken Eis ab und stürzt in den Gletschersee. Einigen Touristen scheint das völlig egal zu sein: Sie müssen den Gletscher angefaßt haben, auch wenn sie damit ihr Leben riskieren. Wenn Sie unbedingt eine tolle Nahaufnahme vom ewigen Eis haben wollen, bringen Sie eben ein Teleobjektiv mit.

Strecke 9:

Lodal – Kjenndal – Lodal – Dønfoss (rund 155 km)

Wenn Sie jetzt ganz heiß auf Gletscher geworden sind, können Sie vom Campingplatz »**Tjugen**« aus noch einen anderen Gletscher besuchen, den **Kjenndalsbreen** am Ende des gleichnamigen Tals, eine Verlängerung des Lodals. Die diesem Gletscher vorgelagerten Moränen, also Ablagerungen von Geröll, das ursprünglich vom Gletscher transportiert wurde, lassen deutlich den Rückzug des Gletschers erkennen, was auf eine momentan wärmere Klimaperiode hindeutet.

■ **Anfahrt:** Um zum Kjenndalsbreen zu gelangen, nehmen Sie entweder ein Boot (Abfahrt in der Nähe vom Camping Sande um 10:30 Uhr, nur in der Hauptsaison), oder Sie fahren in das Kjenndal hinein. Das letzte Stück vor dem Gletscher führt über eine Mautstraße (Wohnmobil NOK 30). Für Leute, die nicht schwindelfrei sind, könnte ein kurzer Abschnitt der Mautstraße u.U. problematisch sein. Immerhin haben Sie die Möglichkeit, vor Beginn der Mautstraße bequem zu wenden, was die schmale Straße hierher zuvor nicht unbedingt vermuten läßt.

Selbst wenn Sie auf den Besuch eines zweiten Gletschers verzichten wollen, lohnt sich das Lodal. Wie schon angedeutet, bereits auf dem Campingplatz können Sie von einer durch einen Bergrutsch ausgelösten Katastrophe lesen. Die Stelle selbst ist leicht zu finden. Ca. 200 m vor Beginn der Mautstraße ins Kjenndal erinnert eine Gedenktafel an alle, die ihr Leben ließen. Die abgebrochene Felswand des gegenüberliegenden **Ramnefjells** löste bei ihrem Sturz in den See eine so hohe Flutwelle aus, daß nicht nur die an den Ufern stehenden Häuser völlig zerstört wurden, sondern auch ein Ausflugsboot aufs Land geschmettert wurde. Teile des Wracks liegen heute noch da.

Des weiteren hat das Lodal einfach nur bildschöne, beeindruckende Landschaft zu bieten. Da hier noch traditionelle Almwirtschaft betrieben wird, müssen Sie damit rechnen, daß ab und zu Kühe auf der Fahrbahn herumstehen.

* Übrigens, ein recht schön gelegener Picknickplatz im Lodal findet sich ca. 7 km von »Camping Tjugen« bzw. ca. 6 km von der Bergrutsch-Gedenktafel entfernt. Der kleine Rastplatz ist mit Tisch, Bank und Mülleimer ausgestattet und bietet Platz für zwei Fahrzeuge.

Am Nachmittag verlassen wir das Lodal und fahren zurück Richtung E 6. Wieder überqueren wir die vor zwei Tagen noch total mit Schnee bedeckte Fjellandschaft. Zu unserem Erstaunen ist in der kurzen Zeit ziemlich viel Schnee geschmolzen, und die bräunliche Vegetation kommt an einigen Stellen zum Vorschein. Die Hänge erscheinen jetzt z. T. streifenartig gemustert. Zum Übernachten ist es in dieser »Zebralandschaft« aber noch zu kalt, und wir fahren weiter bis zum **Dønfoss**, wie bereits schon in »Strecke 7« erwähnt.

Strecke 10:

Rückfahrt: Dønfoss – Lom – Otta – Sjoa (rund 115 km)

Die darauffolgende Nacht verbringen wir der Einfachheit halber wieder auf dem noch fast leeren Campingplatz in Sjoa.

Wollen Sie jetzt gen Norden fahren, lesen Sie jetzt am besten unter Kapitel »Strecke 16« weiter; wollen Sie zurück gen Süden, so folgen Sie »Strecke 11«.

Strecke 11:

Sjoa – Espedal – Helvete – Etna – Leira (rund 360 km)

Damit wir, von Sjoa aus, nicht über dieselben Straßen zurückfahren, die wir gekommmen sind, planen wir für unsere Rückfahrt einen Abstecher in das **Espedal**. An der ehemaligen Mündung des Sees Espedalvannet gibt es nämlich die größten **Gletschertöpfe** Nordeuropas zu sehen.

Diese großen, topfartigen Löcher bzw. Höhlen entstanden während der Eisschmelze der letzten Eiszeit, als die Flüsse beträchtliche Mengen an Wasser und Geröll transportierten. Dort, wo sich Wasserstrudel bildeten, schmirgelten die in ihnen rotierenden Steine den felsigen Untergrund förmlich aus und ließen so schließlich diese großen Töpfe im Flußbett entstehen. Einige von ihnen sind bis zu 50 m tief. Die Norweger nennen diese großen Gletschertöpfe »**Helvete**«, zu deutsch »Hölle«.

Ja, und das ganze entwickelt sich auch zu einem ziemlich teuflischen Abstecher: Von Norden kommend, kann man von der E 6 bei Vinstra auf die Straße 255 abbiegen, am Espedal-See vorbei zur Hölle gelangen und dann bei Fåberg wieder auf die E 6 einfädeln.

Gleich hinter Vinstra führt die Straße in die Höhe und verläuft oben den Hang entlang. Für Leute, die sich nicht so wohl in der Höhe fühlen, ist die Anfahrt von Fåberg aus sicherlich gemütlicher, d.h. bis auf die letzten fünf Kilometer direkt vor der Hölle, denn da windet sich die nicht allzu breite Straße wieder mit 11 % Steigung in die Höhe, zum Teil direkt am Abgrund entlang, dennoch nicht mit den Hängen von Aurland zu vergleichen. Wenn man also unbedingt schon in die Hölle will, kommt man nicht drum herum.

■ **Helvete:** Die Hölle selbst ist ausgeschildert, und man kann dort oben problemlos parken. In der Hochsaison wird am Eingang zum Höllenwanderweg ein geringer Eintritt kassiert. Im Juni tut der Höllenpförtner noch keinen Dienst, und der Eintritt ist gratis.

Die Bezeichnung »Wanderweg« ist vielleicht etwas übertrieben, denn es ist gar nicht weit zur Hölle. Zunächst führt der ausgetretene Pfad über felsigen Grund durch mit Gebüsch und einigen Bäumen bestandenes Terrain. Nach wenigen Minuten lichtet sich die Vegetation, und wir stehen an einer mit einem Geländer versehenen Felskante. Hier hat man einige Grillplätze eingerichtet. Wenn Sie Ihre Picknicksachen mit herbringen, können Sie sich direkt über der Höllenschlucht stärken. Vielleicht braucht man das, will man tatsächlich in die Hölle hinabsteigen. Beim Anblick auf den ungesicherten, steilen Pfad in die Tiefe verzichten wir darauf. Ein falscher Tritt oder einmal stolpern reicht, und man gelangt wahrscheinlich ohne Rückfahrkarte viel schneller, als einem lieb ist, in die verdammte Hölle. Obwohl einige Leute das Abenteuer des Abstiegs wagen (festes Schuhzeug ist absolut erforderlich!), sind wir nicht die einzigen, die beim Grillplatz umkehrten.

Es ist schon ein bißchen enttäuschend, deswegen so viele Extrakilometer gefahren zu sein. Trotz der recht friedlich und beschaulich wirkenden Landschaft des Espedals empfanden wir die Hölle nur als Streß.

Übrigens, Mitte des 19. Jahrhunderts war das Espedal auch ein Nickelabbaugebiet. Um nach der höllischen Enttäuschung jetzt aber die **Nickelgruben** zu erkunden

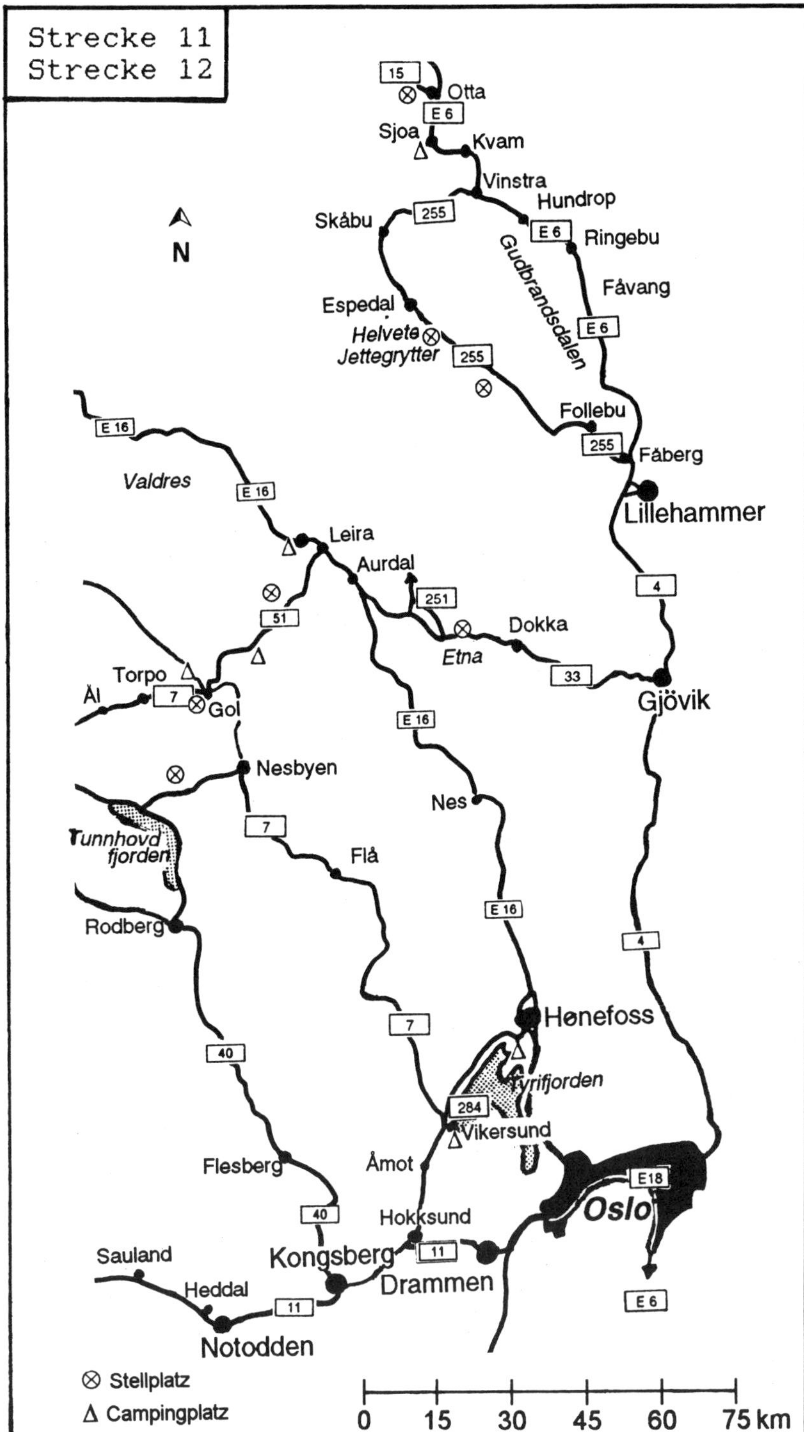
Strecke 11
Strecke 12
N
15
Otta
E 6
Sjoa
Kvam
Vinstra
Hundrop
255
Skåbu
E 6
Ringebu
Gudbrandsdalen
Fåvang
Espedal
E 6
Helvete
Jettegrytter
255
Follebu
255
Fåberg
Lillehammer
E 16
Valdres
E 16
Leira
Aurdal
251
51
Dokka
Etna
33
Gjövik
4
Torpo
Ål
7
Gol
E 16
Nesbyen
Nes
7
Tunnhovd
fjorden
Flå
E 16
Rodberg
4
Hønefoss
7
40
Tyrifjorden
284
Vikersund
Åmot
Flesberg
E18
Oslo
40
Hokksund
Sauland
Kongsberg
11
Drammen
Heddal
11
E 6
Notodden
Stellplatz
Campingplatz
0
15
30
45
60
75 km

– der Wanderweg ist ausgeschildert –, fehlt uns aber der Elan.

Vielleicht haben Sie ja mehr Schneid, was den Besuch der Unterwelt angeht, und brauchen jetzt nach dem Abstieg in die Hölle oder nach der »Nickelwanderung« einen schönen **Übernachtungsplatz** hier in der Nähe. Nun, damit kann ich dienen.

* Nur ca. 6 km vom Höllen-Parkplatz aus in Richtung Fåberg – Sie haben gerade die Serpentinen hinter sich – finden Sie nur etwa 1 km vor dem ausgeschilderten Rastplatz eine Möglichkeit, direkt an den Fluß heranzufahren. Die Spuren eines Lagerfeuers weisen darauf hin, daß dieser Platz auch schon von anderen entdeckt worden ist.

* Einen anderen wunderschönen, relativ versteckten Platz, auch direkt am Fluß, entdecken wir ca. 22 km vom Höllenparkplatz entfernt kurz vor der Ortseinfahrt »Bødal«. Also, wenn Sie in Richtung Fåberg fahren, kommen Sie an einer kleinen, weißen Kirche vorbei. Von dort sind es noch ca. 4 km bis zu dem Stellplatz. Direkt nach einer Kurve sieht man ein Gehöft mit einem grauem Silo vor sich. Hier biegen Sie rechts ab zum Fluß. Sie können ruhig vorwärts hineinfahren, denn weiter hinten kann man wenden. Ein kleiner Hinweis noch: In der Mitte der Zufahrt zur Flußterrasse befindet sich ein etwas größerer Stein. Vielleicht sollten Sie überprüfen, wieviel Spielraum Sie unter Ihrem Fahrzeug haben.

Wenn Sie von hier aus jetzt möglichst schnell nach Oslo kommen wollen, fahren Sie von Fåberg über die E6, von Gjøvik aus die Straße 4. Auf diesen Straßen kommen Sie recht schnell voran.

Wir wählen folgende Strecke: Hölle, Forset, Segalstadt Bru, Follebu, Fåberg, Lillehammer, Gjøvik, Dokka bis Leira.

** Wir entscheiden uns diesmal für den **Campingplatz »Strandheim«** in Leira, denn es ist inzwischen saukalt und eine heiße Dusche unabdingbar.

Anfahrt: von der E 16 abbiegen auf die Straße 51 Richtung Gol, über die Brücke fahren; der Campingplatz liegt auf der rechten Seite und ist ausgeschildert.

Strecke 12:

Leira – Nes – Hønefoss – Vikersund (rund 210 km)

Nach einer recht kalten Nacht auf dem beschaulich gelegenen Campingplatz in Leira brechen wir auf Richtung Süden. Wir fahren auf der E 16.

* Nur ca. 5 km nach der Abzweigung der Straße 35 entdeckten wir verschiedene Rastplätze, von denen der eine oder andere einen idealen Übernachtungsplatz abgeben würde. Da die Straße oben auf dem meist bewaldeten Hang verläuft, bieten einige Rastplätze auch einen schönen Ausblick ins Tal.

* Auch weiter südlich finden sich mehrere Rastplätze, z.B. 9–10 km hinter der Kirche von Bengdall, 8–9 km vor Nes, durch Bäume und Büsche von der Straße getrennt.

Wenn es nur darum geht, ein paar Kleinigkeiten einzukaufen, sind Sie wahrscheinlich besser bedient, in einem kleinen Ort wie Nes zu halten, als extra nach Hønefoss hineinzufahren.

Die kleine Industriestadt **Hønefoss** empfanden wir als potthäßlich, ziemlich voll und, für norwegische Verhältnisse, verdammt hektisch. Dafür ist aber das Angebot an Geschäften recht vielfältig.

** Da die freien Übernachtungsmöglichkeiten im Umfeld von Oslo etwas eingeschränkter sind als in Gebieten, die weiter von der Zivilisation entfernt sind, fassen wir zunächst den Campingplatz »Onsakerviker« auf der Halbinsel **Røyse** (südlich von Hønefoss) ins Auge. Sicherlich, der Platz hat eine schöne Lage, direkt am See, jedoch ist er mehr als voll, u.a. auch viele Dauercamper.

** Von einer früheren Norwegenfahrt her kennen wir aber noch den Campingpatz »Natved« in **Vikersund**, auf der anderen Seite des Sees. Der Platz ist ausgeschildert. Sie erreichen ihn, wenn Sie in Vikersund von der Straße 35 über eine Brücke auf die Straße 284 Richtung Sylling abbiegen und noch ca. 2 km Richtung Norden fahren.

Auch dieser Platz ist bei Dauercampern beliebt, jedoch findet sich diesmal ein Plätzchen, wo man dem Nachbarn nicht in den Topf guckt. Die Platzleiterin, die gut Englisch und auch etwas Deutsch spricht, ist enorm auskunfts- und hilfsbereit.

Von Vikersund ist es nicht weit zu einem industriegeschichtlichen Denkmal.

■ Das **Blåfargeværk** beim Wasserfall Haugfoss liegt an der Straße 287 und ist ausgeschildert. Bei diesem beliebten Ausflugsziel aus dem Jahre 1776 steht ausreichend Parkraum zur Verfügung.

Um 1830 herum fungierte das Blåfargeværk als größtes Bergwerk für Kobalt. Heute findet sich dort ein Museum, das zeigt, wie damals gelebt und gearbeitet wurde. Auch kann man kobaltblau bemaltes Porzellan und gefärbte Glasarbeiten bestaunen wie erwerben. Für Erfrischungen und Mahlzeiten ist gesorgt (allerdings relativ teuer).

■ Wer es vielleicht nicht schafft, nach Oslo zu kommen und dennoch eine Mütze voll Kultur mitnehmen will, kann sich die aktuelle **Kunstausstellung** anschauen: Arrangiert werden wechselnde Ausstellungen mit Werken meist skandinavischer Künstler. Für die Kunstausstellung ist Eintritt zu zahlen, aber wenn man Spaß an Gemälden hat, lohnt es sich allemal.

■ Diejenigen, die sich immer noch nicht an norwegischen Wasserfällen sattgesehen haben, bzw. diejenigen, die noch gar keinen Wasserfall zu Gesicht bekommen haben – je nachdem, wo man seine Norwegentour beginnt –, können zum **Haugfoss** spazieren.

◀ *Der Schlund der „Hölle“*

Strecke 13:

Vikersund – Drammen – Oslo – Horten (rund 155 km)

Heute steht eine Stippvisite in der norwegischen Landeshauptstadt auf dem Programm. Daß man **Oslo** nicht auf diese Weise auskundschaften kann, ist uns klar. Wollten wir die Stadt so richtig kennenlernen, so bräuchten wir mit Sicherheit mehrere Tage. Ich möchte darauf verzichten, hier alle Sehenswürdigkeiten der Hauptstadt aufzulisten, Ihnen aber ans Herz legen, sich im voraus die aktuelle, umfassende Broschüre »Oslo Guide« kostenlos vom norwegischen Fremdenverkehrsbüro zu besorgen (siehe »Anschriften«).

Wir fahren mit einem bestimmten Ziel nach Oslo, nämlich die Gemälde des norwegischen Malers **Edvard Munch** (1863–1944) zu sehen. Diese verteilen sich auf das Munch-Museum und die Nationalgalerie.

Wir erkundigen uns nach der Verkehrs- bzw. Parkplatzsituation in der Hauptstadt und erfahren, daß man auf keinen Fall mit dem Fahrzeug in die City fahren solle. Parkplätze seien schwer zu ergattern, kosten viel Geld, und der Verkehr sei sowieso ein einziger Wust.

Wir folgen dem Rat der Norweger und fahren von Vikersund über Drammen Richtung Oslo. Hinter Drammen löhnen wir für einen Autobahnabschnitt der E 18 NOK 10 Maut.

Schließlich erreichen wir die Ausfahrt für den Vorort **Asker**, folgen der Ausschilderung zum Bahnhof (rechts abbiegen und man kann es nicht verfehlen) und parken auf dem großen, kostenlosen P&R Parkplatz.

Die S-Bahn ist allerdings relativ teuer, und es gibt angeblich auch keine Kombi-Fahrkarte, die auch für das Osloer U-Bahnnetz gilt.

Während wir noch auf die Bahn warten, denken wir, daß wir wahrscheinlich per Bulli schon längst da wären. Schließlich kommt der Zug, und wir tuckern eine gute Dreiviertelstunde bis zum Hauptbahnhof. Dort kaufen wir neue Fahrkarten und steigen auf die U-Bahn um. Es ist nicht weit bis zur Haltestelle »Tøyen«, wo sich das Munch-Museum befindet.

Mit Verwunderung stellen wir fest, daß es mehr oder weniger direkt bei dem Munch-Museum jede Menge freie Parkplätze gibt. Gut, das Parken kostet NOK 10 pro Stunde, aber rechnen wir jetzt doch mal die Kosten der Fahrkarte dagegen. Außerdem hätte man die Möglichkeit, schnell einen kleinen Snack zuzubereiten, anstatt teure Hamburger oder dergleichen verzehren zu müssen. Andererseits, wer weiß, wie lange die Anfahrt mit dem Wohnmobil in Anspruch genommen hätte.

Egal, wir sind jetzt hier, auch ohne unser Auto, und freuen uns auf das Museum.

■ Das **Munch-Museum** ist in den Sommermonaten dienstags bis samstags von 10:00 bis 18:00 Uhr geöffnet, sonntags von 12:00 bis 18:00 Uhr. Führungen beginen normalerweise um 13:00 Uhr. Der Eintritt kostete zuletzt nicht geringe NOK 40/15. Aber, wer die Bilder von Munch mag, wird von diesem Museum angenehm überrascht werden. Wer ein paar seiner Bilder kostenlos sehen möchte, kann dies in der Nationalgalerie tun.

Wir fahren wieder ein Stück mit der U-Bahn, diesmal bis »Stortinget«, bummeln auf dem Weg zur Gallerie noch ein wenig durch die Innenstadt mit den vielen Geschäften und genießen das bunte Treiben.

Hier im Zentrum allerdings muß ich unseren Ratgebern recht geben. Mit Park-

Strecke 1
Strecke 13
Strecke 14
Strecke 15

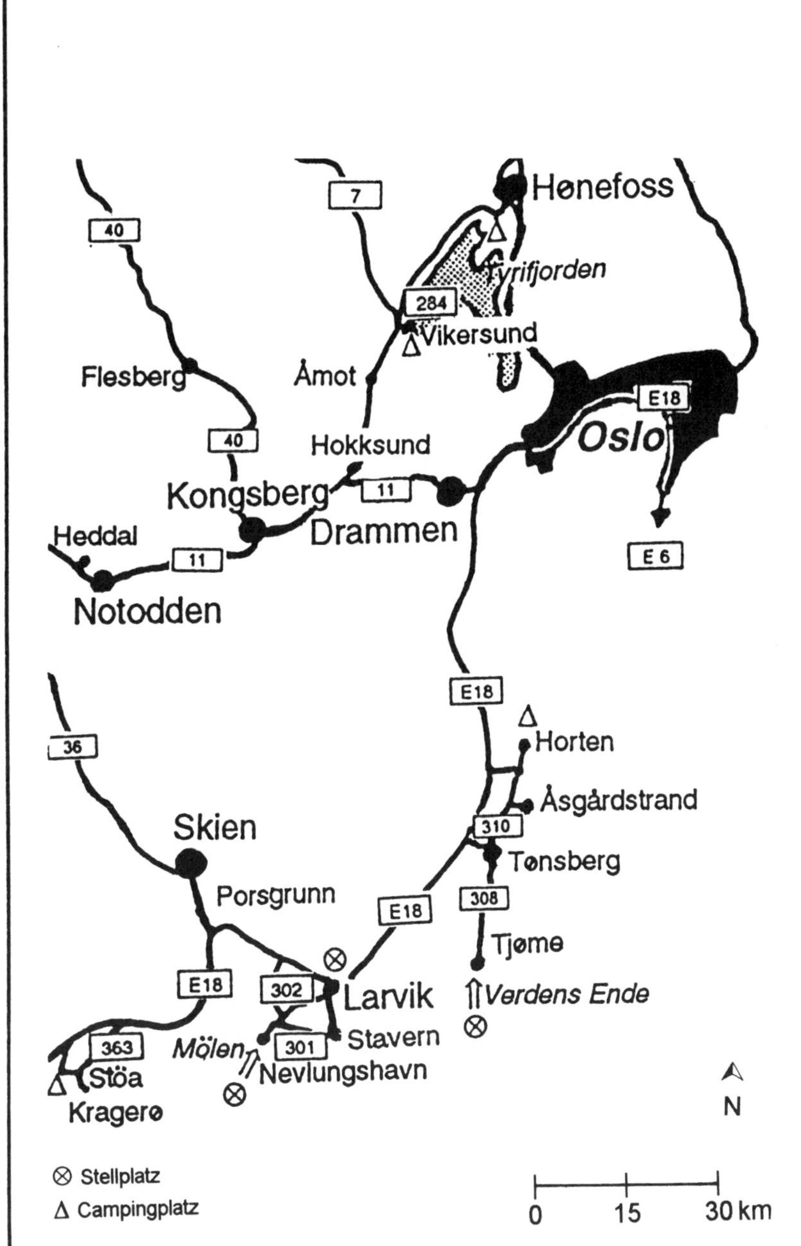

plätzen sieht es schlecht aus, und der Verkehr ist etwas dichter, aber dennoch kann von einem unbezwingbaem Wust keine Rede sein – da sind wir von zu Hause anderes gewöhnt.

■ Gegen Nachmittag schauen wir uns schließlich noch die Munch-Bilder in der **Nationalgalerie** an. Das Museum ist montags, mittwochs, freitags und samstags von 10:00 bis 16:00 Uhr, donnerstags von 10:00 bis 18:00 Uhr, sonntags von 11:00 bis 15:00 Uhr geöffnet, bleibt aber dienstags geschlossen.

Inzwischen sind wir pflastermüde geworden, so daß wir beschließen, wieder zurück nach Asker zu unserem Bulli zu fahren. Von der Gallerie gehen wir zur Station »National Theatret«. Die S-Bahn ist jetzt gut mit Pendlern besetzt.

Von Asker aus – immer noch auf dem Munch-Trip – fahren wir über die E 18 nach Åsgårdstrand, wo der Maler sein Sommerhaus hatte und wo viele seiner Bilder entstanden.

* Unterwegs versuchen wir, nach möglichen Übernachtungsplätzen Ausschau zu halten, aber es sieht schlecht aus. Möglicherweise könnte man ein paar Kilometer südlich von Sande die Nacht am Sandebukta-Fjord verbringen, aber die kleine Abfahrt zu dem Platz, an dem einige Boote liegen, ist auch nur aus Süden kommend anzufahren.

Schließlich biegen wir von der E18 auf die Straße 306 ab. Wir fahren bis nach **Åsgårdstrand** und parken zunächst unten am Hafen. Daß wir direkt in dem Motiv des berühmten Munch-Bildes »Mädchen auf der Brücke« parken, nämlich vor dem weißen Haus unter der großen Linde, wird uns erst bei einem Spaziergang auf der Mohle bewußt.

An diesem schönen Platz essen wir unser Abendbrot, jedoch zum Übernachten halten wir diesen Ort nicht so gut geeignet. Dafür ist hier viel zu viel los. Ständig kommen irgendwelche Leute zu ihren Yachten; Legionen von Touristen, die in einem nahegelegenen Hotel nur zweihundert Meter von uns untergebracht sind, drehen ihre abendlichen Runden.

Wir konsultieren unseren Campingführer und fahren noch ein Stückchen weiter nach Süden. »Camping Skallevold«, nördlich von Tønsberg, ist überfüllt.

Wir fahren zurück, um die Plätze nördlich von Åsgårdstrand auszuchecken.

■ Dabei entdecken wir die Beschilderung zu einer Sehenswürdigkeit, der wir folgen, denn möglicherweise gibt es dort Parkplätze, die sich auch für eine Übernachtung anbieten. Nun, Parkplätze gibt es, aber auch jede Menge Hinweisschilder, daß Camping ausdrücklich verboten ist. Außerdem verbreitet dieser Ort, an dem es vorzeitliche **Grabhügel** zu sehen gibt, eine Atmosphäre, die einem Roman von Stephen King entstammen könnte.

** Der Campingplatz von Horten, »**Camping Rørestrand**« (ausgeschildert an der Straße 310), auf dem wir uns schließlich einquartieren, ist nicht besonders schön. Dauercamper neben Dauercamper, dicht and dicht – total unromantisch. Jedoch sind die meisten Gäste an den Wochentagen gar nicht auf dem Platz.

Wir haben jetzt wirklich keine Lust mehr, noch länger zu suchen. Es ist inzwischen schon fast Schlafenszeit, so daß wir selbst von einem wunderhübschen Platz nicht mehr viel hätten. So verbringen wir doch eine ruhige und erholsame Nacht am Rørestrand.

Strecke 14:

Horten – Åsgårdstrand – Tønsberg – Verdens Ende (rund 60 km)

Nach einer Tasse Kaffee geht es wieder zurück nach Åsgårdstrand. Wenn Sie den Campingplatz in Horten verlassen, fahren Sie zunächst durch ein Wohngebiet. Dort herrscht Rechts-vor-links-Verkehr, von dem die Anlieger hartnäckig Gebrauch machen.

Wieder parken wir unseren Bus unten am Yachthafen von **Åsgårdstrand**. Die kleinen Geschäfte liegen im Zentrum auf dem Hügel. In der Konditorei besorgen wir frische Frühstücksbrötchen und leckeren Kuchen fuür später. Die freundliche Verkäuferin erklärt uns in gutem Englisch, wie wir zu Edvard Munchs Sommerhaus kommen.

■ Wir schlendern die Straße entlang; ein bildschönes Holzhaus neben dem anderen und die üppige Blütenpracht der Vorgärten begeistern uns. Schließlich gelangen wir zu **Edvard Munchs Sommerhaus**, ein eher bescheiden wirkendes Gebäude.

Das Museum noch nicht geöffnet; es macht erst um 13:00 Uhr auf. Das Grundstück des Malers grenzt direkt an das Meer, und wir beschließen, die Wartezeit einfach damit zu verbringen, unten im Garten bzw. am Strand zu sitzen.

Kurz vor 13:00 Uhr kommt die Museumsführerin. Sie spricht sehr gut Englisch und erklärt uns alles mögliche. Sie ist keineswegs aufdringlich und läßt uns auch alleine durch das Haus stöbern. Darüber sind wir doch recht verwundert, denn auch wenn es kein großes Haus ist, könnte hier doch eine Menge als Andenken gestohlen oder zumindest beschädigt werden. So viel Vertrauen den Besuchern gegenüber habe ich zuvor nirgends erlebt.

Am Nachmittag fahren wir weiter in südlicher Richtung. In **Tønsberg** müssen wir uns entscheiden, ob wir lieber den Landzipfel Tønsberg Tønne oder Verdens Ende besuchen möchten. Wir wollen dahin, wo es nicht so voll, aber trotzdem landschaftlich reizvoll ist. Wir halten an, um die Landkarte zu studieren. Schließlich fragen wir einen Einheimischen, was er empfehlen würde. Ohne lange zu überlegen sagte uns der Norweger, wir sollten nach **Verdens Ende** fahren, das sei schließlich das »Ende der Welt«.

Die Straße 308 führt uns dorthin. Wir stellen uns auf den großen Parkplatz von Verdens Ende. Es sind noch ein paar andere Fahrzeuge da, auch einige Wohnmobile. Wir lösen zunächst einen Parkschein für zwei Stunden, zuletzt NOK 6 pro Stunde (NOK 25 für 24 Stunden). Das gibt uns genug Zeit, den Platz auszukundschaften. Notfalls lösen wir später nach.

■ Vom Parkplatz führt ein Trampelpfad durch etwas Gebüsch hinüber in die einzigartige Welt des **Schärengartens.** Wir klettern über Felsbuckel, die einst von eiszeitlichen Gletschern glattgeschliffen wurden, und versuchen zum äußersten Ende zu gelangen. Es ist manchmal gar nicht so leicht, sich den Weg durch diese bizarre Landschaft zu bahnen; das hängt wohl auch vom Tidenhub ab.

* Als wir uns auf den Rückweg begeben, sind unsere zwei Parkstunden längst verstrichen. Wieder am Bulli angekommen, machen wir uns jetzt erst einmal etwas zu essen. Die anderen Wohnmobile sind auch noch da. Wir planen, hier zu übernachten.

Plötzlich kommt ein Parktwächter und fängt an, alle Autos aufzuschreiben, bei denen die Parkzeit abgelaufen ist. Also renne ich los und löse am Automaten einen neuen Parkschein, diesmal über 24 Stunden. Der Parkwächter, der das natürlich mitbekommen hat, sagt uns, daß wir das Geld für so viele Stunden hätten sparen können, da er sowieso gleich Feierabend habe und erst am nächsten Tag wiederkäme. Wir antworten, daß wir vorhätten, die Nacht hier zu verbringen. Er klärt uns augenzwinkernd auf, daß auf dem Parkplatz Camping zwar verboten sei, jedoch auch ein Campingfahrzeug das Recht habe, hier geparkt zu werden, und wünscht uns noch eine angenehme Nacht.

Kurz nachdem der Mann am Straßenrand seine Uniform gegen Freizeitkleidung getauscht hat, fährt er mit dem Linienbus nach Hause. Bald darauf kommen noch eine Reihe norwegischer Hippie-Busse, und ein paar Leute schlugen auf dem Parkplatz sogar ihre Zelte auf, die allerdings am nächsten Morgen ganz schnell wieder zusammengepackt werden.

Übrigens, unten am kleinen Hafen gibt es öffentliche Toiletten. Dort ist auch ein Wasserhahn, aber die Entfernung zum Parkplatz ist doch beträchlich, wenn man einen Kanister zu Fuß transportieren muß. Die Zufahrt ist Anliegern erlaubt.

Strecke 15:

Verdens Ende – Larvik (rund 85 km)

Von Verdens Ende aus sind es nur ca. 85 km bis zu unserem Fährhafen Larvik.

Wir verbringen den Tag vor unserer Abreise in **Larvik**, wo wir noch etwas einkaufen, in **Stavern** und an der Küste von **Mølen**. Näheres dazu ist unter »Strecke 1« beschrieben.

* Viele Leute, die, wie wir, die Morgenfähre gebucht haben, verbringen die **Nacht** am Fährhafen. Das hat natürlich den Vorteil, daß man die Fähre nicht verpassen kann.

* Wir übernachten auf dem ebenfalls in Kapitel »Strecke 1« beschriebenen Rastplatz an der E 18, was man eigentlich nicht tun sollte, sich aber diesmal halt so ergibt. Von hier aus sind es nur etwa 15 Minuten Fahrzeit zum Fährhafen.

◀ *Schärenküste bei Verdens Ende*

Strecke 16:

Sjoa – Dombås – Dovrefjell – Steinkjer (rund 385 km)

Um dem Nordkap näher zu kommen, beschließen wir, heute einmal eine etwas größere Etappe auf der E6 zurückzulegen.

Wir passieren **Dovre** und machen schließlich in **Dombås** halt. Wenn Sie Souvenirs kaufen wollen, so haben Sie hier reichlich Auswahl.

Dombås ist ein Verkehrsknotenpunkt, gerade auch für Touristen:

■ Sie kommen entweder aus dem Gebirge und fädeln in die E 6 ein, oder sie biegen hier auf die Straße 9 Richtung Åndalsnes ab, um die berühmte Serpentinenstraße **Trollstigveien** zu fahren.

Wir verlassen Dombås Richtung Dovrefjell. Die Straße gewinnt wieder an Höhe, ohne daß jedoch Steilhänge zu meistern sind. Sie verläuft meist parallel zum Fluß. Der höchste Punkt der Straße ist kurz hinter **Hjerkinn** erreicht (1026 m ü.d.M.).

Ein Stückchen weiter durchqueren wir den **Dovrefjell-Nationalpark**, dessen Erhebungen links und rechts der Straße um die 1500 m messen. Es soll sich hier um das niederschlagsärmste Gebiet Norwegens handeln.

Es regnet zwar nicht, als wir dort eintreffen, aber dennoch ist alles ziemlich grau in grau. Wir halten bei **Kongsvoll**.

■ Von hier aus versprechen markierte Wanderwege schöne **Tageswanderungen**, wobei man angeblich auch Moschusochsen zu Gesicht bekommen kann. Laut Karte ist man zur nächsten Hütte fünf Stunden unterwegs, aber man muß ja auch wieder zum Ausgangspunkt zurück. Deshalb beschränken wir uns auf einen kurzen Spaziergang. Heide, Flechten und Moose prägen das Dovrefjell. Was die Moschusochsen betrifft, so soll es nicht ungefählich sein, sich ihnen auf weniger als zweihundert Meter zu nähern.

Es geht recht zügig weiter. Wir lassen Trondheim aus, da größere Städte grundsätzlich mehr Zeit benötigen, um ihnen auch nur annähernd gerecht zu werden. Stippvisiten lohnen sich eigentlich nur, wenn man ein ganz bestimmtes (Besichtigungs-)Ziel vor Augen hat. Das haben wir auf unserer Nordkap-Fahrt zwar nicht. Aber es gibt sicher nicht wenige unter Ihnen, die entweder mehr Zeit mitbringen oder ihre Akzente anders gesetzt haben und **Trondheim** besuchen wollen.
■ Bekannt ist Norwegens drittgrößte Stadt für seine wunderhübschen **Holzhäuser**, aber auch für bildschöne Gebäude aus Stein. – Wer an Kirchen interessiert ist, wird sich mit Sicherheit den **Nidaros-Dom** anschauen wollen, in dem alle norwegischen Könige gekrönt wurden. – Wer sich hingegen eher in das bunte Treiben stürzen will, sollte den **Marktplatz** nicht auslassen. – Auch der **Hafen** bietet sich zum Flanieren und Schauen an.

Wir umfahren das Stadtzentrum problemlos: Die E 6 wird für eine kurze Strecke zur Umgehungs-Autobahn, für die man eine geringe Gebühr entrichten muß.

Wir setzen unsere Reise fort, bis wir schließlich, nach 385 Tageskilometern, keine Lust mehr zum Fahren haben.
** Wir quartieren uns auf dem **Campingplatz** von **Steinkjer** ein: Dazu biegt man nördlich der Mobil-Tankstelle nach Ogndal ab (Straße 762). Nach ca. 1 km biegt man links ab, fährt an den Sportstätten vorbei und kann den Campingplatz nicht mehr verfehlen.

Obwohl auch dieser Campingplatz direkt an einen Fluß grenzt, halten wir ihn nicht für sonderlich schön. Vielleicht sind wir bereits verwöhnt.

Nahe der Sportanlagen treffen sich am Abend die Jugendlichen und demonstrieren, wie toll sie auf ihren Mofas fahren können.

Nach dem Abendessen spazieren wir hinüber in das Stadtzentrum. Außer ein paar Teenagern auf der Suche nach etwas Action scheint die 10.000 Einwohner zählende Garnisonsstadt wie ausgestorben. Schön ist die Stadt auch nicht, aber das ist kein Wunder. Das Stadtzentrum wurde im Zweiten Weltkrieg von den Deutschen zerbombt und später im schlichten Nachkriegsstil wieder aufgebaut. Nur am Fluß, wo einige Fliegenfischer ihr Glück versuchen, findet man noch etwas Romantik.

Strecke 16

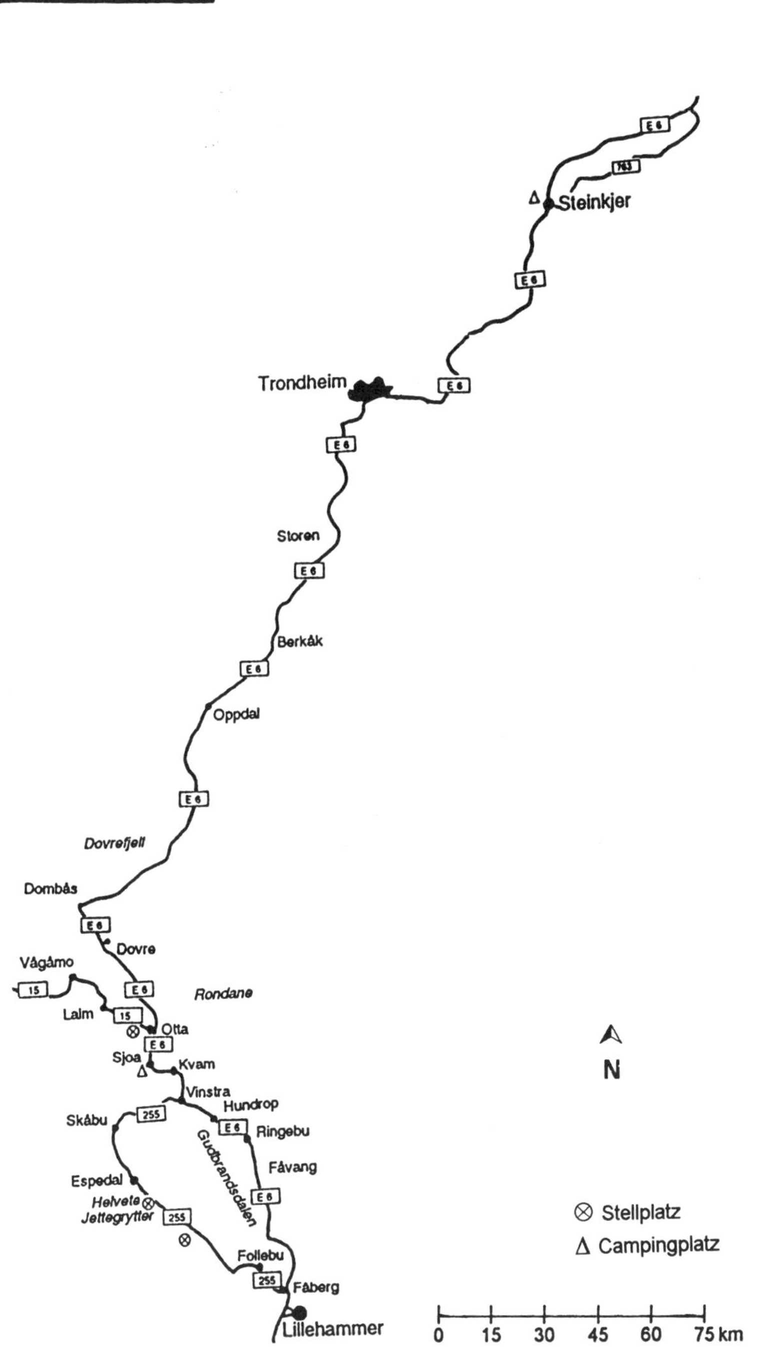

E 6
763
Steinkjer
Trondheim
Storen
Berkåk
Oppdal
Dovrefjell
Dombås
Dovre
Vågåmo
15
Lalm
Rondane
Otta
Sjoa
Kvam
Vinstra
Hundrop
Skåbu
255
Ringebu
Gudbrandsdalen
Fåvang
Espedal
Helvete
Jettegrytter
Follebu
Fåberg
Lillehammer
N
Stellplatz
Campingplatz
0 15 30 45 60 75 km

Strecke 17:

Steinkjer – Formofoss – Namdal – Mellingsmoen (rund 185 km)

Wer es nicht so eilig hat, kann von Steinkjer aus die Straße 763 Richtung Snåsa nehmen.

■ Bei **Bøla** kann man die vor ca. 6.000 Jahren in den Fels geritzte, gut erhaltene Zeichnung eines Rentieres bewundern. Kurz hinter Snåsa treffen Sie dann wieder auf die E 6.

Die Straße verläuft parallel zum See **Snåsavattnet.**

■ Bei **Holem** gibt es einen **Aussichtspunkt.**

Ca. 80 km nach Verlassen hinter Steinkjer gelangen wir nach **Formofoss**, bestehend aus einer Straßenkreuzung, einer Bahnstation und einem Geschäft. Man kann draußen auf Holzbänken sitzen und die frisch gekauften, knusprigen Brötchen vertilgen, bevor man den kurzen Fußmarsch zum Wasserfall startet. Ein WC gibt es hier auch.

■ Der **Wasserfall** ist zwar nicht von gigantischem Ausmaß, hat dennoch etwas Besonderes.

■ Um den Lachsen den Weg flußaufwärts zu erleichtern, hat man an der Seite des Wasserfalls eine **Lachstreppe** gebaut. Die Lachse können von Stufe zu Stufe springen und so den Höhenunterschied bewältigen.

Wir fahren weiter und gelangen schließlich in das **Namdal**.

■ Der Fluß **Namsen** ist wegen seines Fischreichtums einer der bekanntesten **Angelflüsse**.

■ So hat man auch bei **Fiskumfossen** dafür gesorgt, daß die Lachse mit Hilfe einer 290 m langen Lachstreppe weiter flußaufwärts schwimmen können.

In der Region von **Namskogan** entdecken wir rechts der Hauptstraße eine anscheinend ruhige Seitenstraße an einem Zufluß des Namsen, von der ein Stück unbefestigte Piste, immerhin noch von kleineren Wohnmobilen befahrbar, direkt hinunter an den Fluß führt. Wir begehen den Weg zunächst, um die Festigkeit des Untergrundes zu überprüfen. Reifenspuren und Reste eines Lagerfeuers deuten darauf hin, daß schon andere hier waren. Es scheint ein Traumplätzchen zu sein, ideal zum Übernachten.

Da man unten in der Sackgasse nicht wenden kann, fahren wir den Weg schließlich rückwärts hinunter, um beim Aufbruch in Fahrtrichtung zu stehen. Rechts und links vom Bulli ist Gestrüpp. Ein- und Aussteigen geht am besten durch die Schiebetür.

Ein Stückchen hinter dem Auto breiten wir unsere Matten aus, um ein wenig in der warmen Sonne zu liegen. Für einen Moment glauben wir, das Paradies gefunden zu haben. Doch bald schon werden wir von Mücken traktiert und obendrein noch von riesigen Bremsen gestochen. Zudem müssen wir feststellen, daß auf der scheinbar ruhigen Seitenstraße, die parallel zu unserer Sackgasse verläuft, ständig Baulaster vorbeidonnern. Die Fahrer gaffen uns neugierig an und hupen mit Freude.

Wir fahren also weiter nach Norden. Jedoch bietet die E 6 auch keinen anderen günstigen Stellplatz zum Übernachten.

** Stattdessen finden wir an der E 6 einen fast leeren **Campingplatz** in **Mellingsmoen**. Die meisten Besucher dieses kleinen, preisgünstigen Platzes wohnen in den Hütten. Wer Strom braucht, steht in der Nähe der Hütten und des Waschhäuschens. Die sanitären Einrichtungen sind

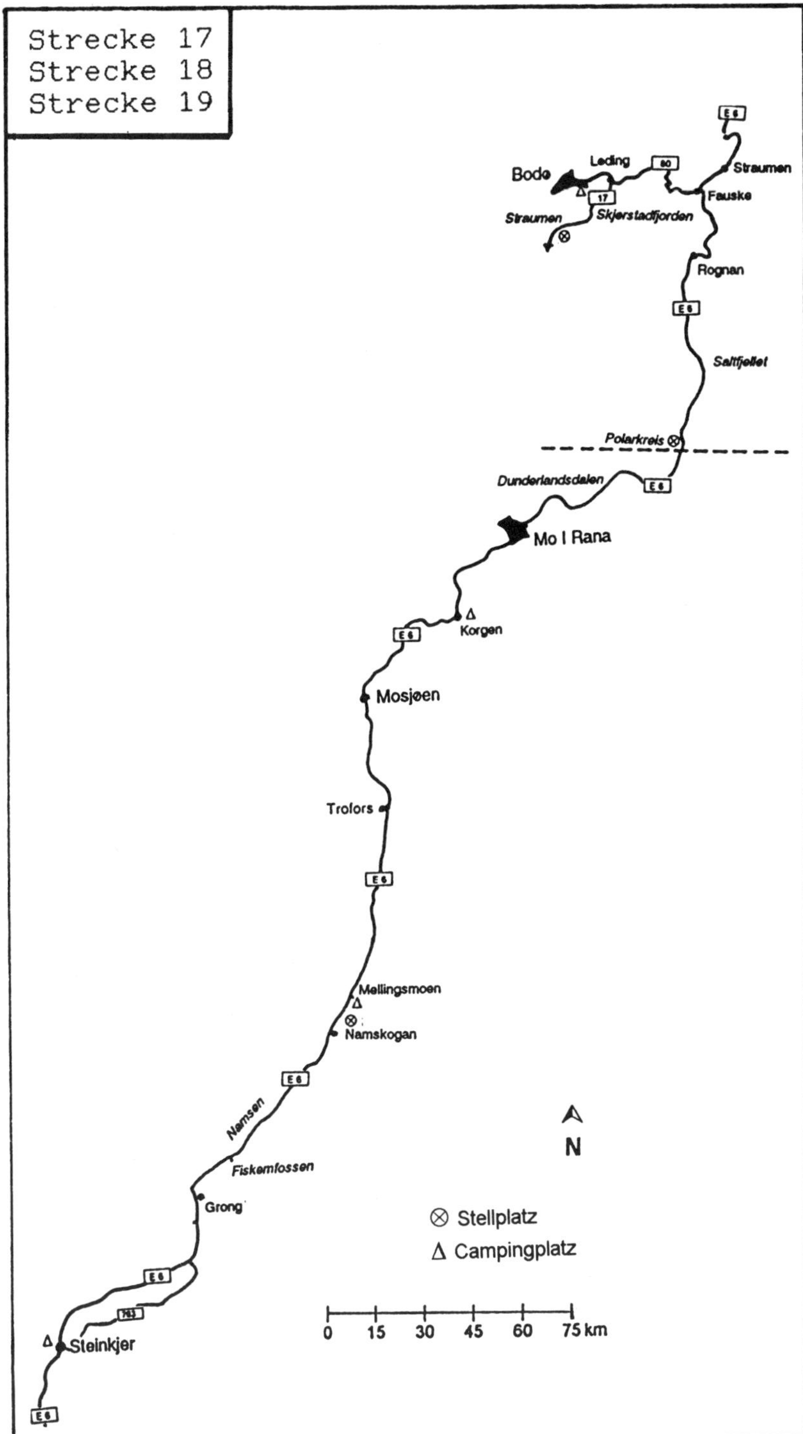
Strecke 17
Strecke 18
Strecke 19
E6
Leding
80
Straumen
Bodø
17
Fauske
Straumen
Skjerstadfjorden
Rognan
E6
Saltfjellet
Polarkreis
E6
Dunderlandsdalen
Mo I Rana
Korgen
E6
Mosjøen
Trofors
E6
Mellingsmoen
Namskogan
E6
Namsen
Fiskemfossen
Grong
N
Stellplatz
Campingplatz
E6
763
Steinkjer
0
15
30
45
60
75 km
E6

hier allerdings extrem einfach. Heißes Wasser sucht man vergebens. Wir parken in weitem Abstand zu den beiden anderen Wohnmobilen an der Böschung des Namsen.

■ Nördlich des Campingplatzes kraxeln wir zum Fluß hinunter und treffen auf den 16jährigen Enkel des Campingplatzbesitzers. Er führt uns, er mit der Geschmeidigkeit einer Katze vorneweg, durch den Wald zu einer magischen Stelle, wo man tatsächlich nur die Angel ins Wasser zu tauchen braucht, um eine **Forelle** nach der anderen herauszuziehen. Er zeigt uns, wie man angelt, die Fische tötet und ausnimmt, und erzählt uns von seinem Traum, später einmal in den USA Jura studieren zu können. Wie viele Norweger hat der Junge Verwandte im Norden der Vereinigten Staaten. Und wo verbringt er seine Ferien? Auf Mallorca.

Strecke 18:

Mellingsmoen – Mosjøen – Korgen (rund 165 km)

Wir befinden uns inzwischen im Bezirk **Nordland.** Die Fahrt geht weiter auf der E 6 nordwärts, meist durch bewaldetes Gebiet.

* Hin und wieder finden sich Rastplätze entlang der Europastraße.

Nach einem ausgiebigen Picknick auf einem dieser Plätze erreichen wir die Stadt **Mosjøen**. Wirtschaftliche Grundlage dieser Industriestadt ist ein Aluminiumwerk.

Wir parken unseren Bus am Rande des Zentrums; es ist nicht weit bis zu den Geschäften: Außer den üblichen Jagd- und sonstigen Krämerläden gibt es hier nicht nur Post und Banken, sondern sogar eine Art Kaufhaus, das Woolworth nicht unähnlich ist.

■ Besonders reizend und fotogen sind die Holzhäuser am Fjord. In dem **Holzhausviertel** versteckt finden wir eine einladende, kleine Rotisserie, wo man sogar draußen sitzen kann. Wenn man über eine große Reisekasse verfügt, kann man hier sicherlich schön essen gehen. – Wer Lust und Zeit hat, kann sich das Heimatmuseum **Vefsn Museum** ansehen.

Wir verlassen die Stadt und fahren weiter auf der E 6. Links und rechts liegen Seen, und bald steigt die Straße zum **Korgfjell** an.

■ Oben gibt es einen Parkplatz, von wo aus man hinauf auf einen Hügel spazieren kann und von ca. 550 m Höhe aus eine herrliche **Aussicht** genießen kann.

Vom Korgfjell schlängelt sich die Straße wieder hinab, ist aber unproblematisch zu fahren.

** Jetzt ist es nicht mehr weit zum **Campingplatz** in **Korgen**, den wir uns für die Nacht ausgesucht haben. Im Zentrum des kleinen Ortes Korgen biegen wir hinter der Kirche rechts ab. Wohnmobile lassen sich problemlos auf der ebenen Wiese abstellen. Der Platz ist nicht nur ruhig, sondern geradezu beschaulich gelegen.

■ Der Campingplatz liegt wieder einmal direkt an einem Fluß, dem **Røssaga**, den die **Angler** offensichtlich zu schätzen wissen.

Wir machen noch einen gemütlichen Spaziergang zum Zentrum und orten eine Bank, die wir am folgenden Tag aufsuchen wollen. Zu unserem Erstaunen gibt es an diesem winzigen Ort sogar ein Geschäft, in dem man Kühlschränke und andere Haushaltsgeräte erwerben kann. Das Einzugsgebiet scheint größer, als es der unscheinbare Ort vermuten läßt.

Strecke 19:

Korgen – Mo i Rana – Saltfjell – Fauske – Bodø (rund 355 km)

Die nächste größere Stadt auf unserem Wege ist **Mo i Rana**. In dieser hauptsächlich auf einer Eisenhütte basierenden Industriestadt leben ca. 19.000 Einwohner. Von der E 6 aus wirkt die Stadt potthäßlich und nicht besonders einladend.

■ Anschauen kann man sich das **Rana-Museum** und die aus dem Jahre 1800 stammende **Kirche**.

■ Ungefähr 20 km weiter nördlich liegt die **Grønli-Grotte**. Im Sommer finden hier spannende Führungen zu einem unterirdischen Wasserfall statt.

Wir sparen den Abstecher diesmal aus. Wenn man schon so viele atemberaubende überirdische Wasserfälle zu sehen bekommen hat und weiß, daß weiter nördlich noch mehr Höhepunkte auf einen warten, kann man es einmal verkraften, eben nicht alles mitgemacht zu haben.

Wir fahren durch das **Dunderlandsdalen.**

■ Das Tal gilt als ausgezeichneter Ausgangspunkt für **Wanderungen**.

Der Fluß Lønsdalen begleitet die Europastraße. Schließlich gelangen wir hinauf auf das **Saltfjell:** Links wie rechts umgibt uns rauhe, halbvernebelte Fjellandschaft.

Aber dann kommt's. 66,3 Grad nördliche Breite ist erreicht. Wir sind am nördlichen **Polarkreis** angekommen: will heißen, ein Parkplatz, randvoll mit allen möglichen Autos, Wohnmobilen, Reisebussen, Motorrädern und sogar Fahrrädern.

Natürlich hat die touristische Infrastruktur vor dieser außergewöhnlichen geographischen Lage nicht haltgemacht.

■ Das **Polarkreiszentrum** heißt Sie willkommen. Den Mittelpunkt bildet eine interessante Ausstellung zu Flora und Fauna der Region.

Uns ist die Schlange vor der Kasse diesmal zu lang. Selbst aus einem Snack in der Cafeteria wird nichts, weil alle Tische besetzt sind. Mich überrascht es nur, daß die Toiletten dem heftigen Besuchersturm derart standhalten. Sie sind intakt und sauber.

Wir kaufen ein paar Postkarten und verschicken sie vor Ort, denn sie bekommen hier einen Sonderstempel. Nach einem kurzen Spaziergang in das umliegende Fjell und ein paar Nahaufnahmen von Pflanzen machen wir uns im Fahrzeug etwas zu essen, bekommen aber bald zu spüren, warum die meisten Leute es vorziehen, ihre belegten Brötchen im Polarkreiszentrum zu kauen, denn draußen ist es bitterkalt, und der Bulli ist nach relativ kurzer Fahrpause ziemlich ausgekühlt.

Kurz nachdem der Polarkreis überschritten ist, steigt die Straße noch etwas weiter an. Wir dürften uns jetzt auf ca. 650 m über dem Meeresspiegel befinden. Parallel der Straße verläuft die Nordland-Bahnlinie nach Bodø, die durch spezielle Holztunnel vor winterlichen Schneeverwehungen geschützt ist. Die Straße verläuft dagegen auf einem Damm, auch eine Methode, um das Zuwehen mit Schnee zu verhindern. Zum Glück bereitet der Schnee im Juli kein Problem. Auch wenn die Verkehrsdichte nicht gerade der einer deutschen Autobahn gleicht, so sind wir doch überrascht, wie viele Fahrzeuge hier im Sommer entlangfahren!

Schließlich gelangen wir bei **Rognan** wieder auf Meereshöhe. Das Faszinierendste für uns ist der Temperaturanstieg. Während es oben im Fjell noch eben lausig kalt war, herrschen hier am Fjord plötzlich sommerlich warme Temperaturen und eitel Sonnenschein.

■ Kurz vor Fauske kann man noch einen Abstecher auf der Straße 870 nach **Sulitjelma** (ca. 40 km) machen: Dieser einsam gelegene Bergwerksort verfügt über ein interessantes **Berwerksmuseum** und ist zudem ein guter Ausgangspunkt für **Wanderungen**.

Wir verzichten diesmal auf diesen Ausflug, aber verlassen dafür die E 6 kurz hinter **Finneid** in westlicher Richtung, um einen Abstecher nach Bodø einzulegen. Die Straße 80 ist gut ausgebaut und nach der engen E 6 im Fjell angenehm zu fahren. Die Straße führt entlang dem **Skjerstadfjord**, den wir schon kurz hinter Rognan kennengelernt haben. Ab und zu gibt es hier auch Rastplätze am Fjord, allerdings ohne Toilette.

Kurz bevor wir am Spätnachmittag **Bodø** erreichen, biegen wir bei **Løding** auf die Straße 17 ab, die zu der Brücke über den Skjerstadfjord führt, wo man einen Mahlstrom beobachten kann.

■ Der berühmte Mahlstrom an der Meerenge **Saltstraumen:** das sind große Wasserstrudel, die entstehen, wenn die beginnende Flut enorme Wassermassen durch den engen Sund preßt, während die letzten Strömungen der Ebbe noch Wasser zurückführen. Unter der Saltstraumenbrücke fließt das Wasser mit einer Geschwindigkeit bis zu 13 km/h.

Wir wollen das Naturspektakel auf keinen Fall versäumen. Leider kennen wir die Ebbe- und Flutzeiten noch nicht und wollen es vor Ort in Erfahrung bringen. Bevor wir jedoch zur Brücke kommen, halten wir an einer kleinen Bucht, um ein paar Fotos zu machen. Wir treffen einen Schweden, der das gleiche tut. Von ihm erfahren wir, das wir noch ca. fünf Stunden haben, bis der Gezeitenstrom sich von seiner faszinierendsten Seite zeigen wird.

** Wir beschließen, uns auf dem **Campingplatz »Bodøsjøen«** in Bodø einzuquartieren. Wir fahren auf der Straße 80 Richtung Bodø-Zentrum. Die Straße führt durch ein Gewerbeviertel mit vielen Autohändlern. Dann ist der Platz ausgeschildert. Lassen Sie sich von dem Gewerbegebiet nicht abschrecken, der Platz selbst ist keineswegs häßlich und liegt direkt am Fjord. Viele Camper verbringen sogar ihren gesamten Urlaub hier.

Wir wollen etwas essen, bevor wir uns das Mahlstrom-Spektakel anschauen werden, und kaufen erst einmal ein. Das Lebensmittelgeschäft auf dem Campingplatz ist extrem gut sortiert, und was man da vielleicht noch vermißt, bekommt man auf jeden Fall in Bodø. Da gibt es eigentlich alles. Übrigens, auch Bodø wurde im Zweiten Weltkrieg zerstört und ist somit heute eine moderne Stadt.

Der Campingplatz verfügt über jede Menge Informationamaterial, sei es über Gletscherwanderungen auf dem Svartisen-Gletscher, Gezeiten am Mahlstrom oder Fährverbindungen zu den Lofoten. Wir liebäugelten noch damit, von Bodø aus einen Abstecher auf die Lofoten zu machen. Unser Plan ist es, von Andenes (Vesterålen) aus an einer Walsafari teilzunehmen und dann wieder nördlich von Narvik auf das norwegische Festland zu treffen. Leider müssen wir feststellen, daß selbst unser fünfwöchiger Nordkap-Urlaub zeitlich zu knapp bemessen ist, um das alles mitzumachen. Der Lofoten-Abstecher würde mehr Zeit kosten, als wir augenblicklich haben. Jetzt haben wir den Lofoten-Besuch zu einem eigenständigem Urlaubsziel für eine zukünftige Reise erklärt, eine ausgesprochen lohnende Reise, wie ich inzwischen mehrfach gehört habe. Freunde von uns, die sowohl Lofoten als auch Nordkap kennen, würden den Lofoten allemal den Vorrang geben!

Nach dem Abendessen fahren wir zurück nach Løding, wieder vorbei an der kleinen Bucht, jetzt in orangefarbenes Abendlicht getaucht, und gelangen schließlich an die imposante Brücke. Wir parken auf der nördlichen Seite, wie viele andere auch. Dieser Platz bietet sich durchaus auch zum Übernachten an.

■ Verschiedene Pfade führen von hier zum **Mahlstrom.** Als wir das Ufer erreichen, sind schon etliche Wirbel auf der Wasseroberfläche zu erkennen. Wer hier von den Felsen abrutscht und hineinfällt, der mag verloren sein, denke ich. Dennoch stehen viele **Angler** dicht am Ufer. Der Mahlstrom gilt als extrem fischreich sein, aber an diesem Tag sehen wir keinen einzigen erfolgreichen Angler.

Von der hohen Brücke aus, die man auch zu Fuß begehen kann, bietet sich eine beeindruckende Aussicht. In der Ferne ragen hohe Berge auf, die wie Spitzhüte von Kinderbuch-Hexen aussehen, und unter einem in der Tiefe gurgeln die wilden Wasserstrudel, der Mahlstrom. Man denkt an Edgar Allan Poes gleichnamige Kurzgeschichte, in der ganze Schiffe im Strudel auf dem Meeresgrund landen. Nun, auch hier versuchen einige Boote, es mit der Strömung aufzunehmen. Keines der Motorboote schafft es. Die Strömung ist stärker und drückt die Boote immer wieder zurück.

Erst spät abends, wohl so gegen Mitternacht, verlassen wir die imposante Meeresenge.

Strecke 20:

Bodø – Fauske – Bognes – Skarberget – Narvik – Bjerkvik (rund 360 km)

Nach einem kurzen Rundgang in Bodø fahren wir zurück über die Straße 80 nach Fauske. Unterwegs gibt es noch einmal eine Frühstückspause mit frischen Brötchen an einem der Rastplätze. Ein paar Gemeindearbeiter kommen und säubern die Mülleimer.

Kurz hinter Fauske treffen wir wieder auf die E 6, und es geht weiter Richtung Norden. Die Strecke, die jetzt vor uns liegt, ist sehr abwechslungsreich. Fjorde, Seen und Gebirge, und irgendwann hört sogar die Straße auf, und man muß mit der Autofähre weiter.

Die letzten 40 km vor der Fährverbindung sind nicht leicht zu fahren. Es geht durchs Gebirge. Obwohl die Straße insgesamt nur eine Höhe von knapp 400 m erreicht, besitzt die Landschaft hier im hohen Norden in dieser Höhe bereits Hochgebirgscharakter. Die E 6 wird eng und kurvig und führt durch mehrere Tunnel.

* Den Fahrern, die bei solchen Strecken etwas ins Schwitzen geraten, sei gesagt, daß es oben einige Rastplätze auf sie warten, auf denen man eine Verschnaufpause einlegen kann.

■ Damit kommt auch der Fahrer in den Genuß, etwas von der herrlichen Aussicht auf die Berge mit ihren witzig spitz aussehenden Gipfeln zu haben. Übrigens, bei diesen spitzen Bergen handelt es sich um sogenannte **Nunataker.** Diese Gipfel ragten während der Eiszeit aus der ansonsten geschlossenen Eisdecke heraus und konnten folglich nicht, wie die unter der Eisdecke liegenden Berge, von den Eismassen rundgeschliffen werden.

Die Abfahrt hinunter nach **Bognes** erweist sich dann doch weniger furchterregend, als zunächst angenommen. Unten angekommen, führt die E 6 direkt auf den **Tysfjord** zu.

■ Wir müssen hier auf die **Fähre** warten, aber es dauert nicht lange. Auch das Verladen geht zügig voran. Es ist übrigens die einzige verbliebene Fährverbindung entlang der E 6.

Zuletzt kostete die halbstündige Überfahrt für einen VW-Bus und zwei Erwachsene NOK 145; für jeden weiteren Erwachsenen kommen NOK 20 und pro Kind NOK 10 dazu.

Es ist schon ein komisches Gefühl zu wissen, daß das Wasser unter uns ungefähr 600 m tief ist. Vom Fährschiff aus bietet sich uns ein herrliches Panorama auf die Spitzhut-Berge. Und wenn Sie mal zurück blicken, sehen Sie, was Sie eben durchfahren haben. Ganz schön imposant!

Auf der anderen Seite in **Skarberget** angekommen, fahren wir von der Fähre, und es wird uns sofort wieder atemberaubende Landschaft geboten. Die nächsten paar Kilometer geht es wieder recht kurvig zu, aber es ist nicht allzu problematisch. Vielleicht haben wir uns inzwischen auch nur daran gewöhnt.

Schließlich erreichen wir den **Ofotfjord**, entlang dessen Ufer wir Richtung Narvik fahren.

Die Stadt **Narvik** (15.000 Einwohner) ist bekannt wegen ihrem ganzjährig eisfreien Hafen. Während die auf dem selben Breitengrad liegenden schwedischen Häfen am Bottnischen Meerbusen im Winter zugefroren sind, hält ein Ausläufer des warmen Golfstroms das Wasser hier im Europäischen Nordmeer offen. Aus diesem Grunde hatte man auch eine Eisen-

Lachszucht im Fjord ▶

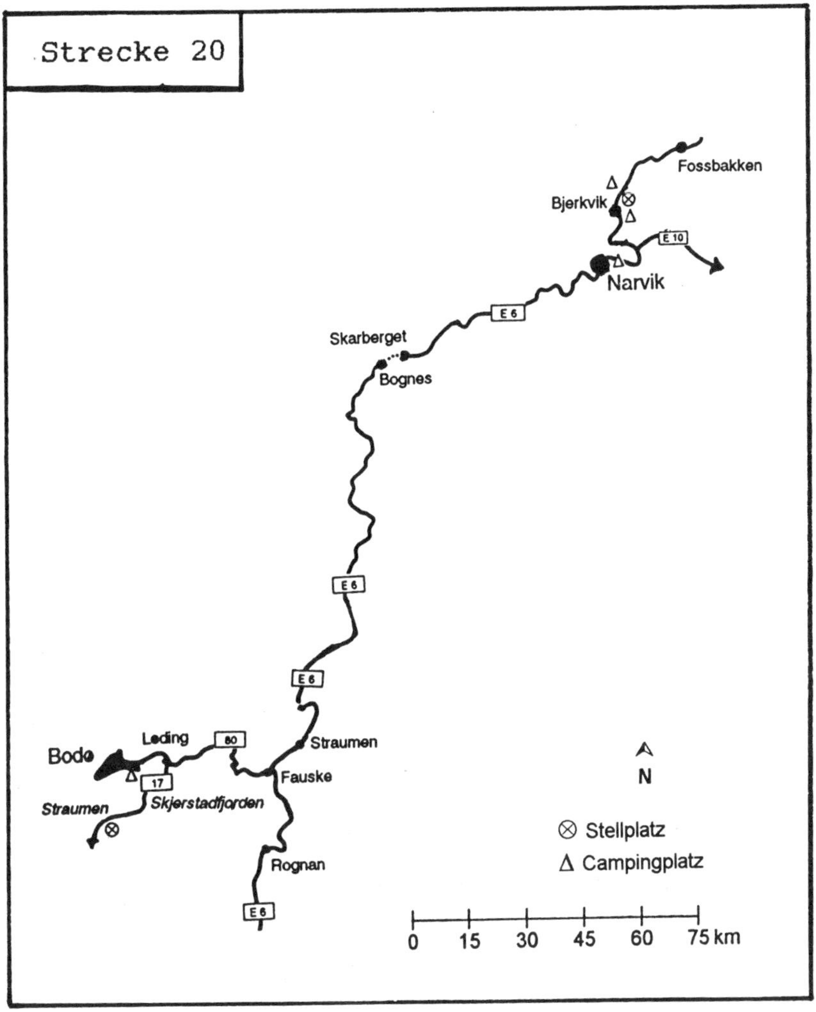

Strecke 20
Fossbakken
Bjerkvik
E 10
Narvik
E 6
Skarberget
Bog nes
E 6
E 6
Straumen
Leding
80
Bodø
17
Fauske
Straumen
Skjerstadfjorden
Rognan
E 6
N
Stellplatz
Campingplatz
0
15
30
45
60
75 km

bahnverbindung von den schwedischen Erzgruben in Kiruna und Gällivare nach Narvik gebaut, um so das ganze Jahr über Erz zu dem norwegischen Hafen transportieren und exportieren zu können. Narvik gewann dadurch eine wichtige wirtschaftliche Stellung, was dazu führte, daß die Stadt im Zweiten Weltkrieg noch stärker umkämpft war als die bereits erwähnten Industriestädte Steinkjer und Mo i Rana.

■ Wer Lust hat, sich etwas mit der Geschichte der Stadt auseinanderzusetzen, kann sich im **Museum** über die deutsche Besatzung und den norwegischen Widerstand informieren. – Das **Ofoten-Museum** geht ebenfalls auf dieses Thema ein.

■ Wer sich dafür entscheidet, die Nacht in Narvik zu verbringen, dem sei empfohlen, mit der **Seilbahn** zum Aussichtspunkt des Fagernesfjells zu fahren. Zwischen dem 25. Mai und dem 18. Juli, also zur Zeit der Mitternachtssonne, kann man sogar nachts hinauffahren.

** Falls Sie einen **Campingplatz** in Narvik brauchen, so finden Sie einen mit schöner Aussicht auf die Berge und den Fjord. Folgen Sie der Beschilderung ca. 1,5 km nördlich des Ortes, an der E 6.

Wir bleiben diesmal nicht über Nacht und fahren noch ein Stückchen weiter nach Norden. In **Bjerkvik** verläßt die E 6 den Fjord und führt wieder ins Landesinnere. Wir beschließen, in Kürze zu nächtigen. Der kleine Campingplatz rechts der E 6 sagt uns wegen der sanitären Einrichtungen nicht zu.

* Wir fahren noch ein kleines Stückchen weiter, den Hügel hinauf, weg vom Fjord, und da erspähen wir bereits unseren Stellplatz. Hier oben liegt zwar noch ein anderer Campingplatz, aber um den kümmern wir uns jetzt nicht mehr weiter. Kurz nach der Einfahrt zum Campingplatz, der auf der linken Seite liegt, entdecken wir rechts der Straße eine unbefestigte Spur, die quasi parallel zur E 6 verläuft. Hier kann man wunderbar etwas abseits der Straße parken. Obwohl es ausreichend Platz für mehrere Fahrzeuge gibt, bleiben wir die einzigen, die dort eine ruhige Nacht verbringen.

Strecke 21:

Bjerkvik – Tromsø – Reisadalen – Bognelv (rund 425 km)

Wir verlassen unseren Stellplatz hinter Bjerkvik und fahren weiter gen Norden. Bevor wir **Fossbakken** erreichen, haben wir schon wieder an Höhe gewonnen. Kurz vor **Brattli** treffen wir auf einen Fluß, den wir eine Weile begleiten. Ähnlich auf der Strecke zwischen **Bardu** und **Andselv**: Nun begleitet uns die **Malselva.**

Bei Nordkjosbotn haben Sie die Möglichkeit, einen Abstecher nach **Tromsø** einzuschieben.

■ Die Universitätsstadt Tromsø (50.000 Einwohner) wird auch als »Paris des Nordes« bezeichnet. Abgesehen von dem allgemeinen (jungen) Flair der Stadt, geben verschiedene Museen Auskunft über die Entwicklung der Region. Da von hier aus auch einige Polarexpeditionen starteten, darf daher ein **Polarmuseum** nicht fehlen. – Berühmt ist auch die **Eismeer-Kathedrale** aus dem Jahre 1965. – Wer sich für norwegische Malerei interessiert, sollte das **Kunstmuseum** besuchen. – Wer sich gerne über die samische Kultur und nordnorwegische Geschichte informieren möchte, kann dies im **Tromsø Museum** tun. – Das **Nordlichtplanetarium** verdeutlicht u.a. das Phänomen der Mitternachtssonne.

Wir kehren zur E 6 zurück und erreichen bald den **Lyngenfjord**. Die Straße folgt dem schier endlos erscheinenden Ufer.

■ Kurz vor dem kleinen Marktort Skibotn biegt die **E 8** ab, die entlang der nordschwedischen Grenze **nach Kemi in Finnland** führt.

Wir fahren weiter am Fjord entlang. Hier und da kann man anhalten, sich die Füße vertreten und Fotos von der unverändert faszinierenden Fjord- und Berglandschaft machen.

■ Im Westen erheben sich die imposanten **Lyngsalpen**, die wir unentwegt auf Zelluloid bannen.

Am frühen Nachmittag erreichen wir **Nordreisa**, von wo die Straße 865 entlang des Lachsflusses **Reisaelva** nach Bilto führt (ca. 45 km). Die Straße wird gerade neu geteert: Selbst im Schrittempo werfen die Reifen verteerten Rollsplit hoch. Das eine oder andere Fahrzeug, das entgegenkommt, macht die Situation auch nicht besser.

Nachdem wir nur ein paar Kilometer auf der Straße 865 gefahren sind, geben wir schweren Herzens den Plan auf, das Tal zu Ende zu fahren. Dafür entdecken wir aber eine Möglichkeit, direkt an die Reisa heranzufahren. Da wir nicht sicher sind, ob der Boden fest genug ist, begehen wir den Weg zunächst, fahren dann aber durch das Buschwerk zu einer Flußterrasse. Rechnen Sie aber damit, daß das nicht möglich, wenn der Fluß gerade Hochwasser führt. Man muß auf den gerundeten Flußschottern etwas umherrangieren, bis man einigermaßen waagerecht steht.

Es ist ein paradisisch schöner Ort. Das Wetter ist warm, aber wenn man längere Zeit barfuß im Fluß herumklettert, bekommt man doch ziemlich kalte Füße. Bald gesellt sich ein größeres Wohnmobil aus Finnland zu uns, offensichtlich **Angelexperten**.

Der einzige Nachteil dieses Stellplatzes sind die vielen Mücken. Wir dachten, daß die Insekten uns in Fjordnähe weniger stören würden – denkste! Außerdem wollen wir noch ein paar Kilometer mehr zurücklegen.

Strecke 21

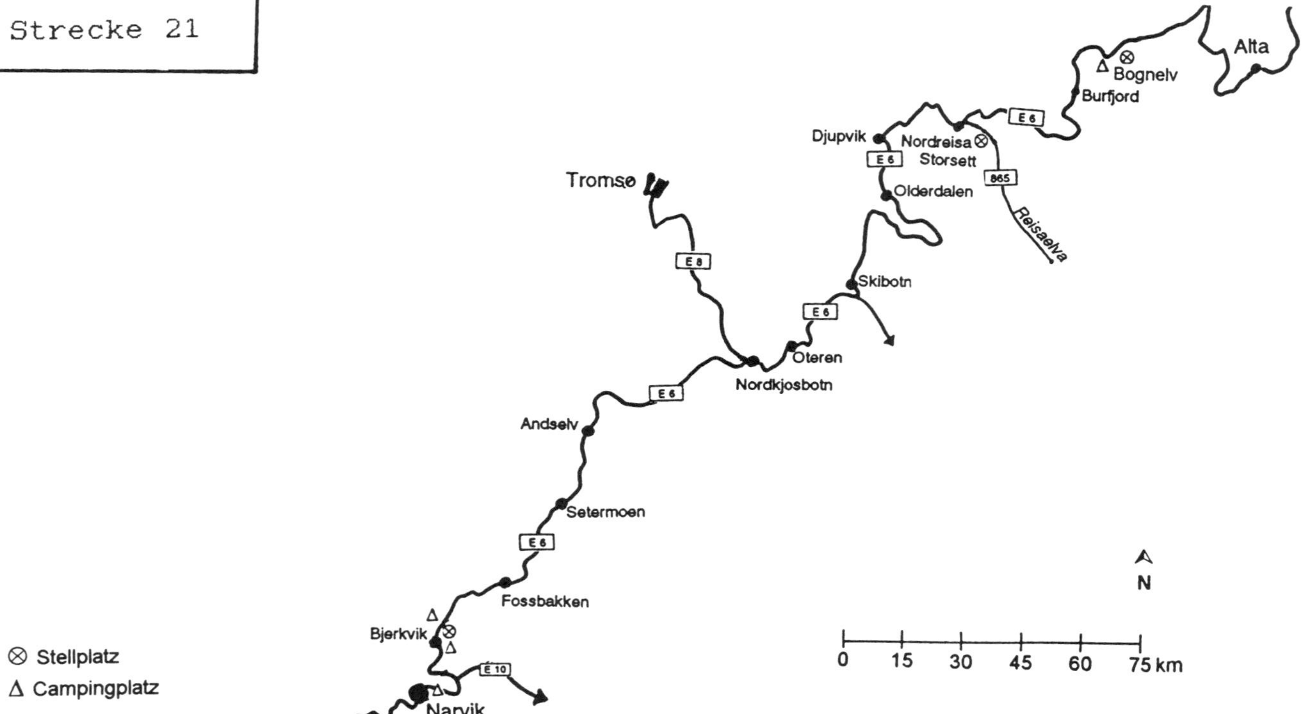

Alta
Bognelv
Burfjord
E 6
Djupvik
Nordreisa
Storsett
865
Reisaelva
Olderdalen
Tromsø
E 8
Skibotn
Oteren
Nordkjosbotn
Andselv
Setermoen
Fossbakken
Bjerkvik
E 10
Narvik
N
0
15
30
45
60
75 km
Stellplatz
Campingplatz

Also verlassen wir diesen Traumort, kehren zur E 6 zurück und kurven entlang der Fjordufer, bis wir schließlich den **Langfjord** erreichen.

** Entlang der E 6 entdecken wir bei Bognelv den **Campingplatz »Altafjord«**. Er ist schön gelegen und verspricht sowohl einen Wattenmeerspaziergang (Ebbe auf dem Fjord) wie auch einen Spaziergang durch den bewaldeten Hang oberhalb des Platzes. Die sanitären Einrichtungen sind gut, und der Platz ist nur schwach besucht. Es ist ja auch erst 18:00 Uhr.

Wir duschen heiß, verpflegen uns, nehmen Wasser ein und machen den Bus startklar für den nächsten Tag. Inzwischen sind noch ein paar Wohnwagen und Wohnmobile eingetroffen.

Wir gehen hinunter zum Fjord und latschen auf der Suche nach Muscheln ein wenig durch den Matsch. Übrigens, man sollte auch hier vorsichtig sein und nicht zu weit auf das Wattenmeer hinausgehen, denn wenn die Flut wieder einsetzt, könnte einem plötzlich der Rückweg vom Wasser abgeschnitten werden. Vielleicht sprechen Sie erst einmal mit einem Einheimischen, bis wann es ungefährlich ist, dort spazieren zu gehen.

Eigentlich gingen wir davon aus, daß Mücken sich nicht für Salzwasser interessieren, aber es muß wohl doch Ausnahmen geben. Also, reiben Sie sich gut mit Mückenmittel ein. Das gilt insbesondere, wenn Sie sich für den Waldspaziergang entscheiden sollten.

Schon vom Fjord aus bemerken wir, daß immer mehr Touristen zum Übernachten auf den Campingplatz fahren. Als wir schließlich von unserem Spaziergang zurückkehren, finden wir direkt neben unserem Bulli ein großes Wohnmobil geparkt. Gut, der Campingplatz ist jetzt ziemlich voll, ungewöhnlich für norwegische Verhältnisse, aber diese Familie scheint gar kein Gefühl für Privatspähre zu haben. Sie sitzen an ihrem Fenster und starren in unseren kleinen Bulli. Eigentlich wollten wir noch etwas bei Tageslicht lesen und nicht hinter geschlossenen Gardinen sitzen. Die Präsenz dieser aufdringlichen Nachbarn wird uns schließlich so unangenehm, das wir es vorziehen, woanders zu übernachten. Schließlich haben wir ja schon geduscht und Wasser getankt.

* Glücklicherweise ist es dann gar nicht so schwer, einen Übernachtungsplatz an der E 6 zu finden. Ein Stückchen weiter Richtung Alta gibt es mehrere Möglichkeiten, auf der linken Straßenseite ein Plätzchen zu finden. Dort hat man eine wieder einmal bildschöne Aussicht auf ein Felsmassiv, das auf der anderen Seite des Fjordes liegt.

Strecke 22:

Bognelv – Alta – Sennarlandet – Skaidi – Olderfjord (rund 180 km)

Von unserem Übernachtunsplatz hinter Bognelv aus geht es weiter auf der E 6, immer am Fjordufer entlang. Zunächst erstreckt sich links von uns immer noch der Langfjord, bald dann der **Altafjord**. Immer wieder entdecken wir schwimmende Kreise auf dem Fjordwasser: Fischfarmen. Haben Sie ein Fernglas dabei, oder zumindest ein Teleobjektiv, können Sie ab und zu sogar einen in die Luft springenden Fisch beobachten. Ich bin kein Experte, aber ihrer Größe nach zu urteilen, dürfte es sich um Lachse handeln.

Alta selbst lassen wir diesmal liegen. Die Stadt macht einen recht unattraktiven Eindruck.

■ Die Umgebung Altas jedoch ist recht erstaunlich, vor allem die Existenz von **Kiefernwäldern**. Wir glaubten, die nördliche Baumgrenze eigentlich schon hin-ter uns gelassen zu haben. Die Tatsache, daß hier so viele Bäume stehen, läßt auf ein verhältnismäßig mildes Klima schließen.

■ **Felszeichnungen** deuten auf eine frühe menschliche Besiedlung der Region hin: Nördlich von Alta, direkt an der E 6, kommen wir an ein einem Gebiet vorbei, in dem man viele dieser Felszeichnungen bewundern kann (Rentiermotive etc.). Einige von ihnen werden auf ein Alter von 6.000 Jahren geschätzt. Mit der Eintrittskarte erhält man einen kleinen Plan des Museumsgeländes. Man folgt den Pfaden, die zu den Zeichnungen führen, und kann, nach Lust und Laune, verschieden lange Spaziergänge wählen. Direkt vor uns trifft ein Reisebus ein. Jedoch werden unsere Befürchtungen, in einer Herde von Menschen umherlaufen zu müssen, sofort zerschlagen. Sobald die Leute erst einmal auf dem großen Gelände waren, verteilen sie sich rasch.

Schließlich geht die Fahrt weiter. Die Straße verläßt den Fjord wieder und führt durchs **Sennalandet**.

■ Das hier ist Samenland. Ab und zu sind am Straßenrand die typischen Zelte aufgebaut, wo Angehörige des halbnomadisch lebenden Volksstammes der **Samen** Andenken an die Touristen verkaufen, meist Felle und Geweihe von ihren Rentieren. Unweit der Zelte, die eine gewisse Romantik des Nomadenlebens vortäuschen, finden sich nicht selten ein paar Wohnwagen. Dort leben sie bzw. verbringen zumindest die Sommer, wenn ihre Rentierherden auf dem nördlichen Fjell weiden. Zum Winter werden die Tiere in tiefer liegende Gebiete (z.B. nach Kautokeino) getrieben, da das schneebedeckte Fjell dann weder Schutz noch Nahrung für die Tiere bietet.

Wir gelangen nach **Skaidi.**

■ In Skaidi biegt die Straße 94 nach Westen ab, die nach **Hammerfest** führt, der nördlichsten Stadt der Welt. Trotz der mickrigen Einwohnerzahl von 6.800 genießt dieser Ort Stadtrecht. Auch Hammerfest wurde im Zweiten Weltkrieg fast total zerstört und mußte neu aufgebaut werden. Nur eine Kirche überstand den Krieg.

■ Vielleicht wollen Sie im Rathaus Mitglied des **Eisbärenclubs** werden? Dann nichts wie hin.

Von Skaidi nach Olderfjord sind es nur knapp 25 km. Die Straße steigt wieder etwas an. Mit Frostschäden und fehlenden Fahrbahnmarkierungen haben wir uns inzwischen abgefunden.

Typischer Souvenirverkauf im Samenland ▶

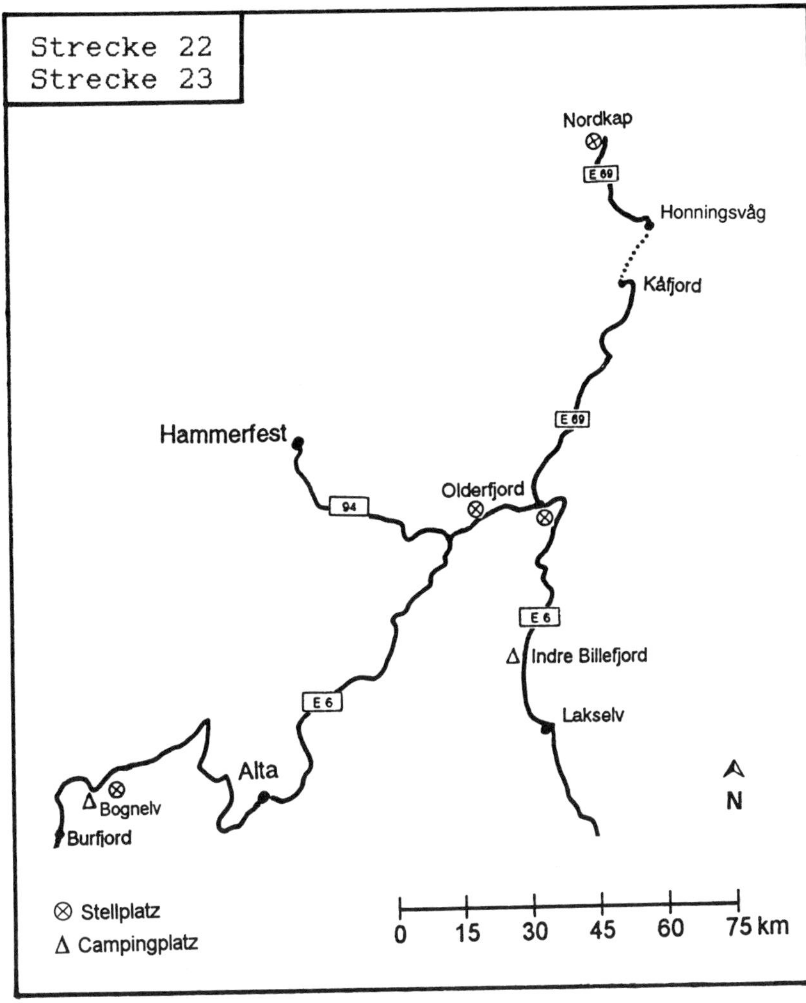
Strecke 22
Strecke 23
Nordkap
E 69
Honningsvåg
Kåfjord
E 69
Hammerfest
Olderfjord
94
E 6
Indre Billefjord
Lakselv
E 6
Alta
Bogneiv
Burfjord
N
Stellplatz
Campingplatz
0
15
30
45
60
75 km

MATIN KOJU
Matin Koju

* Oben, wenige Kilometer vor Olderfjord, finden wir eine Parkmöglichkeit links abseits der Straße. Hier auf dem Fjell ist relativ wenig Verkehr. Es ist sehr still: Außer dem Pfeifen des Windes ist nichts zu hören.

Eigentlich bietet sich der Platz in der Einöde zum Übernachten an. Wir machen es uns bequem, lesen etwas. Allerdings müssen wir auch wieder einmal die Erfahrung machen, daß es auf dem Fjell einfach viel kälter ist als in den Tälern. Trotzdem bleiben wir. vorerst. Vielleicht hilft ja eine heiße Suppe.

Beim Essen bemerken wir, wie eine Nebelwand herannaht. Die Wand kommt auf uns zu, erreicht uns komischerweise aber nie ganz. Es ist fast wie in einem Science-Fiction-Film: Wir sitzen in einem Raumschiff inmitten einer Mondlandschaft auf einem fernen Planeten und wir fragen uns, wie lange unser Schutzschild das heranfegende grau-weiße Ungeheuer von uns fernzuhalten vermag. Es rast auf uns zu, löst sich aber immer wieder kurz vor uns wie von Geisterhand auf. Wir beobachten diesen faszinierenden Spuk eine Weile lang, bemerken dann aber, daß einige der Wolkenfetzen sich anschicken, die Straße zu überqueren.

Wir beschließen, daß es vielleicht doch besser sei, das Fjell zu verlassen, solange man noch halbwegs sehen kann, wohin man fährt. Sobald wir in etwas tiefere Gebiete gelangen, verschwinden die Nebelschwaden, und es wird auch wieder viel wärmer. Es scheint sogar die Sonne – und sie wird es auch die ganze Nacht lang tun.

Wenig später kommen wir nach **Olderfjord**. Hier biegt die E 69 ab, die direkt zum Nordkap führt. Die wollen wir aber erst am nächsten Tag nehmen.

Wir suchen jetzt nach einem Plätzchen zum Übernachten, bleiben dazu auf der E 6 und fahren durch Olderfjord hindurch Richtung Lakselv/Kirkenes. An der Ortsausfahrt liegen links der Straße direkt am Fjord Ausbuchtungen, die auf den ersten Blick wie geschaffen zum Übernachten scheinen. Es handelt sich hier aber um die Parkplätze der Anwohner, die ihr Häuschen auf der gegenüberliegenden Seite auf dem Hang haben.

* Wir fahren also noch ein Stückchen weiter, vielleicht so einen Kilometer. Dann kommen wir zu einer Reihe von Stellplätzen auf der rechten Seite, unterhalb des mit Gebüsch bewachsenen Hanges. Wir sind hier zwar der E 6 ziemlich nahe, aber ab 23:00 Uhr fährt kaum noch jemand vorbei. Überhaupt hat der Verkehr, hier im hohen Norden, verhältnismäßig stark abgenommen.

■ Vom Stellplatz aus brauchen wir nur über die Straße zu gehen, ein paar Felsen hinabzuklettern, und schon stehen wir am **Porsangen-Fjord**.

Strecke 23:

Olderfjord – Nordkap – Olderfjord – Indre Billefjord (rund 260 km)

Jetzt ist der große Moment gekommen! Heute steht nun endlich das Nordkap auf dem Programm. Das Kap ist wohl die nördlichste Stelle Kontinentaleuropas, die per Straße erreichbar ist. Streng genommen, stimmt das zwar nicht so ganz, denn das Kap liegt auf der Insel Magerøya. Verglichen mit Spitzbergen jedoch, liegt Magerøya aber wohl noch dicht genug am Festland, um es dazuzurechnen. Ein Engländer hatte es im 16. Jahrhundert entdeckt, als er sich um eine neue Nordost-Verbindung bemühte. Dabei mußte er sich allerdings etwas vertan haben, denn heute weiß man, daß der tatsächlich nördlichste Landzipfel etwas weiter westlich vom touristisch vermarkteten Nordkapfelsen liegt. Egal, wir sehen das nicht so eng und wollen heute soweit nach Norden vorstoßen, wie man es per Auto kann.

Vom Übernachtungsstellplatz am Porsangenfjord aus geht es zunächst einmal zurück nach Olderfjord, wo die Straße E 69 zum Nordkap abbiegt (ca. 110 km zum Kap). Auch wenn die E 69 auf der Straßenkarte dünner als die E 6 gezeichnet ist, so steht sie dieser doch in nichts nach. Zuletzt wurden weitere Bauarbeiten zur Verbreiterung durchgeführt.

Die E 69 folgt zunächst der Fjordküste. Wo die Klippen nur schwer zu umrunden waren, hat man Tunnel gebaut. Man muß aber unbedingt auf Rentiere achten, die sich hier gerne in den Tunneleingangsbereichen aufhalten.

■ Außer einer **Silberschmiede**, wo es auch eine öffentliche Toilette gibt, wird auf dieser gut 70 km langen Strecke von Olderfjord nach Kåfjord touristisch nichts weiter geboten.

Hinter **Langstrand** führt die Straße etwas weg vom Fjord, überquert einen kahlen Landzipfel und führt schließlich wieder hinunter nach **Kåfjord**.

■ Hier legt die **Fähre nach Honningsvåg** auf der Insel Magerøya ab, auf der sich das Nordkap befindet.

Zuletzt kostete die Überfahrt (hin und zurück) NOK 214 für ein Fahrzeug bis 5m Länge einschließlich Fahrer, NOK 396 für ein längeres Fahrzeug. Jeder weitere Erwachsene zahlt NOK 68 und jedes Kind NOK 36. Die Wartezeiten an der Fähre sind unterschiedlich. Da die meisten Touristen natürlich die Mitternachtssonne am Nordkap erleben wollen, herrscht hier gegen Abend Hochbetrieb. Dagegen ist es am Tage relativ ruhig. Wir müssen ca. eine Stunde lang auf die nächste Fähre warten.

Wir nutzen die Zeit, einen Snack zu uns zu nehmen. In einer Frittenbude kann man Hamburger erstehen. Aber, wie wohl überall an solchen Orten, muß man überdimensional viel dafür bezahlen. Die preisgünstigsten Burger sind Rentierburger. Ich erstehe einen für umgerechnet ca. DM 6 finde aber, daß er etwas streng schmeckt. (Rentierschinken dagegen, der in skandinavischen Supermäkten erhältlich ist, schmeckt recht gut, insbesondere in der Kombination mit dem Fladenbrot der Samen.)

Das Ver- und Entladen auf der Fähre geht recht zügig voran. Die Überfahrt selbst dauert ungefähr eine Stunde.

Ab Honningsvåg ist die Straße nicht sonderlich breit, und links und rechts gibt es Mondlandschaft en masse. Ab und zu streift uns ein Hauch von Nebel. Wieder führt uns die Straße aufs Fjell hinauf. Es geht dicht an einem schlecht gesicherten Abhang entlang. Eigentlich müßten wir uns inzwischen daran gewöhnt haben, aber es kribbelt immer noch.

Bald rollen wir direkt auf das **Nordkap** zu. Zum Schutz vor Schneeverwehungen verläuft die Straße hier auf einem Damm.
* Parken am Straßenrand ist somit schwierig und ist sogar, auf Spaziergänger-Distanz zum Nordkapzentrum, per Schild verboten. Bei der Nordkapstation selbst gibt es einen großen Parkplatz, für den kräftig Eintritt verlangt wird. Pro Fahrzeug einschließlich zwei Erwachsener wurden zuletzt NOK 300 berechnet, pro Kind noch einmal NOK 40. Allerdings erhält man damit auch das Recht, nicht nur den Nordkap-Komplex zu betreten, sondern darf hier auch 24 Stunden lang parken. Damit wäre das Übernachtungsproblem gelöst.

■ Das **Nordkapzentrum** umfaßt verschiedene Souvenirläden, Cafeterias, Restaurants und ein Kino, in dem ein sehenswerter Film über das Kap gezeigt wird. Die Toiletten sind sauber. Origineller Höhepunkt ist die nördlichste Champagnerbar der Welt, die in den Felsen gebaut wurde und mit einem großen Panoramafenster ausgestattet ist, um die Mitternachtssonne hereinzulassen.

Wir gehen durch die unterirdischen Gänge des Zentrums, um zum Nordkapfelsen zu gelangen. Entlang dieser Gänge kann man Schaukästen bewundern, in denen historische Szenen mit Puppen nachgestellt sind. Eine gerade vom Kap zurückkehrende, nebelfrustrierte Amerikanerin kommentiert diese treffend mit den ironischen Worten »nice dolls« (hübsche Puppen).

■ Endlich stehen auch wir auf der gut 300 m hohen Klippe des **Nordkaps.** Nebelfetzen fliegen uns um die Ohren. Es ist saukalt. Schon die Nachmittagssonne läßt sich kaum blicken. Wir schätzen die Chance schlecht ein, die Mitternachtssonne hier als goldene Kugel zu erleben, die den Horizont entlang kullert. Nach den obligaten Fotos, die unseren Freunden beweisen sollen, daß wir tatsächlich hier oben waren, begeben wir uns wieder in das Nordkapzentrum, allein schon, um uns aufzuwärmen. Beim heißen Kaffee schreiben wir die versprochenen Postkarten, die übrigens einen Sonderstempel erhalten.

Bevor der Nebel möglicherweise noch dichter wird, wollen wir zurück. Schon jetzt ist es stellenweise nicht leicht, die Fahrbahn auszumachen. Die Nebelfetzen haben aber auch ihr Gutes, denn man sieht die Abgründe jenseits der Straße nicht so deutlich vor sich.

Schließlich erreichen wir **Honningsvåg** wieder. – Diesmal haben wir Glück, denn die nächste **Fähre** geht sofort.

Von **Kåfjord** aus fahren wir zurück nach Olderfjord. Wir empfinden die Strecke als recht ermüdend; vielleicht auch nur, weil wir vom Nordkap etwas enttäuscht wurden und uns etliche Kilometer durch den Nebel haben hindurcharbeiten müssen. Dennoch, wir waren da, wir haben es wenigstens einmal probiert. Wahrscheinlich sind die Empfindungen anders, wenn man mehr Glück mit dem Wetter hat. Ich wünsche es Ihnen. Aber, das ist eben Norwegen. Es gibt keine Garantie für schönes Wetter. Man muß es so nehmen, wie es kommt.

In **Olderfjord** biegen wir wieder in die E 6 ein und fahren Richtung Lakselv. Wir kommen an unserem Stellpatz von letzter Nacht vorbei. Jemand anderes hat ihn für sich entdeckt.
** Wir fahren noch 43 km weiter zum **Campingplatz »Stabbursdalen«** bei **Indre Billefjord**. Das Verwaltungsgebäude steht direkt an der Straße, die meisten

Stellplätze liegen jedoch von ihr entfernt. Wer Strom braucht, wird sich mit den parzellierten Stellplätzen begnügen müssen; wer aber darauf verzichten kann, kann sich weiter hinten ein Plätzchen auf der Birkenwiese in Flußnähe suchen. Und wenn Sie nicht gerade ein sehr großes Wohnmobil fahren, ist es auch nicht allzu schwer, einen ebenen Stellplatz auszumachen. Auf dem Flußschotter besteht die Möglichkeit, ein Lagerfeuer zu entfachen. Wäsche waschen und einkaufen kann man auf dem Campingplatz auch.

Strecke 24:

Indre Billefjord – Lakselv – Karasjok – Inari (rund 250 km)

Wir folgen der E 6 jetzt in südlicher Richtung. Bei **Lakselv** verlassen wir den Fjord. Es geht vorbei an einigen Seen, und oft folgt die Straße einem Fluß. Die Landschaft hat ihre Dramatik verloren. Schroffe Felsen und steile Abgründe sucht man hier vergebens. Man kann wieder relativ entspannt fahren, und hier und da ergeben sich Möglichkeiten, einmal anzuhalten.

Schließlich erreichen wir **Karasjok**, den letzten norwegischen Ort auf unserer Nordkap-Reise. Hier berührt die E 6 die Straße 92 (Kautokeino – Inari, Finnland). Wie schon erwähnt, bieten solche Verkehrsknotenpunkte meist gute Einkaufsmöglichkeiten. Das ist auch hier der Fall. Die Supermärkte sind gut bestückt und die Auswahl ist reichhaltig. Da die Preise in Finnland noch über den norwegischen liegen, ist es durchaus sinnvoll, die letzten norwegischen Kronen zum Aufstocken der Vorräte auszugeben. Auch sollte man noch einmal tanken.

Wir verlassen jetzt die E 6 und fahren auf der Straße 92 weiter Richtung Finnland. Es sind knapp 20 km zur Grenze. Die kleine Grenzstation scheint nicht besetzt zu sein.

Das erste, was uns in **Finnland** auffällt, ist die Straßenführung – die Straße heißt jetzt übrigens Nr. 4. Während die Norweger ihre Straßen notgedrungen meist um die Berge herum führen, verläuft die Straße hier immer munter über die Kuppen hinweg. Aber es handelt sich natürlich nicht mehr um richtige Berge,

Strecke 24

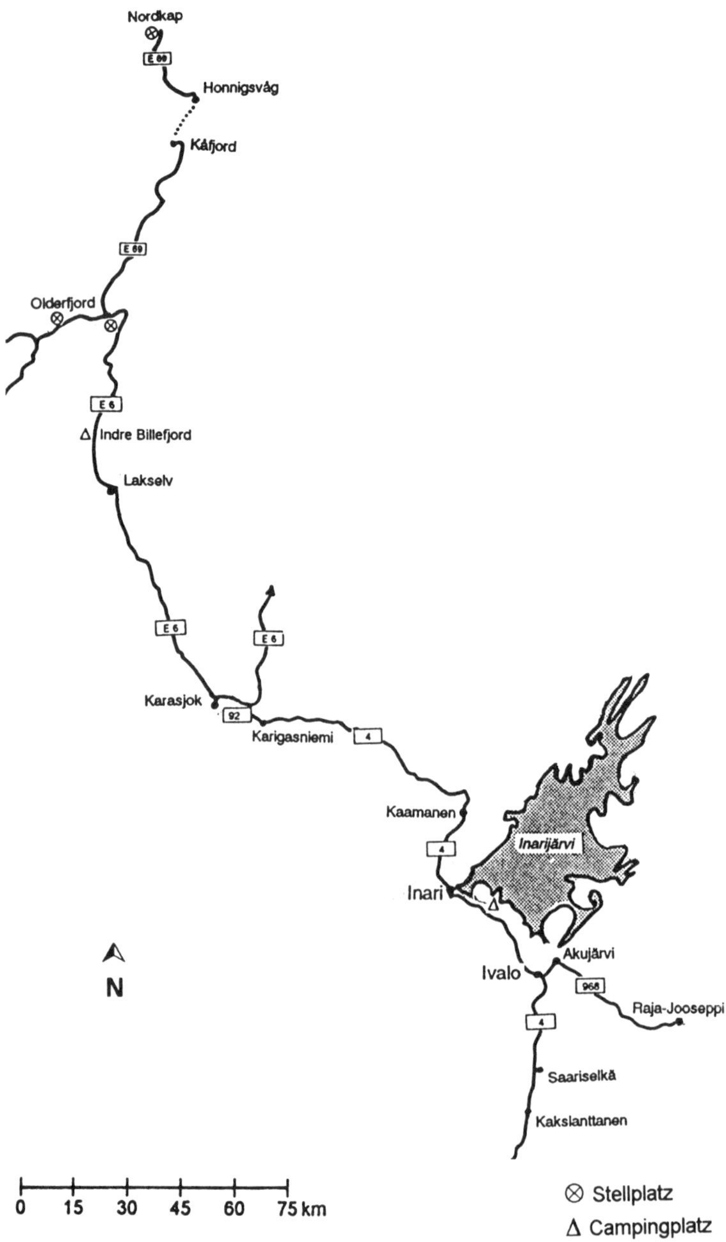
Nordkap
E 69
Honnigsvåg
Kåfjord
E 69
Olderfjord
E 6
Indre Billefjord
Lakselv
E 6
E 6
Karasjok
92
Karigasniemi
4
Kaamanen
4
Inarijärvi
Inari
Akujärvi
Ivalo
968
Raja-Jooseppi
4
Saariselkä
Kakslanttanen
N
0 15 30 45 60 75 km
Stellplatz
Campingplatz

sondern lediglich um Hügelchen. Aber trotzdem geht es rauf und runter. Eigentlich gestaltet sich das ganz witzig – solange keine unendlichen Baustellen zu überwinden sind, wie zuletzt, als wir jedesmal bei Gegenverkehr in einer Staubwolke durch die Schlaglöcher stolperten.

Da der Schwerpunkt dieses Buches auf Norwegen liegt, werde ich den Rest unserer Rückreise durch Finnland und Schweden weniger ausführlich schildern. Ich möchte Ihnen die interessanteren Stationen dieser Route dennoch nicht vorenthalten, da ich davon ausgehe, daß Nordkapbesucher aus Zeitgründen wohl kaum die norwegische Strecke zweimal fahren.

Die Route durch Finnland und Schweden ist einfach zu fahren. Die Straßen sind gut ausgebaut. Da das Land flach ist, entfällt die Kurverei entlang steiler Klippen. Auch muß man nicht ständig irgendeinen Fjord umrunden. Während Sie auf norwegischen Straßen eigentlich nie mehr als 350 km pro Tag einplanen sollten (eher weniger!), können Sie hier größere Abschnitte einplanen.

Wir erreichen **Inari**, ein finnisches Samenzentrum am **Inarisee**, auf dem reger Taxiverkehr per Wasserflugzeug herrscht. In Inari ist man ganz auf Tourismus eingestellt.

■ In der Ortsmitte verteilen sich mehrere **Souvenirgeschäfte** mit einer großen Auswahl. Hier gibt es nicht nur den herkömmlichen Kitsch, sondern auch praktische Winterklamotten und modische Pelzmäntel, -jacken und -mützen. Die Preise weiß ich schlecht einzuordnen, da mir die Vergleichsmöglichkeiten fehlen. Mit Sicherheit tun Sie den Pelztieren einen Gefallen, wenn Sie Kaufverzicht üben.

Zudem bietet Inari die Möglichkeit, essen zu gehen, oder sich auch nur am Kiosk mit einigen Snacks einzudecken. Es ist allerdings nicht ganz billig.

Wir fahren noch knapp 30 km weiter auf der Straße 4 Richtung Ivalo. Dort biegen Sie links ab zum See **Ukonjärvi:**

** Ein unbefestigter Waldweg führt zum **Campingplatz »Ukonjärven Lomakylä«.** Der bewaldete Platz liegt bildschön am Ukonjärvi. Sie können einkaufen, Wäsche waschen, aber auch saunieren. Dafür muß man sich allerdings anmelden, und die Liste ist lang. Wir bekommen erst spät einen Termin, den wir zu allem Überfluß versäumen, da wir vergaßen, unsere Uhren eine Stunde auf die finnische Zeit vorzustellen.

Strecke 25:

Ivalo – Raja-Jooseppi – Ivalo – Korvala (rund 360 km)

Vom Campingplatz »Ukonjärven Lomakylä« aus sind es nur 10 km bis Ivalo.
■ Vorher aber verspricht eine Anhöhe in der Nähe des Campingplatzes eine schöne **Aussicht** über den **Inarisee**. Wir fahren den Hügel.

Oben kann man gut parken. Aussichtspunkt und **Museum** kosten nicht wenig Eintritt. Auf dem Fußweg zum Museums- und Aussichtsgebäude sind verschiedene Boote aufgereiht, im Museum sind neben einigen Fotos alte Schlitten und Schneeschuhe ausgestellt. Man hat von hier aus einen schönen Überblick über den See und sein bewaldetes Umland.

Anschließend geht es weiter nach **Ivalo**, einer Kleinstadt, in der es alles gibt, was man so braucht.
■ Wer seine Reise im voraus plant, kann von Ivalo aus, bei rechtzeitiger Anmeldung, an einer organisierten Tour nach **Murmansk** in Rußland teilnehmen.
■ Wir entscheiden uns spontan, einen Abstecher zur finnisch-russischen **Grenze** zu machen. Gut 50 km fahren wir auf der unbefestigten, staubigen Straße 968 durch ein Waldgebiet. Eigentlich hatten wir hier so gut wie gar keinen Verkehr vermutet. Das trifft aber nur auf Privatautos zu, denn ständig wechseln irgendwelche Taxis hin und her, begegnen wir großen, bis obenhin mit Baumstämmen beladenen Lastwagen, die mit einer Höllengeschwindigkeit die Straße entlang brausen und jedesmal eine riesige Staubwolke aufwirbeln.

Wir erklären dem unrasierten finnischen Grenzbeamten – eigentlich ein Foto wert, aber hier im Grenzgebiet ist das Fotografieren leider verboten –, daß wir zwar keine Visa haben, aber trotzdem drüben gerne einmal gucken wollten. Er läßt uns problemlos über die Grenze fahren. Die Russen jedoch lassen uns bei der Einreise versauern, bis es uns einfach zu langweilig wird und wir wieder umkehren. Der finnische Grenzbeamte begrüßt uns ein zweites Mal, durchsucht jetzt aber den Bus nach Schnaps und Zigaretten.

Wir holpern die 50 km zurück nach **Ivalo**, wo wir uns wieder der Straße 4 Richtung Süden anvertrauen. Bald gibt es wieder einen touristischen Haltepunkt: Die üblichen Souvenirs sind zu kaufen, und ein Pfad führt durch den Wald, eine Anhöhe hinauf zu einem großen, ausgehöhlten Felsbrocken. Früher befand sich das Gestein vermutlich einmal unterhalb eines Wasserfalls, dessen ständig herabstürzendes Wasser den Fels allmählich ausgehöhlt hat. Während der Eiszeit wurde der Felsbrocken von den Eismassen erfaßt und schließlich an seiner heutigen Stelle kopfüber abgelagert. Angeblich wurde er von Bären als Höhle benutzt. Wer sich nicht scheut, sich ein wenig dreckig zu machen, kann hineinkriechen. Es ist schon ein witziges Gefühl, in einer **Bärenhöhle** zu hocken.

Wir fahren weiter auf der Straße 4. Immer wieder haben Samen Zelte und Stände aufgebaut und bieten Souvenirs feil.
** Wir übernachten auf dem **Campingplatz »Rentapirtit«** bei **Korvala**. Der Platz liegt neben der Straße, an einem See. Wir parken auf der Wiese. Gegen abend kommen noch ein paar Gäste, aber es wird nicht voll. Einige Leute gehen im See schwimmen; uns ist das zu kalt. Dafür melden wir uns mal wieder in der Sauna an – diesmal sind wir pünktlich – und lassen den Abend auf dem Grillplatz ausklingen.

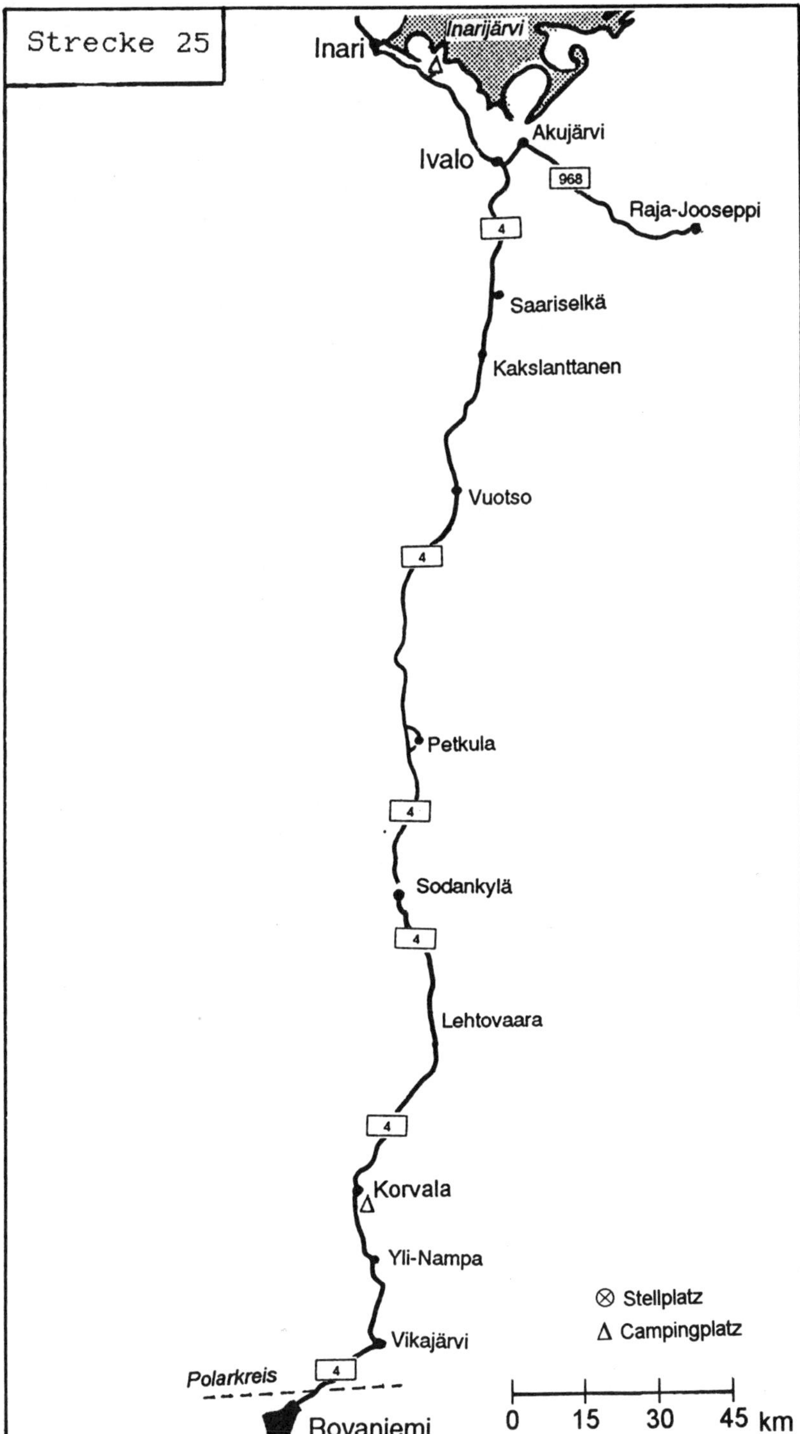
Strecke 25
Inari
Inarijärvi
Akujärvi
Ivalo
968
Raja-Jooseppi
4
Saariselkä
Kakslanttanen
Vuotso
4
Petkula
4
Sodankylä
4
Lehtovaara
4
Korvala
Yli-Nampa
Vikajärvi
4
Polarkreis
Rovaniemi
⊗ Stellplatz
Δ Campingplatz
0 15 30 45 km

Strecke 26:

Korvala – Rovaniemi – Haparanda – Kukkola (rund 235 km)

Wir fahren auf der Straße 4 in südlicher Richtung. Kurz vor Rovaniemi überqueren wir wieder den **Polarkreis**.

■ Auch die Finnen haben sich etwas ausgedacht, wie Sie diesen Breitengrad vermarkten können: Sie haben hier das **Weihnachtsland** errichtet. In diesem modernen Einkaufszentrum gibt es zahlreiche kleine Boutiquen, die kitschige Andenken ebenso wie anspruchsvolle Kunstgewerbeartikel anbieten. Das reicht vom Silberschmuck über Töpferwaren und geschmackvoll gemusterte Strickwaren bis zu Gemälden lokaler Künstler. Natürlich haben diese qualitativ hochwertigen Artikel ihren Preis. Nicht zu vergessen der Aussichtsturm auf dem Gelände.

Abgesehen vom kommerzialisierten Weihnachtsland, haben wir in den letzten Wochen mehr oder weniger nur Wildnis zu sehen bekommen. Um so größer ist die Überraschung, als wir nach **Rovaniemi** kommen. Das ist eine richtig moderne Stadt mit allem Drum und Dran, mit Geschäften im Überfluß; keine Läden, die alles für den täglichen Bedarf bereithalten und obendrein ein paar Angelhaken und Werkzeuge verkaufen, oder wo den Schaufensterpuppen ihre Jahre anzusehen sind. Nein, ich meine Geschäfte, wie wir sie aus dem Zentrum einer jeden modernen, größeren Stadt kennen. Obwohl auch diese Stadt, deren ökonomische Grundlage ursprünglich auf der Holzwirtschaft basierte, im Zweiten Weltkrieg zerstört wurde, empfinden wir ihren Wiederaufbau als wesentlich gelungener als in einigen norwegischen Städten, die von dem gleichen Schicksal ereilt wurden. Möglicherweise erliegen wir aber nur dem Kulturschock oder sind einfach überwältigt von den amerikanisch anmutenden, glitzernden Shopping-Passagen. Wir schauen uns hier die allerneueste Mode an, essen den teuersten Hamburger unseres Lebens und beobachten die großen amerikanischen Autos, die viele Einheimische fahren.

Zügig geht es weiter, bis wir auf die E 4 treffen. Zwischen **Tornio** und **Haparanda** überqueren wir die finnisch-schwedische Grenze und biegen dann gleich in die Straße 400 ein, die wir wieder ein Stückchen nach Norden fahren.

** Wir quartieren uns für die Nacht auf dem **Campingplatz »Kukkolaforsen«** ein. Das Sanitäre ist o.k. Es gibt Waschmaschinen und eine Sauna. Trotz der Tanzveranstaltung im Hauptgebäude, zu dem jede Menge Jugendliche aus der Umgebung eintreffen, ist es nachts ruhig.

■ Der Platz liegt direkt am Fluß **Torneälven**, im Bereich von einigen Stromschnellen. Man kann von hier aus an einer **Wildwasserfahrt** teilnehmen, die allerdings recht kurz ausfällt, oder sich das **Fischereimuseum** anschauen.

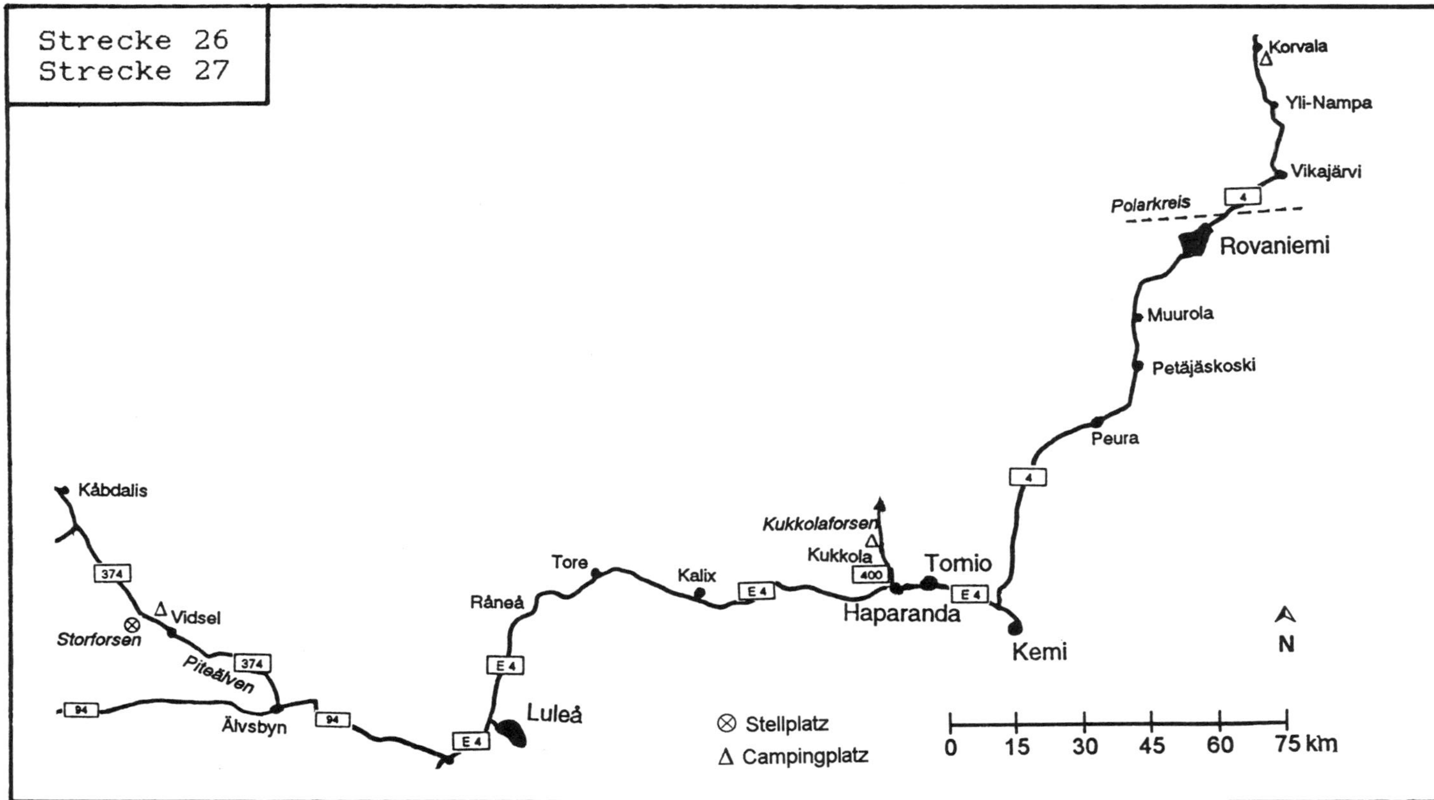
Strecke 26
Strecke 27
Korvala
Yli-Nampa
Vikajärvi
Polarkreis
4
Rovaniemi
Muurola
Petäjäskoski
Peura
4
Kåbdalis
374
Vidsel
Storforsen
374
Piteälven
94
Älvsbyn
94
E 4
Luleå
E 4
Råneå
Tore
Kalix
E 4
Kukkolaforsen
Kukkola
400
Tornio
E 4
Haparanda
Kemi
N
Stellplatz
Campingplatz
0
15
30
45
60
75 km

Strecke 27:

Kukkola – Haparanda – Vidsel (rund 280 km, 2 Übernachtungen)

Nach einem kleinen Rundgang in Haparanda, das u.a. über Banken und Lebensmittelgeschäfte verfügt, geht es weiter auf der E 4. Die Straße ist gut ausgebaut, aber es herrscht ziemlich viel Verkehr. Wenn man es eilig hat, nach Hause zu kommen, kann man auf dieser Straße viele Kilometer abreißen. Wir haben es aber noch nicht so eilig. Uns nervt dieser autobahnähnliche Verkehr, und wir zweigen hinter **Luleå** rechts in die Straße 94 ein. In **Älvsbyn** biegen wir auf die Straße 374 ab. Die Straße folgt dem Fluß **Piteälven.**

■ Der Piteälven verwandelt sich nördlich von Vidsel, bei Bredsel, in einen spektakulären Wasserfall, den **Storforsen.**

** An der Straße 374, gegenüber vom Wasserfall, aber weit genug entfernt, daß man nicht vom Getöse gestört wird, finden wir den **Campingplatz »Storforsens«**. Das Sanitäre ist o.k., Waschmaschinen und Sauna gibt es auch. Noch viel besser ist, daß man hier kostenlos **Ruderboote** leihen kann.

Wir machen den Fehler, die Entfernung zum Wasserfall zu unterschätzen und begeben uns zu Fuß zum Storforsen (ca. 4 km pro Strecke). Man hört ihn ständig, glaubt also, man sei jeden Moment da. Sehen kann man ihn von der Straße aus nicht, da der Wald die Sicht versperrt. Die vielen Mücken erleichtern uns den Spaziergang nicht gerade.

Am folgenden Tag fahren wir noch einmal die Strecke zum Wasserfall. Wie schon am Vorabend erkundet, gibt es hier jede Menge Parkmöglichkeiten. Von da ist es nicht mehr weit zur Storforsen-Anlage. Man hat sich wirklich viel Mühe gegeben. Überall sind Pfade eingerichtet, die zum Wasserfall führen. Man läuft über die Felsen, an schwierigen Stellen geht es über Holzstege. Gefährliche Stellen sind durch ein solides Geländer gesichert.

■ Zwischen Wasserfall und Parkplatz finden sich **Grillplätze**. Auch für das Holz ist gesorgt. Man muß es lediglich für sein Grillfeuer klein hacken. Das nötige Werkzeug dafür ist ebenfalls bereitgestellt. Und alles ist kostenlos; kaum zu glauben. Auch das angeschlossene **Waldmuseum** kann man einfach so besuchen.

■ Allerdings muß man etwas bezahlen, wenn man eine **Wildwasserfahrt** oberhalb des Wasserfalls mitmachen will (Buchung im Informationszentrum). Das ist zwar nicht ganz billig, aber wir halten das Preis-Leistungs-Verhältnis für angemessen. Wir zahlten zuletzt SKR 270 pro Person (Kinder SKR 150) und bekamen dafür eine gut zweieinhalbstündige Abenteuerfahrt mit rustikalem Picknick am Lagerfeuer geboten. Mit Sicherheit ebenso abenteuerlich ist ist die halbtägige Tour »Western Riding«, die zuletzt für SKR 600 pro Person angeboten wurde. Daß man bei so einer Tour mit anpacken muß – Wasserschöpfen etc. –, ist selbstverständlich.

Geschafft: Nach der Wildwasserfahrt auf dem Piteälven (oben); Bootsausflug in den Schären von Oskarshamn (s. S. 110 f.) ▶

Strecke 28:

Vidsel – Jokkmokk – Arvidsjaur (rund 310 km)

Da wir inzwischen zu begeisterten Lappland-Touristen geworden sind und auch noch über ausreichend Zeit verfügen, folgen wir dem Rat eines Stockholmers und fahren noch einmal über den Polarkreis hinaus Richtung Jokkmokk.

Jokkmokk selbst enttäuscht. Gut, man kann dort Lebensmittel, Kunstgewerbe und die üblichen Samenandenken einkaufen, aber deswegen muß man nicht hierherkommen.

** Also nehmen wir die Straße 45 wieder in südlicher Richtung und entscheiden uns für den **Campingplatz »Camp Gielas«** in **Arvidsjaur** (an Straße 95, südlicher Stadtrand). Dieser Platz verspricht zwar etwas Abwechslung (Kanus, Sauna etc.), jedoch geht hier nach 21:00 Uhr nichts mehr. Außerdem ist dieser moderne Platz für unseren Geschmack etwas zu durchorganisiert.

■ Der ca. 4.000 Einwohner zählende Ort Arvidsjaur bietet auf den ersten Blick nichts Aufregendes. Auf jeden Fall lohnt sich aber der Besuch der alten samischen Hüttenstadt **Lappstaden** im Stadtzentrum.

Strecke 29:

Arvidsjaur – Vilhelmina (rund 240 km)

Da wir dem Verkehr auf der E 4 entkommen wollen, fahren wir weiter auf der Straße 45 nach Süden. Man kommt gut voran.

** Wir nächtigen auf dem **Campingplatz »Fornäs-Strömåkers«** bei **Vilhelmina**. Der Platz liegt abgeschieden am Fluß **Vojma**. Von Vilhelmina kommend biegt man nach ungefähr 7 km rechts ab. Folgen Sie der Beschilderung.

Wenn Sie unterwegs etwas Fleisch eingekauft haben, können Sie es den gemütlichen Grillplatz nutzen.

■ Auch kann man am Campingplatzkiosk für nicht allzuviel Geld stundenweise **Kanus** mieten. Die Kanus liegen im Wald versteckt, ganz in der Nähe vom Campingplatz. Man geht den Weg gegenüber dem Kiosk hinein und biegt nach ca. 70 m rechts in das Dickicht ab. Der Trampelpfad zu den Booten ist nur schwer zu erkennen – so richtig etwas für Indianer. Hat man die Kanus erst einmal gefunden, so fährt man am besten flußaufwärts. Flußabwärts trifft man bald auf ein paar kleine Stromschnellen. Als nicht geübte Kanukapitäne würden wir hier wahrscheinlich kentern oder zumindest große Schwierigkeiten haben, das Kanu wieder an seinen Ausgangspunkt zurückzubringen.

Strecke 27
Strecke 28
Strecke 29

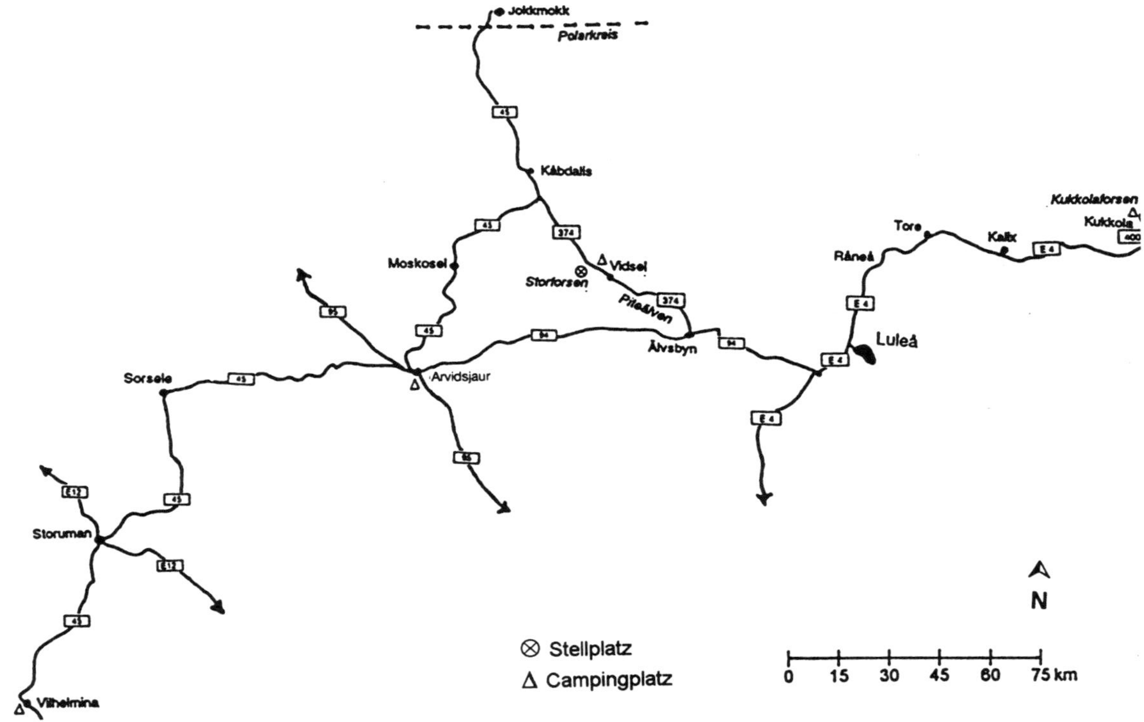

Strecke 30:

Vilhelmina – Sollefteå – Norrfällsviken (rund 340 km)

Am folgenden Tag geht es von Vilhelmina aus gemütlich weiter über Dorothea, Åsele, Junsele nach **Sollefteå**, bis wir wieder auf die vielbefahrene E 4 stoßen. Hier fahren wir wieder ein Stückchen nach Norden, bis wir bei einer BP-Tankstelle in Richtung Nordingra Kro abzweigen. Wir fahren weiter über Mjällum nach **Norrfällsviken**. Die Strecke ist zwar schön, aber sie kostet mehr Zeit, als bei der Betrachtung der Landkarte ursprünglich angenommen.

** Schließlich erreichen wir den großen **Campingplatz** des kleinen Ferienortes Norrfällsviken. Er macht einen ziemlich vollen Eindruck. Wir finden ein Plätzchen, sind aber ein wenig enttäuscht. Der Ort selbst ist zwar ganz niedlich, aber nicht so weltbewegend, daß er die doch recht lange Anfahrt rechtfertigen würde. Wir gehen an der kleinen Bucht spazieren und fragen uns, wo denn das offene Meer abgeblieben ist. Wir hatten uns auf den **Bottnischen Meerbusen** in romantischer Lage gefreut.

Mit etwas hängenden Köpfen kehren wir zu unserm Bulli zurück, in dessen Nähe inzwischen noch mehr Wohnmobile und Wohnwagen geparkt haben. Doch dann erweckt ein merkwürdiges, aus einem alten Reisebus zusammengeschustertes Wohnmobil unsere Aufmerksamkeit. Gerade angekommen, setzt es doch zielstrebig seine Fahrt fort, bis es in der Ferne verschwindet. Der muß doch irgendwohin fahren! Da uns unser Stellplatz inzwischen sowieso nervt, folgen wir dem ulkigen Gefährt. Und siehe da: Außerhalb der unmittelbaren Reichweite der vielen Toiletten- und Waschhäuser, nimmt die Campingpopulation plötzlich drastisch ab. Wir finden schließlich einen Stellplatz mitten im Wald, ohne unmittelbare Nachbarn. Nur der Schein ihrer Lagerfeuer zeigt uns ihre Anwesenheit, als schließlich die Nachtdämmerung hereinbricht. Auch wir machen ein Feuerchen, denn das ist der wirksamste Schutz gegen die aufdringlichen Mücken. Holz liegt genug herum. Übrigens, von den hinteren Stellplätzen dieses Campingplatzes aus ist es gar nicht mehr weit zum **Strand** des Meerbusens – einfach paradiesisch.

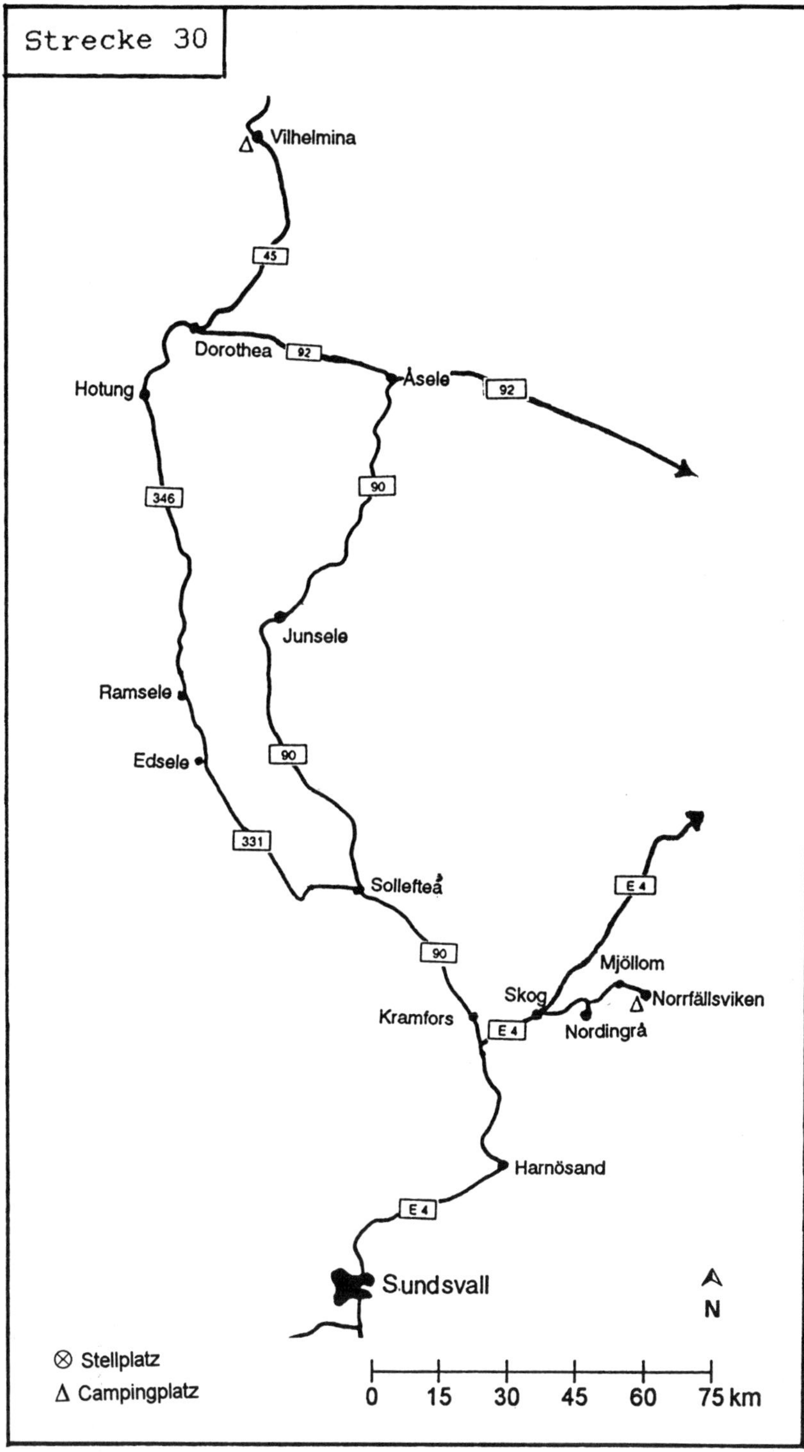
Strecke 30
Vilhelmina
45
Dorothea
92
Åsele
92
Hotung
346
90
Junsele
Ramsele
Edsele
90
331
Sollefteå
E 4
90
Mjöllom
Skog
Norrfällsviken
Kramfors
E 4
Nordingrå
Harnösand
E 4
Sundsvall
N
⊗ Stellplatz
Δ Campingplatz
0 15 30 45 60 75 km

Strecke 31:

Norrfällsviken – Orbaden (rund 285 km)

Nach dieser herrlichen Nacht an der Küste bei Norrfällsviken liegt unsere nächste Station wieder im Landesinneren. Irgendwie läßt es uns nicht los.

Dennoch beginnt jetzt auch das Landesinnere, jedenfalls wenn man von Norden kommt, etwas an Reiz zu verlieren. Wahrscheinlich sind wir nur übersättigt von all den berauschenden Eindrücken des wilden Nordens.

** Wir nächtigen auf dem bildschön gelegenen **Campingplatz »Orbaden«**. Er ist ca. 2 km nördlich von Vallsta an der Straße 83 ausgeschildert. Der Platz liegt direkt an einem See, den man über eine Treppe vom Platz aus erreicht. Es ist offensichtlich ein beliebter **Badeplatz**. Wir Frostködel liebäugeln zwar mit einem Bad, lassen es aber dabei bewenden.

Strecke 32:

Orbaden – Öregrund (rund 280 km)

Die Nacht darauf planen wir in Öregrund zu verbringen. Kurz hinter **Gävle** verlassen wir die E 4 und folgen der Beschilderung auf der Straße 76. **Öregrund** ist ein kleiner Ferienort mit Yachthafen.

■ An der Touristeninformation (in Hafennähe) erfragen wir, wo wir ein **Motorboot** mieten können. Wir bekommen eine Adresse samt genauer Beschreibung, wie man dorthin kommt. Es sind noch einmal ca. 10 km zu fahren, aber es lohnt sich. Wir bekommen unser Boot, eine Seekarte – die erste in unserem Leben – und ein paar Tips. Und los geht es. Wir finden unsere eigene Schäreninsel. Aber man muß aufpassen. Auf der Seekarte sieht alles sehr logisch aus, aber auf dem Wasser finden wir keine richtigen Orientierungspunkte. Eine Insel sieht wie die andere aus. Wir haben uns einfach ein paar markante Punkte am Ufer gemerkt, damit wir wieder zurückfinden.

Nach soviel Spaß auf dem Wasser ist uns der **Campingplatz** ziemlich egal.

** Eigentlich wollten wir mit der kostenlosen Autofähre zur Insel **Grasö** übersetzen und auf dem Platz »**Grasöbaden**« übernachten, der eine romantische Lage verspricht. Die Anfahrt mit der Fähre ist uns jetzt aber zu kompliziert, zumindest, wenn man sowieso nur eine Nacht bleiben will – zu bestimmten Zeiten muß man die Fähre speziell anfordern.

** Der andere Platz in Öregrund, **»Camping Sunnanö«,** ist durchaus annehmbar. Fahren Sie einfach Richtung Sunnanö; der Campingplatz ist dann ausgeschildert.

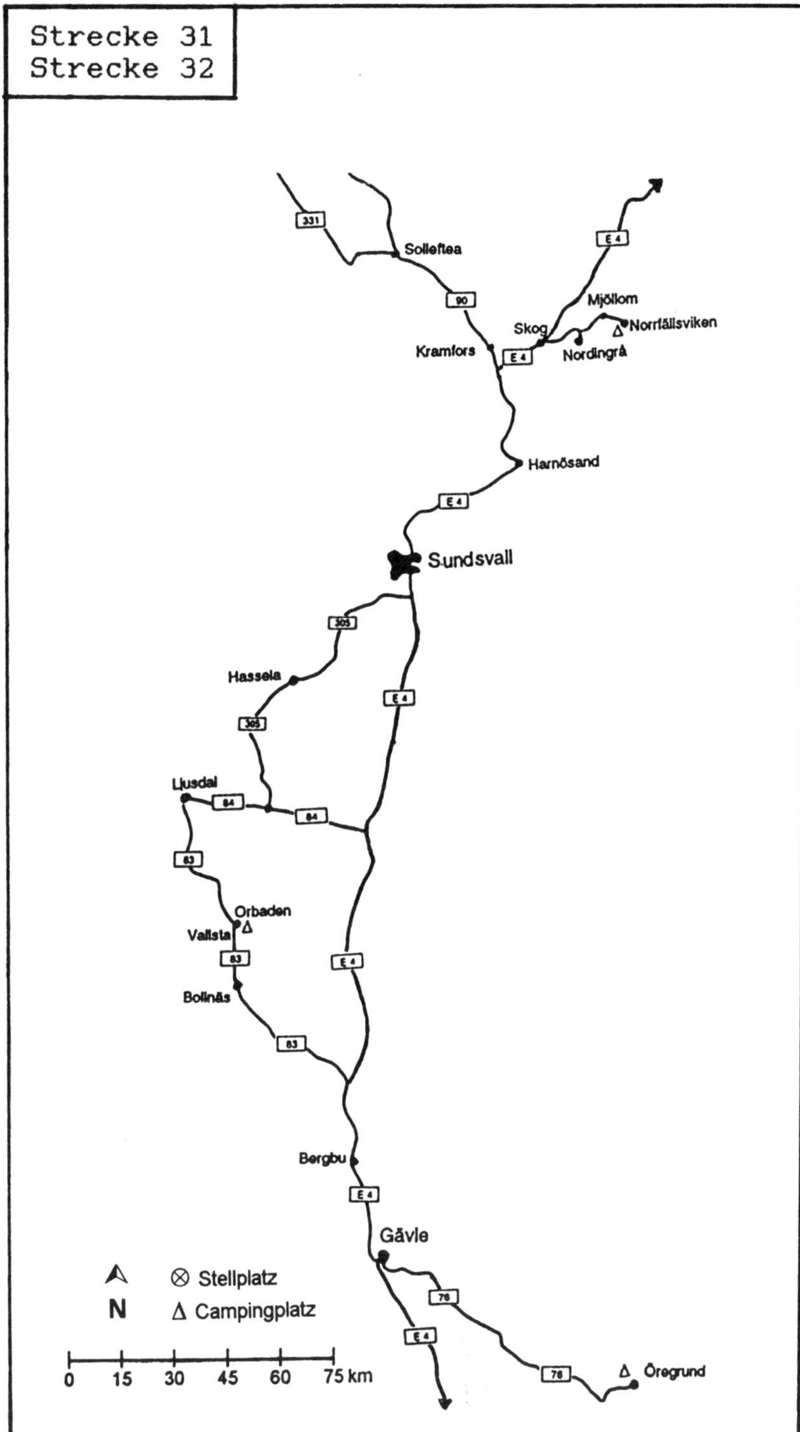
Strecke 31
Strecke 32
331
Sollefteа
90
Kramfors
E 4
Skog
Mjöllom
Norrfällsviken
Nordingrå
Harnösand
Sundsvall
305
Hassela
Ljusdal
84
83
Orbaden
Vallsta
Bollnäs
Bergbu
Gävle
76
Öregrund
N
⊗ Stellplatz
Δ Campingplatz
0 15 30 45 60 75 km

Strecke 33:

Öregrund – Gamla Uppsala – Stockholm – Loftahammar (rund 430 km, 2 Übernachtungen)

Am folgenden Tag »schaffen« wir eine ganze Menge. Zunächst besuchen wir **Gamla Uppsala**.

■ Hier kann man **historische Königsgräber** und ein **Museum** besuchen.

Nun ist es nicht mehr weit bis **Stockholm**. Wir folgen einfach der Beschilderung zum Zentrum. Bevor wir es aber erreichen, halten wir Ausschau nach einem Parkplatz und haben auch großes Glück. – Wir füttern die Parkuhr und fahren mit der U-Bahn in die Altstadt, **Gamla Stan**, und machen einen kleinen Shopping-Bummel.

Natürlich hat Stockholm noch viel mehr zu bieten; es würde den Rahmen dieses Buches jedoch sprengen, ausführlich auf die schwedische Landeshauptstadt einzugehen.

Am Nachmittag sitzen wir wieder im Bulli und versuchen, die E 4 wiederzufinden. Ohne Stadtplan ist das gar nicht so einfach. Wir wissen wenigstens, daß die Europastraße östlich des Stadtzentrums verläuft, und so kommt unser Kompaß wenigstens einmal zum Einsatz.

Schließlich haben wir die E 4 wieder unter den Rädern, und es geht flott voran. Wer es eilig hat, nach Hause zu kommen, sollte auf der E 4 bleiben, denn es ist mit Sicherheit der schnellste Weg zum Fährhafen Helsingborg.

Wir haben aber noch etwas Zeit und nehmen in **Norrköping** die E 22, die wir nach einer Weile wieder Richtung **Loftahammar** verlassen.

** Wir steuern den **Campingplatz »Tättö Havsbad«** an. Aus der Richtung Björrsholm kommend, biegt man gleich hinter dem Ortschild »Loftahammar« rechts ein, fährt über die Brücke nach Tattö. Gleich hinter der Brücke gibt es rechter Hand noch einen Campingplatz, die weisere Wahl, wie wir aber erst später feststellen.

Der Campingführer verspricht auf der felsigen Halbinsel einen landschaftlich ansprechend gelegenen Platz. Ist er auch, aber leider für unseren Geschmack zu voll. Zudem kommen wir relativ spät an, was bedeutet, daß etliche Gäste auf ihrem Verdauungsspaziergang Interesse daran entwickeln, was es wohl bei uns zu essen gibt.

Am frühen Morgen des folgenden Tages ist es schon sehr heiß.

■ Wir wollen versuchen, hier in der Nähe irgendwo ein **Boot** zu **mieten** und den Tag auf einer der kleinen Schäreninseln, die der Küste vorgelagert sind, zu verbringen. Es ist gar nicht so einfach, denn bei diesem schönen Wetter sind alle Boote bereits ausgeliehen. Schließlich finden wir jemanden in **Oskarshamn**, der uns ein Boot vermietet. Es ist winzig, eigentlich nur ein kleines Ruderboot mit einem Mini-Motor, vielleicht 3 PS. Der Mann rät uns, aufgrund der Strömungsverhältnisse mit diesem Boot nicht allzuweit hinaus aufs Meer zu fahren. Sollten wir bis 18:00 Uhr nicht wieder zurückgekommen sein, würde er nach uns Ausschau halten. Wir verstauen unsere Picknicksachen, und los gehts. Langsam tuckern wir aus der Bucht heraus. Wir beherzigen den Rat des Bootsbesitzers und suchen uns eine kleine Insel in der Nähe der Küste.

Wir landen problemlos und entladen das Boot. Wir erkunden die Insel und ge-

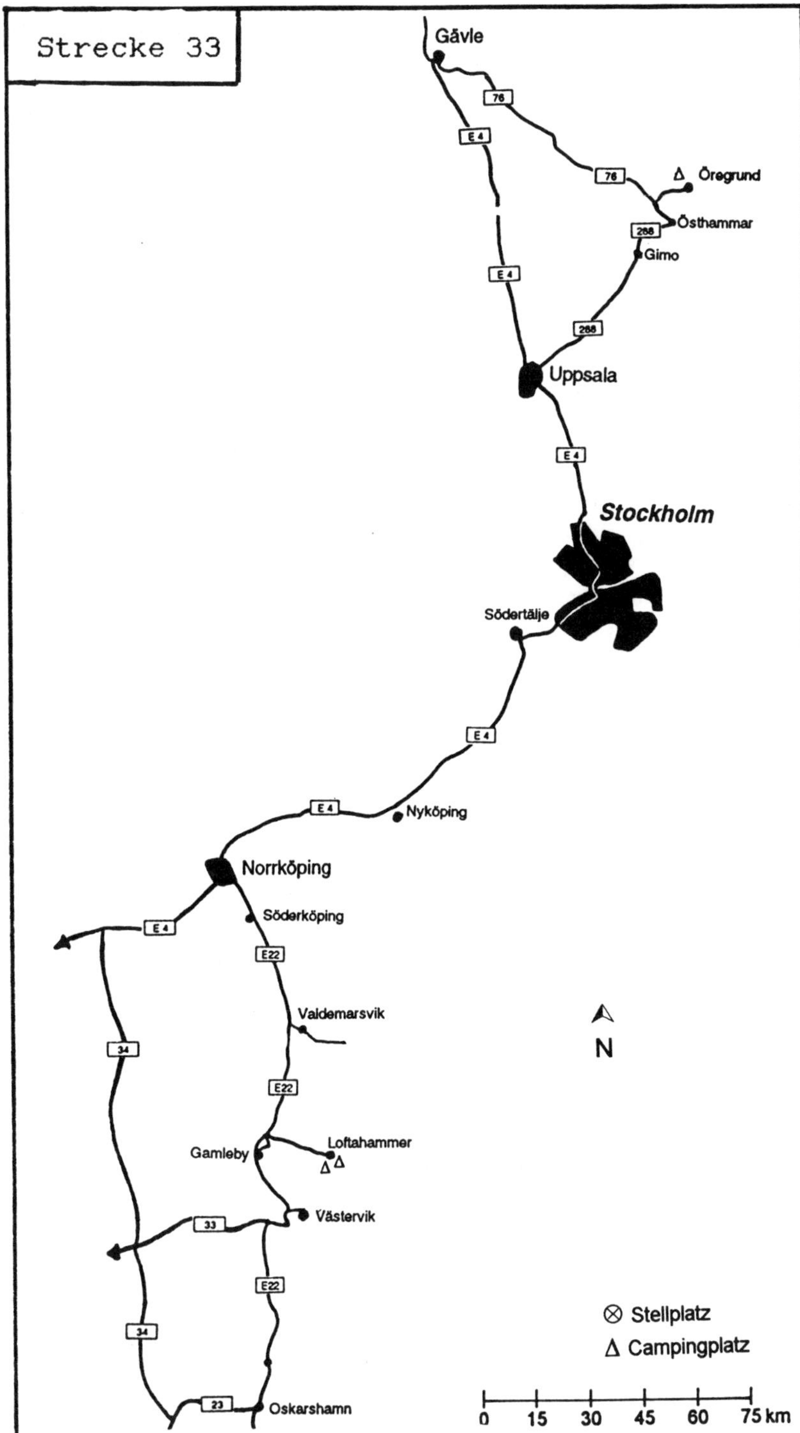

Strecke 33
Gävle
76
E 4
Öregrund
Östhammar
268
Gimo
Uppsala
Stockholm
Södertälje
Nyköping
Norrköping
Söderköping
E22
Valdemarsvik
34
Gamleby
Loftahammer
Västervik
33
23
Oskarshamn
N
⊗ Stellplatz
Δ Campingplatz
0 15 30 45 60 75 km

nießen unser Robinson-Dasein in vollen Zügen. Wir braten in der Sonne und gehen sogar ab und zu zur Abkühlung ins Wasser. Am Nachmittag beschließt mein Mann, nur zum Spaß ein wenig mit dem Boot umherzufahren. Ich bleibe auf der Insel. Nach einer Weile kommt er zurückgerudert. In dieser Affenhitze rudern? Ich verstehe das nicht. Bald erfahre ich den Grund. Der Motor hat seinen Geist aufgegeben. Es ist noch genug Treibstoff im Tank, daran kann es also nicht liegen. Immer wieder versuchen wir, den Motor anzubekommen, aber wir schaffen es nicht.

Damit ist der Nachmittag gründlich verdorben. Wir schmeißen unsere Picknicksachen wieder ins Boot und treten die anstrengende Rückfahrt an. Wir müssen wohl über eine Stunde ohne eine einzige Pause rudern.

Als wir dem Bootsbesitzer das Problem erklären, scheint er überhaupt nicht verwundert, sondern repariert den Motor umgehend durch das Ersetzen eines kleinen Metallstiftes, von dem sich mehrere Ersatzstifte u.a. in der Werkzeugtasche an Bord befinden, und berechnet uns nur den Preis für ein Ruderboot.

** Fix und fertig von unserem Tagesausflug, quartieren wir uns auf dem bereits oben erwähnten **Campingplatz** bei der Brücke ein. Auf der großen Wiese haben wir viel Platz für uns. Außerdem bereitet die Campingplatz-Besitzerin in ihrer »Sybilla«-Frittenbude zwar nicht ganz billige, aber leckere Gerichte zu, von denen wir nach einem Spaziergang unterhalb der Brücke am späten Abend noch einmal Nachschlag holen gehen.

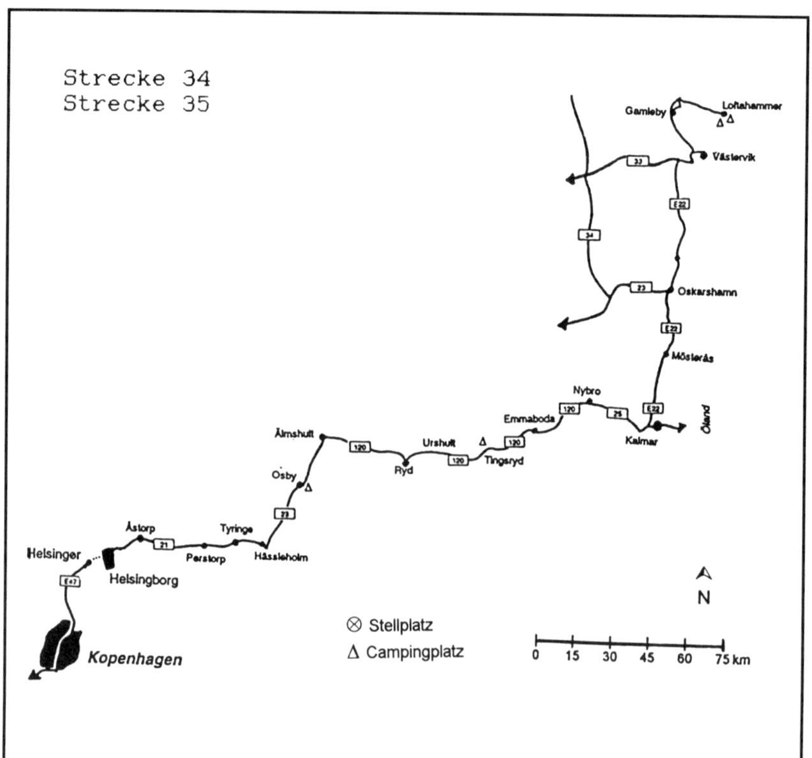

Strecke 34:

Loftahammar – Öland – Osby (rund 430 km)

Wir verlassen Loftahammar und gelangen auf der Straße 15 nach **Kalmar**, wo wir unsere Fahrt ins Landesinnere fortsetzen.

** Im Campingführer haben wir uns den **Natur-Campingplatz »Getnö Gard«** bei **Ryd** ausgesucht. Da es hier im Süden zunehmens schwieriger wird, einen Campingplatz zu finden, auf dem man genug Platz für sich hat, versprechen wir uns recht viel von diesem Natur-Campingplatz.

Also biegen wir von der Straße 120 bei **Ålshult** nach Getnö Gard ab. Der Platz ist ausgeschildert. Der Besitzer ist noch nicht da, kommt laut Schild erst gegen 18:00 Uhr. Wir erkunden den Platz und finden ihn eigentlich gar nicht schlecht. Wenn man aber aus dem hohen Norden gekommmen ist, empfindet man die Natur hier gar nicht mehr als so ungebändigt, wie angepriesen. Somit entscheiden wir uns, daß die Ferien wohl doch mehr oder weniger zu Ende sind, und fahren somit noch ein Stückchen weiter Richtung Fährhafen.

** Die Nacht verbringen wir auf dem **Campingplatz »Camping Ebbarp«** bei **Osby,** am Nordostufer des Sees Osbysjön. Um hierher zu gelangen, biegt man im Ort von der Straße 23 auf die Straße 19 ab, an der der Platz ausgeschildert ist.

Strecke 35:

Osby – Helsingborg – Helsingør – Rødby – Puttgarden (rund 120 km)

Von Osby aus geht es schnurstracks zu unserem Fährhafen **Helsingborg**.

■ Die Verschiffung geht zügig voran, und auch die **Überfahrt** nach Helsingør dauert nicht lange.

Wir wollen jetzt schnell nach Hause. Die nächste Pause gönnen wir uns erst wieder am Fährhafen **Rødby**.

■ Die **Fähren** nach Puttgarden verkehren im Stunden-Takt.

In **Puttgarden** angekommen, ist es nicht mehr weit für uns.

** Sollten Sie jedoch in der Nähe einen Übernachtungsplatz suchen und nicht auf einer Autobahnrastätte schlafen wollen, schage ich den Ferienort **Heiligenhafen** vor. Folgen Sie der Ausschilderung zum Hafen und fahren Sie Richtung »Strand/Warder«. Dort, auf dem großen Strandparkplatz, ist sogar eine Sektion speziell für Wohnmobile ausgewiesen; auch öffentliche Toiletten sind vorhanden. Im Sommer müssen Sie jedoch damit rechnen, daß es recht voll wird.

Die Campingplätze aus dem Anhang

Im Text mit ** markiert.

Norwegen

Camping Bodøsjøen
N–8000 **Bodø**
Tel. 7552 2902
Nordland

Camping Altafjord
N–9545 Langfjordbotn/**Bognelv**
Tel. 7843 2824
Finnmark

Dønfoss Camping
N–2693 **Dønfoss**/Nordberg
Tel. 6121 4898
Fax: 6121 4889
Oppland

Camping Flåm
N–5743 **Flåm**
Tel. 5663 2121
Fax: 5763 2380
Sogn og Fjordane

Camping Fossheim
N–3550 **Fossheim/Gol**
Tel. 3207 3316
Fax: 3207 4112
Buskerud

Camping Rørestrand
N–3190 **Horten**
Tel. 3307 3340
Vestfold

Camping Stabbursdalen
N–9710 **Indre-Billefjord**
Tel. 7846 4760
Fax: 7846 4762
Finnmark

Camping Korgen
N–8646 **Korgen**
Tel. 7519 1136
Nordland

Strandheim og Hyttetun Camping
N–2920 **Leira**
Tel. 6136 2660
Valdres

Camping Sande
N–6878 **Loen**
Tel. 5787 7659
Fax: 5787 7859
Sogn of Fjordane

Camping Tjugen
N–6878 **Loen**
Tel. 5787 7617
Sogn og Fjordane

Camping Mellingsmoen
N–7890 **Mellingsmoen**/Namskogan
Tel. 7433 4665
Fax: 7433 3665
Nord-Trøndelag

Camping Onsakervika
N–3530 **Onsaker**/Røyse
Tel. 3215 7333
Fax: 3215 7333
Buskerud

Camping Støa
N–3770 **Sannidal**/Kragerø
Tel. 3599 0261
Telemark

Sjoa Camping
N–2670 **Sjoa**/Otta
Tel. 6123 6036
Oppland

Guldbergaunet Camping Steinkjer
N–7700 **Steinkjer**
Tel. 7416 2045
Nord-Trøndelag

Bjøraker Camping Steinklepp
N–5897 **Steinklepp**
Tel. 5766 8720
Sogn of Fjordane

Camping Skallevold
N–3150 Tolvsrød/**Tønsberg**
Tel. 33 33 02 87
Vestfold

Camping Natved
N–3370 **Vikersund**
Tel. 3278 7355
Buskerud

Finnland

Ukonjärven Lomakylä Camping
SF–99800 **Ivalo**
Tel. 9697 – 43503
Fax: 9697 – 43516
Lappi

Korvalan Rentapirtit
SF–97540 **Tianen**/Rovaniemi
Tel. 960 – 737211
Lappi

Schweden

Camp Gielas
S–93300 **Arvidsjaur**
Tel. 0960 – 13420
Fax: 0960 – 10615
Norrbotten

Kukkolaforsens Camping
S–95300 **Haparanda**
Tel. 0922 – 31000
Fax: 0922 – 31030
Norrbotten

Tättö Havsbad
S–59095 **Loftahammar**
Tel. 0493 – 61330
Kalmar

Norrfällsvikens Camping
S–87038 **Nordingrå**
Tel. 0613 – 21382
Västernorrland

Orbaden Camping
S–82011 **Orbaden**/Valsta
Tel. 0278 – 45200
Gävleborg

Grasöbadens Camping
S–74071 Grasö/**Öregrund**
Tel. 0173 – 33190
Uppsala

Sunnanö Camping
S–74071 **Öregrund**
Tel. 0173 – 30064
Uppsala

Getnö Gård Naturcamping
S–36010 **Ryd**
Tel. 0477 – 24011
Fax: 0477 – 24049
Kronoberg

Camping Ebbarp
S–28300 **Osby**
Tel. 0479 – 11135
Kristianstad

Storforsens Camping
S–94045 **Vidsel**
Tel. 0929 – 31049
Fax: 0929 – 31044
Norrbotten

Fornäs-Strömåkers Camping
S–91290 **Vilhelmina**
Tel. 0940 – 33012
Fax: 0940 – 33068
Västerbotten

Register

Hauptteil

Anhang

Antigua (Bossung)	19,80
Bali (Möbius/Ster)	24,80
Cornwall (Schmidt/Stromer)	19,80
Irland West und Süd	19,80
Kopenhagen (Geh)	24,80
Luxembourg (Schmidt-Burk)	29,80
Mallorca (Stromer/Last)	16,80
Menorca (Last)	16,80
Mykonos (Schneider)	19,80
Neuseeland on the Road	44,00
Zum Nordkap mit Wohnmobil	24,80
Norwegen on the Road/Auto	44,00
Prag (Sorges)	24,80
Südschweden (Schulte)	44,00
Südwestschweden (Schulte)	29,80
Südthailand (Möbius/Ster)	24,80
Südwestfrankreich (Klemm)	39,80
Texel (Schneider)	19,80

LIEFERBARE TITEL

STÄDTE

Amsterdam (Schneider) 5	24,80
Barcelona (Igramhan) 1	24,80
London (Igramhan) 6	24,80
Madrid (Igramhan) 2	24,80
New York (Igramhan) 5	32,80
Paris (Igramhan) 6	24,80
Rio de Janeiro (Allemann) 0	22,80
Rom (Sorges) 2	24,80
St. Petersburg (Sorges) 3	34,80

GLOBETROTTER-HANDBÜCHER

Frankreich/Aquitanien (Klemm) 5	19,80
Frankreich/Bretagne (Klemm) 4	32,80
Chile (Möbius) 6	32,80
Equador, Peru, Bolivien 9	36,80
Indonesien (Möbius) 7	36,80
Kanarische Inseln (Stromer) 6	36,80
Madagaskar (Schneider) 6	29,80
Malaysia (Möbius) 6	29,80
Malta (Sorges) 3	29,80
Neuseelands Nordinsel (Möbius) 7	34,80
Neuseelands Südinsel (Möbius) 7	34,80
Patagonien (Möbius) 6	26,80
Portugal (Möbius) 4	29,80
Südchile/Feuerland (Möbius) 6	24,80
Südflorida (Igramhan) 4	26,80
Südindien/Goa (Schneider) 4	32,80
Südspanien (Möbius) 4	29,80
Südostasien (Möbius/Treichler) 3	36,80
Frankreich/Midi Pyrenees 4	26,80
Thailand (Möbius) 7	32,80

INSELN / LANDSCHAFTEN

(„kleine Reihe“)

Antigua (Bossung) 7	19,80
Cornwall (Schmidt) 7	22,80
Dominica (Bossung) 4	19,80
Fuerteventura (Stromer) 4	19,80
Goa (Schneider) 4	19,80
Gomera/Hierro (Stromer) 4	19,80
Gran Canaria (Stromer) 7	16,80
Guadeloupe (Bossung) 4	19,80
Irland/West & Süd (Schmidt) 7	19,80
Kreta (Sperlich/Stromer) 6	19,80
Lanzarote (Stromer) 6	16,80
La Palma (Stromer) 3	19,80
Mallorca (Stahel) 7	16,80
Menorca (Last) 7	16,80
Mykonos (Sperlich) 7	19,80
Niederlande/Wattinseln 6	22,80
Peloponnes (Sperlich) 4	19,80
Sizilien (Sorges) 0	22,80
Südthailand (Möbius) 5	19,80
Teneriffa (Stromer) 7	19,80
Umbrien (Stromer) 7	19,80
Wales (Schmidt) 6	22,80

SKANDINAVIEN-REIHE

NORWEGEN

Norwegen (Geh) 5	36,80
Westnorwegen/Fjordland (Geh) 6	34,80
Lofoten (Möbius) 5	32,80
Autoreiseführer Norwegen 5	34,80
Südnorwegen/Oslo (Geh) 6	29,80

SCHWEDEN

Schweden (Schulte) 5	34,80
Südostschweden (Schulte) 6	26,80
Nordschweden (Schulte)	29,80

DÄNEMARK

Dänemark (Geh) 3	32,80
Dänische Inseln (Geh) 4	22,80
Jütland (Geh) 4	22,80

FINNLAND

Finnland (Kreuzenbeck) 1	29,80
Autoreiseführer Finnland 1	24,80
Kanuwandern in Nordfinnland	22,80
Kanuwandern in Südfinnland	22,80

WEITERES

Autoreiseführer Skandinavien 1	36,80
Campingführer Skandinavien 1	29,80
Wandern auf Grönland	26,80